中國學術思想 研究輯刊

三三編
林慶彰 主編

第 17 冊

魏晉南北朝道教語言思維探究

龔韻蘅 著

花木蘭文化事業有限公司

國家圖書館出版品預行編目資料

魏晉南北朝道教語言思維探究／龔韻蘅 著 -- 初版 -- 新北市：
花木蘭文化事業有限公司，2021〔民110〕
目 2+272 面；19×26 公分
（中國學術思想研究輯刊 三三編；第 17 冊）
ISBN 978-986-518-446-9（精裝）
1. 道教 2. 魏晉南北朝
030.8 110000661

ISBN-978-986-518-446-9

9 789865 184469

中國學術思想研究輯刊
三三編 第十七冊 ISBN：978-986-518-446-9

魏晉南北朝道教語言思維探究

作　　者　龔韻蘅
主　　編　林慶彰
總 編 輯　杜潔祥
副總編輯　楊嘉樂
編　　輯　許郁翎、張雅淋　美術編輯　陳逸婷
出　　版　花木蘭文化事業有限公司
發 行 人　高小娟
聯絡地址　235 新北市中和區中安街七二號十三樓
　　　　　電話：02-2923-1455 ／傳真：02-2923-1452
網　　址　http://www.huamulan.tw 信箱 service@huamulans.com
印　　刷　普羅文化出版廣告事業
封面設計　劉開工作室
初　　版　2021 年 3 月
全書字數　265671 字
定　　價　三三編 18 冊（精裝）新台幣 48,000 元

魏晉南北朝道教語言思維探究

龔韻蘅 著

作者簡介

龔韻蘅，國立清華大學中國文學系博士，現為國立臺南大學國語文學系副教授。主要研究範疇為兩漢思想、魏晉南北朝思想，以及古代中國語言思維。著有《兩漢時代靈冥世界觀探究》、《魏晉南北朝道教語言思維探究》，以及〈書寫與觀閱的倫理——李漁戲曲結構論對作者及接受者之界域的探討〉、〈跨越徵聖與宗經的門檻——從《論衡》之歷史意識論王充的書寫概念〉、〈話語招魂術裏的雙重性格——揚雄之書寫模式及其經典觀析探〉、〈定向與非向之間——劉熙載《藝概》對創作、觀閱主體之調塑及其美學悖論〉〈從「即物」到「極物」——郭象《莊子注》之語言思維及其表詮型態〉等學術論文。

提　要

　　本篇論文主要探討魏晉南北朝道教對語言各種層面的思考，除了分析道教學者如何審視語言，也勘驗道教內部的語言現象，並將之與宇宙論、工夫論、身心觀及救度實踐相照看，嘗試呈現此一知識體系中，多種無法被「言意之辨」這個時代命題所涵蓋的獨特觀念。全文將各道派涉及語言的記載集中並梳理，發現「能否把握終極真際」乃是他們投以最多心力的的談議焦點；另外，對語言如何運作、怎樣藉語言來操控現實情勢，亦有深入的見解。

　　第一章「緒論：言意之辨以外」，旨在呈示本篇論文的研究重心與思考進程，並簡扼地評介學界相關研究的成果，同時對各章節之討論方式作必要的說明。

　　第二章「崇抑之間——魏晉南北朝道教思想下的語言效能」，詳細考察魏晉南北朝道教學者如何界定語言文字與「道」、「意」及外物之間的關係，以「離言—寄言—因言」與「天文—地文—人文」兩個觀念模型作為基礎，論述當時道教學者如何在儒學、玄學、佛學的影響下，開展出獨特的語言思維，並依此建構一套并然有序的宇宙圖式。

　　第三章「本與跡的距離——魏晉南北朝道教認知下的詮釋與翻譯」，企圖觀察道教學者如何思索詮釋與翻譯行為，從意義的生產與失落，來分析詮譯所包含的時空性、詮譯之範圍廣狹以及位階高低，從而說明「閱讀即修行」之思想理路，乃貫穿了整個道教。

　　第四章「語言的病癥、病癥的語言——魏晉南北朝道教之身體論述」的研究取徑有二，一是稽查魏晉南北朝道教學者以怎樣的辭彙對身體進行描繪，從語言的角度重新講解精、氣、神之締結；二則著眼於道教學者習慣以身體為喻、以身體篩濾各種事件、以身體作為搭建場景之素材的獨特論述方式，並展現他們如何思索國家和社會、災難與救贖。

　　第五章「神話與神學的糾繆——魏晉南北朝道教之辯訴型態」，重點擺放在討論道教傳授義理時所使用的解說形式，包括問答體、譬喻或悖論等，這些手法曲折地反映出道教學者認定語言應該被鑄鑠成何種樣貌，才能比較精確地穿透宇宙之奧秘。

　　第六章「諸神的對諍——佛道兩教之雙向附歸及排闥」，處理佛教與道教如何互相提借對方的辭彙及概念，再將之編納為自己思想資源的一部份，因而產生了華梵會通的盛況，然這盛況的底層，卻埋藏著更深沉的動機，語言文字遂成為奪移權力的場域。

　　第七章「結論」，總覽本文的主要論證，並給予全盤的匯整，對正文無法容受的問題亦稍作解釋。

目次

第一章　緒論：言意之辨以外

　　透過各種音聲的排列與點線面的描製，語言為人們揭啟了一扇從心靈深處通往外域的視窗，使主觀的情識沿循著謳詠、驚嘆、誇張的擬喻或冷澈的諷刺而滲入所指涉的物事裏，於是萬化和諧、恬淡靜漠的自然世界，便轉變為一個以「人」為中心、喧囂不已的意義世界。從此以後，人們依賴語言來傳遞訊息、追探真實，使它與自己的生命及生活貼近到幾乎難以察覺的地步，是故當充滿疑惑的賢者、智者開始環顧被語言包圍的狀態，並以之為對象，仔細思索其詭魅的力量來源、承載範圍有何極限，或是字詞與物事該怎麼區分等問題，即是對自己的生命與生活進行總體盤檢的關鍵時刻。

　　先秦時代，各家諸子即陸續在不同的論述裏對語言進行多重角度的審鑒。例如孔子宣講「名正」是「言順」之必要條件，直接把語言與維持政治安定的倫理秩序牽繫起來；莊子深刻體悟表述型態與終極真際之間的疏離，企圖以否定的方式剎除語言對存在的羈絆；荀子亟欲建構一套平治社會的有效工具，因而採取客觀的態度察訪「說」、「辭」、「辯」之本質，嘗試解釋溝通為何成立的原由；公孫龍則申訴一切物事都會被人為的概念、稱謂所籠括，並提醒人們「概念、稱謂陳設出的內涵」並不能窮盡「對象自身的內涵」，必須將兩者作嚴謹的切割。〔註1〕凡此種種，皆映示了在這中國文化的奠基期，關

〔註1〕關於先秦各家思想的語言觀，參考：張亨，〈先秦思想中兩種對語言的省察〉，收入：《思文之際論集——儒道思想的現代詮釋》（臺北：允晨文化公司，1997年），頁 7～34；沈清松，〈莊子的語言哲學初考〉，收入《國立臺灣大學創校四十週年國際中國哲學研討會論文集》（臺北：臺灣大學哲學系，1986年），頁 97～111；楊儒賓，〈卮言論：莊子如何使用語言表達思想〉，《漢學研

—1—

於語言規律或語言效用的研尋，已然初具規模。

再將時間座標往後挪移，魏晉名士為了從漢代章句訓詁之學的桎梏裏掙脫出來，藉著析究《易》、《老》及《莊》而引動了許多與信息表達相關的探討，「言意之辨」乃成為風行一時的課題。自荀粲強調「象外之意、繫表之言」到何晏倡許「道本无名」，從王弼「得意在忘象，得象在忘言」那優游出入文本的閱讀綱領，輾轉遷徙至郭象充滿創造力的「寄言出意」之詮釋法則，不僅由各種角度查覈了語言和性、天道等形而上實體的關係，也進一步質疑經典是否能夠充份地展現聖賢所欲呈遞的慮見，使萌衍於先秦之高度自覺，獲得更加精緻湛微的闡敍。而在這些爭執逐漸失焦的狀況下，又產生了字詞與經驗現象可相印契的簡約論證，幫助人們從另一方向揆測各類符號與指涉意義之間的差距，清談玄理遂圍聯成考繹傳統語言思維不可忽略的重要場域。〔註2〕

然而，除了從九流十家哲說裏透射出來的幾種省察，以及繼紹前賢並予以擴展的清談玄理之外，古代中國是否仍有其他看待語言的方式？對語言的定位、勘驗與設計，是否含藏著其他可能性？如果卸免了「盡意」與「不盡意」兩大選項，語言還可佈置出怎樣的知識景觀？

魏晉南北朝是道教產生跨越性發展，並和各家思想彼此激蕩、交互評議詰屈的時代，為了闡揚教義，學者積極地撰製經典，大批與養精煉氣、九轉金丹繫連的辭彙被擬訂出來且持續孳增，隨著歷史不斷推湧而逐漸匯聚為獨

究》（1992 年，第 10 卷第 2 期），頁 122～157；林啟屏，〈古代中國語言觀的一個側面——以《易・繫辭》論「象」為研究基點〉，收入：李明輝編，《中國經典詮釋傳統：儒學篇（二）》（臺北：國立臺灣大學出版中心，2004 年），頁 17～64；吳根友，〈《易傳》中的語言哲學思想探論——兼論儒、道、《易》的語言哲學思想之異同〉，《周易研究》（2003 年，第 1 期），頁 53～60；陳漢生（Chad Hansen）著；周云之譯，《中國古代的語言和邏輯》（北京：社會科學文獻出版社，1998 年）；劉湘平，〈從墨家「名」論看其語言哲學思想〉，《武漢大學學報（人文科學版）》（2008 年，第 6 期），頁 663～665。

〔註 2〕學界直接論述魏晉時代「言意之辨」的撰著眾多，相關探討亦頗見精闢之作，又由於本篇論文第二章將觸及這一議題，故此處不再贅敍。參考：吳旳，〈言意之辨與魏晉名理（一）～（七）〉，《鵝湖月刊》（1985 年，第 10 卷第 8 期～第 11 卷第 4 期）；蜂屋邦夫，〈言盡意論與言不盡意論〉，收入：《日本學者論中國哲學史》（臺北縣：駱駝出版社，1987 年），頁 240～266；袁行霈，〈魏晉玄學中的言意之辨與中國古代文藝理論〉，收入：《魏晉思想（甲編五種）》（臺北：里仁書局，1984 年），頁 1～30；蔡振豐，《魏晉名士與玄學清談》（臺北：黎明文化公司，1997 年），頁 79～111、160～179。

特的表述系統，一幅以神仙想像為輻輳之語言絡幕乃織就而成。儘管道教同樣承接了傳統道家的哺育，其社會及學術地位卻遠遜於在菁英份子之間流蔚的清談玄理，它對語言成素的提煉、對語言價值的斟衡，也被現代研究者所遺漏，受到的矚目甚至不如東晉以後興茂的佛教。但翻檢道教學者餘留下來的文獻資料，經常可找到裁量語言的吉光片羽，葛洪《抱朴子》即云：「五經四部，並已陳之芻狗，既往之糟粕。所謂『跡』者，足之自出而非足也；『書』者，聖人之所作而非聖也」，〔註3〕認為作者內心意念和遺世典籍之間橫隔著無法泯滅的界線，藉以強調修行時勤求良師口授親傳的重要性；南朝宋齊之際的顧歡註解《老子》第二十一章曰：「欲言定有，而無色無聲；欲言定無，而有信有精。以其體不可定，故曰唯恍唯惚。如此觀察，名為從順於道所以得」，〔註4〕嗟歎至道倘若用「有」、「無」兩種執定的角度來說判，均難以避免意義上的缺憾，故非一般字詞所能精確捕捉的奧藏，另方面卻又反演「唯恍唯惚」其實亦是根據語言鋪陳而出的貼切形容，因此名相也應該遵延著至道予以按立，其與真知的分歧未必是絕對的；梁朝陶弘景則云：「夫言者，性命之全敗也」，〔註5〕宣稱語言會影響個人壽紀長短、決定生涯的圓滿或頹潰，縱使是神靈仙聖降筆也具備了某種特殊的緣法，所謂「咀嚼玄句，柔音蔚暢，曲夾適宣，辭喻標朗。欽欽之詠，有由然也。玄宗以安我其會矣」，透過詩文篇章，可引領學者進入素樸虛靜的境域，此類必須依形附象的籲示雖有權宜之處，卻仍合乎天地運行的軌範，是在道心允納下所開啟的活動。

　　然前列例證都只屬於較簡捷、顯而易見的概念而已，實則魏晉南北朝道教學者因為遭逢了家國的紛殽歧亂，由民族、文化乃至於這一宗教本身將續欲絕的命運中感知到強大的危機，再加上長生久視信仰所主導的特殊關懷面向，以及揉合了儒、釋、陰陽、民間數術等多層資源，使他們對語言的思索愈來愈複雜。道教學者習慣把規制語言的過程，和揣摩自我生命、感覺形式與整體時空結構之過程相鉤連，從語言的秩序去追溯世界的秩序，又從世界的變化去推想語言的變化，故其論點乃逸出「言意之辨」的範圍，呈現為緊密纏繞在「文」、「經」、「注」、「譯」裡裡外外之宇宙論、身心觀與救度實踐方

〔註3〕　《抱朴子內篇》（《正統道藏》第四十七冊），卷二十，〈袪惑〉，頁761。

〔註4〕　《道德真經取善集》（《正統道藏》第二十三冊），卷四，頁333。

〔註5〕　《真誥》（《正統道藏》第三十五冊），卷二，〈運象篇〉，頁19。以下「咀嚼玄句」引文見頁28，此段話語乃女真雲林夫人所降。

案，值得深入探討。

　　早於一九七九年，法國學者賀碧來（Isabelle Robinet）便已注意到上清派提出了與至道之地位類等的初始文字，從而建構起一套「文字的宇宙演化論」，認為道教經典具有與太平之世連結的功效；〔註6〕其後如畢來得（Jean François Billeter）點明在道教神話裏，書寫符號的發生次第比口頭語言更為優先，並且蘊藏了展示及安排現實的超自然力量；〔註7〕汪德邁（Léon Vandermeersch）分析古代中國將書寫語言視為獨立於口頭語言之自足系統，又參照殷商時期甲骨文之使用場合及作用，來推判書寫語言居於道教信仰的核心；〔註8〕而柏夷（Stephen R. Bokenkamp）在引介早期道教經典時，縷述了聖仙真界域從大梵隱語、八威龍文等天書產生的神話。〔註9〕相對於歐美學者偏好綜攝道教文字的屬性，日本學者如神塚淑子則傾力從歷史的角度回溯此類觀點的淵源，認為與佛教梵書的東流具有密切關係；〔註10〕另外，兩岸的學者亦發展出方向各異的見解，龔鵬程首先從「作者」這一角度來講議道教神聖經典具有自然創衍的特徵，再配合隱語、訣辭、符籙及上章投簡之類的儀節，進一步統括出文字崇拜背後的文化意涵；〔註11〕呂鵬志以靈寶派作為主要對象進行詳盡的梳理；〔註12〕而謝世維細緻地重整六朝道派

〔註6〕 Isabelle Robinet, Translated by Norman Girardot and Julian Pas. *Taoist Meditation: The Mao-Shan Tradition of Great Purity.* Albany: State University of New York Press, 1993, pp. 19~54。此書原於 1979 年在巴黎戴維書社（Dervy-Livers）出版；Isabelle Robinet, *La revelation du Shanngqing dans l'histoire du taoïsme.* Paris: Publications de l'Ecole Française d'Extr ême-Orint, 1984, tome 1, pp. 112~122。另外在一九八三年，索安（Anna Seidel）亦藉由聖仙真破解自然玉字等神秘符號、並展開世界之創造的載錄裏，判斷道教將文字視為深層宇宙結構的顯示。參考：Anna Seidel, Imperial Treasures and Taoist Sacraments, *Tantric and Taoist Studies in Honour of R. A. Stein*, vol. II, M. Strickmann ed. MCB XXI, Bruxelles, 1983, pp. 291~371。

〔註7〕 Jean François Billeter, *L'art chinois de l'écriture.* Geneva: Skrra, 1989, pp. 258.

〔註8〕 Léon Vandermeersch, *Le mouveau monde sinisé.* Paris: Presses Universitaires de France, 1986, pp. 127~143.

〔註9〕 Stephen R. Bokenkamp, *Early Daoist Scriptures.* Berkeley: University of California Press, 1997, pp. 188~194、421~424.

〔註10〕 神塚淑子，〈空海の文字觀——六朝宗教思想との關連性〉，收入：氏著，《六朝道教思想の研究》（東京：創文社，1991 年），頁 415～439。

〔註11〕 龔鵬程，〈道門文字教——道教的性質與方法〉，收入：氏著，《道教新論》（臺北：學生書局，1991 年），頁 157～195。此篇論文之後又被置於《文化符號學》一書，主要用來支持作者認為中國具有「文的優位性」的觀點。

〔註12〕 呂鵬志，〈早期靈寶經的天書觀〉，收入：郭武主編，《道教教義與現代社會國

的天書概念，強調由此呈現出一個將先天之氣文本化的過程，象徵著神聖根源之世俗性顯現，是漢代宇宙生成論、天命觀與符書傳統，以及印度神聖文字觀等多種思想的複合體，同時闡發道教如何將「翻譯」塑造為經典傳承的固定模式。〔註13〕

　　有趣的是，學者們多半停駐在需要訴諸視覺的文字上展開申辨，足證道教於此方面的體認確然有其殊異之處，卻也照映出幾個亟待補充的研究命題：首先必須釐清的是，「言」與「文」在道教知識架構裏涵蓋的範圍為何？以音聲作為媒介的口語，和文字是否相互應和、前後引生？它們被賦予了怎樣的寓含及位置？其次，倘若對汪德邁與賀碧來所評斷的內容加以比較，便可發現兩者談敘的領域看似交疊，實則並不一致——用以創造世界的文字與擬仿物態的文字之間，無論從材質、形樣及生成背景來看，都具存著莫大差異——因而能夠導出以下質疑：道教認知裏的文字與書寫是同一回事、全然不可離分的嗎？文字類型的區擘是否暗符了某種等級意識？如果答案是肯定的，那麼這個等級是否也伏匿於道教的各項規劃，幽微而長遠地影響了誡律科儀、修習程序或心靈境地之制訂？接著再把語言文字扣入魏晉南北朝道教那盤桓於白日昇天、周折於劫災與拯濟的思考裏，便會察覺語言文字與終極真實之邊界，乃當時一再窺詢、企圖去撥治的重要精神指標，由此追索起來，勢必碰觸到經典和「道」似或不似、即與非即之類的爭辯，而從經典延伸出的閱讀、詮釋及翻譯活動，究竟如何與基礎的煉養行為取得共通的邏輯？也就成為無法迴避的課題。

　　然而，關於道教之詮釋觀念及閱讀意識的研究亦在起步階段，專門的探討仍屬少數。詮釋方面，湯一介將傳統詮釋類型分成「歷史事件的解釋」、「整體性的哲學解釋」、「實際（社會政治）運作型的解釋」三種，並把唐朝王真

　　　　際學術研討會論文集》（上海：上海古籍出版社，2003 年），頁 571～597。
〔註13〕謝世維，〈聖典與傳譯——六朝道經中的「翻譯」〉（《中國文哲研究集刊》，
　　　　1996 年 9 月，第 31 期），頁 185～233。謝氏以神聖經典之建構與傳授作為一
　　　　系列研究的軸心，其博士論文及各篇章對六朝道教文字均有深淺不等的描
　　　　繪。參考：Writing from Heaven: Celestial Writing in Six Dynasties Daoist
　　　　Tradition, Ph. D. dissertation of Indiana University, Bloomington, 2005；〈傳經與
　　　　譯經：天真皇人的淵源及流變〉，收入：《第一屆道教仙道文化國際學術研討
　　　　會論文集》（高雄：國立中山大學，2006 年），頁 787～817；〈道教傳經神話
　　　　的建立與轉化：以天真皇人為中心〉，《清華學報》（2008 年 6 月，新 38 卷第
　　　　2 期），頁 291～326。後文所云謝氏探討道教翻譯觀之研究亦同。

《道德真經論兵要義》歸入最後一項，用來作為「創建中國詮釋學」之疾呼下的一個引例，尚未針對道教典籍進行完整的綜析；〔註14〕黎志添撰作〈宗教經典與哲學詮釋學：中西宗教文化的比較觀點〉及其他文論，希望能夠會合西方詮釋學與宗教現象學之研究方法，並為古今中外道教學者被不同歷史牽動而產生的多元詮釋，提供思想上的依憑；〔註15〕賴賢宗則藉由闡明《太乙金華宗旨》、宋常星《道德經講義》、全真龍門派等修煉功夫的語言，架構一個以內丹文化為基礎的象徵詮釋學，〔註16〕這些著述雖各自有其精闢的見地，但都略過了魏晉南北朝這個道教未臻純熟卻元氣淋漓的新拓時代。另外，鄭燦山《邁向聖典之路──東晉唐初道教《道德經》學》雖已分門別類地對道教的老子接受史展開清整，不過由於作者直接進入宋文明、臧矜等人的注疏來講解各家思想內涵，因此沒有刻意去提揭他們對詮釋的看法。〔註17〕翻譯方面，柏夷在尋索靈寶經之起源時曾稍微觸及，認為道經的本質即是以塵世的語言間接地將道之啟示翻譯出來的；〔註18〕康博儒（Robert Campany）

〔註14〕湯一介，〈再論創建中國的解釋學〉，《中國社會科學》（2000 年，第 1 期），頁 83～90。另外湯氏就僧肇注《老子》的問題，續談中國經典詮釋的某些特殊現象，亦牽涉到杜光庭《道德真經廣聖義》的作法。參考：湯一介，〈關於僧肇注《道德經》問題──四論創建中國解釋學問題〉，《學術月刊》（2000 年，第 7 期），頁 22～25。

〔註15〕參考：黎志添，〈宗教經典與哲學詮釋學：中西宗教文化的比較觀點〉，收入：黃俊傑編，《中國經典詮釋傳統（一）》（臺北：喜瑪拉雅基金會，2001 年），頁 77～124；黎志添，《宗教研究與詮釋學──宗教學建立的思考》（香港：中文大學出版社，2003 年）。

〔註16〕賴賢宗，《道家詮釋學》（北京：北京大學出版社，2010 年），頁 135～252。此書第一部份主要以海德格（Martin Heidegger）的存有哲學詮釋學來會通老子、王弼之本體論，第二部份則偏向以利科（Paul Ricoeur）之象徵詮釋學說明內丹學，隱約指出傳統道家與道教語言型態的差異。

〔註17〕鄭燦山，《邁向聖典之路──東晉唐初道教《道德經》學》（臺北：國立臺灣師範大學國文研究所博士論文，2000 年）。其他範疇接近的研究如姜成祺，《《黃帝陰符經》的道教詮釋研究──對道的信仰所建構聖典詮釋策略的省察》（新竹：玄奘大學宗教學研究所碩士論文，2001 年），有意識地運用當代詮釋理論，特別是以傅偉勳「創造的詮釋學」作為書寫間架，詳細考論了《黃帝陰符經》的詮釋傳統，並綜述道教的詮釋路徑。與鄭燦山之不同處在於，前者選擇完全浸入古典注疏，其研究重心為東晉以後道教學者借《老子》而發展出的嶄新思想，而後者裏的古典注疏只是一個起始點，其研究重心在以現代眼光，從外圍為道教建立詮釋方法論。

〔註18〕Stephen R. Bokenkamp, "Sources of the Ling-pao Scriptures", in Michel Strickmann ed. *Tantric and Taoist Studies in honor of R.A. Stein*, vol.II (Bruxelles:

特別強調道教典籍透過翻譯而立的特色，並與佛教典籍作了簡單的對比；〔註19〕其後謝世維更以翻譯、翻譯者作為支點，展開一連串與聖典譜系之建立互通的考察。

　　瀏覽上列與詮釋、翻譯相接泊的各種研究，可以發現學者們均嘗試說明，在道教義理授受的過程及其神話想像裏，不僅含涉了「詮」與「譯」兩種行為，也足以形成一個特殊的詮譯傳統，卻都未繼續往下追問：詮釋與翻譯在道教裏究竟如何被界定？與當今的認知是否吻合無誤？道教人士如何總貫或分割經典與詮譯的關係？他們是否預設了從事詮譯時會面臨某些困境，且據此規約出可資解決的詮譯原則？而在環顧道教對「經典」、「詮」、「譯」之理解以後，依然要回歸到「語言」這個層面來，並考慮其實際運作的情況，細細推求道教人士喜好採取什麼樣的辭彙或句式來組鍥經典、鍛鏤詮譯，又相信那是描摹終極真實的最佳型態。

　　本篇論文希望以先前所述問題作為切入點，匯整各種散落在章什籍冊裏的相關資料，進而勘照魏晉南北朝道教之語言現象、以及道教學者對語言的審視，一則挖掘非主流文化裏的深層思想，二則彰顯魏晉南北朝道教之表述觀念與其他學術的歧異。此外，透過「語言」這個角度，亦能重新稽核人們鑽探已久的宇宙本體、身心聯繫、傳承譜系與華梵之間的衝突，使熟悉的研究領域呈露出不同的風貌。

　　就整體結構來談，全文主要區劃為三個部份，依序探討魏晉南北朝道教如何思索語言（第二章、第三章）？如何應用語言（第四章、第五章）？乃至於如何操弄語言（第六章）？關於第一部份，其實隸屬於語言思維最抽象、最底層的環節，包括了道教學者對名相之作用及意義來源的裁奪，也牽涉到表達符號的分類，支撐著道教宗旨為何能夠存在於世間的理由，並且為「道言」、「經曰」或「天尊答」等一切說法模式之性質定調——魏晉南北朝道教罕少條貫地直接提出對語言的觀感，因而這在資料裏也是呈顯得最為破碎的一個部份。接下來則考究魏晉南北朝道教的話語實踐：第二部份主要側重於修辭、敘事等問題，包括自然生成的辯議方式，也包括從儒、釋、玄各家互相激蕩之過程演變而來的論述方式，它們位於經訣、傳記或對典籍的注疏內，

Institut Belge des Hautes Études Chinoises, 1983), pp. 463.

〔註19〕Robert Campany, "Buddhist Revelation and Taoist Translation in Medieval China", *Taoist Resources*, 1993 (4.1), pp. 24~27.

受到社會氛圍與學術潮流的影響甚鉅，但反過來也制約了道教辨識物事之趨向；第三部份乃特別剖析那些滲透了強烈訴求的詮譯活動，道教學者把護教、判教之目的挹注於字詞，這些活動含帶著複雜的政治考量，具有意志先行的成分，故將之擺放在佛道兩教交流經驗的中心加以講解。

是故除了緒論與結論之外，本篇論文總共有五個章次，各章擔負的題趣與寫作方針如下：

第二章　崇抑之間——魏晉南北朝道教思想下的語言效能

此章嘗試呈現魏晉南北朝道教語言思維之整體理論架構，以「離言—寄言—因言」及「天文—地文—人文」兩組觀念模型作為基礎，探究道教如何透過「語文符號能否掌握物事之實相？」之反覆解釋，從而砌築起嚴謹而綿密的宇宙圖式，在神話與各種學術之間開展出獨幟一格的看法。隨著這個概念不斷地澄清，道教對書籍、經典、知識的界定也得到了揭闡。

首節〈序列之一：離言—寄言—因言〉先藉由《龍蹻經》提綱挈領地說明道教於「道」與「器」二端力求折衷平衡的辯證歷程，在承認「不言」、「忘言」為進道之方的前提下，尋求一個安頓經典的位置。由於此序列裏，許多案例深受傳統道家影響，故敘述時盡量與《老》、《莊》及玄學進行比較，必要時也演示道教與佛教義理之異同，盡可能在參差對照中，使道教語言思維的輪廓更加清晰；相反地，藉著道教這一準點，亦可重新審視其他學術的特色。次節〈序列之二：人文—地文—天文〉以「結空凝文」之經典構成原則為主軸，陳演道教文字的神聖性質，再由道教特異的宇宙創生型態引申出一套中國式的形上等級制，末後且利用文字樂園傳說、命名的禁忌來揚昇問題的力度。如前所云，這是過去研究者傾注心力最多的部份，故此處對於意義接近的資料將不再作大幅的重複，主要希望經過詮釋之強化與轉易，使相關載錄獲得嶄新的意義。第三節擬對先前兩組觀念模型作更深入的偵查，同時分析「崇文」與「抑言」兩種看似矛盾的思考為何能於魏晉南北朝道教並行不悖的因素。

第三章　本與跡的距離——魏晉南北朝道教認知下的詮釋與翻譯

此章主要觀察道教學者如何界定仰賴語言而成的詮釋與翻譯行為，從意義的生產與失落，來分析詮譯所包含的時空性、範圍廣狹及位階高低。詮釋與翻譯被視為連結體／用兩境、具有中介作用的神聖活動，故由道至經典、由原初文本至詮譯之間，迭遞切換的可能及彌合罅隙的方法，即是全篇演述

的重心；藉著爬梳詮釋與翻譯運作的規律，又可發現「閱讀即修行」之思想理路乃貫穿了整個道教知識體系。

第一節的焦點攤放在各種把「注」、「解」、「演」當成對象而發的談議上，亦即尋索道教學者對「詮釋」所按立的詮釋，屬於一種帶著距離的省視，故實際註疏作品本身的內容、類別等，就不在此節書寫範圍之列。討論時，以經典的「作」、「述」關係為起始，嘗試鋪敘道教文獻裏開啟的詮釋概念，並追繹道教學者怎麼解決「詮釋之價值如何評斷？」、「詮釋之正當性如何建立？」「圓滿的詮釋如何達致？」等問題，從而推敲道教學者心目中的詮釋究竟能開放到什麼地步，其限度又在哪裏。第二節則緝求「譯」何以能夠成立的原理，藉以彰顯一個在道、氣維繫下，信息緜延不絕的世界觀；另外，將道教對於翻譯的評斷整合為音譯與意譯、一對一翻譯與一對多翻譯、水平翻譯及垂直翻譯等形式，更從當時的文化情境入手，對魏晉南北朝道教以垂直翻譯取代了水平翻譯的緣由提出說明。第三節〈道教傳習禁制與詮譯〉則借經典授受的戒規及譜系來逆證：閱讀與身心轉化、精神翻騰之冶煉過程其實是同一的，故讀者身份的採納或排拒，不只是道教用以控管知識、使之不致泛濫的方法，也是修行資格的鑑定；而「道」、「經」、「師」除了以語言文字來開播教義外，他們的空白與沉默、不詮與不譯，往往就暗示了意義最充盈的地方。

第四章　語言的病癥、病癥的語言──魏晉南北朝道教之身體論述

這個部份的研究取徑有二，一是稽查魏晉南北朝道教學者以什麼樣的辭彙對身體進行描繪，以語言的角度重新講解精、氣、神之締結離散；二則著眼於道教學者習慣以身體為譬喻、以身體篩濾各種事件、以身體作為搭建場景之素材的獨特論述方式，據此說明他們如何思索國家和社會、災難與救贖。

〈可解離的身體觀〉又細分三小節，從魂魄、三部八景、黃庭九宮、存想身中神等理論及術式操作，歸納出道教認知下的身體，乃是具有重層性格的複極構造，並採取具象化的語言來加強心與意志對軀殼的調控，目的在完成一個「形全」─「氣全」─「神全」、且各單位秩序分明的聖化身體。第二節希望能經由道教「治身如治國」這一普遍的比擬，突顯魏晉南北朝個人與國家關係的變化，同時探討在身體經驗裏覆下的國家概念，究竟有什麼樣的特質。第三節聯綴了當時流行於許多道派的劫運、終末說法，強調道教學者之所以將社會演塑成充斥著疾疫、滿佈著殘骸的黑闇境域，把所有的罪惡

及懲罰都轉換成與病痛相關的意象來表現，不僅內懷替天地百姓施以診療的宗教心理，也與魏晉南北朝動盪不已的歷史相呼應，然而這種傾向卻使道教書寫含藏了一定程度的暴力因子，可以說是整個時代精神創傷的產物。

第五章　神話與神學的糾繆——魏晉南北朝道教之辯訴型範

關於感悟終極真實的呈現手法，包括神話、譬喻或悖論，都是冥契思想的顯影，這些手法屈折地反映了道教學者認定人間界的語言應該被鑄鍊成何種樣貌，始得以精確地穿透宇宙之奧秘。

此章將魏晉南北朝道教傳授義理時所使用的解說形式及論述之規律性，都視為有意義的型製。首節主要從道教經典問答體的特色，來思索其行文風格之改變。第二節嘗試從時間次序、發生頻率等角度來分析道教的敘事話語，並填補前一節所未能開展的另個問題——儘管此時道教經典已開始追求繁廣的內容，卻不措意於故事情節的經營，反倒偏好靜態的狀摹，偶爾也採取趨近於零、僅有名詞排列的低度書寫方式來完成；「議」與「述」比例上的不均、對寓言的棄置或遺忘、神話的稀薄，皆是這一信仰性質改變的徵兆。第三節選擇道教幾種較富代表性的遮詮予以歸納，它們有些遙承《老》、《莊》而來，有些則從蛻自佛教中觀關於假空、權實之辯證基架，使那原本難以言說的道體於撥掩中浮露，也修正了人們在分別智識中累積的成見。

第六章　諸神的對諍——佛道兩教之雙向附歸及排闥

此章以佛道兩教「交融背後的競鬥、競鬥背後的交融」作為研究基軸，講述學者如何互相提借對方的辭彙及概念，再將之編納為自己思想資源的一部份，因而產生了華梵會通的盛況；然這盛況的底層卻埋藏著更深沉的動機，語言文字乃成為奪移權力的場域，持續地對佛與道之擴充發揮著作用和反作用。

第一、二節都涉及了佛教辭論在中國境域裏的本土化過程：第一節主要強調「格義」並不僅限於佛教人士對西方哲理的引介，魏晉南北朝道教學者也曾經積極地採行過，並且在表面上看似四平八穩的援附裏，注入守護教旨的信念，這個詮譯技巧其實隱約指出了使用者的文化位置，也含括著拓展學術領域的企圖心；另外，道教學者嫁接了許多佛教術語進入自己的經典裏，卻將原有的內涵作了各種轉化。第二節則嘗試探討此類混合著迷誤、擬仿與創造的特殊行為，究竟要如何達成，再驗算其間產生的直接效益與後遺效應——此二節雖然考察了實際的詮譯活動，但「詮」與「譯」卻非道教學者從事

這些活動時最為關切的問題；毋寧說，贏得讓人們接納此類詮譯的正當性，才是他們的首要目標。第三節則整飭佛道學者多次根據「時代先後」、「居處之中心與邊緣」以及「教主教義之聖凡」等議題所發生的爭執，由這些較量裏挖掘出兩教亟欲搏取的物事究竟為何？從而思索華梵調和之見在這個時代真正的意義。必須解釋的是，此章以道教作為探勘對象，自然傾向於觀照它怎麼接受佛教的刺激，並特別著重在道教學者有意為之、主動的收攝活動上；實則有意的挪動蹈襲與無意的滲透磨合，總是俱時並起，而所謂「影響」也往往是雙向運作、無法明確切割開來的。

全篇論文將魏晉南北朝道教語言思維置放於整個中國學術的脈絡裏，希冀在尊重道教文本之獨特性的前提下，演繹其潛藏於宗教信仰裏的哲學面向。〔註20〕因此，除了勘驗各種道教典籍原欲傳達的切確旨趣（言內之意），也嘗試捕捉從文本透露出來的精神底蘊（言外之意），以及在讀者身上或整個社會裏，所引發的理解效果（言後之意），儘可能使它能夠越出「名」、「實」、「有無」、「動靜」等傳統關鍵詞的局限，將某些埋沒於隱晦角落的精邃觀點釋放出來。

之所以捨去慣常以靈寶、天師、上清等派別分開徵議的討論型態，主要是因為語言及人們對語言的觀測，乃是經過了漫長時間沉澱、於廣闊幅員的風土中完成的。在魏晉南北朝約三百五十年的歷史裏，道教遭遇過統治階層的支持與壓迫，見證了黎民被異族侵擾後的顛沛流離，也臨隔著儒釋玄各家起落興衰的波瀾，並於這紛雜的大環境裏逐步深化其煉養工夫、齋儀戒律，

〔註20〕這自然會牽涉到從蒙文通、王明乃至於李剛一路緜延下來，努力抗辯的「道教哲學是否成立？」之質疑。然而這個質疑之所以多少仍束縛著人心，部份原因是由於道教研究往往自成一個領域，並未讓自己的思想如基督教研究或佛教研究那般，向文獻所處的學術環境、向現代的理論時空敞開，以致被原有的術語觀念、被「宗教神話」這一範疇拘圈，從而縮限了意義的抉發。所以這一問題除了用來鑑別道教本身的思想內蘊，也可用來反省研究者有沒有把它從歷史考證或教義儀式描繪中解放？有沒有嘗試將經典隱含的視域開顯出來？有沒有肯定它具備了可與儒道法墨釋各家等齊的高度，而能相與對話？易言之，道教哲學之成立也需要仰賴研究者的自我鬆綁。參考：蒙文通，〈道教史瑣談〉，收入：《川大史學（蒙文通卷）》（成都：四川大學出版社，2006 年），頁 339～357；王明，〈談談道教哲學的範疇〉，《求索》（1984 年，第 2 期）；湯一介，《魏晉南北朝時期的道教》（臺北：東大圖書公司，1988 年），頁 14～18；李剛，〈道教哲學與中國哲學〉，收入：氏著，《重玄之道開啟眾妙之門》（成都：巴蜀書局，2005 年），頁 21～65。

面貌幾經改變，故每位學者對語言置立的評斷便不可能完全一致，省察的水準亦不免有所差異。但是，無論再怎麼斑駁的知識體系，內部版塊與版塊疊覆時，必定會撞擊出近似的思想火光，而這些共相正是本篇論文所欲探討的重點。再則，近年來幾篇觸及此範疇的撰著，已就不同派別的天書概念作了較為詳細的編列，由其演練的內容來看，靈寶、上清等說法並未呈顯出太大的區判，可見各派別對語言的鑒覽的確有其交集之處。事實上，取樣的界圍或大或小同樣都具備了研究的意義，舉佛教為例，禪宗獨特的表達方式值得學者加以墾掘，但針對僧肇個人如何使用否定邏輯所展開的闡述也饒富趣味，〔註21〕而季羨林為整體原始佛教之語言問題所作的精密解析，〔註22〕亦能給予讀者許多啟發。

當然，南北兩方道教於概念、組織制度以及與佛教交涉的形式上，皆存在著許多明顯的裂變，但彼此之間仍不乏相互印契的地方，尤其是道教的傳承與散佈，向來以經典作為締結的重要媒介，靜態的書面載錄本身就會稀釋掉時空條件所造成的錯歧。從學術境況來談，南北兩方道教的語言思維普遍領受了《老子》一書的灌溉，都難以避免地應續那關於可名與不可名的根柢性質疑；而從漢末太平道、五斗米道乃至早期天師道對符、對籙所抱持的敬畏感，更一路延燒進新天師道及樓觀道的轄畛裏。〔註23〕除此之外，南北兩方道教均在佛教譯籍一次又一次的沖刷下，不斷調整自己的視域，並琢磨著怎麼瞭解這個攙入了梵字、且漢字不再獨尊的世界，自然造成某些觀念的合拍。

再從文化流衍的情勢來談，北方知識圈一直對南方知識圈的動向頗為留

〔註21〕 參考：錢新祖，〈佛道的語言觀與矛盾語（下）〉，《當代》（1987年4月，第12期），頁101～108；康特（Hans-Rudolf Kantor），〈中國中觀學智慧心之文本語言與超文字語言——以僧肇《肇論》為例〉，（臺北：國立政治大學哲學系，「現象學與新漢語哲學會議」論文，2008年11月）；黃敬家，〈僧肇「不真空」義及其對三家般若學的評破——以《肇論》注疏的詮釋為討論範圍〉，《師大學報（人文與社會類）》（2008年，第53卷第2期），頁27～42。

〔註22〕 季羨林，《原始佛教的語言問題》，收入：威廉‧蓋格（Wilhelm Geiger）等著；李榮熙等譯，《佛教語言論集》（臺北縣：華宇出版社，1986年），頁87～113。

〔註23〕 例如寇謙之《老君音誦誡經》有多條提及符籙的戒律，並云「男女官受治籙天官叩章，順誡之人，萬邪不惑」，而樓觀道士梁諶從真人尹軌受六甲符、牛文侯「其勸誡則示罪福之理，其威禁則以符籙之科」。相關記載見於：《老君音誦誡經》（《正統道藏》第三十冊），頁535；趙道一，《歷世真仙體道通鑒》（《正統道藏》第八冊），卷三十，頁569。

意，兩邊並非處於絕對阻斷的狀態，東晉結束以後，雙方接觸的頻率更高，〔註24〕因而北方道教還是保有吸收南方道教資訊的途徑，故北魏以後的樓觀道士大多讀誦上清典籍。〔註25〕又如北周武帝時甄鸞作〈笑道論〉譏斥道教，篇章內高密度地援用了《三天正法經》、《九天生神章經》、《洞真智慧觀身大戒文》等上清靈寶經，對南方道士陸修靜、顧歡的講述亦不陌生，由「鳥跡前文」這一段落，也可看出此時關於天書的構設並未局限於江左──倘若連排拒道教的甄鸞，都能這樣清楚地掌握南方道教旨趣，便可推想北方道教學者對它嫻熟的程度了。〔註26〕

　　職是之故，全篇論文在選取引證時便儘量顧及不同的派別，以彰顯各章節所探索的現象，在魏晉南北朝道教裏具有一定的普遍性，但這並非表示魏晉南北朝道教已經發展了整套完備的語言理論，也並不表示學者們皆自覺地對詮譯活動之得失進行了商榷；那時常只是閃藏、浮掠於儀軌片段之睿智見解，又或者出自訪真尋仙過程中，不得其門而入的深沉迷惘，必須等待後世研究者從文獻內，逐一拾掇、淘揀及串連後，才能略見輪廓。當然，這樣的書寫進路勢必會造成若干遺憾，最明顯的地方，是無法關照那些被時間、空間影響到的細部變化，而隨著子題的移動，各派別在部份章節裏所佔的比例也不夠均衡，譬如〈文字的樂園〉大抵以靈寶經為主、可解離的身體論述則圍

〔註24〕《宋書》錄述：「索虜十三年，高祖西伐長安，嗣先娶姚興女，乃遣十萬騎屯結河北以救之，大為高祖所破，事在朱超石等傳。於是遣使求和，自是使命歲通」，從此南北兩方大抵有了正式而連續的交流，打破了東晉的鎖國政策。另外，南北文化交涉基本上以南向北流的狀況為主，北人對南朝文化的接受則倚靠三種管道：其一是書籍的流通，包括向南人求索或借書、戰亂後的搜括等；其二為使者互聘，其三為南人入北所帶去的南朝文化。參考：吳先寧，《北朝文學研究》（臺北：文津出版社，1993年），頁49～65；牟發松，〈梁陳之際南人之北遷及其影響〉，收入：殷憲主編，《中國魏晉南北朝史國際學術研討會論文集》（北京：商務印書館，2004年），頁147～164。
〔註25〕《歷世真仙體道通鑑》，卷三十，頁567～575。
〔註26〕甄鸞，〈笑道論〉，《廣弘明集》（臺北：新文豐出版公司，1986年），卷九，頁107～123。另如北魏太武帝時才逐漸興盛的樓觀道，亦傳習上清、靈寶經典及三皇文，比方孫徹將《五符真文》、《諸天內音》傳授給馬儉，即是與天書概念有關的道經，另外韋節所注《西昇經》更是南北朝所共用的典籍，寇謙之重整天師道撰著《老君音誦誡經》也提了了《抱朴子》。相關記載見於：《歷世真仙體道通鑑》，卷三十，〈馬檢傳〉，頁568；卷二十九，〈韋節傳〉，頁561；《老君音誦誡經》，頁539。此外，盧國龍探討重玄學時，對南梁北魏中後期南北道教流通的狀況有詳細說明，參考：氏著，《中國重玄學》（北京：中國人民出版社，1993年），頁97～110。

繞著南方道教典籍，前者其實暗指了靈寶派將天書概念與傳統道家退化式史觀綰結之特殊狀態，後者乃導因於北方道教對煉丹、入靜等修習的載錄過於簡短稀少，難成依據，皆為此篇論文未達圓滿之處。

在引文方面，為求論述集中，儘可能減少同質性資料的運用，必要時乃將之置放於注釋內。各部道經的年代，主要參考任繼愈主編、第三次修訂的《道藏提要》，〔註27〕並輔以施舟人（Kistofer Schipper）所編輯的 The Taoist Canon 及其他現代學者的考察。〔註28〕另外，關於《太平經》的援引，一般習慣採取王明《太平經合校》，〔註29〕然因羅熾以《太平經合校》為基礎，再重新標點、分段、校勘的《太平經注譯》，對於原典有更加詳細的論釋，是以本文乃選用這一版本。由於徵引書目繁多，故除了部份尚未論定、可能超出魏晉南北朝範圍的文獻需要加以申辨以外，將不再一一列出經典年代的相關研究，亦不再對個別的道派、儀節或概念作重複的介紹；同一段落或同一頁次裏，各則來自相同書目的引文，將置放於同一個註腳之內，於此先行說明。

〔註27〕任繼愈主編，《道藏提要（第三次修訂）》（北京：中國社會科學出版社，2005年）。

〔註28〕Kistofer Schipper and Verellen Franciscus eds. *The Taoist Canon*. Chicago & London: The University of Chicago Press, 2004.

〔註29〕王明，《太平經合校》（北京：中華書局，1997年）。初版在 1960 年。

第二章 崇抑之間——魏晉南北朝
道教思想下的語言效能

　　語言是種歷史久遠的技藝。這項技藝使人們得以錄敘外在物事、傳遞內在心念，將自我從茫漠曖昧的狀態中推離，與所有接觸對象都釐劃出一道觀測的間隔，因此對語言的思索，往往就是對人之存在方式、存在處境的思索。

　　先民認為宇宙每個環節均具備了接收及反饋信息的能力，即使是江海川澤、日月星辰，也以跌宕的韻律或綺錯的紋彩來講述其運行法則，故《太平經》云：「天地有常法，不失分銖也……故事不空見，時有理亂之文；道不空出，時運然也」，〔註1〕認為語言即是那條將萬有聯結起來的無形紐帶，透過它，人們可以找到復歸於本原的路徑。然而任何樣相的語言，包括口說及書寫，皆必須仰賴一套公認的符號始得以成立，這套符號或許承載音聲、或許模擬萬象，卻不免將自然的秩序帶入有限的理解格局裏，也強迫無邊流淌的精神固著下來，是以《老子》曰：「道隱無名」，強調經由智性所圈範的詞論，根本無法完整地闡釋終極領域。

　　魏晉南北朝道教以先秦兩漢各家哲學為基礎，又在玄理及佛教的刺激下，對語言文字展開了深刻的探討，這個獨特的知識體系所關切的是：語言文字能否幫助人們把握真理及物事的實相，還是反倒產生了誤導？語言與文字只是形制不同的表達符號，或者有根本上的歧異？應該將經典的位置擺放

〔註 1〕羅熾主編，《太平經注釋》（重慶：西南師範大學出版社，1996 年），卷五十，
　　　〈天文記訣〉，頁 290。

在哪裏？本章嘗試從道教思想中抽繹出「離言—寄言—因言」和「天文—地文—人文」兩種觀念模型，並勾勒以此二模型為依歸而肇設的世界結構；從這個角度切入，可以全面考察道教學者怎麼界定語言文字與道、意，以及與外物之間的關係，且進一步審視語言文字究竟被賦予何種價值。

第一節　序列之一：離言—寄言—因言

　　南朝末期的《上清太上開天龍蹻經》一書，開篇載錄了黃帝向居處於雲臺山的甯君問道，甯君為這位賓客詳細講述三洞、三境與三界的創演過程，從而佈置出一幅架構嚴謹、井然有序之宇宙圖式。對於高低果位的差異，甯君首先作了概略的區判：「上聖傳道，應說離言；中真傳德，寄言通理；下界傳經，因言修習」，〔註2〕將宇宙分成「聖」、「真」及「下界」三個層次；各層次之存在藉以體認終極真實的方式互殊，度化賢愚的型態有別，與語言的關係亦不同。

　　在列次較低的凡俗塵世，人們必須通過經典的書寫與閱讀，透過仙聖降誥或神蹟的流播等方式來領略契入真知、參贊天地的路徑，因此語言文字於

〔註 2〕《上清太上開天龍蹻經》（臺北：新文豐出版公司《正統道藏》第五十六冊，1984 年），卷一，〈黃帝請問甯君訣〉，頁 709。關於《龍蹻經》，葛洪《抱朴子》〈遐覽篇〉、《紫陽真人內傳》等均有記載，但《道藏》所收，與舊傳應非同書。北宋末劉元道編《靈寶度人上品妙經旁通圖》書末附〈引證〉，排列二十七種研究《度人經》之參考書籍，把《太上開天龍蹻經》置於《靈寶赤書五篇真文經》、《九天生神章經》及《空洞靈章經》、《諸天內音自然玉字經》中間，大抵以之為同期作品，現代道教學者卿希泰、蕭登福等研究時仍以之為六朝書，但沒有切確證述。另外，王宗昱、伍成泉認為唐初《道教義樞》〈法身義〉、李少微《度人經注》皆徵引此經內容，故推斷其年代可能比《道教義樞》所參考的《玄門大義》更早；施舟人（Kistofer Schipper）所編 The Taoist Canon 認為《上清太上開天龍蹻經》為宋人重寫前朝的作品，然對年代亦直接表示存疑，文中所舉也未足以構成有力證據。本篇論文之所以仍將之視為南朝經典，主要是由於《開天龍蹻經》著力探討的三洞、玄元始三氣、十二部、三身、劫期等概念，俱為此時所關注的議題，即使經過重寫，其基礎思想也應是南北朝即已奠定的。參考：Kistofer Schipper and Verellen Franciscus eds. The Taoist Canon. Chicago & London: The University of Chicago Press, 2004, pp. 1047~1048；卿希泰主編，《中國道教史》（成都：四川人民出版社，1988 年），頁 528；蕭登福，〈道教五方三界諸天「氣數」說探源〉，《成大宗教與文化學報》（2001 年 12 月，第 1 期），頁 97～118；王宗昱，《道教義樞研究》（上海：上海文化出版社，2001 年），頁 279；伍成泉，《漢末魏晉南北朝道教戒律規範研究》（成都：巴蜀書社，2006 年），頁 284～285。

人們製煉丹心的流程中，便佔據著難以動搖的先導地位，同時也是擴充、轉化身體意識之必然憑據，為各種修習行為所企圖歸返和印合的最高指標；反過來說，人們對於精神心靈的調養與澄明，也只算是被語言文字所穿透、後制於語言文字的活動而已。但超脫於現象世界的中層仙真，既可為經典的實踐者，亦可為經典的生成者；祂們一方面能越渡語言解蔽且遮蔽的雙向作用，直探萬物之本性（德），〔註3〕另一方面卻仍需借助語言，將所感所知呈示為可供學者稽索辨識的符號──此時意義（理）便以語言文字作為暫時性的寓所，視情況進駐其間，後者僅僅是達致前者的中繼點，隨時能被懸擱起來。

　　至於那些已經證悟了渾然統體的聖者，明白在有限自我之邊界消褪的混成狀態中，根本無從發生固定、膠著的概念，所謂內外相冥，實為語言文字與邏輯法則難以捕捉的景域。故聖者並不主動發聲，而是應隨著時機、應隨著他人的乞請及思考脈絡來引動各種型態的「權說」，〔註4〕因此難免需要藉由話論之相互抵銷、象喻之模稜點撥，甚或無示無識之沉默，來進行道的授予，所以對聖者而言，經典乃緣著眾生之疑惑而產生、又將緣著疑惑之開解而寂滅，「都不是具有確定的主體內涵或涉及終極本體的實說」；〔註5〕經典的

〔註3〕此處「道」與「德」的詮釋，以《老子》第五十一章為基礎，參考：唐君毅，《中國哲學原論（原道篇）》（臺北：學生書局，1986年），頁316～342。

〔註4〕張湛《列子》注曰：「至人之心，豁然洞虛，應物而言而非我言，即物而知而非我知」意同此理。

〔註5〕參考：錢新祖，〈佛道的語言觀與矛盾語（上）〉，《當代》（1987年3月，第11期），頁63～70，引文見頁70。此文原在解釋釋迦與維摩詰的用言，乃是以無明眾生的能說與可說為因緣的條件式存在。錢新祖比較道家與佛家言說裏的說話主體之意義結構：「佛家的言說，原則上也需要一個跟說話者自我相對的『他』才成為可能……莊子的『他』跟自我形成一個雙重性（doubleness），這種雙重性意味著，作為說話者主體的莊子本人跟其他說話主體的任何人之間，有一種相依相通相生相化的相互關係，這種相互關係有互惠性（reciprocity），也有互換性（exchangeability），這是為什麼莊子本人的話都不只是自我磨滅而已，也還是可以被其他任何人的話所取代……維摩詰本人的說話主體是緣由他人的說話主體而生，並且也是為了他人的說話主體而有，這種生和有沒有互惠性……這是為甚麼維摩詰有許多話都不是主動由己的話，而是被其他說話者的請求、念頭或話語所引發的……維摩詰和釋迦所要磨滅的不是他們自己的言說，而是無明眾生的言說，目的在破除無明眾生的我見」。儘管道教的語言觀深受道家影響，但對於出現在經典裏的最高說話主體（如《龍蹻經》裏的甯君、《劫期經》裏的元始天尊）之認知，卻與佛教較為接近，這自然牽涉到宗教與哲學立論的根本性差異，以及神聖性發言者與一般發言者所居位置的落差。

出口往往便是道的入口，棄絕語言文字既為抵達絕對真實的方法，也是必然的結果。但「應說」二字，恰好透露了聖者所傳達的並非紛淆無秩序的內容，仍是種有系統的思維構造；具指涉性的非說之說與渾然統體畢竟有著一線之隔。〔註6〕

表面看來，「離言」—「寄言」—「因言」僅是深淺不等的用語立場，其實背後縮結著全然不同的時空領域。《龍蹻經》詳細地論述：

> 言上聖傳道者，至道玉帝於龍漢劫時，應為天寶大洞聖君，上生玉清十二聖天，當傳聖道……。赤明劫時應為洞玄靈寶真君，次生上清十二真天，傳於真道……。上皇劫時應為神寶洞神仙君，次生太清十二仙天，傳於仙道……。

> 言中真傳德者，太易時傳授太帝君，太始時傳授天帝君靈陽子，太初時傳授太微帝君，太極時傳授太微天帝君，太素時傳授金闕後聖太平李真君、上相素童君、九玄帝君……。

> 言下界傳經者，應化法門十二等事：一者本文，三洞宣說；二者神符，奉宣告信；三者玉訣，示无疑難；四者靈圖，圖寫相好；五者譜錄，歷代授道；六者戒律，防非禁惡；七者威儀，庠序軌格；八者方法，修行節度；九者術數，隱景貴形；十者記傳，傳示學人；十一者讚頌，歌誦聖德；十二者章表，章請表奏。〔註7〕

此書將《老子》「道」與「德」兩者對舉及互諍的模式稍事變易，改而分立「道」、「德」與「經」三大範疇，使樣態穩定、具備確實形質，用來詮解抽象道德的典籍佔有一席之地，重新肯定了語言文字的價值；另一方面，典籍被安放在最低品序，彷彿與究竟義之道德割裂開來，語言文字因而成為不得不然的信息傳導方法，正延續了先秦道家與魏晉玄學對其效能的質疑。儘管各

〔註6〕《龍蹻經》裏的「離言」與「寄言」、「因言」相同，皆表示恆常的語言關係，故不包括某些冥契者偶然闖入、無法自主之語言癱瘓狀態。

〔註7〕《上清太上開天龍蹻經》，卷一，〈黃帝請問甯君訣〉，頁709。以下關於「三洞」引文見卷二，〈三洞通生元置品〉，頁714。以下「三境三界」句見頁709，「從生遷仙」句見頁716。除了《龍蹻經》以外，《太上洞玄靈寶法燭經》在解釋《老子》名義時，亦云：「道者，至理之自；德者，順理而行；經者，由通之徑也。……夫人學道，要當依法尋經，行善成德，以至於道」，同樣分成三個部份來說明，除了釐清「道」、「德」、「經」的前後關係，亦陳述人們透過「經」來達致「道」與「德」之必要性。

家道派、各部道經的觀點難免歧出，然《龍蹻經》一文嘗試貫上徹下的觀點，其實對魏晉南北朝道教之語言思維起著歸納的作用，同時也在有意無意間消弭彼此的矛盾，使重名、崇實兩方對語言的極端看法獲得整飭及融併。黃帝和甯君這場對話觸及了幾個相當重要的命題：第一、語言與宇宙創生的關係；第二、語言之階層及宇宙架構的劃定；緊接而來的，是對語言真實性之否允——前兩點關涉著世界秩序和歷史的開展；第三點則牽引出能指、所指合一(或參差)，乃至於認識如何成立等辯論，幾乎包羅了當時道教學者在這個領域的探討。

自先秦以降，各家諸子便嘗試貼近世界本質，開始對語言與真實間的隔閡進行省思。是故孔子有「予欲無言」之感慨，喟歎人們因為專注於傾聽語言，反而喪失了察知天理流行的能力，希望將門徒導向直接觀照外在物象與內在心靈的默識活動；老子云聖人「處無為之事，行不言之教」，目的在揚棄世俗一切紛紜、相對的名號，嚮往尚未被人為概念所框定之自然境界；莊子深諳話語傳達道與物所造成的障蔽，因此主張「得意而忘言」，借由陶鑄精神境界而將人們撥出知識的泥淖外；《呂氏春秋》從政治的角度考量各種說論遭到濫用和曲解所產生的負面影響，主張「舍言」來抗拒辭辯失序對語義的破壞。前述《龍蹻經》「聖者離言」觀點固然承襲了古代賢哲的看法，認為各種論議往往湮滅、掩蓋了萬有根源之旨趣，但更可能移植於佛教典籍中的語言哲學：在鳩摩羅什所譯《維摩詰所說經》裏，精彩生動地記載了十二位菩薩各自對「何為入不二法門」進行表述，其中文殊菩薩暢談「離諸問答」，終而又因維摩詰之沉默，翻然領悟「乃至無有文字語言」的戲劇化過程；北涼・曇無讖所譯《菩薩地持經》提出「云何知一切法離於言說」等問難，〔註8〕懷疑語言與語言指稱的對象物是否能夠完全相應，並探討世間施立的一切詞謂(如「色」、「受」、「想」、「行」、「識」……甚至「涅槃」等)皆無自性；而從梁、陳之間逐漸盛行的《大乘起信論》，切切追索「離言說相，離名字相，離心緣相」的「心真如」，〔註9〕那是沒有經驗內容差異，不需依靠音聲、文字、概

〔註8〕《菩薩地持經》(《大正藏》第三十冊)，〈菩薩地持方便處真實義品〉，頁894。此經於劉宋時，被求那跋摩翻譯成《菩薩善戒經》，唐代玄奘則將之翻譯為《瑜珈師地論》。參考：袴谷憲昭，〈離言(nirabhilāpya)的思想背景〉，收入：《駒沢大學仏教學部研究紀要》(東京：駒沢大學仏學部，1991年)，頁125～169。
〔註9〕真諦譯；高振農校釋，《大乘起信論校釋》(北京：中華書局，1992年)，頁17。

念及情識來詮解的整全之體。

　　總覽《龍蹻經》一文，語言關係被擺放於宇宙系統的脈絡裏，彰顯出各階存在品類之高低及悟道型態的區別。所謂「三境三界，通礙見殊。高聖下凡，悟有深淺」，各個階層對道及萬物本質接契的程度，與他們和語言的親疏恰成反比；語言的使用正是與道體有隔閡的象徵。聖者之所以能夠超離語言文字，是因為袖們位居的領域在獲取自然信息上流暢無阻，與道體也融釋於一，已經不需要語言文字作為交流媒介，但凡俗塵世未能免除主客二分的觀照方式，使得人們與認識對象之間必定橫亙著屏障，故語言文字便為進行溝通時不可或缺的橋樑。由此能夠發現，道教和傳統道家具有某種根本上的差異：舉〈知北遊〉為例，莊子藉「知」的問道之語來鋪陳「黃帝」、「狂屈」、「无為謂」三者與終極真際的分合，以主體精神深化之程度來決定境界的高低，因此，言、忘言乃至於無言，其實正反映了學者疏淪心靈的層次；但在《龍蹻經》裏，聖、仙真與人類各自處於不同的世界、擁有不同的意識，所以只得藉著不同的方式參贊道體──離言、寄言與因言雖然也繫之於聖、仙真及人類各自修為的差異，毋寧說更接近他（袖）們存在的條件──這種觀點比較偏向以境界來決定主體精神及其和語言的關係，〔註10〕很可能與佛教將「五道」、「六道輪迴」等概念引介入中國，促使宇宙體系更加嚴謹有關，是故道教的理論方向雖然不脫「境界形態」的形上學，其性格卻已經有了改變。〔註11〕

　　如果單獨將「離言」這一術語和傳統「無言」、「不言」、「忘言」、「捨言」

〔註10〕這並非意指魏晉南北朝道教不講究主體轉換的工夫，或者聖、仙真、人類所屬階級固定不變，只是境界決定論的傾向較強。比方《龍蹻經》認為人們經過種種鍛鍊，可以「從生遷仙，遷仙入真，遷真入聖，遷聖入道」，心靈修養到某種狀態，層級也跟著改換，並隨之呈顯某種相應的境界──身為人類雖無法不因憑語言，可是一旦跨入聖仙品級之後，即能無礙地進入物事的整體性，自然就能夠超離語言，擁有迥異於以往的存在方式。由顧歡〈答袁粲駁夷夏論〉亦能找到關於主體轉換的錄述，另外臺灣學者張超然認為上清經派「仙」、「真」之區隔意識，乃循以下脈絡形成：「由於命定的身份而獲得相應的修法；由於修行相應的修法而獲致相應的服配、境界與能力。……每個修法與它所對應的仙真品級有相應的關係，修行者在不同階級的學習過程中，逐漸了解不同階級的區隔性與差異性」，即揭示出一個主體不斷拔高的過程，而其所謂「服配、境界與能力」，都可呈現在語言的使用方式上。參考：張超然，《系譜、教法及其整合：東晉南朝道教上清經派的基礎研究》（臺北：國立政治大學中國文學系博士論文，1997年），頁29。

〔註11〕道教所說的道，同時也是創生的實體，兼具「實有型態」與「境界形態」兩個面向。

或「廢言」對照著看，〔註 12〕也可發現兩方對語言文字的預設並不一致：古代中國傾向將語言文字視為外在的表達工具，並且肯定人們擁有主宰語言的能力，故可於觸及物事本質以後將之卸除、拋棄；但「離言」概念下的語言已然糾結成一經緯綿密的羅網，是形塑了人們思維的龐大架構，因此超離語言乃意謂著超離原來的存在方式，而磨滅語言則意謂著磨滅眾生的無明，暗示了唯有聖者，才能夠產生非經驗、非主觀詮釋性質的領略——人們總是在語言之內，所謂「離言」幾近於一種虛懸的理想。

關於語言不可能完成對終極真際之指義的看法，道教大抵上與傳統道家有相當程度的共識，認為道體為一切存在的起始，超越了時間與空間、感官經驗與邏輯概念的範疇，故難以命名或賦予任何述詞。《老子》首章已明確地否決掉被論說、稱謂所定型的非恆常之理，而《莊子·天地》裏的寓言亦推翻了各種不同層次的展現形式：

> 黃帝游乎赤水之北，登乎昆侖之丘而南望，還歸，遺其玄珠，使知索之而不得，使離朱索之而不得，使喫詬索之而不得也。乃使象罔，象罔得之。黃帝曰：「異哉，象罔乃可以得之乎？」〔註 13〕

博誌的「知」、明察的「離朱」與善辯的「喫詬」，均無法為黃帝尋回那顆象徵道體的玄珠，惟獨無心的「象罔」達成了任務；如果勉強將「知」—「文字符號」、「離朱」—「圖象符號」與「喫詬」—「口語符號」一對一地連結，那麼這個寓言顯然不認為從智識中產生的表意工具可以幫助人們掌握到真實，甚至連拾掇到那道理的機會都沒有。道教典籍如《龍蹻經》云「至道无象，无形无名」、〔註 14〕《太上洞玄寶元上經》闡揚「常住非名言所盡得，常住由於名言，名言非常住之體」等，〔註 15〕基本上只是《老》、《莊》既有思考的延續，而時代稍早的葛洪於《抱朴子》曰：

> 道者，涵乾括坤，其本無名。論其無，則影響猶為有焉；論其有，則萬物猶為無焉……隸首不能計其多少，離朱不能察其髮髴……強名為道，已失其真。況復乃千割百判，億分萬析，使其姓號至於無

〔註 12〕王弼《論語釋疑》中即有「修本廢言」之語。

〔註 13〕此處「知」意謂著心智，其內涵應該可以包括文字、語言以及一切形聲符號，這裏以對號入座的方式陳述，主要是便於解釋。

〔註 14〕《上清太上開天龍蹻經》，卷一，〈黃帝請問甯君訣〉，頁 710。以下「從本降跡」句見頁 711。

〔註 15〕《太上洞玄寶元上經》（《正統道藏》第十冊），頁 626。

垠，去道遼遼，不亦遠哉？〔註16〕

強調原來極為寬闊的道體在名號制定下，即產生縮減、變異的現象，倘若經過語言解釋，更會被詞彙及文句一次又一次地割裂；人們期盼利用精密的指謂來認識真實，卻反而被帶離了真實，更加無從參透道的本質。

此外，《太上靈寶元陽妙經》通篇對無常與真常、有為諸法與無為道性詳加比較，駁斥世俗以歸納、類推的方式所求得的乃是虛假的永恆，真正的永恆不可能藉由眼耳器官、思惟意念來界定。文中舉例說明語言只會將試圖表達的意義朝後遷移，人們往往在摹擬常道的過程裏丟失了常道：

> 如生盲人不識乳色，便問他言：「乳色何似？」他人答言：「乳色白如貝。」盲人復問：「是乳色者如貝聲邪？」答言：「否也。」復問：「貝為何似邪？」答言：「如稻米味。」盲人復問：「乳色柔軟如稻米味邪？稻米味復何所似？」答曰：「如雪。」盲人復言：「彼米味者冷如雪邪？雪復何似？」答言：「猶如白鶴。」……是生盲人雖聞是譬喻，終不能得識乳真色。〔註17〕

這一譬喻顯現人們為了捕捉某個意義，因而使用不同的語言文字相互解釋的連串追蹤行為。表面看來，每個語詞似乎彼此遞補缺口，但它們全都無法構得著物事的本然面貌，反倒干擾了原先嘗試掌握實相的初衷，使觸及意義核心之鵠的一再地推遲延宕，甚至完全迷失於沒有盡頭的連鎖活動裏。另如《丹水飛術運度小劫妙經》云：「故自言生名，異流種類相乘：高者居其上，下者還其底，大者反歸止，一元為其圓……」亦有類同含意，〔註18〕語言文

〔註16〕《抱朴子內篇》（《正統道藏》第四十七冊），卷九，〈道意〉，頁 687。

〔註17〕《太上靈寶元陽妙經》（《正統道藏》第十冊），卷二，〈聖行品下〉，頁 138～139。此部經典被證明抄襲《大般涅槃經》與《妙法蓮華經》，上述語言概念其實應該屬於佛教，但亦可說當時道教也接受了這個看法，故本篇論文仍用來作為案例。參考鎌田茂雄：《中國佛教思想史研究》（東京：春秋社，1968 年），〈附錄〉，頁 1～170。關於此書年代，《道藏提要》認為是隋唐前作品，*The Taoist Canon*、王卡皆認為是出現於六世紀的道書，而劉屹從內容判斷其成書應早於西元 570 年，與北朝《太上妙法本相經》關係密切。參考：Kistofer Schipper and Verellen Franciscus eds. *The Taoist Canon*, pp. 244~247；王卡，《敦煌道教文獻研究——綜述‧目錄‧索引》（北京：中國社會科學出版社，2004 年），頁 116～117；劉屹，〈從九仙到十仙——六世紀北方道教仙道理論的建構與特色〉，收入《第一屆道教仙道文化國際學術研討會論文集》（高雄：國立中山大學，2006 年），頁 126～127。

〔註18〕《洞玄靈寶丹水飛術運度小劫妙經》（《正統道藏》第十冊），頁 25。

字雖然能扣準物事之部份特性，卻無法完整地解明，結果只是創造出不斷累積的表述方式而已。《老子》一書多次強調道體茫漠不可致詰，第二十五章云「吾不知其名，字之曰道。強為之名曰大。大曰逝、逝曰遠、遠曰反」，便已經生動地呈示出語言文字對終極真際的無窮試探；「大」作為不可說之道的能指，同時也是「逝」的所指，而「逝」又為「遠」、「反」……的所指，故語言文字雖汲汲追逐著意與道，卻只引得語詞的漣漪不斷地向外擴散，未必就會一步步地朝它的目標趨近。由此亦可證明人們為了解釋世界起源的奧妙，總不停地製造出數量遠超於所指之物的能指，儘可能對宇宙萬有提出周詳的闡釋，但這種拼合的努力其實就是知識潛在的危機。

　　《西昇經・為道章》也認為語言文字很可能篡奪真實的鋒芒，向人們提出懇切的告誡：「學之徇異名、析同實。得之契同，實忘異名」，〔註19〕所謂「學」即是以語言文字把純一變為駁雜，持續地將自然母體分化、拆解的過程；在這個過程裏，如果不對語言文字保持幾分警覺，留心詞辯本身會相生相殺，更可能對意義產生反噬，很容易就被表面的符號所攫取，陷落於名理編織出來的擬真狀態中動彈不得。〈深妙章〉認為：

> 經非不達，終有虛實。言有必無，子未能別；言無必有，子未能
>
> 決。〔註20〕

人們按照典籍的指示對至道進行索隱時，經常忽視了語文符號並非是種完善的表述形式，難以直接將原來想遞送的旨趣毫不保留地攤開給讀者知曉：語言文字一旦揭露了道體那生生不已的微向性，便會將其靜定寂滅的幽闇面給隱匿起來；相反地，當語言文字將道體卓拔於萬物之上的獨立性揚舉起來，勢必掩蓋住它周行不殆的無窮妙用。《西昇經》提醒學者，詮釋不能以字詞作為唯一的依據；在典籍內部，語文光照所不及處，埋藏著豐厚複雜的意義夾層，這意義的總和雖可與終極真際相連結，卻衝破了經驗世界之思維模式及語文符號框束出來的概念。是故〈道生章〉云：「所字非字，乃知其識」，深刻

〔註19〕《西昇經集註》（《正統道藏》第二十四冊），卷四，〈為道章十八〉，頁563。《西昇經》雖極力闡述擱置語言文字的必要性，卻也沒有忽視它們對人們進悟真理的幫助，所以〈善為章〉才有「善為書術者，必綏其文；善論達其事者，必通其言。勉而勤之得道矣」的看法，強調真正的問題其實在人們對語言文字的鑑識能力不足。

〔註20〕《西昇經集註》，卷三，〈深妙章〉，頁557。以下〈道生章〉「所字非字」句見頁540。

的識見總在語言文字之外，而物事的本質又在任何識見之外，因此唯有體認言說和書寫僅僅是摹道、原道的一項技術，必須先支離、穿透或遺忘之，然後才能夠由技進道，與真實接契。此與僧肇〈答劉遺民書〉「夫言談之興，異途之所由生也。而言有所不言，跡有所不跡。是以善言言者，求言所不能言；善跡跡者，尋跡所不能跡」的觀點類同，〔註21〕皆慮及語文符號所構造出來的「知」，不但會遮止更寬廣的未知領域浮現，甚至誘導人們朝著錯誤方向前去，是故關於「道」、「真理」的種種論述，看似為人們提供了追尋終極境界的明確路標，其實本身即已形成無數個蜿蜒曲折、難以突破的抵達之謎。

《太上靈寶元陽妙經》既然運用了「生盲」如此極端的譬喻來形容求取道意的困難，強調人們嘗試掌握終極真際時，便已存著某種先天性殘缺，也就等於間接地承認了凡俗無法不仰賴語言來理解實在，但只要運用語言，必定與道意有所扞格之尷尬處境。《太上洞玄靈寶開演秘密藏經》闡述得更為明確：「本對於末，因待假名。稱為物始，用涉能生」，〔註22〕認為超思辯、超時空的「無」雖獨立於名相的詮釋以外，然為了使人們照見宇宙妙理，只好藉由稱謂之設定來作引導。不過「無」一經設定稱謂以後，又立即附著上形聲以及地理歷史的質性，而墜落成可議可論的「有」，這是由於人們恆處於生命繁衍、萬物流變的狀況，恆處於「末」的世界、「假名」的世界，所以僅能在具體的範疇中進行理解的緣故——此處十分清晰地把道與語言置放在不同的層次，同時也釐定出人類思維的邊線。至於《龍蹻經》則深切地體認到塵世與語言文字盤根錯結的關係，轉而思索指義活動如何成為形上、形下兩界會通的依據，故云：「從本降跡，普植形神，因无名立有名，寄有名詮无名」，

〔註21〕僧肇，〈答劉遺民書〉，嚴可均編，《全上古三代秦漢三國六朝文（五）》（臺北：世界書局，1982年），《全晉文》，卷一六四，頁4。僧肇認為語言文字的危機源於符號不能幅括無限而精微的終極真際，但並未全盤否決語言文字的功能，且肯定理想讀者可以探詢到語文符號未能言明的空白處。《西昇經》思考的範圍則再寬泛些，「經非不達，終有虛實」的「虛」與「實」，除了討論語言文字會同時對道體產生開顯、閉歛的作用，同時也涉及盡意與不盡意、假諦與真諦之間的辯證。另外，語言文字是組成書籍、經典的必要元素，但《西昇經》對前者投以不信任的眼光，卻認為後者具有通達道或意的效力，語文與書籍、經典的價值乃產生巨大的落差，這是因為語文僅為破碎片斷的單元，而書籍、經典必然構成完整自足的系統，可說是具體而微的道，有其內在一以貫之的生命肌理，故能統合所有物事的相對性，不會發生「言有必無」、「言無必有」這樣顧此失彼的狀況。

〔註22〕《太上洞玄靈寶開演秘密藏經》（《正統道藏》第十冊），頁91。

語言文字雖不能使人們溶浸於真實，卻可幫助人們發現真實；或者說，把真實帶進人們的意識裏——從傳統道家的觀點看來，這「發現」本身就將人們從真實中拖扯出來，即使剝褪了語言文字（忘言），終究也只能似道，而不能符合於道；〔註23〕但道教學者並不完全從終極境地的角度來思考，他們退居於存在者的立場上，有限度地肯定語言「發現」之功，儘管這種肯定仍屬一種自我否定的肯定。〔註24〕

依此思路前進，便可解釋人們為何必須安頓於「經」這一信仰的形式：由於典籍在最初的冶鍊裏，具有難以磨滅的崇高價值，倘若只專注於這個現象界，將此世以外的超自然領域標上括弧、存而不論，那麼在人們蛻變為聖仙真之前的任何修持功夫、任何履踐，以及一切必須要透過語言文字才能夠彰顯的「道」與「德」概念，乃至於各種消解語言本身意義之至言理論，全都只能被包覆於典籍內，故整個凡俗塵世可以說是依違著兔蹄魚筌而成立的。楊儒賓於〈卮言論：莊子如何使用語言表達思想〉一文裏，提出可以從《莊子》全書歸納出三種實在，各自對應不同的心靈、知覺與溝通形式：

> 一種是終極實在：此實在是超越時空、雜多、變化之最終實體；一種是氣化實在：此實在落於時空，但主客體都溶在一種前結構的一氣之化的流行中；第三種是曲成實在：此實在意指有時空、變化、雜多及人文世界（亦即社會）的實在。〔註25〕

〔註23〕〈知北遊〉一文裏，黃帝回覆知的問題：「彼无為謂真是也，狂屈似之，我與汝終不近也」，便清楚地說明了這種弔詭，同時也將遊於氣的忘言境界與冥契為一的無言境界作出分判。由此可以聯結另個問題，即莊子「忘言」與王弼「忘言」在兩者理論中的位序並不相同：莊子認為「忘」只是「無」的擬態，與道仍有一定的差距；王弼的「忘」顯然有克服、超越的意義，是人們歸返於無限的必要經歷，故忘言即進道。

〔註24〕由此亦透露出魏晉南北朝道教已不再視人類之蒙昧無知為正向的天真，因為無論如何懵懂的人類，也不得不受語言與社會文化的宰制；在宇宙觀複雜化及聖仙真的對比下，「人」這一階次的定義變得較為狹窄許多。

〔註25〕楊儒賓，〈卮言論：莊子如何使用語言表達思想〉（《漢學研究》，1992 年 12 月，第 10 卷第 2 期），頁 122～157。引文見頁 153～154。楊文原以「無言」—「無言」—「卮言」之理想語言模式來對應三種實在，強調「完整的理解應當將語言的呈現追溯到前語言的向度，將言說的溝通囊括進非言說的範圍」，認為莊子的語言觀融貫有無，其間設定的宇宙乃為綿延不斷的時空、超時空，而三層實在主要展現於心靈縱深的變化上。至於本篇論文所云「離言」—「寄言」—「因言」階次，則顯示三界各自的語言關係而非理想語言模式，如此便構造了一幅神在天上、人間平安之嚴密秩序，無法慮及莊子那種由「曲

在道教學者的認知裏，擁有絕對常心的聖者、遊觀之心的仙真與分別之心的人類，原已處於不同層次的世界，而「離言」─「寄言」─「因言」序列正勾勒出進入此三種實在的語言模態；既然人類無法不透過語言來理解，那麼就只能在語言規則中求取精神的最大自由，只能曲成地證悟道體。

「寄言」與「因言」兩個階次，都把語言文字當作探索真知時無法盡捨的物質性觸媒，前者旨在說明聖仙真為何沒有從知識版圖上完全撤退的緣故，同時也涉及祂們怎麼啟蒙下界的方法；後者則刻劃出人類如何從自我存在的困境中調適上遂，竭其所能地覓求一條通往道與德的途徑。陶弘景〈吳太極左仙公葛公碑〉便對「寄言」概念加以推擴：

> 道冠兩儀之先，名絕萬世之始者，故言語所不得辯，稱謂所未能筌焉。云何以文字述今？云何以金石傳古？其遂休也，則日月空照；遂默也，則生人常昏。是故出關導以兩卷，將升摛其五文，令懷靈抱識之士，知杳冥之有精焉。〔註26〕

此段話語涉及了「聖人莫肯致言」之信念的矛盾，這是魏晉玄學「有」、「無」辨難裏的重要命題。王弼曾云：「聖人體无，无又不可以訓，故不說也。老子是有者也，故恆言無所不足」，〔註27〕認為泯於道者必不言道，故《道德經》之書寫，適足以成為老子非聖的反證。然而陶弘景認為道是一種最基源的隱蔽，既超越了任何語詞，卻也絕非靜穆緘默所能涵蓋，故言與不言、著染與留白，皆未能將之賅詳周備地演繹出來。比方老子雖云善為道者微妙玄通、深不可識，但在他從中土遁逸之前，終究還是選擇了撰寫五千文，作為留給關尹喜、留給未知讀者的思想贈遺；而葛玄將要尸解以揚昇至仙界時，也勉

成實在」往上昇向「氣化實在」、「終極實在」，接著再逆轉下返的「雙迴向滲透」。

〔註26〕《華陽陶隱居集》（《正統道藏》第三十九冊），卷下，頁769。陶弘景於〈許長史舊館壇碑〉云：「悠哉曠矣，宇宙之靈也，固非言象所傳，文迹可記。然則後之人奚聞乎！含吐萬有，化育群生，本其所由，義歸冥昧。至於形域區分，性用殊品，事限觀聽，理窮數識者，倘或可論」，同樣把道物兩境劃分為不可說與可說，儘量替語言文字對現象界的詮解爭取正當性。

〔註27〕《三國志》（北京：中華書局，1997年），卷二十八，〈鍾會傳〉裴注引何劭〈王弼傳〉，頁795～796。另如周顒〈重答張長史書〉記載：「王何舊說，皆云老不及聖」，郭象〈莊子序〉評斷莊子「未始藏其狂言……與夫寂然不動，不得已而後起者，故有間矣」，皆以論述的產生來懷疑書寫者的精神境界，認為他們只能在智識上觸知無為之境，無法渾化其間。參考：牟宗三，《才性與玄理》（臺北：學生書局，1984年），頁119～125。

力鋪敘《洞玄靈寶五符》等經書來提點後世學者──老子、葛玄並非無法將道或德充盡地體現於生命中，但他們都顧慮到人類被自身的存有所拘綁，只能借助語言文字來窺探世界真貌的需求，因此對語言文字的運用，其實就象徵了聖仙真度化塵世的悲願。〔註28〕另外如南朝宋陸修靜云：「夫大道虛寂，絕乎狀貌，至聖體行，寄之言教」、〔註29〕《開演秘密藏經》亦明確指出：「夫正道者，真實之相，非言語法之所能宣。今言道者，寄言顯示，令得悟入」，〔註30〕至唐代《上清五常變通萬化鬱冥經》則記載太上大道君開示：「空常者，天地之至名，而謂之無名；混而為一；是為有名……既運輔弼為視聽，倚光景以通真，尊稟之以致治，學者御之以致仙，使有心者求之於無測，因復名之為有名」，〔註31〕都替聖仙真的發言提出辯護，認為其論說只是順應了時空變動及世界分化的結構，順應了人們那使深沉的宇宙奧祕顯形之深切呼喚；由此可見，聖仙真的語言乃紮根於非語言的層次上，與道、與德均能契合，從而呈現為各種不同性格的啟示錄。「寄言」概念可謂道教學者對魏晉玄學觀點的答覆，嘗試由收受主體的極限、聖人迴真向俗之宗教情懷等角度來開解這一衝突，語言思維遂成為救贖論的引申及變相。〔註32〕

　　然而「寄言」並非道教專屬的概念，它依附於魏晉南北朝流行的「言不盡意」論述底下，一則提撕了各種語文符號之暫時及權宜性質，二則指明人們在索求真實的漫長過程裏，為何無法從假託、借寓語文符號這條徑路脫逃的因素。王弼《周易略例‧明象》云：「言生於象，故可尋言以觀象；象生於

〔註28〕《真誥》〈運象篇〉云：「寓言必可用，不用是無情」，更直接地點出聖仙真用言時，與眾人同溺的賑濟意味。

〔註29〕《陸先生道門科略》（《正統道藏》第四十一冊），頁728。陸氏撰著《洞玄靈寶齋說光燭戒罰燈祝願儀》也強調聖者傳授經教是為了「使未聞者聞，未知者知」，都寓含「寄言」的思考於其中。

〔註30〕《太上洞玄靈寶開演秘密藏經》，頁93。隋代《本際經》也有近乎相同的文句。

〔註31〕《上清五常變通萬化鬱冥經》（《正統道藏》第十冊），頁50。

〔註32〕有關言說、聖者覺悟與終極真實三者間的繆葛，錢新祖〈佛道的語言觀與矛盾語〉一文作了頗為精詳的解釋：老子的言說並不直接涉及道的自身存在，而是間接通過與「德」及宇宙萬物的比照來呈現，說了等於沒說，故不違反「道可道非常道」之神秘懷疑禁忌；莊子的言說則直接涉及終極實體之「道」的自身，是對於道的一種模做，然他的「言」、「默」可以相互磨滅、轉化，故其「言」可以說是「未嘗言」，而其「默」可以說是「未嘗不言」；至於維摩詰和釋迦的言說，皆非具有確定主體內涵的實說，隨他人起滅，所以和「默」沒有兩樣，亦不悖逆「無有文字語言」的智慧。

意，故可尋象以觀意」，即肯定語言具有指引人們復歸於整全之道的功能；
〔註33〕而向、郭注《莊》曰：「夫莊子推平于天下，故每寄言而出意」，也承
認先哲不得不經由語言來透顯萬物如其自如之存在。〔註34〕向、郭提及莊子
寄言之處甚多，例如〈逍遙遊〉「堯治天下之民，平海內之政，往見四子藐姑
射之山，汾水之陽，窅然喪其天下焉」這個段落的注釋：「四子者蓋寄言以明
堯之不一于堯耳」，即為典型例證——向、郭注裏的「寄言」一詞，後方經常
跟隨著「以推」、「以明」此類字眼，表面看來，似乎徹底地逆溯莊子之意，卻
總抉發出不拘於文本的創造性詮釋，「推」、「明」等語正暗示著他們認為《莊
子》一書含有莊子未及揭示（unsaid）之處，故向、郭的「寄言」其實更接近
一種特殊的敘述策略或文學技巧，展演出來的「意」往往抗拒著表面的「言」。
如果與道教學者的思考相比較，那麼道教學者所云之「言」，是朝著道、意中
心前去的必經步驟，重視彰顯開敞的能力；而向、郭注所云之「言」僅是一個
認識的支點，強調與道、意之間隱晦的扭曲關係，充滿著離心的可能性。除
此之外，佛教學者如支道林〈大小品對比要鈔序〉一文講述：「至理冥壑，歸
乎無名……苟慎理以應動，則不得不寄言」，〔註35〕僧肇〈般若無知論〉則謂：
「無名之法，故非言所能言。言雖不能言，然非言無以傳，是以聖人終日言
而未嘗言」，都肯定在進入本體論向度的「悟」之前，需要通過認識論向度上

〔註33〕樓宇烈，《老子周易王弼注校釋》（臺北：華正書局，1992年），頁609。又如
《老子指略》雖極力闡發「崇本息末」之旨歸，但文中仍閃藏了「四象不形，
則大象無以暢。五音不聲，則大音無以至」這樣的訊息，認為本無是在各種
具體的印跡中實現的。參考：蔡振豐，〈嚴遵、河上公、王弼三家《老子》注
的詮釋方法及其對道的理解〉，收入：楊儒賓主編，《中國經典詮釋傳統（三）
——文學與道家經典篇》（臺北：臺大出版中心，2004年），頁295～323。

〔註34〕郭象注，《莊子》（臺北：中華書局《四庫備要》據明世德堂本校刊，1982年），
卷七，〈山木〉，頁15。「四子者」句見卷一，頁8。除本文所舉之例，另如「藐
姑射之山，有神人居焉，肌膚若冰雪，綽約若處子」注曰：「此皆寄言也……
夫聖人雖在廟堂之上，然其心無異於山林之中……今言至德之人，而寄之此
山，將明世所無由識，故乃託之于絕垠之外，而推之于視聽之表耳」；〈山木〉
「入獸不亂羣，入鳥不亂行，鳥獸不惡而況人乎？」注云：「蓋寄言以極推至
誠之信，任乎物而無受害之地也」，也都提及「寄言」。郭象認為莊子舉用的
聖者行迹看似止於無為，然背後的精神卻不滯於冥；所寄之言本身雖為不圓
融的話語，但作者試圖傳達的卻是體用雙全的境界——郭象認為自己肩負了
代替莊子將「言」之稜角磨合、將「言」缺陷補足的任務，讓圓融的意義獲
得開顯，故其所謂「出意」同時也是理想讀者的職責。

〔註35〕支道林，〈大小品對比要鈔序〉，《全上古三代秦漢三國六朝文（五）》，《全晉
文》，卷一五七，頁6。僧肇〈般若無知論〉句見卷一六四，頁6。

的「知」，排遣名相必須以名相之利用作為先決條件，由此可見「寄言」概念已悄然於當代「離言」的主旋律下，發揮著巨大的影響力。

追究道教語言觀產生的思想背景，可與魏晉南北朝流行的迹／冥、體／用圓融理論相會合。〔註36〕「離言」—「寄言」—「因言」三個階層看似分解地為說與非說列出高低優劣之序次，卻不表示道教學者執意剔除語言文字；其最終目的乃在消化一切封限，而使萬物萬事皆歸根復命，所以能夠肯定在離言、寄言與因言等各種情態中呈現的任何修行法門。故人間界所遵循的玉訣、靈圖、戒律等等，就如同老子那違反了邏輯形式之若反正言，如同莊子那已被書寫成章的巵言、重言及寓言，都是可以明道示道的聖賢行迹，即使它們在表現上，和三清所傳授的宇宙奧義有著或頓或漸、或秘密或不定的差別，但均為幫助人們上達於道的路引。《洞玄靈寶本相運度劫期經》解題時云：

> 本相者，經號稱耳。何以故？本者，道教開敷，啟曜聖藝，踐起法場，流通之始，故稱之曰「本」。相者，道法開闡，像教眾生，形踐三界，光明振輝，十方眾生，得蒙威相之功，故稱之曰「相」。二名肇建，開張之首，一切萬真，莫不宗受，得道之本，成就之始，故稱之曰「本相」。〔註37〕

在這裏，「經」既是原初的「本」，也是生滅流轉的「相」，既證法性又證煩惱，但同時也說明了「本」與「相」、法性與煩惱之紛然難辨。至唐代撰作而出的《上清三尊譜錄》借虛无真人之口，敘述其師金明如何從元始三尊之處領受真經時曰：「若取其妙體，終無二也，實稟自然而然哉，復何師友於已乎！歸則一矣，應則數矣」，〔註38〕認為此乃因應運會之變，道與理、有與無、授與受其實為一體兩面，而聖者的形貌言行、神通變化，乃至於存在本身，也可以是無所牽累的跡象，與天之玄德渾然不分，強加區判只會落於虛妄。

另外，《太上洞玄靈寶開演祕密藏經》記載太上大道君與太微帝君討論道身、生身之同異云：「若假名字，亦有亦無：不離本故，故名為無；眾生見故，故名為有。更非別體，故名為無；有實利益，故名為有」，〔註39〕以「道身」

〔註36〕關於魏晉玄學體用一如之概念，湯用彤《魏晉玄學論稿》、牟宗三《圓善論》等書皆有精闢論述。

〔註37〕《洞玄靈寶本相運度劫期經》（《正統道藏》第十冊），頁17。

〔註38〕《上清三尊譜錄》（《正統道藏》第五冊），頁6。

〔註39〕《太上洞玄靈寶開演祕密藏經》，頁93。以下「或時說有」句見頁94。道教此類觀點亦深受佛教影響。參考：釋心宏〈論龍樹的二身觀與天親的三身觀

象徵言語道斷、心行處滅的絕對真實，也就是融釋一切之清靜無差別狀態；以「迹身」或「生身」代表聖者因為憐憫苦難的濁世，依隨各種情況而變現、降世的樣相，意謂著聖者所表露的一切形名，雖是各種暫時性條件的聚合，仍能與浩瀚深遠的終極真際相接契。這些話語，與王弼及向、郭所綜括的理論相仿，均「推翻了純然反對俗迹和『名者實之賓也』那一往不返的貴實賤名的論調，轉而更深入地將『迹不離本，本不失迹』的理念輾轉引申，一則承認無言的先決條件，二則注意到表象的不可泯……迹與冥，外象與內德便能辨證地建立相待性而互惠互存」，〔註40〕在此類思想支持下，「道」、「德」與「經」之關係於焉形成一種詭譎的相即──由道生經、由經證道；道不捨經，經不違道──如此便能說明魏晉南北朝道教典籍的地位何以揚昇。

　　道教學者對聖賢和眾生之間動態的交叉作用投注更多關懷，除了強調本／末、體／用的通透圓融外，又云：「或時說有、或時說空，或時說常、或說無常……前後異說，不得一時」，〔註41〕以任隨機緣、任隨時空條件而發的言談來開解「道」、「德」與「經」的衝突，於是「寄言」乃成為道教語言思維之中央樞紐，往上能夠連結「離言」的逍遙境界、往下能夠貫串「因言」的相待畛域。由此我們可以理解，道教其實未曾嚴厲激進地摒棄語言文字，「離言」之「離」並非絲毫不留餘地的切斷、堵塞或封鎖，更沒有廢黜語言文字的意義；如果借用牟宗三的說法，則「離」是作用上的超離，而非對語言文字實有上的解離。值得一提的是，佛教、道教這類看法，無意中反襯出魏晉玄學在盡力揉泯儒道兩家思想時，所忘記擦拭掉的一道裂痕：當人們歸結出「老子是有者也，故恆言無所不足」、「（莊子）未始藏其狂言」、〔註42〕「然聖已極照，反創其迹；賢未居宗，更言其本」之類的評斷，〔註43〕以「論道與否」作為判定孔子、老莊之地位高低的基據，彷彿宣告了聖者雖可將至道踐履於

之差異〉，收入：《宗教與心靈改革研討會論文集》（高雄：道德院，1997 年），頁 60～96。

〔註40〕王建元，《現象詮釋學與中西雄渾觀》（臺北：東大圖書公司，1992 年），頁 221。關於道家圓教理境之意趣，參考：牟宗三，《圓善論》（臺北：學生書局，1985 年），頁 280～305。

〔註41〕《太上洞玄靈寶開演祕密藏經》，頁 95。類似觀點亦可見《龍蹻經》、《元陽經》等。

〔註42〕郭象注，《莊子》，〈莊子序〉，頁 1。

〔註43〕姚思廉，《梁書》（臺北：宏業書局，1974 年），卷五十一，〈處士列傳·阮孝緒〉，頁 740。

種種有形的跡象，他們能具五情、能施禮教、能心懷山林而身處廟堂之上，但就是不可以言說道體──闡述真實竟然變成聖者無可逾越的一項禁忌，語言文字遂被排除於迹與冥之外，成為一畸零的絕對人工物，卻也透露它在玄學中的獨特地位。〔註44〕

倘若將魏晉南北朝道書裏的觀點稍作盤整，則可看出道教學者面對語言文字的態度是較為妥協而世故的：他們察覺到，即使再簡短的話語都無法企及最終端的虛廓幽靜，而辯證性再強的論談都模仿不來瞬息萬變的大化流行，因此乾脆選擇了停息、棲止（寄）於權宜的定見之上，等待著聽閱者自己從這些定見中破繭而出。這或許能夠用來說明，為什麼道教學者雖仍繼續使用隱喻、寓言和詩歌等元素，甚至自己製造新的神話來表現其體會的宇宙法則，卻不再著意以假借形象（figurative）之手法代替直陳（literal）的敘述形態來構成篇章，不再努力尋求微言、卮言、狂言或「言無言」那樣理想的用言方式──因為他們徹底領悟了凡俗塵世並沒有真正完美的話語；即使有，一旦被未臻真實之境的人們接收以後，依舊於主觀意識中呈顯為破碎的信念，甚至墮降為一種執念，所以與其講究如何「寄言」，倒不如關心如何「出意」，〔註45〕儘量將道體之幽微、各種話語底部的精蘊，化暗為明。假借形象也好，直接陳述也好，既然都是語言文字的構設，就只能傳達減縮、變異之後的物事，但那仍是人類所能掌握的唯一真實。

職此之故，道教學者時常挪動、改寫《老》、《莊》二書裏的文句，使傳統

〔註44〕依此也可解釋《列子》一書開首所蘊藏的特殊用意：「子列子居鄭圃四十年，人无識者。國君卿大夫眎之，猶眾庶也。國不足，將嫁於衛。弟子曰：『先生往无反期，弟子敢有所謁；先生將何以教？先生不聞壺丘子林之言乎？』子列子笑曰：『壺子何言哉？雖然，夫子嘗語伯昏无人，吾側聞之，試以告汝……』」，這一段落敘述列子學生向老師請求教誨，詢問太師壺丘子所傳的特殊言論，而列子極力否認他曾從壺丘之處得過任何妙論，接著以壺丘對伯昏无人所說的話語相告。在這裏，角色如何收發話語，成為他們各自境界的觀測點：壺丘、列子不主動闡釋道體，但面對平凡的眾人仍有可能適時提撥；作者藉著列子只是「側聞」來點出他高於眾人一等，並透過引用壺丘之語的行為，規避了列子論道行為與道的衝突。

〔註45〕「寄言出意」等論點顯示魏晉南北朝是一個讀者意識較為昂揚的時代。此外，贊成直接陳述者如葛洪，對先秦道家多所批判：「又五千文雖出老子，然皆泛論較略耳。其中了不肯首尾全舉其事，有可承按者也……至於文子、莊子、關令尹喜之徒，其屬文筆，雖祖述黃老，憲章玄虛，但演其大旨，永無至言……」，這種偏見一方面來自成仙之強烈目的，另一方面則關乎在語言認知的改變下，由幽隱轉為簡捷之不同行文方式。

經典和新興的語言觀念相牽合，例如《丹水飛術運度小劫妙經》記載大羅真人云：「道可言，道非可常論。記言為名，亦可非名」，〔註46〕將《老子》首章「道可道，非常道；名可名，非常名」中增入數字，以弱化原文中對「言」、「名」之不信任感，全段話語的重心亦跟著轉移，搖身而變為對詮釋行為（論）裏，稱謂不斷地切分蔓延的中性描述，認為人們可對道體作一定程度的繪敘，只是不能漫無節制地加以探討，正呼應前後文「數空造虛，其號難窮」、「自言生名，異流種類相乘」之看法。北周宇文逌〈道教實花序〉曰：「可道非道，因金籙以詮言；上德不德，寄玉京而闡說」，〔註47〕在《老子》反對言說的詞句之後，嫁接了幾近相反的因言、寄言觀念，於是先天地而生的混成胎元，就經由各種圖文的引介，被換成玄經閟籍裏「可得而談」的概念及教旨，說明道體無論怎麼呈顯，都必然落於語言的範疇。

第二節　序列之二：天文—地文—人文

　　從前述《龍蹻經》引文裏，能看出宇宙各層的啟動都與道之傳授息息相關，「傳授」這一行為敞開了新的時間與新的空間，故云「三洞尊經，上生三境」、「三洞降德，為天人之生」，〔註48〕可以說，世界之擘建、天地之造化乃是伴隨著語言活動而來的。經文內的「三洞」，有時用來指稱較寬泛的教義，有時用來表示載錄教義、已然寫定的道教典籍，並未作明確釐清：〔註49〕當

〔註46〕《洞玄靈寶丹水飛術運度小劫妙經》，頁 25。後文所謂「中性」，是相對於老子原書對「名」的負性觀點而發的。此部道經的語言觀念應屬於「天文—地文—人文」序列（詳見下節），因此未出現關於語言文字的批判。

〔註47〕宇文逌，〈道教實花序〉，《全上古三代秦漢三國六朝文（九）》，《全後周文》，卷四，頁 7。

〔註48〕《上清太上龍蹻經》，卷二，〈三洞通生元置品〉，頁 714。

〔註49〕關於「三洞」一詞，小林正美經由《九天生神章經》序之前半部與《三皇經》的對照，判斷它所指涉的涵義隨時代而推移，例如《九天生神章經》即以「大洞」、「洞玄」、「洞神」作為玄元始三氣的表徵，並非一開始便是道經的總稱。參考：小林正美，《六朝道教史研究》（東京：創文社，1990 年），頁 222～230。《龍蹻經》裏的「三洞」具有多重意義，基本上以「道義」統納「道經」，但從「三洞流布，九氣結形」上下文來看，也可發現其中含帶「道氣」之意。另外，陸修靜《三洞經書目錄》將典籍分為洞真、洞玄、洞神三部，其中「洞真經」以重視存思服氣之上清經為主；「洞玄經」以重視符籙科教、齋戒儀軌之靈寶經為主；「洞神經」則以重視劾召鬼神之符圖的三皇經為主，從此道經得到全面的甄別，不僅象徵道教認同意識開始萌發，更將「三洞」確立為編

它偏向前者，是先於世界、朗現物事存在的希聲大音（Word）；當它偏向後者，即是等待意義被釋出、結晶化的現成文字（word）——教義以隱蔽的方式保留於典籍中，本與跡、境與識就在此勾連交錯，「三洞」一詞便突破了器用之畛域而產生超乎尋常的優位性。這種觀念可與許多宗教神話相互參照，例如《舊約‧創世紀》敘述上帝藉由命名以豁顯萬物；《波斯古經》記載光明之神依憑禱辭制服了黑暗，使原初蒙昧轉入清晰的倫理秩序；〔註50〕印度教更認為「眾神皆憑附口說的語詞，萬獸和人也無一例外……語詞乃不滅之物，天道之長子，《吠陀》之母，神界之臍」，〔註51〕強調語言包蘊著永恆的真實，聖俗各域必須透過它的點染始得以確立。卡西勒據而論斷：

> 所有的語言結構**同時**也作為賦有神話力量的神話實體出現；語詞（the Word；邏各斯 Logos）實際上成為一種首要的力，全部「存在」（being）與「作為」（doing）皆源出於此。〔註52〕

聖者與不可名狀的至道相即相合，祂們本身雖處於毋需語言文字詮解的無為境地，卻具有揚播至道、彰表至道的職能；祂們生發語言、運用語言，又援引（或導引）語言的動力來澆灌模鑄森然萬有，宇宙因此顯跡著象，是一切意義及意識的總源頭。《龍蹻經》所云「傳」的效應，其實很接近神話學家坎伯（Cambell）所謂的「流出」（emanation）：〔註53〕當聖者開始言說，氣機隨之湧現，世界便從永恆的、「即己的」（in-itself）整全和諧中降生，逐步離析、型塑出「對己的」（for-itself）分別智性；相對地，仙真只能被動接收語言化的教旨及來自上方的啟示，而受心物所纏繞拘縛的人們，更無法不洇泳浮沉於語言的汪洋裏。

　　由時間次序來看，傳道（龍漢劫、赤明劫與上皇劫）與傳德（太易、太

纂道經的基礎方式。在《龍蹻經》裏，尚未出現如《三洞經書目錄》那樣清晰的判教色彩，且由「洞玄靈寶，五篇通生；洞神仙經，普垂色像；大洞聖教，義貫虛无」等句看來，兩者對教派的排序也不盡相同。

〔註50〕 Dr. Friedrich Spiegel üebersetzung, *Avesta*, Lapzig: Verlag von Wilhelm Engelmann, 1863, pp. 7.

〔註51〕 J. Eggeling tran., *The satapatha Brahmana*, New Delhi, Atlantic Publishers & Distributors, 1990。譯文轉引自卡西勒（Ernst Cassirer）著；于曉譯（臺北：桂冠圖書公司，1990 年），頁 44。

〔註52〕 卡西勒（Ernst Cassirer）著；于曉譯，《語言與神話》，頁 42。

〔註53〕 「emanation」一詞見喬瑟夫‧坎伯（Joseph Campbell）著；朱侃如譯，《千面英雄》（臺北：立緒文化公司，1997 年），頁 272～320。

始、太初、太極、太素）兩個階段分屬於兩種神話時間座標：〔註54〕「龍漢」等劫是魏晉南北朝道教所產生的獨特週期概念，以年號的形式來表達，為宇宙初發未發、無光無闇之純淨狀態；劫與劫不斷交替流轉，至道便因和著各種契機，應化成天寶大洞聖君、洞玄大洞聖君與神寶洞神仙君，萌衍出本同末異的聖、真、仙三道，〔註55〕並且構成了超越於事象外，與經驗世界全然割裂的三清聖境。「太易」至「太素」等進程早在漢代讖緯即已出現，它們標誌著陰陽剖判、開天闢地之前，生命元素從無至有的準胚胎狀態，《易緯乾鑿度》即云：「太易者，未見氣也。太初者，氣之始也。太始者，形之始也。太素者，質之始也。氣形質具而未離，故曰渾淪」，〔註56〕清楚地描繪出一切物事被醞釀培育的情節，《龍蹻經》所記載的時間里程碑乃由此增抹而來。嚴格地說，經文裏的傳德階段才算創演萬相、營構世界的真正開端，與「龍漢」等劫期相比較，鬱然勃發之生命動力於其間持續地運作，正是寓涵宇宙論意義之元初時間——換句話說，必須從「三清—劫期」絕對淨空的領域降落以後，萬物才有發展的可能性；《老子》所謂「道生之，德畜之」，將「德」視為「道」於宇宙間的具體效驗，在道教神話系統裏獲得了一種新的詮解。

至於傳經階段，恰恰應合了人類綿延的歷史景況，此層級並非以無生、無滅之隱形神祇作為支撐，而是在含有凡俗特質的英雄啟蒙下，漸次地擴張意識、積累文明，使雜多的物質世界築立起來。典籍裏藉著語言文字所表達

〔註54〕此處「神話時間」與伊利亞德（Mircea Eliade）所謂「祕思式時間」（mythical time）定義不同。後者藉由節慶或儀式，象徵性地將凡俗時間裡的某部分抽離出來，並賦予其等同於世界起始的價值；而本文的用法主要與傳經後的歷史時間相對，意謂著人類未生、宇宙僅有諸神存在的年代。參考：伊利亞德（Mircea Eliade）撰；楊素娥譯，《聖與俗——宗教的本質》（臺北：桂冠圖書公司，2000年），頁115～119。

〔註55〕如果再明確地分殊，則應該稱為聖之聖道、聖之仙道、聖之真道，與太易以後的中真層級有別。道教對「龍漢」等劫期觀念的解釋有幾種分歧：其一如《龍蹻經》、《自然九天生神章經》，將之與三清劃上等號，各個劫期獨立於太易、太始等階段之前，成為渾沌未判的宇宙開端，而且擁有最圓滿的神聖性質；這種解釋把三清尊神及三洞經書的出世聯繫起來，是當時主要道派互融的產物。其二如《太上諸天靈書度命妙經》、《靈寶無量度人上品妙經》，視龍漢初劫為宇宙混沌期（過去），而在赤明開圖（現世）之後，便進入天地有序的階段，並等待終將到臨的開皇等劫（未來），故各劫代表治亂不同的時間週期；此類說法通常不再涉及太易系統，側重於闡揚末世救贖思想。

〔註56〕安居香山、中村璋八輯，《緯書集成》（石家莊：河北人出版社，1994年），《易緯乾鑿度》，卷上，頁11。

的各種內容，例如戒律、譜錄、玉訣、讚頌……等等，既具有闡釋無限之道、德的功能，亦為銘刻現象變化的記憶體；由於記憶之儲存能夠幫助人們清楚地編排自己的過去、認知目前身處際遇，也能夠幫助人們提揭出有起始、有終末的種種事件，所以「經」的書寫與閱讀，其實正意謂著縱貫且連續、前後相循之敘述性時間軸線。

值得注意的是，大多數宗教神話都賦予口頭語言超乎尋常的神聖價值，「首要之力」基本上是以說講唸誦的形式迸放而出的；然而道教卻經常將書面語言作為範鑄宇宙的根源勢能，固態文字跨過了音聲，躍居為第一序、鑿破渾沌寂寥的工具，不再只是派生於口頭語言、間接記錄創世者思想之殘餘物。譬如在《太上老君開天經》一書裏，每當世界進入不同的時間維度，就由太上老君蘊生新的經典以為教示，「太初之時，老君從虛空而下，口吐《開天經》一部四十八萬卷，一卷有四十八萬字，一字辟方一百里，以教太初……太始之時，老君下為師，口吐《太始經》一部……」，〔註57〕從此鴻濛的宇宙逐漸有了天清地濁、四維三才的區別——形象的文字正是無形無象之世界得以格式化的樞紐；其後伏羲、神農、祝融等不同的君王各自領受《元陽經》、《太微經》、《按摩通精經》……各種典籍，指引人民如何運用漁獵農耕來維持生命，進而修三綱、齊七政；軒轅黃帝時領受《道戒經》及《道康經》，「始有君臣父子尊卑，以別貴賤」，皆暗示著文字乃一切社會文明的基礎。如果「口吐」這一繪敘，或多或少模糊掉語言和文字的界限，那麼《洞玄靈寶自然九天生神章經》還有更明確的描述：

> 天寶君者，則大洞之尊神。天寶丈人則天寶君之祖氣也……後至龍漢元年化生天寶君，出書時，號高上大有玉清宮。靈寶君者，則洞玄之尊神……龍漢開圖化生靈寶君，經一劫至赤明元年，出書度人時，號上清玄都玉京七寶紫微宮。神寶君者，即洞神之尊神……至赤明元年化生神寶君，經二劫至上皇元年，出書時，號三皇洞神太清太極宮……〔註58〕

各時期並非俶發於最高神尊應化的瞬間，而是在祂們出書度人的那一刻起才

〔註57〕《太上老君開天經》（《正統道藏》第五十八冊），頁94～97。

〔註58〕《洞玄靈寶自然九天生神章經》，〈三寶大有金書〉，（《正統道藏》第十冊），頁4。以下「人之受生於胞胎之中」句亦見頁4。類似的記載亦可見於唐以前所出的《太上洞玄靈寶業報因緣經》。

切換成新的紀元，可見文字含藏著創造及再生的巨大力量，不但是至道之顯相，亦為一切物事得以顯相的基礎；宇宙本體因此從守藏於「虛」──玄冥闃黑之歸寂狀態（無極），推進到舒展為「神」──瑩亮煥發的朗現狀態（太極），然後旋入那有消有長、有名有識之陰陽兩儀辯證的對流過程。〔註59〕緊接著這段說明，《自然九天生神章經》也把人類降臨於世之盛德歸諸於文字：「人之受生於胞胎之中，三元養育，九炁結形，故九月神布，炁滿能聲……九天司馬在庭，東向讀九天生神寶章九遍，男則萬神唱恭，女則萬神唱奉，男則司命敬諾，女則司命敬順，於是而生。九天司馬不下命章，萬神不唱恭諾，終不生也」，認為宇宙的整體生命、個體生命相互映擬，兩者之所啟猶如掀開一部卷軸，終而能逐次地承、轉、合，產生各種蛻變的餘緒。

若與《龍蹻經》所云「三洞」作聯結，則可發現「離言」、「寄言」、「因言」之「言」，其絕大比例指稱的正是文字；文字取代了口頭語言在神話中點化宇宙萬有之生機的根源地位，彼此沒有必然的連帶關係，也沒有「心生而言立，言立而文明」的前後次序，更沒有「小於」、「等於」或「大於」之比較公式。前者並非對後者的塗改、修飾、刪翦或再規範，它們各自構成獨立的兩個系統，無分主從，故文字之可能性並不在它內於口語，而在於它存乎口語的外部。〔註60〕一般說來，文字應該產生於書本之前，當然也產生於經典之前，但道教的文字（及文字觀）卻是與經典（及經典概念）同步發明的。道教的世界因而是書籍、經典的世界；離開書籍、離開經典，世界就將永遠處於冥冥窈窈，不可知不可解的狀態。在這裏，文字、書籍與經典代表了宇宙模態由「圓以神」轉換至「方以智」的接準點，是中國式理體之浮露的先兆。

太上老君口吐經典這一神話，揭露了道教認識下的文字並不完全出自書寫行為，它們在虛無廣漠中綻放、爆裂開來，以「辟方一百里」的形姿撐持出具體的空間框架。《自然九天生神章經》描敘各篇章「乃三洞飛玄之炁三合成

〔註59〕 參考：賴錫三，《道教內丹的先天學與後天學之發展和結構──「精、氣、神、虛」系統下的道論與氣論》（臺灣國立清華大學博士論文，2001年），頁228～229。

〔註60〕 此語轉化自德希達《論文字學》裏的概念，然道教語言文字觀念與德希達的看法相距甚遠，因為道教認了知下的語言文字仍內具某種絕對的意義，而解讀者也必須朝著想像中的至道，找尋一條或多條前行的正確軌跡，不可能被視為主觀意義的輸入。參考：汪堂家譯；雅克‧德希達（Jacques Derrida）撰，《論文字學》（上海：上海譯文出版社，1999年）。

音，結成靈文，混合百神，隱韻內名，生炁結形……」，〔註61〕《太清金闕玉華仙書八極神章三皇內秘文》序云：「九玄之初，二象未構，空洞凝華，靈風集粹。神章結於混成，玉字標於獨化，挺乎有無之間，煥乎玄黃之先」，〔註62〕而《上清三元玉檢三元布經》對經典如何產生亦有詳細說明：

> 玉檢之文，出於九玄空洞之先，結自然之氣，以成玉文……。天無此文，則三光昏翳，五帝錯位，九運翻度，七宿奔精。地無此文，則九土淪淵，五嶽崩潰，山河倒傾。學無此文，則仙官不降，地官不營。〔註63〕

此段話語一則強調文字對天地萬物有規制作用，世界之結構乃是文字所給定的；二則解釋最高經典因精氣會聚而成，非由仙聖所創立，也不需要委託教主和先知來思悟、述造。「吐」、「結」、「凝」、「混」等語，生動地表現出此字與彼字共時呈演的狀態，基本上側重文字之空間性質及開拓空間的意義；它們先於歷史，先於任何聖俗存在，當然也就與書寫主體這一概念毫不相涉。中國古代原本即有上天降授文字以傳遞旨諭的觀念，但通常都被視為人格化神祇所使用的表意工具，例如鄭玄解釋河圖、洛書「皆天神語言，所以教告王者也」，〔註64〕《太平經》強調「真人傳書，付有德之君」以作為治理天下的依據，〔註65〕如此便不能沒有收發信息的主體，也必定是具備了明確樣態的符號。然而道教這類由自然之氣凝結而成的根源文字，已經遠遠地越漫過「符號」這個範疇，所謂「字無正類，韻無正音」，〔註66〕其形其聲流動宛轉，沒有任何固定的質素，故非仙真、凡人所能操馭的式器。《丹水飛術運度小劫

〔註61〕《洞玄靈寶自然九天生神章經》，〈三寶大有金書〉，頁5。
〔註62〕《太清金闕玉華仙書八極神章三皇內秘文》（《正統道藏》第三十一冊），頁216。
〔註63〕《上清三元玉檢三元布經》（《正統道藏》第十冊），頁560。其他道經如《元始五老赤書玉篇真文天書經》、《上清金真玉光八景會經》等，都有這種氣化以成之根源文字的記載，後世《靈寶无上度人上品妙經》關於元始天尊從眉間顯現天書的敘述，可說是此類神話的分支。
〔註64〕鄭玄，〈六藝論〉，《全上古三代秦漢三國六朝文（二）》，《全後漢文》，卷八十四，頁5。
〔註65〕羅熾主編，《太平經注釋》，卷四十八，〈三合相通訣〉，頁255。
〔註66〕《上清玉帝七聖玄紀迴天九霄經》（《正統道藏》第五十七冊），頁148。關於根源文字沒有明確音形的記載，還可見於《元始五老赤書玉篇真文天書經》、《洞玄靈寶丹水飛術運度小劫妙經》、《太上洞玄靈寶真文要解上經》等道教典籍。

妙經》為讀者引介《大洞真經》時，亦強調此書因於氣之攢簇：

> 《大洞三十九章》本三十九言，高上老君演作三十九篇，以授素
> 黃……。〔註67〕

三十九言與三十九篇之間似乎有種必然的對應——從「言」至「篇」，從單文到複字，隱而未發、蜷伏的內容得到釋放及舒解，象徵了世界由純一朝向雜多，不斷地分化，並非只是詞語隨意地繁衍。如此看來，神聖的根源文字芒漠難測，與直觀道體的超意識狀態相會照，它們本身雖不存吉凶悔吝、變化剛柔等秩序或價值判斷，卻內含高度飽和的意義之場，故能於高上老君解讀後孳乳成更加稠密的篇章。此處「言」與「篇」近似《周易》「大衍之數」裏，「不用之『一』」與「其用『四十有九』」的關係〔註68〕——「言」（純一）即是「篇」（雜多），「篇」（雜多）即是「言」（純一）；「言」開顯以後始能推擴為「篇」，「篇」若經收攏、凝縮，便可歸返於「言」；然而「言」並不比「篇」來得簡易，「篇」亦不比「言」更加深奧。道教的理想乃在構設出一種非作而作、非數而數的無文之文，那是不會斲傷、鑿破渾沌的文字，可以完整地闡釋道體而不使其支離破碎；在這最高級的能指裏，沒有符號與符號層層延異（différance），以致於永遠抵達不了所指的問題，當然也不會產生「實在」之名和實在間的罅隙。這種文字又是神之書寫、凡俗之書寫的荄柢，各種類型及階序的文字均賴其以成，並且模仿著它繼續形塑世界、傳遞宇宙大化的訊息。

從《易·繫辭上》「書不盡言，言不盡意」開始，「意」—「象」—「言」—「文」便被排列為帶有優劣意味的階次，以主體心靈為內核，視口頭語言為人們直接表露情感思考的符號，認為文字只是口頭語言另番形式的呈演；《莊子·天道》亦云：「世之所貴道者，書也；書不過語，語有貴也。語之所貴者，意也；意有所隨」，強調口頭語言本身尚不足以涵括其指稱的物事，而文字作為跡象的跡象、能指的能指，勢必遺落掩蔽了更多信息。即使到了南北朝，仍舊可以找到類似的看法，例如僧祐云：「夫神理無聲，因言辭以寫意；

〔註67〕《洞玄靈寶丹水飛術運度小劫妙經》，頁28。此經又云「道有五千文：至妙真經，此為一文；大洞三十九章，名為一文；洞玄靈寶真文玉字羅天上經，此是一文；三皇內經名為一文……」，將每一經典都視為一個天文的開展，改變了五千文的意義。

〔註68〕《周易正義》（臺北：藝文印書館影印阮元重刊宋版十三經注疏本），卷七，〈繫辭上〉，頁80。此處對大衍之數的解釋採王弼、顧懽等人的觀點。

言辭無迹，緣文字與圖音。故字為言蹄，言為理筌」，〔註69〕說與寫之間彷彿有著切不斷的連鎖，後者卻只被當成前者褪了色的環節，但道教文字神話逆轉了這種看法。

「結空凝文」的表呈方式，使經典從神的書寫進一步轉向讓道自己示現，徹底地將發言主體隱沒起來，也因此，在整個道教教義傳遞的過程裏，「作者」這個位置是可以空缺的；「誰在說話？」這一問題的答案，並非道教經典取得權威性的必要條件，那些憑虛而成之經典的等級，往往較仙靈賢哲所撰錄的經典更高，故「無作者」（authorless）這一型態反而將文本拉抬到無可比擬的神聖領域。大部份宗教的經典，都需要依附在特定人神的名義下才能成立，例如佛教經典基本上載錄佛陀的話語，《新約》主要傳達人子耶穌的見解，而回教《可蘭經》則透過先知穆罕默德來宣說真神阿拉的啟示；又或者如《龍蹻經》以衛君作為所載內容的總源，《黃庭經》開首即標明「上清紫霞虛皇前，太上大道玉晨君，閑居蕊珠作七言」，〔註70〕切確地點出作者之位格以及經典降授的情勢。無論是歷史中的作者，或者經典裏的核心角色，都具有統整文本結構、讓一切陳述聚焦之功能，而其崇高地位或傳奇色彩也能夠幫助文本獲得人們的肯定。然這些發言主體總不免牽動聖俗時空，以致約束了意義的展放，亦難以完全因應「有限的個體如何窮盡無限道體？」之類的疑惑。〔註71〕

《大洞真經》等道書取消「作者」這個裝置，也就等於取消了經典創發時可能挾帶的動機與時空背景；道之開顯不應被語境所羈絆，並且也不可能從中產生任何語境。宋代董思靖解釋《自然九天生神章經》云：「此經乃三洞自然之氣結成靈文，非由人所演說。故經題不冠以太上、經首不冠以道言、不立序分、不言時處也」，〔註72〕這裏「非由人所演說」必須擴大來談，它同

〔註69〕釋僧祐，〈梵漢譯經音義同異記〉，《全上古三代秦漢三國六朝文（七）》，《全梁文》，卷七十一，頁2。

〔註70〕《太上黃庭內景玉經》（《正統道藏》第十冊），〈上清章第一〉，頁107。

〔註71〕經典作者與終極真實的間距究竟要如何彌合？各宗教依其教義不同而產生多種處理方法：道教盡力維護道體之無限性，因此毅然決然地否定有限的「作者」這一概念，並透過應時而生的複數經典，來說明圓滿的道體可隨詮釋者的條件差異而呈現出各種面相；基督教以上帝為全知全能的絕對存有，將經典作者之地位提昇至無與倫比的高度，拆除掉經典作者與終極真實的藩籬；而佛教如天臺宗則視佛為跡，故「佛」無自性，「作者」亦無自性，兩者均虛幻不實，以「五時說法」等理論來紓解難題。

〔註72〕《洞玄靈寶自然九天生神章經解義》（《正統道藏》第十一冊），〈序說〉，頁1。由於經題冠以「太上」、經首冠以「道言」等型態與佛經「如是我聞」類似，

時否定了「人」與「演說」，實際上就是否定了「作者」（即各層次存在）和
「語言活動」（乃至一切行為）兩個面向——那些由根源文字凝結而成的最高
經典，非關「創造」、無涉於「詮釋」，沒有任何意向為之定錨，飄懸在以主體
為本位的思維模式之外；而「不冠太上」、「不立序分」、「不言時處」等方式，
亦反映了「道的話語」完全無法分層、切割，既難以制劃出清晰的邊界，也沒
有用來進行各種推測的參考點。龔鵬程即認為：

> 這個觀念本身便強調它的非人為性質，強調不期然而然的特殊緣會
> 遇合……。順著這個觀念再發展，則不僅一般先知者即傳經人只是
> 個傳述者的角色，連教主仙聖也可能仍是傳述者……。天地之間，
> 本有其書，他們只是譯成世書，只是「注書其字、解釋其音」罷
> 了。〔註73〕

如果說，傳統「述而不作」的撰著思維，多少寓含了揚「作」抑「述」的意
味，那麼道教就連「作」這一概念都有所質疑——因為「作」必然揭示、概括
了某種存有的模式，相對地也會被此模式所制約。從秩序上言，「作」居於存
有之後，不能算是首出的本與原；其次，動態的「作」屬於心物二分的有為
法，和掩斂深湛、直接現呈的「凝」、「結」比較起來，仍不免顯得紛紜擾攘。
或許我們可如此研判：文字與書籍之所以在道教裏特別被突顯出來，就是因
為它們獨有的靜默質地、以及可以完全與「行為」割離的特性，比起「說」與
「書寫」兩者，都還要更切近道教學者所想像的至道。

古代中國向來認為文字的製創，源於倉頡對自然界各種物象之痕跡的擬
仿，《淮南子》即云：「昔者倉頡作書而天雨粟，鬼夜哭」，〔註74〕《春秋元命
苞》更詳細敘述「倉帝史皇氏，名頡姓侯剛。龍顏侈哆，四目靈光……生而能
書……。於是窮天地之變，仰觀奎星曲圓之勢，俯察龜文鳥羽、山川指掌而創
文字，天為雨粟，鬼為夜哭，龍乃潛藏」，〔註75〕這是與人類始祖伏羲畫定八

故刪除這種模式，也就隱然表示《自然九天生神章經》在等級上高於佛經。
〔註73〕 龔鵬程，〈道門文字教——道教的性質與方法〉，頁45。
〔註74〕 《淮南子注釋》《淮南子》（臺北：世界書局，《新編諸子集成》第七冊，1972
年），卷八，〈本經訓〉，頁116。
〔註75〕 安居香山、中村璋八編，《緯書集成》，頁590。倉頡的身分在中國神話裏並
不一致：許慎〈說文解字序〉、《世本》認為他是黃帝的史官，蔡邕、曹植、
徐整、譙周及《春秋元命苞》則稱之為「史皇」，是先於黃帝的古代君主。從
《太上老君開天經》將倉頡當作明確時間界標來看，作者應較傾向後說。參
考：袁珂，《古神話選釋》（臺北：長安出版社，1986年），頁77。

卦同樣重要的發明事件。然而文字在道教體系裏，既已被視為世界開立的初基，居於歷史之先，那麼究竟要如何才能消融流傳久遠的倉頡造字神話？

　　倘若仔細爬梳《太上老君開天經》所記載的宇宙演化過程，可以發現其間伏設了另一道關於文字的線索：「倉頡、仲說教書學文」被界定為一段新的時區，前承三皇、後接五帝，以新的方式訴說著天地山河與人事的蛻變。此部道書隱約指出倉頡所學、所締的文字，只是太上老君所吐、所傳文字這一原型（archetype）之反覆，它必須依附在先前用以創世的文字下，始得以構成，自身擁有的權能已然經過大幅度減殺，因而不具備本體論上的優勢地位。這樣便推展出「神聖文字—凡俗文字」之雙層架構：神聖文字先於任何物質或概念對象（亦即可以不內含任何物質或概念對象），是直接扣入終極真際、與至道共振合說（homolegein）的純粹語言；相對地，倉頡發明了落進人類表達意念之範疇的凡俗文字，鑄作的時點遠遠晚於日月星辰、四瀆五嶽之成形，為觀望世界、認知世界以後所另造的一套符號，其產生原即伴隨著難以消弭的「距離」──由自然物事到受攝主體的距離、由內心經驗到書寫符號的距離──故它必定有所指涉，卻總外於指涉的對象；既無法因應大氣流行的精微變化，更遑論與那超越時空、超越主客對立、超越一切循環之道體相契合，因此就神聖文字而言，只是不完美、充滿缺陷的複製品。〔註76〕

　　和此概念取得對位的是「天之經典—人之經典」二級思考：《太上老君開天經》云伏羲制定爻卦以前「五經不載」，意謂著五經其實是借用有瑕疵的溝通工具才組織而成的，它們的書寫年代隸屬於「中古」而非「上古」，〔註77〕所以連宇宙萌蘗的剎那都來不及見證，哪能與太上老君在每個階段授予的經典相提並論？在這裏，以「天之經典」代表道體這個宇宙最初的文本，使道教特有的語言文字崇拜獲得學理上的支持；而「人之經典」則代表「天之經典」的摹本，負責吸納從老莊思想至魏晉玄學對語言文字懷抱的不信任感，嘗試將今昔兩種神話之裂縫接湊起來，同時也完成了判教的使命。

　　除了儒家採選五經作為範例性文本之外，各家學術思潮有時也會以「經」來指稱一己立言的形式，例如《莊子・天下》記載後期墨家三派「俱誦

────────

〔註76〕因此道教對於凡俗文字有兩種看法，一是認為它仍然具備證道潛能，可以在古聖先賢的精神擴充下填滿裂縫，另外一種則更為悲觀，認為人類永遠不可能脫離語言文字，對於經驗界是否能夠產生內在默會之冥契經驗產生質疑。

〔註77〕《太上老君開天經》將混沌前（包括最久遠的玄虛狀態、洪元、混元……以至太素）劃為上古，混沌後歸為中古，其分化關鍵應該是「識名」的產生。

墨經」，醫家則有《內經》、《脈經》等書來傳錄身體與生命的奧祕，而由西域翻譯入中土的佛教籍著亦多半以「經」為名，各自強調他們知識的準則及其不可替代的價值，如此累積至南北朝，儼然形成一個「經」之氾濫的年代。〔註 78〕早於漢代《老子想爾注》裏，便已出現「真道」與「邪文」兩相對立的觀念，認為「世間常偽伎稱道教，皆為大偽不可用。何謂邪文？其五經半入邪，其五經之外，眾書傳記、尸人所作，悉邪耳」，〔註 79〕分別對各家思想進行高低優劣的測度，藉以抵制世人只透過儒家編整的書籍來認知世界的偏狹視野，更將其他學說貶斥為虛妄不實的異端，試圖藉由抑除、擠壓的原則，把天師道之宗教理論推上文化之正統位置；此處「真道」與「邪文」的判辨，其實就是「天之經典—人之經典」思考的雛形。

　　這類觀念普遍見於魏晉南北朝道教各派，例如《太上洞玄靈寶本行宿緣經》提及有人因外學世經、訕笑道書而死入地獄，〔註 80〕而《洞玄靈寶丹水飛術運度小劫妙經》亦記載：

> ……往昔上古劫運未交時，天尊太真已見，玄降其辭，演上古靈寶經部屬卷數……。後有太極真人未得道之時……常修世間諸經、老君道德眾經……。後於武人山洞中見元君得道之跡，遺八素交帶之文妙經……。〔註 81〕

《本行宿緣經》所云之「世經」，代表充滿著智巧、與真理完全悖逆的鄙陋思想，和「道書」各自居於正、誤，甚或善、惡兩個互斥的端點；《丹水飛術運度小劫妙經》給予的評斷則不那麼嚴厲，認為世間諸經的位階雖遠遜於「八素交帶之文」，尚且能傳達片面的真實；盛裝於其內的，是從缺漏的凡俗文字中折射出來的道之殘影，殘影裏雖盲見與洞見並時而生，仍可作為引

〔註 78〕 先秦兩漢對「作」與「經」所抱持的態度較為嚴謹，例如《漢書‧揚雄傳》云：「諸儒或譏以為雄非聖人而作經，猶春秋吳楚之君僭號稱王，蓋誅絕之罪也」，而《論衡‧對作篇》也記載他人對王充的質疑：「或曰：『聖人作，賢者述，以賢而作，非也。《論衡》、《政務》可謂作者』」，於是「經」遂成一般書寫者不可僭越的禁區，而「作」對凡人而言，也就變為一種難以負荷的罪名。魏晉以後儒家獨尊的局面不再，「經」於使用上便寬鬆許多，道教各派其實也對「經」之氾濫起了推波助瀾的作用。

〔註 79〕 顧寶田、張忠利注譯，《新譯老子想爾注》（臺北：三民書局，1997 年），十八章注，頁 82。二十一章注云：「後世不信道文，但上孔書，以為无上；道故明之，告後賢」亦為類似說法。

〔註 80〕 《太上洞玄靈寶本行宿緣經》（《正統道藏》第四十一冊），頁 557。

〔註 81〕 《洞玄靈寶丹水飛術運度小劫妙經》（《正統道藏》第十冊），頁 21。

渡學者的舟筏——由此可見，「經」未必能夠垂教萬世、放諸四海皆準，其意義已擴大為尋常的「記錄」、「範例」。是故道教從出處及所錄內容來重審各種著述之必要與否，以文字的等級作為剔汰各種著述的濾網，〔註82〕不僅建立起自我篩揀、歸類的標準，多少也反映了當時教內與教外「經」之浮溢的現象；可以說，「天之經典—人之經典」即是道教在擇取正典（canon）、的過程中所產生的概念，具有鞏固話語權力之用意。〔註83〕

　　然而從另一方向來看，此概念卻也為道教正典的留存保持了一定程度的開放性：由於「天之經典」是因任宇宙之緣會而披顯的，因此「歷史」、「傳統」並不構成真知生成的條件；換言之，隨時都可能有新的「天之經典」加入道教正典的行列，〔註84〕且新加入的「天之經典」甚至具有超越以往一切已知經典的可能性，這說明道教體系預設了一個「尚未朗現之正典」的位置——正典與道一樣廣奧無窮盡，其數量與階序均具有可變動、可調節的空間，正吻合了道教以三洞四輔為綱領、但範圍及內涵總不斷擴增的經典輯錄型態，〔註85〕如同海洋百納川河，並未停留於被創設的時間點上。

〔註82〕然而以神聖文字作為淘汰典籍的判斷條件，勢必要面臨下列問題：諸如《老子》、《莊子》等早已被嵌鑲於歷史一隅的籍著，其位階究竟該如何安排？最常見的處理方式，是將這些典籍重新聖化，賦予它們神話的背景，例如《洞玄靈寶太上真人問疾經》云：「五千文是靈耀寶藏天尊五體身中神」、《太上洞玄靈寶本行宿緣經》認為：「道德上下經及洞真洞玄經……皆是太上虛皇、眾真十方自然真仙及帝君之隱位，及諸天大聖眾諸天宮殿城臺山海立池，或是太上之靈觀，自然之寶闕并株天之日月星辰、城郭及門戶之銘……太上故撰而為文也」。再極端一點，便將這些文本降格，視它們為「人之經典」的一部份，如〈二教論〉記載南北朝部份道士認為「老經五千，最為淺略；上清三洞，乃是幽深」，《雲笈七籤》論道教所起云：「其老君《道德經》，乃是大乘部攝正，當三輔之經，未入三洞之教。今人學多浮淺，唯誦《道德》，不識真經，即謂道教起自莊周，始乎柱下，眷言弱喪，深所哀哉！」在將老子、莊子從神聖性作者扯落為一般作者的同時，把道教的源頭推得更早。

〔註83〕利用這個概念，道教把傳統「經」所繫的優越性從各家學說中剝奪，並壟集到自己手上。魏晉以後佛教把本教經籍為「內典」、「真書」，稱其他思想為「外典」或「俗書」，亦具相同作用。

〔註84〕新的教派促成新的道經不斷湧現，「從道教發展史而言，道教本身沒有最初、最根本或說最後的一部或一批經典」。朱越利，《道經總論》（臺北：洪業文化事業公司，1993年），頁48。

〔註85〕在陸修靜有意識的綜括下，道教以三洞四輔作為經典歸納的框架，道藏的面貌幾近完成，即使後代道經出世漸多，已經超出此七部的原始構想，也不輕易更動，因此編修者往往必須費煞苦心斟酌補入，勉力維持《道藏》之既定骨幹與新興內容的平衡。參考：小林正美，《六朝道教史研究》（東京：創文

關於語言類別的問題，諸如「言」與「文」、聖俗表達訊息之差異等等，在陶弘景所編《真誥‧運象篇》內幾則仙真降筆時和信眾的對話記錄，也探討得頗為深刻。這些思考主要來自上清派特殊的經典授受方式，需要一位相當於古代巫祝的中介者，幫著傳遞神祇旨意，並輾轉翻寫為當代流行的隸書：

> 請問真靈：「既身降於塵濁之人，而手足猶未嘗自有所書，故當是卑高迹邈，未可見乎？……。」夫人因令復坐，即見授令書此以答曰：「夫沉景虛玄，無塗可尋；言發空中，無物可縱……。此二行皆沉浮冥淪，儵遷灼寂，是故放蕩無津，遂任鼓風，柂存乎虛舟而行耳。故實中之空，空中之有，有中之無，象矣。至於書迹之示，則揮形紙札，文理曷注，龘好外著，玄翰挺煥，而範質用顯，默藻斯坦。形傳塵著，苟騫露有骸之物，而得與世進退，上玷逸真之詠，下虧有隔之禁，亦我等所不行，靈法所不許也。今請陳為書之本始也。造文之既肇矣，乃是五色初萌，文章畫定之時，秀人民之交，別陰陽之分，則有三元八會群方飛天之書、又有八龍雲篆明光之章也……。校而論之，八會之書，是書之至真，建文章之祖也；雲篆明光，是其根宗所起，有書而始也……。爾乃見華季之世，生造亂真，共作巧末，趣徑下書，皆流尸濁文，淫僻之字，舍本效假，是竈穢死迹耳……。夫得為真人者，事事皆盡得真也，奚獨於凡末之龘術，淫浮之弊作，而當守之，而當不改玩之，而不遷乎？……。」〔註86〕

仙真答覆時，首先分析了口頭語言的特徵，使其與文字兩相對衡：語言一旦迸放，旋即被產生於後的語言（或者沉默）所推擠，同時間之流一齊向虛空奔去，無法稍事停歇，也不會遺落任何痕跡；然而看似飄渺的語言，總不免挾帶著說論者的思想情感，即使未見形迹，卻仍存乎有、無之間，故聆聽者便能透過它來察悟那明晰卻無從捕捉的心靈風景（象）。至於文字，具備了將仙真所欲傳達的思想、言語甚至沉默攔截下來的優點，但形質化的表現卻無法兼及意念本身的流動性，且被固定住的書寫脈絡、辭章格式，往往也

社，1990 年）；李豐楙，〈仙道的世界——道教與中國文化〉，收入：藍吉富、劉增貴主編，《敬天與親人》（臺北：聯經出版公司，1993 年），頁 249～305；王承文，《道經的降世和道經分類體系的形成及其意義》。

〔註86〕《真誥》（《正統道藏》第三十五冊），卷一，〈運象篇〉，頁 5～6。以下「夫神者」、「璞不肆瑩」句見頁 7。

受限於整體環境的條件，難以保證其意義的完整，很容易遭未來的讀者錯認。在這段記錄裏，語言、文字被分別看待，各自與天地之道或聖者、凡者之情性相交接，此處文字顯然是指等級較低，缺乏恆常普遍價值的世俗文字，傳形以後必定脫離原屬語境，滲染上歷史性的污穢，以致解釋真實的效度削減，故被稱為「濁書」、「死迹」，與思、言之關係似正若反——書寫的當下不同於思考、發言和閱讀的當下，可見道教學者認為文字所牽繫的時間點，會將文字與作述主體扯裂開來，使訊息及意圖在這種隔絕中變得殘缺、模糊不清。

其次，強調三元八會、雲篆明光等仙靈運用的神聖文字為「書之至真」，透露了道教學者相信某種完全透明、圓滿無礙的信息載具，可以對應智識以外的元神天光，將原本預期的意義無所保留地開顯出來，不會只照臨物事一隅而失之偏頗，更不會遭到書寫行為的磨損與扭曲。〔註 87〕「夫神者，言微於邇，萬里必接，奇韻雖觸，錯鑒無滯」，最高層次之語言文字能突破時空定限，進入意念所不能察致的領域，與變化莫測的天地精神配合無間——凡俗文字往往背叛了至道與說話主體，但三元八會、雲篆明光等文字卻不會產生這個問題。這裏提出的神聖文字，與前述太上老君開天文字其實有些許差別，後者脫胎自歷程性的宇宙創生神話，它統攝著天地人一切文理，從而串衍成文彩、文飾、文化、文明……各種深淺不等的條序，〔註 88〕可以說是至道之外顯，世界根源的意義較為濃厚；而《真誥》所云，大抵規撫於位階嚴謹

〔註87〕另如〈甄命授〉云：「外有謀道之名，內有百憂來臻者，適足勞天年以騁思，終歸骸於三官耳。齋之不專，徒悟而無益，可謂意不盡言乎？」此處「意不盡言」似乎是對《易傳》或玄學的大膽反叛，實則這裏的「意」與「言」並非一般定義下的意念及語言：「意」代表修持者的心靈動向，即無法專心於齋戒之人的思考；而「言」指涉了經典文字或神之話語，也就是所謂的「道言」，兩個字詞均為限定了範圍的特殊用法——《易傳》或玄學所談言意關係成立在作者與文本之間，而陶弘景所談言意關係，則屬於文本與讀者的問題。陶弘景之所以將「言」的地位抽拔得很高，正是由於他預設了這個宇宙間存著一種等同於道體的語言。

〔註88〕參考：龔鵬程，〈道門文字教——道教的性質與方法〉，頁70。龔鵬程認為在道教的體系內展現了「文字—文學—文化」之一體性結構，然仔細辨析二經，《真誥》的「文」為對辭章的實指，並不上達道氣等本體；《開天經》以「文」為最高隱喻的意味較強，涵蓋面自然較廣，但通篇著眼於文字對宇宙歷史的誘發，與文學等細緻的人文活動關係尚淺，所謂「一體性結構」或許在文學批評領域（如《文心雕龍》）及後代的道教裏才有較完整的綻現。

的宇宙結構論，偏向仙靈和世界恰如其分的溝通模式，亦即一種究極理想的表達方法，故其所佔據之基源地位（如「建文章之祖」、「所起有書而始也」等等），都沒有離開書寫這個範疇——「若環」非環，「和以天倪」的「巵言」也始終異於天倪，無論再怎麼千方萬緒、隨物宛轉的用器，仍然在道以外，與道相對〔註89〕——由此角度看來，道教構設三元八會、雲篆明光文字的本意，並不在瓦解世人被語言所箝制的思維，反而試圖以超越的語言來為語言效能之極限進行辯護。故宋代張君房於《雲笈七籤》說明道經之由來云：

> 尋道家經誥，起自三元，從本降跡，成於五德，以三就五，乃成八會。其八會之字，妙氣所成，八角垂芒，凝空雲篆。太真按筆、玉妃拂庭，黃金為書，白玉為簡，秘於諸天之上，藏於七寶玄臺。有道即見，無道即隱。蓋是自然天書，非關倉頡所作。〔註90〕

在這段話語裏，「自然天書」被分為兩個層次，一是超越書寫的根源文字，另一是必須張開書寫場域，為仙真們用來相互交流、探知真理之神聖文字。前者傾向維持道意豐盈而曖昧的整體性，因此處於充滿歧義的渾成狀態，絲毫無「形式」可言；後者將前者轉換為一種全能符碼，從純粹語言降入傳遞意義之踐履範疇，講究的是卓絕於世俗、經驗界的完美形式，或可說是一種文字的理型。〔註91〕另外，《雲笈七籤》也間接解釋了自然天書與凡俗文字的差異：無論何種天文，都只在此世（或讀者）的理解符合道意時，才得以昭示披露。所謂「有道即見，無道即隱」，天文本身已然確保了終極真實的在場，但凡俗文字儘可隨人們各種需要加以捏揉搬弄，時而將瑣屑的閭里之見堆砌成龐然的知識高塔，時而將有所執滯的狂夫之議，粉飾為通古達今的不刊鴻教，於道德淪滅、傾頹的世局中墮落為虛偽的載體，往往極為諷刺地見證了諸神

〔註89〕 參考：楊儒賓，〈巵言論：莊子論如何使用語言表達思想〉，頁122～154。木村英一，〈莊子の巵言〉，收入：《中國哲學子の探究》（東京：創文社，1981年），頁 329～331。此處稍微挪用了楊文，為求與《真誥》所云神聖文字對映，所以未如兩位學者將「巵言」上升至與道同層，或視之為道的語言化。

〔註90〕 張君房輯，《雲笈七籤》（臺北：自由出版社，2000年），卷三，〈道教所起〉，頁 24。類似觀點可見於《元始五老赤書玉篇真文天書經》。

〔註91〕 道教根源文字在直指終極真理，卻不用來表達切確意圖的部份，頗似本雅明「純粹語言」（pure language）的用法，然道教根源文字先於、高於所有語言，未如後者是超越一切詞語的總和，可透過多語演化的過程而自我完成。參考：本雅明，〈論語言本身和人的語言〉，收入：本雅明（Benjamin, W.）著；陳永國、馬海良譯，《本雅明文選》（北京：中國社會出版社，1999年），頁 263～278。

的缺席。

　　另外，魏晉南北朝道教尚流傳一種由山陵河川之走向揣摩而出的圖符，
也能夠發揮召劾神靈、威制精怪的作用，這種文字並非來自虛空，而是順著
具體自然物事之態勢及其巨大能量沿淌出來的，因此可稱之為「地文」。《玄
覽人鳥山經圖》云：「無數諸天，各有人鳥之山，有人之象、有鳥之形，峰巖
峻極，不可勝言……妙氣之字，即是山容其表，異相其跡，殊姿皆是妙氣化
而成焉」，〔註92〕《洞玄靈寶五嶽古本真形圖》亦詳述：

> 五嶽真形者，山水之象也。盤曲迴轉，陵阜形勢，高下參差，長短
> 卷舒。波流似於奮筆，鋒鋩暢乎嶺崿，雲林玄黃有如書字之狀，是
> 以天真道君下觀規矩，擬綜趨向，因如字之韻，而隨形而名山焉……
> 子盡有五嶽形，橫天縱地，彌淪四方，見我歡悅，人神攸同……乃
> 是神農前世，太上八會羣方之書法，殆鳥跡之先代也，自不得仙人
> 譯注顯出，終不可知也。〔註93〕

由地貌遷變為地文，是以一種痕跡代換另一種痕跡的過程，故文中將天真道
君視為一位翻譯者兼詮釋者，透過對原文（五嶽）的凝視，利用新的語言
（五嶽真形）把掩匿於山水之象的神聖層次給宣解開來。〔註94〕在崗嶺江川
踞旋的形影裏，一策一努、一啄一磔等筆劃呼之欲出，所謂「如字之韻」、「隨
形而名」，即表示這是種忠實於自然、可顯徹其本質的轉化──文字即象，象
即文字，文字與象緊緊聯結著萬物內部靜默無聲的奧理，能指直達所指，
因此這一翻譯詮釋活動進行時，不會產生意義剝漏的問題。若從製作的方式
來看，地文似乎與伏羲、倉頡所創造的八卦及書契沒有太大差異，然道教
學者卻特別強調它與凡俗文字於時代、位階的區別，原因應該就在「真」
與「不真」的分歧上：由於八卦及凡俗文字創造之目的，乃在「通神明之德」、

〔註92〕《玄覽人鳥山經圖》（《正統道藏》第十一冊），頁470。此處「天文──地文──
　　　　人文」概念主要依文字構成方式來劃分，「地文」說明了道教除由氣凝結、無
　　　　形無象的天文外，另有一種獨特的成文方式，它必須依傍山水風土之勢才能
　　　　產生，前有所據，「因象創名」（語出《十洲記》），故人鳥山雖為天界之山，
　　　　但由人鳥山而來的圖文乃為地文。
〔註93〕《洞玄靈寶五嶽古本真形圖》（《正統道藏》第十一冊），頁530～531、542。
〔註94〕道教關於翻譯的概念主要見於第二章。另外，《洞玄靈寶玄門大義》引《太玄
　　　　都老子自然齋儀玄經》，區分道教典籍為三：「一曰天經，天真所修；二曰地
　　　　經，洞天所習；三曰人經，世間所行。三界之法，相通而一」，主要是從典籍
　　　　本身和讀者境界高低來區分。

「類萬物之情」，其間已攜帶著人們窺探、貞定宇宙的企圖，說穿了只是被有限智識利用的有限符號，與它們嘗試去闢清的「象」、「意」或「道」隔了一層——求「通」與求「類」的努力，恰巧反襯出神明之德的空無、天地萬物之情的剩餘。所以前引《真誥》才會認為文字一旦寫出，便「形傳塵著，苟騫露有骸之物，而得與世進退」，除了反省作者與讀者、書寫與其他行為的時間差以外，也對人們經常在凡俗文字的指引中迷失、汲汲追索意義卻終不可得的窘境發出喟歎。

綜而言之，道教學者在解釋道經構成時，對真理或信息之承遞有否極限的問題作了探討，並且制定出「天文—地文—人文」的尊卑等級，〔註95〕此一等級背後又隱藏著「無形—理形—形式」之階次排比，同時印應著先天的本體層次—後天的宇宙場域—理序世界。也可以說，「天文—地文—人文」序列包括了「未始有物」的渾然狀態，緊接著向下展放出「以為有物」但仍「未始有封」、尚能保持天機完整之自然現象，以及由智性法則所統御的「有封」、「有是非」之境地，於是魏晉南北朝道教裏的文字儼然成為一切存在棲居的家園。

在前述聖俗文字對立的概念裏，已可粗略勾勒出聖域與俗域涇渭分明的宇宙草圖，而《真誥》更借仙真之口，詳細地說明八龍雲篆被簡省為六十四種書，「播之于三十六天、十方上下……音典雖均，蔚跡隔異」之遷流歷程。〔註96〕縱向及橫向不同的國度、不同的次元，都各自擁有不同的文字系統，這幾乎直接指陳了文字與世界之間存著一定的共構關係，前者的序列正迴映了後者的序列；當世界衍化裂變，節理愈來愈繁複時，文字型態也就跟著多樣起來，每種型態都包孕著一種獨特的時空想像。《上清三元玉檢三元布經》認為：「得備其文，則得遨遊九天之上，壽同劫年，得見其篇」，〔註97〕《龍蹻經》亦有類似說法：「三十六天，隨經修品。經證天品，依經生天」，〔註98〕如此一來，在人們還未提昇至與仙真同游的境地以前，完全沒有使用高階文

〔註95〕因此「文」既是人的語言，也是神的語言、物的語言，它是超驗的整體範疇。
〔註96〕《真誥》，卷一，〈運象篇〉，頁6。以下「夫人在世」句見頁6。神聖文字「盡真」的論點—映顯出凡俗文字可以為情而造的質性，人類藉由語言推展的思考空間並非以現實為底限，所以能夠汪洋恣肆地構設出各種違背真實的情況；不真，反倒使「作」成為人間界的特權。
〔註97〕《上清三元玉檢三元布經》，頁560。
〔註98〕《太上開天龍蹻經》，卷一，頁710。

字的資格，不透過特定管道（例如巫師、祭師）便難以和另層次的超越者相接契，文字遂扛荷起「絕地天通」之古老職責，成為避免民神雜揉、天地無序的一道圍欄，替每個級次篩揀出合襯的住民。反過來說，倘若人們的精神翻騰入新的畛界，自然會於修鍊得道的瞬間，懂得怎麼掌握神聖文字，故云「夫人在世，先有能書善為事者，得真仙之日，外書之變亦忽然隨身而自反也矣，真事皆邇者不復廢」，這一方面是由於悟道者淘換了觀照世界的方法，因此需要更加縝密的文字系統，才足夠因應原本無從察識的物態理則；另一方面，道教認知下的文字不只代表了僵硬的知識層面與經驗層面，更是專氣致柔、滌除玄覽之人格的表現，當學者心靈澄化至某種程度，不再執迷於譫妄的假相時，其語默動靜亦皆真誠不虛，故書寫樣態的挪動適足以證明學者從此岸意識縱躍至彼岸意識之決定性轉變。

　　由此我們可以發現，無論是「離言—寄言—因言」序列或「天文—地文—人文」序列，都把溝通模式與存在模式畫上等號，語言文字從而是人與聖仙真之精神境地的顯現。語言文字的高度，繫乎體氣存養的厚度，通過身心修鍊使其內具的意義空間擴充，逐漸趨向整全，當學者與不可說的大化合流，便同時融入了不需說、能所合一的狀態，故溝通模式既是經驗的，也是證成的。不役於物的聖仙真毋庸借助理性及知識法則便可掌擺萬象，但役於物的人們很難不被限定著「物」的語言文字所役，是以「離言—寄言—因言」序列的重心，雖在提揭一個騰踔於權說假名之上的勝景，對人類世界無所遁逃於語言之困頓亦深有體會；而在「天文—地文—人文」序列裏，任何物事，包括有生命及無生命、自然及超自然，都以某種方式參與著文字，所以文字不衹和人類思想表達的一切範疇相依互滲，也和整個宇宙共生並存。

　　德希達對西方哲學傳統展開批判時，曾指出其根深柢固之理體中心主義（logocentrism），是建立在語言比文字優越的語音中心主義（phonocentrism）之上的，並且認為可以從非拼音的漢字裏找到突破這種傾向的證明。〔註99〕張隆溪於〈道與邏各斯〉一文對此說作了回應，先提出古代中國亦有理體中心主義及形上等級制（metaphysical hierarchy）的見解，接著又從倉頡神話等案例，歸納了「在中國傳統裏，文字的權力就這樣在受到貶低的同時也為自

〔註99〕雅克・德希達（Jacques Derrida）著；張寧譯，〈弗洛伊德與書寫舞臺〉，收入：氏著，《書寫與差異》（北京：生活・讀書・新知三聯書局，2001年），頁357～416。關於「理體中心主義」部份見頁359，張寧譯作「邏各斯中心主義」。

己行使了報復，而形上等級制也在剛剛建立之時便從基底遭到破壞」這一結論。〔註100〕關於文字的權力，道教顯然可以提供更詳盡而篤厚的闡述，但值得深究的是：即使消去了語言與文字的對抗，將之重新洗牌，依然無法避免有與無、情與性、理與事、名教與自然……等概念間的主從關係，連文字系統內部都深深埋藏著聖俗二分的價值判斷；也就是說，移除掉語言中心主義並不代表理體中心主義、形上等級制便會全面潰散。

　　儘管道教同樣掙脫不了各種觀念階梯的思維框架，卻也不能用西方哲學傳統來規範它，因為在各種觀念階梯之外，尚存著更深邃的道、渾沌或神話，以一種最高的非理性來涵蓋理性、包覆理性，和緩甚或撫平了每個序列間的對立——從揉合的角度觀照，任何級次的文字皆可與道體聯結；從分化的角度觀照，無論高階、低階文字所建構出來的世界，皆與渾沌之道體有所隔異；而在文本裝置上，「序列」被神話所圍裹著，它們都是道教神話的一部份，也都脫離了神話之圖——故道教的形上等級制不同於西方傳統的「斷裂型二元論」，是根植於「整體一元論」之「連續型二元論」，各級次間有著彼此轉化的關係。〔註101〕另外，魏晉南北朝道教試圖將語言文字之序列複雜化，調整出極其細緻的辯證肌理，例如「離言—寄言—因言」序列在兩個極端中

〔註100〕張隆溪撰；馮川譯，《道與邏各斯》（南京：江蘇教育出版社，2006年），頁32～47。引文見頁46～47。在進入第二層立論時，張隆溪以倉頡神話為依據，認為「在關於中國文字起源的傳說中……文字從未被視為口語的記錄，而是被視為獨立地發生於言說之外，文字模仿著鳥獸和一般自然現象在大地上留下的痕跡模式」，從而推導出漢字比其他文字「更好地投射出自然的迹印」「更容易也更有效地顛覆形上等級制」的論斷，這個結語可能下得太快。以先前所引僧佑〈梵漢譯經音義同異記〉一文為例，其間敘述漢字「因華於鳥迹」，但一開首即強調「字為言蹄，言為理筌」，文字仍落於口語之後，可見其起源神話基本上與權力的鞏固沒有直接關係。關於張隆溪此結論的思考，還可參考廖炳惠著；翁振盛譯，〈閱讀他者之閱讀〉，收入：《中外文學》（1991年7月，第20卷第2期），頁63～74。另外，在張隆溪提出以「道與邏各斯」作為東西方文學比較闡釋的根本框架以後，部份學者又改採「經與邏各斯」、「名與邏各斯」作為衡量東西哲思的最終根據，而魏晉南北朝道教關於天文、經典與道互含的思考，正能貫通這些格式。參考：楊乃喬，《悖立與整合：東方儒道詩學與西方詩學的本體論、語言論比較》（北京：文化藝術出版社，1998年），頁140～231；趙奎英，《中西語言詩學——基本問題比較研究》（北京：中國社會科學出版社，2009年），頁12～18。

〔註101〕參考：賴錫三，《道教內丹的先天學與後天學之發展和結構——「精、氣、神、虛」系統下的道論與氣論》，頁173。石田秀實撰；楊宇譯，《氣．流動的身體》（臺北：武陵出版社，1996年），頁280～312。

加入「因言」次第，拓闢出一個必須推運語言文字、卻不拘執於語言文字的中間地帶，拓闢出一個悠遊的區塊，使「本」對「跡」的排擠作用獲得了稀釋；而「天文─地文─人文」序列以「無文之文」為基首，實則已具含幽微的離言質素，均有避免陷入二元律則的用意。

一、文字的樂園

　　在許多文化的神話裏，都可找到關於原始樂園的敘述。原始樂園介於神界與滿目瘡夷的經驗世界之間，象徵著尚未腐化的自然狀態、為聖性所籠罩的人間景域，其內的居民擁有長遠的生命，萬物雍穆祥煦，一切對立概念還沒有產生；而後因為某種特殊緣由，造成樂園崩毀或居民被迫流離於外，從此必須面對永無止盡的病痛、恐懼及死亡陰影，忍受歷史中的血腥傾軋。這類神話充滿對宇宙最初和諧的追慕之情，並且也為禁忌、罪惡及文明知識的起源提出解釋。〔註102〕

　　道家典籍以神話為基礎塑造了許多原始樂園，用以批判緊箍著人們的各色規範，例如《莊子》〈天地〉、〈繕性〉所描繪的上古或至德之世，《列子》裏的華胥氏之國等等。由於規範的制訂已經涉入了語言活動，因此這些故事多半纏帶著質疑語言的寓意，魏晉南北朝道經所載錄的原始樂園也有類似觀點，《太上靈寶五符序》即形容淳和之玄古時代：

> 萬物自縱其心，蒼生任道而行……不見可否之言，不生是非之教，
> 純然不虧，峙然不損……于時人年九萬歲，然後始學仙道而天，斯
> 將所謂至化；順其心也，可謂至教。化之無方，教亦無跡，跡不見
> 而功存，訓常守而德沒，可謂天和其象，三才比同者也。〔註103〕

在這觸目皆道的時代裏，人們的意識與存在完全融合為一，不需要透過繁複的倫理綱目或修行工夫，即能與其本質相符、和天地自然的韻律共鳴，任何言語的教化都是多餘的；此種樂園神話實乃道家寓言的衍生，交覆歌詠著心物、主客未分殊之素樸狀態。但值得注意的是，魏晉南北朝道經也出現了幾則敷點上文字神聖光澤的樂園神話，從另外一個方向展演人們失去恩典、背

〔註102〕關於原始樂園的相關討論，參考：諾思羅普‧弗萊（Northrop Frye）撰；陳慧、袁獻軍、吳偉仁譯，《批評的剖析》（天津：百花文藝出版社，1998年），頁174～185。楊儒賓，〈道家的原始樂園思想〉，收入：《中國神話與傳說學術研討會論文集（上冊）》（臺北：漢學研究中心，1996年），頁125～167。
〔註103〕《太上靈寶五符序》（《正統道藏》第十冊），卷上，頁721。

離玄德的過程。例如《洞玄靈寶本相運度劫期經》起首記載靈寶天尊向道士炎明詢問洞浮山境的特異處：

> 炎明答曰：「自居此土三百萬劫，蘭林不衰，鳳鳥不死，其林樹葉有天景大混自然文字……舉國男女各面有金容，壽命三十六萬歲，無有中夭者。其國有一火煉之池，其水蔚勃，禮服而居，形狀有若天景大混之文。國中男女三年一詣火池沐浴身形，不知因緣所從而來。其國人民不知三寶可奉，不知造惡，任化自然，亦如鳥鹿之途生也……。」天尊答曰：「……吾昔在赤明元年於此土中撰天景大混自然文字，以火鍊其字形，流精水池，故有字形。國人男女三年一詣火池，沐浴身形，即飲其水腹中，三年調節，故人命壽長遠，以此天景大混自然文字故……今以天運當促，真文還收太芒上京紫微宮中。其後人命短促，五濁躁競，眾邪野道，競來擾亂。國主貪暴。兵革妄興，疫氣流行，助其威虐。是男是女，任命生死，不以道理。吾哀之，故為撰其文字天景大混之科……若有善男善女，修行道德，永度惡世，取其將來無為之場……」〔註104〕

洞浮山境在靈寶天尊撰寫之天景大混自然文字的護持下，成為一個沒有夭殤、沒有憂煩紛擾的極樂淨土。域內的池水、林葉受到文字拂染，亦產生淨化能量，人們只要定期而持續地接受洗禮，便能分享其神聖性。生活於這個受庇佑的世界裏，主體意識完全溶入於宇宙的脈動，不必考慮各種物事的前因後果，也不必揣測如何交流，仍然處在一氣同流的狀態下；天景大混自然文字並非是用來制定概念、排比知識的反思工具，甚至不具有修飾整飭的意味，它代表一種無為而成的真秩序，是全人類精神上共同的歸屬。

也因此，在道教裏「文就是存有的歷程與意義……既為展現道之媒材、為道之示現、又是彰顯道的力量」。〔註105〕失文即失道，原本以神聖文字作為內部動能的樂園，被元始天尊收回之後一變而為俗世，人心逐漸污濁起

〔註104〕《洞玄靈寶本相運度劫期經》（《正統道藏》第十冊），頁13。另如《太上諸天靈書度命妙經》亦敘述「是國皆有種種奇妙，有青林之樹，樹葉並生自然紫書」、「九色之鳥恒食樹葉，身生文章」，這與《本相運度劫期經》裏「爾時香草拂拭天文，化成蘭林，其葉文字以本有之……鳳鳥食之故能長命」的記載相仿，都把文字當作自然界物事神聖化的表徵。

〔註105〕龔鵬程，〈文字傳統的解構與重建──新文學運動對中國文化的衝擊〉，收入：氏著，《文化符號學》（臺北：學生書局，2001年），頁417。

來，德性淪落頹敗，從此進入了有吉凶休咎、生死始終之線性時間。靈寶天
尊於洞浮山境首次授文及第二次授文，更突顯了這個變化所帶來的價值落
差──由「天景大混自然文字」轉換至「文字天景大混之科」，象徵著人們不
再浸潤於真道、直接感受真知，必須依靠有形的經典或儀式，發心刻意修習
才能重新歸返那原初的純粹；換言之，「天景大混自然文字」本身即等同於
實存，而「文字天景大混之科」只能遙遙指涉著實存，正說明了天文與人文
之間的區別。〔註106〕

　　這一神話亦隱約透露出道教學者反身對「宗教」的省察：他們於宗教之
內陳述宗教的矛盾、利用經典來指責經典的局限，進行了頗為深刻的自我檢
驗──在蒼生任道而行的時代裏，明確的宗教還未產生，因為人們已處於典
範之中，不需要建造各種誡訓及制度作為仿傚的模式；所謂宗教，看似為
道、物兩界的中介，實乃因源於人們與至道脫勾，因源於聖與俗之分裂，可
說是被遺棄或被放逐的代名詞，而大部份的經典也是為了挽救失去的道心
而傳授的。〔註107〕當人神之間必須訂立契約，天地萬物不得不透過理性及
儀軌教條，戰戰兢兢地維繫綱紀倫常時，就意謂著洞浮山境已經離喪了自然
母體；宗教僅能幫助零星的人們在失道狀態裏取得新的平衡，卻不能將整個
世界再次恢復成全無污染的烏托邦。《太上洞玄寶元上經》云：「初淳則行不
言之教，後澆則言象互陳。近情未達，遠旨每滯言象以沉淪」，〔註108〕《洞淵
神呪經》亦曰：「自伏羲以來，至于漢末，人民大樂，多不信道，悉受天氛自
然邪魔，不知有道，不知有法，不知有經，直奉自然也。後時有信經者少耳。
大晉之世，市域末世，人民無淳，苗胤生起，統嶺天下，人民先有多苦，上僥
下急，然後轉盛」等，〔註109〕都呈現了類似的思考，信仰、人與神的契約被
視為後起或第二序的，因此展現為特定意識型態、有方有跡之道教，亦難以
自稱為至教，再也容納不下遼遠虛闊的本無。

〔註106〕若將靈寶經系與上清經系演示的宇宙觀相結合，那麼「天景大混自然文字」
　　　　所維繫的即是生生不息、使人們常處潔淨的三天正氣，「文字天景大混之
　　　　科」便是在具有毀滅性質之六天故氣裏，勉力指引世界不向邪惡罪穢偏航
　　　　而去的教法。

〔註107〕此處為道教學者將「科」這一概念賦予了「造作」、「脫離原初自然」之意義
　　　　的引申，並不表示「宗教」一詞及對其明確的鑒定，已出現於魏晉南北朝道
　　　　教。

〔註108〕《太上洞玄寶元上經》，頁622。

〔註109〕《太上洞淵神呪經》（《正統道藏》第十冊），卷一，〈誓魔品〉，頁232。

另外，《太上諸天靈書度命妙經》也鋪陳了五個歷經百萬劫而不聞悲歡之聲的樂園，從中央的大福堂國開始，依序介紹東方的碧落空歌大浮黎國土、南方的禪黎世界赤明國土、西方浮羅嶽上的極樂國、北方元福棄賢世界的無患之國，這些樂園皆以靈寶天文作為它們豐饒喜樂的源頭。元始天尊為太上道君開解大福堂國之緣由云：

> 「……此文以龍漢之年出於此土，時與高上大聖玉帝撰十部妙經，
> 出法度人，因名此土為大福堂國……是故此土男女長壽無有中夭，
> 不歷諸苦，不履憂惱……吾過去後，真文隱藏，運度當促，五濁躁
> 競，萬惡並至。感念來生，生在其中，甘心履罪，展轉五道，長苦
> 八難，更相殘害，憂惱切身，不見經法，不遭聖文，任命死生，甚
> 可哀傷……」〔註110〕

文字的樂園尚處於沒有經驗差異之恬澹情境，保持著與化同遊的天然機趣。如果將眾多關於原始樂園的神話交相比對，即可發現「不知」幾乎是所有樂園居民共通的特徵——「不知其所由然」、「不知背逆，不知向順」、「不知歡樂從何而來」、「不知學仙」——側面地表現出這是一個前歷史、前理智與前個體性的童蒙階段，一個直觀直感的世界，暗示了所有的「知」均來自於人們不斷膨脹的自我，來自於以審理之態度觀看萬物導致逐漸加劇的疏離感，來自於以凡俗語言追逐神聖語言的企圖心。

從道教原始樂園神話裏，能看出那種由「言」至「文」的發展次序與主從關係，已經被顛倒、甚至被破壞了，撐持著樂園的天文不是「有其己而臨物」、〔註111〕在書寫主體視察客觀之形色以後重新摹擬而出的痕印，而是「二儀待之以分，太陽待之以明」的原創性動能；〔註112〕「文」與「經」生成的先後、範圍的大小，同樣也發生了逆轉，天文非但不是營構經典的零件，反倒醞釀、涵括著所有辭章。倘若和《文心雕龍・原道》「傍及萬物，動植皆文」之語互較，則劉勰所言與道教神話均深刻地反映了魏晉南北朝崇文的時代氛圍，差別在劉勰將虎豹凝姿、雲霞雕色、林籟結響等紋理，全都併入「文」的內容以擴充其格局，「文」（文采）僅僅是隱喻性的用法；而道教認為由一切紋理中皆可尋繹出抽象的「文」，故「文」（文字）便為實指的詞彙，在設定上

〔註110〕《太上諸天靈書度命妙經》（《正統道藏》第二冊），頁382。
〔註111〕郭象注，《莊子》，卷二，〈人間世〉，頁16。
〔註112〕《元始五老赤書玉篇真文天書經》（《正統道藏》第二冊），卷上，頁343。

是明確、狹義的。劉勰所言乃以人文為出發點，再將天地間一切態勢音韻的表現都延攬入書寫範疇，攏聚於審美的維度裏，故其「文」之對立面便是簡易無華的「質」；但是道教卻側重於天文精微玄妙之本源位置，從而映照出凡俗塵世所有語詞、禮樂及典章制度的鏡影身份，因此神話裏「文」的首要意義即是不造作、不虛偽的真知，其屬性正等同於「質」，捍護著宗教哲學領域內部最核心的價值。

二、從匿名到多名

　　人們為了與形形色色的陌生存在溝通，必須藉由命名行為將事物納入自己的認知體系，這是自有語言開始即不斷發生的一種儀式。「名號」提攝、召喚出個體的部分本質並加以固定，以此作為事物受造的證明，同時也是世界秩序化與規範化的基礎點。早於東漢，許慎《說文解字》即云：「名，自命也……冥不相見，故以口自名」，〔註113〕強調名號讓原本鴻濛茫昧的境地浮顯出許多清晰的輪廓──透過「名」的指派，能將廣漠的時空點化為熟悉的環境，無法掌握之現象也因而變成可理解的景緻，客觀世界與人類的關係得以重新建立，萬有的價值與意義也隨之確定。

　　文字創制以後，名號有了更精闢的區別，一切存在便產生不斷細分的傾向。例如在《爾雅・釋地》裏，錄述先民如何識別空間：「邑外謂之郊」、「郊外謂之牧」、「牧外謂之野」、「野外謂之林」、「林外謂之坰」……，〔註114〕人們以特定的座標當作軸心，再用不同的文字符號將土地由近至遠地層層切割，如此便能釐清每一區域彼此的距離，並從中發展出井井有條的空間概念；文字之劃分突破了過去四維八方的簡略認知，開展出更繁複的觀照法則，而這片被命名的土地也開始為人類的權勢所覆蓋，與尚未被語言收編的純粹自然有了差別。由宇宙的角度來看，文字乃是將萬物從渾噩幽微之境地拉扯出來的巨大力量，「文字乃無中生有的現呈，無或隱無本身會在濫觴的霎時自我命名……創造出事物界的乃是文字界」，〔註115〕與口頭語言相比較，文

〔註113〕王念孫，《說文解字注》（臺北：黎明文化事業公司，1986年），二篇上，頁57。

〔註114〕《爾雅注疏》（臺北：文化圖書公司影印阮刻《十三經注疏》，1970年），卷七，〈釋地第九〉，頁2616。

〔註115〕此語出自法國心理學家拉康〈無意識中文字的動因或自弗洛依德以來的理性〉，「無」與「隱無」的意義即「在場」及「不在場」，此處藉李爽學模糊

字不僅能夠界定「有」，還能夠界定「無」，「無」的命名映照出原本杳渺而不易察覺的空白之處，世界的深度因而被進一步地演示出來。以《國語》的記載為例：

> 木石之怪曰夔罔兩，水之怪曰龍罔象，土之怪曰羵羊。〔註116〕

「罔兩（乃至於「羵羊、罔象、方良、魍魎、罔養……」）」這類讀音，在古代皆表示無體無相、飄忽不明的精怪，〔註117〕然由口頭話語轉入文字記錄以後，原本隱匿於這類讀音下的許多精怪，便被不同的詞彙釐定為木妖、水妖與土妖……，它們各自的性質因為文字而更清楚地揭露，名號的枷鎖將它們從陰翳之處拖曳到昭明之地，再也無法遁入難以辨識的溷淪狀態；由此可知，文字除了對人類造成影響外，也作用於非人類的領域，這項創發改變了天、地、人三界的關係，其帶來的異動得由整個宇宙共同承擔。漢代高誘註《淮南子》時，便基於這種立場，對文字表現出某種戒慎憂慮、小心翼翼的觀望態度：「倉頡始視鳥跡之文造書契，則詐偽萌生，詐偽萌生則棄本趨末，棄耕作之業而務錐刀之利。天知其將餓，故為雨粟。鬼恐為書文所劾，故夜哭也」，〔註118〕指陳文字雖然為人類打開了另一扇視窗，能夠洞察過去所無法知覺的天地奧秘，相對地卻剝奪了神祇靈物之活動範圍，這一詮釋中的「鬼」，其實正是宇宙萬有的縮影，它們不僅為同類哭泣，也為那些將被人類鑒別的物事哭泣，因為世界的序化與自然的分化必定俱時並進，而人文勢力的拓殖與蠻荒空間的壓縮總是一體兩面的現象。

魏晉南北朝道教學者肯定文字是種能夠幫助自己認識與掌握世界的用器，另一方面亦認為在文字的便利性底層，其實蟄伏著難以想像的危機。天師道《女青鬼律》詳細地記載了各種鬼神的字號，教導百姓常加念誦來伏魔

卻充滿詩意的翻譯，替文字使世界結構開裂之觀念作註腳。文字創發前，與「有」相對的「沒有」或許已經出現，但將「無」或「虛空」視為一種非現象的現象、或者形而上的道體，恐怕還是在文字產生之後。參考：拉康（Lacan, J. M.）著；褚孝泉譯，《拉康選集》（上海：上海三聯書局，2001 年），頁 423～461；邁可·潘恩（Michael Payne）著；李爽學譯，《閱讀理論：拉康、德希德與克麗絲蒂娃導讀》（臺北：書林出版公司，1996 年），頁 75。

〔註116〕《國語》（上海：上海古籍，1995 年），卷五，〈魯語下〉，頁 559、560。

〔註117〕參考：江紹原，《中國古代旅行之研究》（上海：上海文藝，1989 年），〈序言〉，頁 7～11。

〔註118〕《淮南子》，卷八，〈本經訓〉，頁 116～117。倉頡神話對於文字的懷疑，源自人類活動重心轉移時的不安，而高誘「本」、「末」的界定亦取決於文化與土地的親和度，並且為人們專注於追尋知識的趨向提出警告。

辟妖，「汝曹自可按吾圖書，視鬼等名，施吾太玄之下符，上三天生炁……」，〔註119〕強調奉道男女若熟記這些資料，即可「萬鬼不干，千神賓伏」，長保生活的安寧。此部道書將文字當作統御萬物的權柄，利用命名的過程把人的意念強行按入時間與空間之內，於是自然宇宙便被重新編排為一個符號的宇宙，感官印象的世界因而變成心理的世界、觀念與意義的世界，〔註120〕萬物依照著文字的要求來呈顯其姿態，同時也在文字的圈限中被人的意志所馴化。許多道教典籍都有類似的觀點，通常以人類為本位，談論如何運用各種巫術性的語言文字來壓抑各種不利於民眾的精怪。比方《上清佩符文青卷訣》介紹了許多符文，其中說明〈黃帝蒼霞流鈴登空步虛上符〉云：「五帝流鈴五符，威制極天之魔，召攝五方神靈。上應五晨，豁落七元；下應人身，九孔七明。周天竟地，靡有不關，無幽不測，無細不監」，〔註121〕將天、地、人鋪述為受符文宰制的場域，讀者如果依照自己的需要按圖索驥，就能複製出無數件符文，故一切魑魅魍魎、魑魔魑魘乃至位格較低的神祇，不但要憂慮有道之士的驅使或殲滅，甚至得完全服膺於這個由符文構築而成的世界了。

然而各種書寫均有其固定的結構與章法，符籙之操作、經典的謄錄也是如此，無師自通的人們不明究底地模仿，使得數術的傳承毫無脈絡可循，於是民神雜糅的亂法時代也隨著來臨。所以道書裏時常警告信眾不得隨意改寫文字、增刪書本中的章句，因為無論是哪種型態的巫術文字，皆是個自給自足的封閉體系，其間的力量會隨著筆劃、詞語的秩序而停留與發送，一旦錯誤便會成為某種帶有脅迫性質的產物。倘若全面地觀照天地間的利弊得失，從人以外的角度來思考，那麼被命名本身往往就是場災難，語言文字貞定下的物事失去了真正的自由，受到修道者之生存標準的擺弄，以致於落入「萬萬伏法，千千斃形，殺律所攝，莫不悉清」的悲慘境地。《女青鬼律》、《太上洞淵神呪經》等道書裏，各種附著於木石花草上的神靈妖怪在經過文字的洗禮之後，被人們依書寫符號潛在的邏輯將其分門別類，此後不得不活在隨時

〔註119〕《女青鬼律》（《正統道藏》第三十冊），卷一，頁580。以下「萬鬼不干」句見頁577。此外如《洞玄靈寶自然九天生神章經》、《太上洞淵神呪經》、《真誥》等道書都提及真名法術，這些法術都表現出一種以人類為運作中心的世界觀。

〔註120〕參考：恩斯特・卡西勒（Ernst Cassirer）著；于曉譯，《語言與神話》，頁28。

〔註121〕《上清佩符文青卷訣》（《正統道藏》第十一冊），頁279。以下「萬萬伏法」句見頁290。

遭到辨認與抹殺的恐懼裏，而《洞玄靈寶太上真人問疾經》敘述靈耀寶藏天尊曰：「我今分身分號，其成百千億萬，是我病痛故耳。『夷』是第一名，『希』是第二名，『微』是第三名，是三乘之首，一名三洞之始，其中分散亦為千億品經」，〔註122〕在這部道書裏，不只將名號的製作當成極富創造性的神聖，亦視之為一種病症，所有衍生而來的文辭章句便是一種痼疾，藉以說明所有知識都源於六塵的煩惱。

上述兩個不同方向的思考，都未把文字設想為單純的溝通工具、無質無性的傳訊中介，而是認為它在構成時，就已將自己所指代之物事的質量給蓄留起來了。文字可以被雜然紛陳於心靈的各種情感、欲望以及思考所附著，朝特定對象擲射或投遞那股隱然的神秘之力，它更可以穿透時間，與未來立盟，決定某件即將發生的事變──對道教學者來說，文字正是宇宙潛能的凝縮。早期典籍如《太平經》裏收藏了四卷「復文」，便為這種觀念的實際運用：「復文」是神明代言者召靈劾鬼的一項利器，基本上由幾個隸字拼合、加疊而成，與記載神祇名諱的秘文「籙」搭配，即可發揮強大威力，用以驅役天地間各種物事。到了魏晉南北朝，此觀點深入道教各種儀式及修鍊法門，比方《靈寶無量度人上經大法》強調服符，提醒學者若要持養丹心，就必須藉由吞食五篇真文以獲取五芽之氣，說明了文字蘊含著自然界的菁華；《赤松子章曆》云：「今有男女某甲疾病……以道真符與某甲吞帶，當願飭下真官直符使者、百千萬重道氣，隨禁降入符中，行神布氣，搜索邪精，討戮鬼賊，救濟天人」，〔註123〕認為書寫符令就是集結道氣、調動仙境的兵將，幫助修行者征伐造成百姓痛苦的妖魔邪祟，而《靈寶无量度人上品妙經》曰：「天真隱諱，結氣自然，混合玄文，中藏至精」，〔註124〕同樣將文字敘述為一個足以收聚神聖屬性的奇妙機制。

因此，道教學者首先視文字為某種能量的載體，然後才承認它是某個意義的載體，如果借耶律亞德的語彙來談，則道教裏的文字「與其說是指義的，不如說是『力顯』的」。〔註125〕當道教學者教導信眾透過經典來體證渾全的真理，並非表示它們認為文字與書本中的論述已完整地闡發了真理，而是因

〔註122〕《洞玄靈寶太上真人問疾經》（《正統道藏》第四十一冊），頁566。
〔註123〕《赤松子章曆》（《正統道藏》第十八冊），卷二，頁662。
〔註124〕《靈寶無量度人上品妙經》（《正統道藏》第一冊），卷八，頁76。
〔註125〕M. Eliade, *Patterns in Comparative Religion* (New York: Sheed & Ward, 1958), pp. 38~41。「力顯」（kratophany）指神聖以非位格的巨大能量形式顯現出來。

為文字與書本乃是神聖實體的展現，故北朝道士所造作的《太上妙法本相經》
云：「讀經之士，計文為功，一字一功，功滿三千，名列上清。而況廣看卷目，
常執文籍乎？何以故？經者，道之教，若讀而依行者，即是道之面敕也」，
〔註126〕《真誥》亦曰：「若得大洞真經者，不須金丹之道也。讀之萬過，畢便
仙也」，〔註127〕這裏的閱讀不被當成理解與詮釋的活動，反倒比較接近一種
吸收宇宙奧秘的儀式。

文字誕生意謂著能指與所指分立，然而「力顯」的文字卻又表露出詞與物
之間具有某種內在的聯繫，能指與所指並非只是任意而武斷的組合。此類思
考並非僅止於原始思維，例如《春秋繁露》就將語言文字和道體牽絆為一，把
名號的發派與聖人的造化等同起來：「名生於真，非其真弗以為名。名者，聖
人之所以真物也」，〔註128〕董仲舒著意鞏固這個用名號形塑出來的世界，也肯
定名與實繾綣於自然、甚至是必然的關係上。王弼《老子指略》亦闡述：

> 名也者，定彼者也；稱也者，從謂者也。名生乎彼，稱出乎我……名
> 號生乎形狀，稱謂出乎涉求，名號不虛生，稱謂不虛出。〔註129〕

〔註126〕《太上妙法本相經》（《正統道藏》第四十二冊），卷上，頁38。
〔註127〕《真誥》，卷五，〈甄命授〉，頁49。
〔註128〕《春秋繁露》，卷十，〈深察名號〉，頁 266。關於名實、言意問題的討論極
多，此處僅針對與文字創發有關的部分加以討論。值得一提的是，魏晉時代
名實、言意問題曾引發相當精彩的對話：王弼等人強調「言不盡意」，而歐
陽建卻力持相反的「言盡意論」，事實上兩方只是著眼點不同。由於意—象
—言的關係是約定俗成的（故「成」之前的關係並不固定），因此任何無形
的「意」（或道、理）都可以找出或設計出一有形的「象」或「名」來相應；
歐陽建之所以論「言盡意」，即是關心言說與意念間有無窮的對應關係。而
王弼一則承認有這樣的關係，故云：「盡意莫若象，盡象莫若言」，但卻更著
重於「言—意—象」因性質不同、層層遞減與延異而產生的歧出，所以才有
「言不盡意」的深論；此「不盡」是考慮到「不能完整表達、不全然疊覆」。
王弼與歐陽建觀點看似悖反，其實在某個程度仍有相通之處，反倒是同樣肯
定「言」的董仲舒，其思考走向與歐陽建完全不同。
〔註129〕例如《老子指略》云：「夫道也者，取乎萬物之所由也；玄也者，取乎幽冥
之所出也；深也者，取乎深賾而不可究也……」，認為人們對道的各種理解
雖然都是破碎的，但所謂片面的理解其實就已經觸及了道的某個面向，「取
乎」二字一則意謂著所有指義活動皆「未盡其極也」，二則表示所有指義活
動都有本可據。接承上註，王弼「名號不虛生，稱謂不虛出」之說乃迥異於
歐陽建所討論的名實關係，後者強調「然則名之於物，無施者也；言之於理，
無為者也」，主張任何符號與其意義之維繫，都在某種假立的（provisional）
關係中完成。

認為「名」主要用來裁度現象世界裏的具體事物,「稱」則源自人們主觀的需要,用來傳達抽象的意念事態,兩者的形成有時受到時空背景的影響,有時被心理活動所制約;「不虛生」、「不虛出」等語,乃表示能指與所指之間存著某種因果關係。在魏晉南北朝道教學者的觀念裏,天地之書契可謂自然奧妙的轉移,而人之書契則猶如施用者的分身或是力量的讓渡,名與實雖非完全吻合,彼此卻有一定程度的相應,這和《春秋繁露》及《老子指略》的看法都是類似的。但是對於「名」的真實性,董仲舒完全沒有絲毫懷疑,甚至以之作為真實得以成立的基據,王弼解釋下的「名」則只提供了追逐真實的線索,而道教知識系統中的文字等級,恰好反映出詞與物之間隔大小——凡俗文字既是種殘漏的媒介,那麼它所訂定的「名」便總與道、自然及其借代之物差了一截——「名」雖無法體現真實,卻能使人們重組與真實的關係。

在這樣的認知底下,道教將其學說始祖老子一再地命名,便成為相當值得討論的現象。葛洪《神仙傳》敘述魏晉時代盛傳老子具有大量的稱謂姓氏,而《三天內解經》亦云:

> 三道教行,老子帝帝出為國師:伏羲時出為鬱華子,祝融時號為廣
> 壽子,神農時號為大成子,黃帝時號為廣成子……或姓李名弘,字
> 九陽;或名耼,字伯陽……或一日九變,或二十四變,千變萬化,
> 隨世浮沉,不可勝載。〔註130〕

另如唐代杜光庭輯錄《墉城集仙錄》也記載太上老君「先天毓神,歷劫行化,應接隱顯,不可稱論……以其生而白首,故號老子,或云自說九名,又云有三十六號,七十二名」,〔註131〕可見這是當時極為流行的宗教思想。每一名號都意謂著一種觀看終極領域的方式,人們嘗試藉由名號來掌握代表道與真實的老子,並使其成為具有人格寓味的個體,然各名號所附帶的獨特意義卻削減了道與真實之整全性質,道教始祖展現能力的範圍也似乎被打了折扣,所以利用繁浩的字諱來證明老子沒有孤立且固定的屬性,祂的本質就是統合一切且絕對完足的。

以《三天內解經》的記載為例,祝融時老子被稱為「廣壽子」,抵償了伏

〔註130〕 《三天內解經》(《正統道藏》第四十八冊),卷上,頁80。
〔註131〕 《墉城集仙錄》(《正統道藏》第三十冊),頁462。卡西勒於《語言與神話》
　　　　裏,亦提及神話運思具有一個由匿名轉向多名的開展過程,強調神的概念實
　　　　際上是通過語言才真正獲得發展及其豐富性的,並由此推演所有神秘論都導
　　　　向一個緘默的、超越語言的世界。

義時「鬱華子」這個名號及其提攜的形象；而神農時老子被稱為「大成子」，又抵償了「廣壽子」這個名號及其提攜的形象——新的名號既是其他名號的補充，但也是對其他名號的塗銷。道教學者雖已意識到制定名號會對自然物事產生縮限的作用，亦不得不承認這是無法從人類世界根除的活動，故此一重複不斷的命名行為所陳述的，正是道與最高神祇之無可名狀；究極的真實必須同時位處於匿名與多名兩方，人們以多名闡發匿名裏的原初性質，又以匿名來概括多名中的無窮性質，故多名與匿名彼此說明、相互印證，都對單名所組構的世界進行了否定。

第三節　兩種序列的相融與互斥

　　「離言—寄言—因言」及「天文—地文—人文」可以說是魏晉南北朝道教語言觀念的兩大基型，前者與玄學名實之辨、佛教哲思交相唱和，著重於探討語言文字表述時的缺陷與消極面，後者則更新了初民對語言文字之物神崇拜，將人們尋求精神歸宿的深切渴望託付於符號上。如果再深入追索，即可發現此二序列都帶有自我矛盾的雙重性：「離言—寄言—因言」序列雖然以棄捨語言作為其理論骨殖，卻又從「語言為一種必要之惡」的角度間接地承認它的價值；「天文—地文—人文」序列雖然砌造出一個輻輳於文字的信仰體系，但也蘊含著「常名非名」之隱闇向度，強調在最根本、最終極的境界裏，形象及識見的束縛必定會被卸除、被超越。因此「離言—寄言—因言」及「天文—地文—人文」序列究竟是同或異？它們所攜持的雙重性，能否使看似悖逆的兩端合攏匯通？還是彼此之間存在著難以填補的鴻溝？能夠並置於道教之緣由為何？我們有必要再針對這些問題作進一步的勘察及廓清。

　　「離言—寄言—因言」序列所組架出來的階梯式世界結構，階層和階層之間的隔異，乃取決於不同存在與語言關係的遠近；與道體愈契合的階層，對語言依賴的程度就愈淺。此處「言」的範圍極為廣泛，既包括了賦於聲及賦於形的信息載體（如語言、文字等），也包括了各種容納理念以供操演的表意單位（如詞、句、章等）和類別（如漢語、梵語、標準語、社會雜語等），但最主要的，是它代表著「言說」（discourse），即發話主體依據某些可辨認且組織完整的方式，將其情志傳遞給收話主體的過程。在這個序列裏，聖仙真與人類使用著相同的語言資源，生命境界的分化其實繫之於各層存在捨離語言、託寓語言或依循語言等不同的活動，「言」本身並無上下高低的價值區判，

它是一切表達行為的總稱，無法擺落主體而獨立運作，必須倚靠「存在」為其支點始得以顯露。

若依《龍蹻經》的全文脈絡來看，「離言」、「寄言」與「因言」應被視為表態句，用以描述人類和聖仙真之間互異的境界型態；寄言者及因言者均無法避免情識的糾結，唯獨離言者方能蕩相遣執，消融心智造成的一切封限，歸於千變萬化、周流不息之玄德，因此卸除掉「言」的羈約，就等於從感官形軀與世俗的相對概念中掙脫，進入了無己、無功、無名之超越境地——在這裏，「言」是學者未臻逍遙前必然要遭受的天刑，透過它，可以瞭解凡俗之所以為凡俗、神聖之所以為神聖的原由，故此序列其實是立基於語言所發展出來的存有論。然而「離言」、「寄言」與「因言」也可視為敘事句，如此一來，三個階段正好串連成整套超凡入聖的實踐方法，在「言」損之又損的歷程中，學者精神領域的邊界不斷地拓伸，使主觀意念逐漸逼進於普遍性的真理，終於能夠完全交揉，故此序列又具涵了工夫論的敘述模式。前種觀點順延著「三境三界，通礙見殊」之前提而產生，於是離言、寄言、因言遂各自代表了淨染不等的法門，意謂著每層存在都有探尋絕對之域的路徑；後種觀點則把它們收束、銜接成不斷抽高的返本步驟，「言」的約減正呈現出「捨染—取淨」的遞化。但無論從哪個角度思索，這一序列所關懷的重心都不是語言，而是那居於言內言外、言表言裡，幽渺難測的道性法體；「離」、「寄」、「因」三字原即暗示了語言文字為「筌」為「蹄」之過渡性質，道性法體以隱沒（absence）的方式成為這個序列的理論內核。

至於「天文—地文—人文」序列所組架出來的階梯式世界結構，階層和階層之間的隔異，乃取決於語言型態的變動；與道體愈契合的階層，語言的透明度就愈高。此處「文」代表具有殊別性的語言樣式，需要以複數來表示，從而牽引出聖域和俗域的界線——「文」既然能夠隨著境地的昇降而產生質變，那麼各層存在就不一定得藉由「離」這個否定行為來完成對真實的體悟，故此序列基本上是採用肯定的態度來面對語言的。由於「文」自成一個獨立的能量之場，所以與主體意念的表達沒有絕對關係，它不必然源於人類或仙真們的知覺、情緒和經驗，因此能夠跳脫出各層存在的發話及收話活動，也能夠跳脫出由發話至收話這一有始有終的時間帶，可以說是一種空間概念。有趣的是，與「離言」之「言」相比，「文」的範圍雖然較為狹窄，但如果循著聖俗階梯一路往上攀爬，便可通向更抽象、更實在的純粹語言，那並非是

人類或仙真用來交換信息的乘具，而是完全褪盡了功能性，與「使其自已、咸其自取」之天籟相應合的永恆現呈；那是「文」本身在訴說、經典本身在訴說、山河本身在訴說、道與德本身在訴說，無聲的訴說使宇宙得以開顯，也使事物如其所是地呈現。〔註132〕

　　相較於「離言—寄言—因言」序列，「天文—地文—人文」序列並不以觸探道性法體為其旨歸，它傾向於追究道性法體被物質化之種種映像，亦即「真實如何被語言文字演示」的問題，而且特別重視符號（及超符號）怎麼由意義母胎裏生成、怎麼汲取神聖力量，乃至規範天地秩序的來龍去脈；這一語言觀念所強調的是名與理、本與末之間的連繫性而非斷裂性，由「文」的角度重新敷演不斷向下坎陷的宇宙論，並嘗試為人們提供一種關於救贖的知識。如果說，「離言—寄言—因言」序列注目的焦點，其實是滿溢於詞語之外的終極所指（transcendental signified），那麼「天文—地文—人文」序列亟欲捕捉的，便是可將歷史流變、世界運行規律都完整盛裝起來的終極能指；這個分岔使得前者偏好思索語言在傳遞訊息時產生的遮蔽作用，同時也可解釋為何後者總是對經典之解蔽功能深信不疑——藉著語言等級制的擬設，文字的容量一而再、再而三地擴充，效用也趨於完備，幾乎沒有任何底限，以文字組構成的經典自然能夠「明於本數，係於末度」，乃至於羅致無窮無盡的絕對真際。〔註133〕

　　倘若歸納兩種觀點的表現形態，則能看出站在「離言—寄言—因言」這一立場上發聲的論述，通常已把語言文字當作觀測對象，就其不確定的性質反覆地展開哲學的分析檢驗，且以話語本身來呈現說或非說之尷尬處境，為魏晉南北朝道教學者在充份自覺下為語言進行省察的「後設語言」，它所位居的第二秩序大抵是有意識地被製造出來的；而依據「天文—地文—人文」這一條路線書寫而成的道經則多半牽繫於敘事性的神話，罕少直接批判語言

〔註132〕海德格把人類的言說（sprechen）和本真言說（die Sage, sagen）加以區隔，後者屬於超驗的範疇，是語言本身在說、存在本身在說，為人類言說、存在的前提。由這重意義來看，「天文」之「文」比「離言」之「言」要更接近海德格所謂的語言觀。參考：徐友漁、周國平、陳嘉映、尚傑，《語言與哲學——當代英美與德法傳統比較研究》（北京：生活‧讀書‧新知三聯書店，1996年），頁148～152、245～247。

〔註133〕如《太上洞玄靈寶三元無量壽經》所云：「夫洞玄經者，蓋天地之源，道德之宗，上聖所尊貴，鬼神所畏伏，其高則出九天之上，其深則通九地之下，千變萬化，道盡於此」。

文字，對書寫活動也懷著熱切的虔敬，然此類神話一旦將語言文字翻轉為它所欲表達的所指，自己反倒成了用以表達的能指，這樣的流動使它獲得一個足夠審視語言文字的間距，是種在非自覺情況中自然探索語言的「元語言」。〔註134〕

由於「言」、「文」之內含與外延的差異極大，使得兩種序列似乎朝著悖逆的方向發展，道教對語言文字的否允也因而顯得游移不定。實則人類不得不遷就、仙真們所欲超離的，只是塵世認知下的表意方式（即「離言—寄言—因言」之「言」），但那些反映精神境界的交流模態、天理與自然的各種徵象（即「天文—地文—人文」之「文」），已經是聖者俗者存在的必要條件，故無棄絕斷滅的可能；換句話說，抑言與崇文並非處於同一水平面上的兩種論述，貶抑語言不一定就得貶抑文字，崇拜文字也未必與崇拜語言劃上等號。隋唐所出的《洞玄靈寶度人經大梵隱語疏義》便據此調解道教與《易傳》的牴牾：

> ……又問：「音者，言也；文者，書也。『書不盡言』，文則為劣？」
> 答曰：『不然。書不盡言，是世間之文耳。真文為三才之本，言教在布化之末。本勝末也。』」〔註135〕

明確地撥清「書不盡言」之「書」與真文概念的差異，並揚舉真文之位次及範

〔註134〕 需要注意的是，metalanguage 一詞，有「後設語言」及「元語言」兩種翻譯，臺灣多半使用前者，中國大陸則習慣使用後者。「後設語言」較為精準地表現出這類反思語言之語言所呈現的顛覆性及第二秩序，能夠突顯其與對象語言的差別；「元語言」則可和神話學相結合，同時兼顧「浸潤於神話內」及「跳脫神話外」，兩種看待能指的方式，其缺點是容易與「天文」這類純粹語言的概念產生混淆。更重要的衍發性問題是，大陸學者如葉舒憲等直接將神話視為一種元語言，使此詞從「後」的位置轉演成「先」的位置，並不具備自覺的省察意味，成為一個新生的、與 metalanguage 無關的術語，故「天文—地文—人文」序列只能被稱為「元語言」，無法稱為「後設語言」，其所居的第二秩序並非取決於作者，而是取決於讀者。「後設語言」及「元語言」之不同翻譯，恰好為本文兩種序列按立註腳，同時也反映出「元語言」這一詞彙所造成的模糊與淆亂，以及翻譯行為所引致的誤讀、專門術語如何被異文化影響而形成新的解釋效力等現象。參考：羅蘭・巴特撰；許薔薔、許綺玲譯，《神話學》（臺北：桂冠圖書公司，1997 年），頁 169～196；黃錦樹，〈謊言的技術或真理的技藝——書寫張大春之書寫〉，收入：《真理或謊言的技藝》（臺北：麥田出版社，2003 年），頁 205～239；葉舒憲，《中國神話哲學（上編）》「易有太極——神話哲學的元語言」，頁 1～154。

〔註135〕 《洞玄靈寶度人經大梵隱語疏義》（《正統道藏》第三冊），〈諸天中大梵隱語无量音〉，頁 510。

圍，使它和凡俗的書寫切割開來，而能直接與「意」、「道」相連通。在這裏，道教其實相當謹慎地規避了口語、書面語孰優孰劣的問題，利用限定意義的方法，將「天文—地文—人文」序列填塞入「離言—寄言—因言」序列的褶縫中。另外，古代中國習慣把「言」、「文」混雜使用，並且多半以「言」統「文」，僅將文字視為掛褡於語言下的一個同類項而已，所以老子云「知者不言，言者不知」，連帶地取消了文字傳述真理的效度，而莊子亦不需指明他那曼衍窮年的謬悠之說，究竟是發自滔滔不絕的口舌，或是完成於宛如神降般的起手運筆間。但是魏晉南北朝道教認知下的「文」並非「言」的附庸，彼此祇有一小部份交集，兩者的錯落不僅使「離言—寄言—因言」及「天文—地文—人文」序列可以共存，甚至還有相互嵌入的餘地，從《龍蹻經》便能看出二方融通的痕跡。時代更晚的《上清三尊譜錄》亦云：

> 夫正法者，則以正覺應於正教，以悟羣迷，覺於正道也。妙理淵玄，實非仁智所論矣，豈敢於身心之所擬哉？……法性淵微，故超九清之外，通悟萬道於未肇之天。而為應也，其功耀於四象，赤輝啟闇於混然，二儀從之以得制，於是靈圖煥妙，八會應於太溟之中，是以羣方朗覺於斯矣。但幽沉既曉，昏睡普悟，即因斯樹言，言而詮理……。所謂道是窮微極化之尊，妙妙絕稱，大藏之主，若指其源趣，則淵海莫比，故非言象之所能。〔註136〕

此部道經雖以「離言」觀點鋪底，倡議狹隘的心靈、語言文字無法掌握道體及宇宙生成流變的全貌，卻又標舉出靈圖、八會之文來對應上清三尊的教法，承認隱晦不定的道一旦被帶入各層存在的意識中，就難以避免被說明、被闡釋，也勢必被語言化、文字化——這或許是道教各派在揉合時，不察之間造成的疊覆，也可能是道教學者有意整飭各種語言思維，企圖藉由宇宙階層之劃分，讓抑言與崇文兩種觀念得到調解與安排。倘若推諸先前所舉用的例證，那麼遍覽大洞三十九篇並非仙真哲人的終點，他們都必須逆溯三十九言、再匯歸於無篇無言的寂寥靜翕裏；由人文進入天文、由反人文進入反天文，意謂著從表象思考的分別智，跨越到直觀感通的非分別智，最後更還原為動機未萌之絕對零度狀態。

當兩組序列交聚時，往往需要以某一序列為主軸、並且矮化另一序列的地位，始能圓滿地鑲合：例如先前所引《洞玄靈寶度人經大梵隱語疏義》將

〔註136〕《上清三尊譜錄》，頁5。

天文、地文推出離言的對象之外，其實就是把「離言」的範圍縮小，使它不再保有傳統道家思維那樣無上的理想性；而《上清三尊譜錄》強調「正法」後起於「正道」，在盛讚天文具備開悟之功的同時，即已扣剋了它的本源意義。由此可見，兩組序列雖然同時成立於道教，卻必須個別分開來看，如果硬是將兩種立足點不同的觀念互併，反而會產生謬刺。歸納以上所述，則道教語言觀可用下列簡圖來表示：

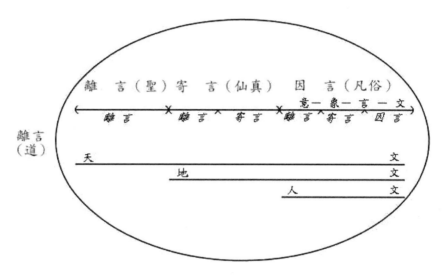

採取正體標誌出來的「離言—寄言—因言」序列，為魏晉南北朝道教思想的主流，語言關係的轉換恰巧與各級品階之升遷概念相符合，故離言、寄言、因言都陳述著一種持續的狀態，代表聖仙真與人類各自的質性；採取斜體標誌出來的「離言—寄言—因言」序列則常見於唐後的道教，主張學者返身內觀、滌除思慮時，也可能達致無法名狀之心靈覺醒境界，人與語言的距離並非恆定的，會隨著出入冥契經驗而調整，這樣的解釋使每一層次存在的方式較具通融、改變的餘裕。

另外，在魏晉南北朝道教思想中，「意」—「象」—「言」—「文」之排比並未完全被推翻，只是偏移成人間界所獨有、相對於聖仙真境域的一種知識景況，此即道教語言思維何以能夠和傳統道家、玄學語言思維保持平衡的原因。無論那個序列，都是不可聞、不可見之渾然統體的顯跡，其上還有一更大的「離言」覆蓋兩者，故道教思想仍然以遣散語言文字為其最終旨歸；但綜覽魏晉南北朝道經，卻會發現「天文—地文—人文」序列在比例上壓倒性地超過了「離言—寄言—因言」序列，它才是魏晉南北朝道教語言思維的

基調。〔註137〕

結　語

　　魏晉南北朝道教是許多不同傳統的涵攝包容，「透過對各傳統的位置重新安排配置，以次第與階序的模式排列各個傳統，在判教的基礎上，給予各傳統重新定位，並藉此賦予該經典所倡導的法門至高的權威性」〔註138〕，這種拼合的特質亦相當明顯地呈現於其語言文字觀念內。

　　在「離言—寄言—因言」序列裏，道教學者以懷疑的視角看待所有的表意活動，藉上聖傳道之境來表示對語言效能的批判，藉下界傳經之境來包裹人們對語言媒介的依賴；然在「天文—地文—人文」序列裏，道教學者又以一種信仰的姿態迎向文字、書籍與經典，並且按照其等級高低，全面地討論了世界如何於符號傳導下契入真實、或者退化成擬真及失真的情狀。如果說，「離言—寄言—因言」序列提醒了人們，宇宙真理無法依託任何有形的方式映示，而生命的意義也難以在問學之間展演；那麼「天文—地文—人文」序列的要務就是建立一種超越的形式，使真理能夠於其間安頓下來，讓生命的意義獲得彰顯；前者盡量澄清本與迹的差異，後者則勉力將本與迹貫通為一。

　　倘若歸納此二序列，可以發現魏晉南北朝道教雖然領悟了「言不盡意」之根本性侷限，另方面卻仍強烈地渴望完成「言能盡意」這個永恆憧憬；雖然已經利用宇宙階層之劃分，把相互牴觸的語言文字概念作了妥善的調解與安排，卻仍在除魅與附魔（附神）兩個端點當中擺蕩——這猶如整個道教知識體系的縮影，儘管試圖融鑄古今中外之思想於一爐，但終究避免不了在接續中所產生的遺痕。

〔註137〕 《太上洞玄靈寶智慧定志通微經》記載靈寶天尊在傳授左玄真人、右玄真人旨訣之前的一段對話，即充份顯示出此種傾向：「天尊曰：『……吾欲以思微定志旨訣告之，其要簡易。從易得悟，不亦快乎？』二真曰：『思微定志，為有經耶？』天尊曰：『都無文字。』二真曰：『斯徒觸壁，無底大癡，如無文字，何從得悟？』天尊答曰：『即時一切經書，本有文字耶？今日之言，不亦經乎？』二真曰：『唯乞願聞，輒當書述。』」全篇重心雖在破解人們對文字的執迷，卻掩蓋不了對經典的崇拜，是故天尊試圖翻轉兩位真人的觀念時，仍然以言譬文，而兩位真人在接受旨訣前乃矢志將口傳視同書述，皆透露出當時道教對文字、經典極度重視，幾近無法掙脫的狀態。

〔註138〕 謝世維，〈傳經與譯經：天真皇人的淵源及流變〉，收入：《第一屆道教仙道文化國際學術研討會論文集》，頁787～817。引文見頁789。

第三章　本與跡的距離──魏晉南北朝道教認知下的詮釋及翻譯

　　在魏晉南北朝道教那以文字、書籍、經典相貫串,並作為源初之力的世界結構裏,無論聖仙真與人類,都扛負著理解的職責及渴望,「理解」不僅是主體用來把握客體、窮究天地規律的方式,更是各階級存在坐落於時空場所的基本境況之一,全面與片面的理解總在進行當中。因此,道教學者探尋終極真際的每個環節背後,都浹浸著「理解如何可能?」這樣的詢問,對萬物萬事的觀照亦同時帶著辨識宇宙訊息的成分。

　　透過第二章的討論,我們得知真道會以「結空凝文」等方式作初步的呈現,但自然之氣凝結而成的天文,只是少數聖仙所能曉喻的超越性符碼;換句話說,道教思想裏的經典受眾被設定為高低有別的層次,一種能夠清楚地掌握文本之作用及內部寓涵,另一種即使竭盡心力埋首於文本,也無法領略箇中奧義,必須倚賴他人的提撥始得以明瞭,此分歧或許導因於每位經典受眾之思想深淺不一,或許被各自使用的語言給限制住──前者引發了「演」、「解」與「注」之類的活動,亦即「詮釋」這個開展性的表述行為;後者則牽涉到「譯」,亦即傳播媒介相互轉換的過程。職此之故,「理解如何可能?」這個命題便與「詮釋如何可能?」、「翻譯如何可能?」等命題繫聯起來,三者的答案皆是待時盜機、執天之行的關鍵。

　　本章主要根據典籍裏的相關記載,推求道教學者對詮釋、翻譯兩種語言運作型態所產生的想像,由此考察他們如何彌合道與經典、經典與讀者之間的縫隙?建立了怎樣的律則?同時檢視箇中耐人尋味的侷限及誤認,並分析這些觀點於怎樣的現實背景下形成。另外,在這片詮釋、翻譯重層疊覆的廣

大網絡裏，道教各項傳習禁制似乎保留了一個不詮、不譯之消極領域，第三節乃試圖揭露：傳習禁制內部含藏著激發「詮」、「譯」持續開展的積極意義，而且轉演出以身心之踐履作為詮譯的奇妙思維。

第一節　魏晉南北朝道教的詮釋觀念

從漢代魏伯陽假借《周易》爻象以衍繹修丹意旨、張陵就神仙煉養之術說明《老子》開始，對古代經典的推衍敷闊，即是道教徒用來建立神學系統的重要方法。例如葛玄〈道德經序〉記載其師左慈指示門生精研五千言時云：「靜思其真，則眾妙感會；內觀形影，則神焄長存」，〔註1〕直接把存想、入靜等工夫之妙用附會進去；《太上洞玄寶元上經》將《老子中經》與〈道〉、〈德〉上下兩部牽繫起來，藉著各種聖數強化了傳統道家的宇宙生化意義；〔註2〕南朝宋孟智周在《道德玄義》、《老子義疏》等書裏，嘗試吸收佛教思想以暢談有、無，進而構設完整的體用論——被道教徒目光透析後的經典總被賦予佹奇殊異的面貌，原初文本的形態與內容並未束縛他們發展宗教式的命題，可見其詮釋觀念不盡然符合儒家「以意逆志」、「知人論世」之精神，循著獨特的原則及策略來追索天地人之間共通的理趣。

隋代著名的道教彙編《玄門大義》載敘魏晉南北朝時，學者已將教內簡冊區分為十二部，其中「本文」一詞，指稱那些收錄了機要意旨的經典：「本文者，即三元八會之書，長行源起之例是也……本者，始也，根也，是經教之始、文字之根；又為得理之原、萬法之本。文者，分也，理也，既能分判二儀，又能分別法相；既能理於萬事，又能表詮至理」，〔註3〕認為具有擘劃天

〔註1〕葛玄，〈道德經序〉，嚴可均編，《全上古三代秦漢三國六朝文（三）》（臺北：世界書局，1982年），《全三國文》，卷七十五，頁16。

〔註2〕關於此經較完整的探究，參考：鄭燦山，《邁向聖典之路——東晉唐初道教《道德經》學》（臺北：國立臺灣師範大學國文研究所博士論文，2000年），頁64～82。

〔註3〕《道教義樞》（《正統道藏》第四十一冊），〈釋名〉，頁658。唐代道士孟安排以《玄門大義》為底本，「芟夷繁冗，廣引眾經，以事類之」，再編集成《道教義樞》。《玄門大義》現已失傳，中外學者皆以為出於隋代。參考：李剛，〈《道教義樞》以重玄為旨趣的哲學思想述評〉，收入：氏著，《重玄之道開啟眾妙之門——道教哲學論稿》（成都：巴蜀書社，2005年），頁361～369。將典籍內容分為十二事部類的方法，在《太上洞玄靈寶十號功德因緣妙經》、《龍蹻經》等書俱有記載。

地之功的經典開顯了虛靜寂寥的自然律則，而此開顯正是以「有」解釋「無」的一種現呈，《上清太上開天龍蹻經》亦提出類似看法：「三十六部，是无相源，從理寄言，令銓其理」，〔註4〕直捷了當地將三洞經典視為對終極真際的闡明，是未著形象之大道化育眾生的方便途徑。黎志添引用《雲笈七籤》裏相似的資料加以論斷：

> 道經本身的產生已經是屬於一詮釋的事實和結果。詮釋的關係是處
> 於垂直的模式，由宇宙本體的道和授道者而合成。道經不是道的本
> 身，也不是道的語言，僅是我們對道的詮釋之典範。〔註5〕

在跡冥論與「天文—地文—人文」等觀點的影響下，道和經典的關係其實遠比黎志添所說的複雜許多，但道教學者大抵都認為，經典雖是可資閱讀、用以觸動各種思維的文本，卻也是關於道之義蘊的抉發；「詮釋」這一概念於其思想體系中，已然可與「原創」並比，甚至具有相互混淆的狀況。若與第二章所云印證，便能注意到在魏晉南北朝道教裏，「作」這一概念幾乎完全被空洞化了——由於「作」有意為之的取向甚強，所以通常不會被應用於道、天之經典上；而人之經典及一般書寫如果推到盡處，亦是對道、天之經典的「述」（詮釋、重複、摹擬……），故「作」的存在空間就被夾殺於權與實兩端的釐定中。〔註6〕另外，「作」不時被歸入人類的個體行為，勢必受到一定程度的貶斥；相反地，「述」被當作向上盛接道、天，甚或與道、天同化之活動，其神聖意義往往超過了「作」，故《太上洞玄靈寶赤書玉訣妙經》、《上清玉帝七聖玄紀迴天九霄經》在談及本身的崇高地位時，才會標榜自己為特定仙真所釋，

〔註4〕 《上清太上開天龍蹻經》（《正統道藏》第五十六冊），卷一，〈黃帝請問宵君訣〉，頁710。

〔註5〕 黎志添，〈宗教經典與哲學詮釋學：中西宗教文化的比較觀點〉，收入：黃俊傑編，《中國經典詮釋傳統（一）》（臺北：喜瑪拉雅基金會，2001年），頁77～124，引文見頁120。

〔註6〕 故成玄英注解《度人經》時即直接點明「天尊以火煉之真文……開列天地運化……各是自然之理，非關造作之功也」。「述」重於「作」是中國學術的特殊現象，黃錦樹認為傳統有一深沉的「述者的結構」，相對於經典的神聖性，所有的歷史主體都是有限的歷史主體，創造的可能是受著重重限制的——儒家基本上仍把「作」的價值排在「述」之前，只是「作」被放置在蒙昧不可知的遠古，僅供憑弔而已。道教的問題與儒家並不完全相同，主要是因為「道」、「道意」的範疇過於龐大，並且以天文自然凝結之姿直接擠壓、取代了「作」。參考：黃錦樹，《近代國學之起源（1891～1927）——相關個案研究》（新竹：國立清華大學中文系博士論文，1998年），頁59。

或者強調能夠閱讀這些簡冊之讀者，均是有資格「逆注玄言」的賢哲。

　　基於對語言表達之真實效度的顧慮，以及橫亙在神聖文字與凡俗文字間的巨大差異，當道教學者回覆人們「該如何接收經典訊息」這一詰問時，往往會特別關懷讀者之等級與理解之層次的關聯。例如《太上靈寶諸天內音自然玉字》云：「靈書八會，字無正形，其趣宛奧，難可尋詳。天既降應，妙道宜明，便可注筆，解其正音，使皇道既暢，澤披十方」，〔註7〕「宜明」二字不僅宣說了「注」、「解」、「演」的必要性，也意謂著詮釋乃是聖仙教導眾生如何趨近真道及物事本然的方式，因此這是已理解者為了配合未理解者之理解的需求，所產生的導引活動，目的在使隱藏於天文裏的道之言說，以聖仙之話語、人之話語的模態重新出現，由無可名狀的宇宙本體轉入能夠供各階級存在思量與實踐之世間法，故不免成為一段意義向下播散、遷動的旅程。而《太上洞玄靈寶赤書玉訣妙經》亦有類似載敘：「真文呪說，高上法度，舊文宛奧，不可尋詳，後來學者，難可施用。故高下注筆，以解曲滯，玉訣真要，開演古文」，〔註8〕強調透過那些參悟了至道之聖仙的詮釋，可將原來不具任何時空脈絡的天文帶進經驗性的景地，令之綻放出切確的功能及指向，有助於其他學者進一步認識宇宙大化的精深。

　　除此之外，「天既降應，妙道宜明」也暗示著經典本身就召喚著各階級存在的詮釋，它等待每位讀者朝自己趨馳而來，等待能把自己託付、授予給讀者，且獲得彰顯的瞬間。然魏晉南北朝道教思維下的詮釋，必須成立於經典視域和讀者視域的交換上，但這種交換卻不是經典與讀者遭遇後就一定發生的，倘若兩者之間的裂隙過大，很可能無法彼此接應，所以需要倚靠合格的中介者在說判經典時加進一些新的質素，比方以特定問題將文本含意從晦澀之處翻揀出來、〔註9〕讓旨趣沿著易懂的章句得到伸張，或藉由流動不已的個別現象，為普遍性法則標舉各種例證……，如此一來，清晰的條件被置入字

〔註7〕《太上靈寶諸天內音自然玉字》（《正統道藏》第三冊），卷三，〈大梵隱語无量洞章〉，頁550。

〔註8〕《太上洞玄靈寶赤書玉訣妙經》（《正統道藏》第十冊），卷上，頁519。

〔註9〕例如《佛祖統記》所引《僧鏡錄》記載，梁代賈稜擅解《西昇》、《妙真》等經，在武帝尚未捨棄道教前，曾邀引他上五明殿豎義。所謂「豎義」，是從佛教習得的講論方式，即於說法時提出明確的主張，予以顯題化，如豎「有無義」、豎「道性義」等。類似作法如宋文明《道德義淵》以「心跡之有為無為」、「澆淳之義」、「自然道性」、「積德福田」、「功德因」五個主題討論《老子》。

裏行間，從而提供了理解的依據。另方面，中介者往往需要替讀者補充一些闕漏的智識學養，並指點他們怎麼和整個傳教系統相印契，因為凡夫俗士不足以豁顯經典之微言大義，而鑒裁程度與修鍊功夫過於貧弱，也都會造成收受文本訊息的障礙，惟有擴增前知前見的範圍，〔註10〕才能使讀者真正觸及經典，故任何「注」、「解」、「演」均是推促視域融合的支援形式。《太上靈寶五符序》載敘：

> 昔在黃帝軒轅曾省天皇真一之經，而不解三一真氣之要，是以周流四方，求其釋解爾……東到青丘過風山，見紫府先生，受三皇內文天文大字，以勅召萬神，役使羣靈。南到五芝玄澗，登圓朧，陰建木，觀百靈，採箬乾之華。西見中黃子，受九茄之方。過崆峒，上從廣成子，受自然之經。北到鴻隄，上具茨，見大隗君、黃蓋童子，受神仙芝圖十二卷。還陟王屋之山，受金液九轉神丹經於玄女……帝又乃到峨嵋山清齋三月，得與皇人相見……帝踞曰：「……竊見真人食精之經，徒省其文而弗綜其意，看其辭而不釋其事，乞得請教。」〔註11〕

在這個反覆出現於道教籍錄的神話裏，藉由黃帝對天真皇人的詢請，來說明理解的完成雖是一種語言活動，卻非只被語言所決定；能「省其文」、「看其辭」未必就等於能體會經典傳達的深義，更重要的是讀者究竟擁有多少心靈資源？可否對經典既放且收地從事辨證？故黃帝周流四方即恰切地揭示出一個累積資源的過程。天真皇人舉撮了「審威德」、「割嗜欲」等條目作為修鍊基礎，並傳授食五芽之方的呪訣，使原本幽微、曖昧不明的守三一法門從經典裏完整地浮露出來，然其講論的部份，卻成為黃帝進入固有經典之前必須預先探究的機件。此類觀念將「經典」—「注」、「解」、「演」—「讀者的理解」拆組成幾重本末對應的位序：以經典為所詮（本），「注」、「解」、「演」即

〔註10〕西方詮釋學所討論的前見（Vorhabe）、前把握（Vorsicht），除了後天習得的智識層面，以及意識型態、對語言典式的掌控和理想價值，亦包括讀者本人的情緒、想像等一切與生俱來之預設結構，但中國詮釋傳統即使已關注到讀者與詮釋的關係，對於讀者如何建立嶄新視域的思考，仍不脫方法論的範圍，多半僅止於「博觀」「識器」這類問題。參考：伽達默爾（Gadamer Hans-georg）；洪漢鼎譯，《真理與方法》（臺北：時報文化公司，1999年），頁342。

〔註11〕《太上靈寶五符序》（《正統道藏》第十冊），卷下，頁752。天真皇人為天文作注的記載，另見於《太上靈寶諸天內音玉字》、南朝後期上清派《太微黃書經》（現保存於《太平御覽》內）等，《隋書》〈經籍志〉亦作了總括。

為能詮（末）；以「注」、「解」、「演」為所詮（本），則讀者的理解又為能詮（末），極其細緻地區分了闡述與再闡述、直接闡述與間接闡述之差異。《靈寶五符序》嘗試透過這些層次，表達在不同詮釋中，道與意之純度互有高低的現象，藉此把從「悟」至「學」的上下價值給標示出來。

嚴格地說，「注」、「解」、「演」在寫定、言明之前，亦屬於一種讀者的理解，而讀者的理解也時常變成「注」、「解」、「演」（或者校箋、內義、章句、指歸等等）；如果翻轉過來，則聖仙真所作的「注」、「解」、「演」又可被人們當作經典遵行──能詮與所詮的本末對應會不斷地滑移，「經典」─「注」、「解」、「演」─「讀者的理解」之位置其實具有切換的可能。以《靈寶五符序》自身為例，此文原是用來敷暢靈寶五符的，但因它對道教思想影響十分深遠，並且時代古老，故被崇奉為經；〔註12〕另如先前所敘《太上洞玄寶元上經》乃依傍《老子》而成，目的在闡發道德之意，從內容、形制來說，都算是一門鉤玄索隱的疏品，卻被學者歸入具根源性質之「本文類」；而《西昇記》更在歷史的推波助瀾下，由釋論變為標宗之作。〔註13〕再譬如《洞真高上玉帝大洞雌一玉檢五老寶經》是《大洞真經》的輔佐之書，而《洞真太上素靈洞元大有妙經》又被用來解釋《大洞雌一玉檢五老寶經》，這連環狀的經典組合，說明了末的精神、功能，亦足以直通終極的大本。

更複雜的狀況可從唐代李少微對《元始無量度人上品妙經》之詮釋看出：李氏自云陳述的內容，乃是以《太上靈寶諸天內音自然玉字》託名天真皇人對此書之譯訓為基礎而完成的，故《無量度人上品妙經》於整個傳佈流程裏即為經典─原初文本，《諸天內音自然玉字》為它的詮釋，李少微則是前二書的讀者；但《諸天內音自然玉字》本身同樣是道教重要的經典之一，而當李

〔註12〕另如《靈寶無量度人上品妙經》，其本經只有一卷，餘皆闡述經文而成，本為解說之辭，但後來亦被尊之為經；而《太上洞玄靈寶赤書玉訣妙經》乃《元始五老赤書玉篇真文天書經》的詮釋及補充。參考：卿希泰主編，《中國道教史（第一卷）》（成都：四川人民出版社，1988 年），頁 388；黃坤農，《《真文赤書》研究──以《赤書玉篇》與《赤書玉訣》為主的考察》（臺北：輔仁大學宗教研究所碩士論文，2002 年），頁 43～88。

〔註13〕《甄正論》記載《西昇經》產生的過程云：「（老子）後遂西之流沙，至函谷關，為關令尹喜演道德二篇上下兩卷……尹喜錄老子談論言旨為《西昇記》，其後人更增加其文，參採佛義，大旨略與道經微同。多說人身心性情稟生之事、修養之理、夭壽之由。後人改記為經。」又及，「注」、「解」、「演」或其他述經的文論亦可晉昇為經，意謂著好的詮釋與原著具有相提並論的可能。

氏之語再被後世陳景元等人閱覽時，自然又成了能夠抉塞啟竅、擔負起引介功能的詮釋了。

　　也因此，經典與詮釋之間絕不可能存著一對一的授受關係，後者是前者的權宜變動，穿過各階層聖仙真及人們主觀志識的稜鏡，依其自身境遇、立場及發言動機，產生或濃或淡的意義光暈，採用各式符號把文本承載的內容重新編列匯合，故可呈示出無限多種樣態。關於理解與詮釋之不確定性質，道教學者很早就有所體認，《太平經》曰：

> 欲得知凡道文、書經意，正取一字如一意。比若甲子者何等也？投於前，使一人主言其本，眾賢共違而說之，且有專長於天文意者，說而上行，究竟於天道；或有長於地理者，說而下行，洽究於地道；或復有長於外傍行，究竟四方；或有坐說，究於中央；或有原事，長於萬物之精，究於萬物；或有究於內，或有究於外，本末根基華葉皆已見，悉以類象名之，書凡事之至意，天地陰陽之文，略可見矣。〔註14〕

《太平經》以「甲子」一詞為例，說明這雖是用來計算時間的公共記號，但它在專精天文或熟悉地理的讀者身上所引發的聯想，必然有著相當的差距，而悠遊四海與深居簡出的讀者所投注於斯的情懷，亦不可能一致——在喚起文

〔註14〕羅熾主編，《太平經注釋》（重慶：西南師範大學出版社，1996年），卷五十，〈去浮華訣〉，頁288。如果從詮釋理論的角度重新審視《太平經》，便能發現其中蘊涵著許多值得研究的思考：《太平經》將文——文本的概念擴充，除了語言、書籍、自然物象，甚至連病患都可視為需要疏證的篇章，而治療就是一種拘校文本的過程。參考：龔鵬程，〈受天神書以興太平——太平經釋義〉，收入：氏著，《道教新論》（臺北：學生書局，1991年），頁79～262。《太平經》傾向探討詮釋行為對文本的誤導作用，反對獨裁的闡述，並且嚴厲駁斥人們尊奉特定理解之「偏言」現象，警告詮釋過於泛濫正是世界的亂源。有趣的是，《太平經》又極力講求經典原義與經典詮釋兩方面的平衡，認為忽略追索原義，卻忙於立說，固然可能使整個社會陷入失根、難以為繼的窘境，但若乏人著書講述，也是一種危殆的狀況，「是故執本者少，而說者眾，則无不窮矣；執本者眾而說者少，日使道浮且淺，淺而不止，因而亂矣」，強調沒有詮釋，流傳於世的道理，只會更加粗陋而造成紛擾——顯然在不言的執本者、析文便辭之解說者以外，還另有一群廣大的接受者，這與本章先前提出的觀點相合。《太平經》對詮釋的反省，乃因之於詮釋出自人們有限的心智，即所謂「知適達一面，明不盡睹」，而其提出的解決方案則為「因共安其意，各書其辭，善者集成一說」、「學凡事者，常守本文，而求眾賢說以安之者」，試圖利用詮釋的交集，將最臨近真實的結語逼顯出來。

本意義的過程裏，詮釋者的特徵、屬性總已透射了進去，對其談議的趨向及格局造成決定性的影響；詮釋乃成立於詮釋者之歷史維度上，它們受到主體位置牽制而不斷流動漂移，甚至反過來也座標了主體的位置。就此而言，經典不應被某種特定的理解所壟斷，也不應有任何無可替代的閱讀規範，因為無論聖仙真或賢者、愚人，無論擷取到的是經典之根基、華葉或零星的枝節，全都是通過一己視角編剪後而獲取的「部份」，全部加乘起來才勉強能湊泊出概略的整體圖像。再如《洞玄靈寶太上真人問疾經》云：

> 一者五千文是也……十方常住，共所思議无厭也。厥一字者，天尊內名，常示世間，眾生弗悟耳。後世眾生有得道果者，及至賢聖聰明智慧儒學之人，而思惟是義，或用為外教虛談，亦善也。此經是大聖之身，內引氣靈，外敷妙義，莫能究也。過去劫中，諸眾生思惟是趣，各各信言其意，此已消也。言談是理非理、得與不得、知趣及不知趣，我亦能納受。〔註15〕

此處概括了眾多訓義之參差現象，並且根據《老子》全篇僅有四千九百九十九字，略省一文而不滿五千的闕遺形態，提出神學式的解答，〔註16〕認為這個未知的空白地帶，原即代表靈耀寶藏天尊無法用尋常符碼顯示的秘密之名。此段話語以一先驗卻非獨斷、終極卻非壓迫性的詮釋，來統攝其他各種詮釋，對讀者之自由心證展現出極大的包容力，說明了派系不同、程度有別的讀者在對經典進行破譯時，往往會將一己的思想背景寄託於其闡述而深信不疑，甚至排擠他人的看法；事實上，真正宏觀的領悟者反倒能夠接受所有的詮釋，惟有偏聽之士才自以為權威。整部《問疾經》從〈序〉開始，就致力營造某種開放的詮釋氛圍，靈耀寶藏天尊帶領十方大聖研詳大乘經，又邀請所有已得道果、次道果、未得道果等千千萬億眾生參與討論，不只肯定當下的理解，同時也應許了未來的理解。然必須注意的是，《問疾經》抱持的寬鬆情態並不表示任何詮釋都是相對而漫無標準的，所謂「是理非理、得與不得、知趣及不知趣」就已夾帶了價值判斷，注意到詮釋本身具有優劣、適當與否的問題；換言之，詮釋內在哲思的厚實或鄙薄，以及它們與經典距離的遠近，都可以

〔註15〕《洞玄靈寶太上真人問疾經》（《正統道藏》第四十一冊），〈眾生行業受善報品〉，頁576。

〔註16〕關於《老子》字數的問題，在魏晉南北朝道教史上一度成為眾家注目的重要問題，除了《問疾經》，另如陶弘景《登真隱訣》、《太上洞玄寶元上經》、唐代成玄英《老子開題》等都對此進行過探討。

辨識得出來，故《西昇經》才將讀者區分為「以言相然」、「以言相煩」等不同類別。〔註17〕

　　《問疾經》關心每種詮釋說解原初文本的效力，這需要一一檢校它們所鋪陳的寓涵才能定奪，至於詮釋在何時產生？距離文本的年代或長或短？透過直接還是間接的閱讀而來？都與其價值高低沒有必然的聯繫。此種看法與先前所敘《靈寶五符序》大抵是一致的，卻與《太平經》有了極大的落差。《太平經》云：「古者聖書時出，考元正字，道轉相因，微言解，皆元氣要也；再轉者，密辭也；三轉成章句也；四轉成浮華；五轉者，分別異意，各司其忤；六轉者，成相欺文。章句者，尚小儀其本也；過此下者，大病也」，〔註18〕認為經典本於天地之心而生，文中精闢的析論皆為元氣之綱要，但在一次次的闡述裏，塵世間錯謬的思想及虛偽的語言習慣便逐漸滲透進去，倘若次數多了，開喻的內容就無法符合正道，只能傳達讀者的一隅之見，甚至會和原初文本衝突，與其他的詮釋互相傾軋。《太平經》把所有的詮釋都連貫起來，它們的數量循著時序遞增、輾轉衍發，顯現出從真理朝著俗知而偏離的迷航狀態，強調愈後期的詮釋愈形訛舛，透過間接閱讀所獲的訓義，當然不如直接由經典謀求到的答案高明。魏晉南北朝道教未將詮釋好壞與歷史綿延之問題混淆，比較傾向審視它們各自表達了什麼樣的意趣，故學者是否能夠探得經典的精髓，與位居於注疏傳統之先後全然無關，而那些足以構成典範的詮釋，乃於時序的流轉中呈現為隨機、零星分布的點。

　　另外，《太上靈寶五符序》從八卦的製作談起，正面地肯定了由經典過渡至「注」、「解」、「演」時，字句繁演、籍冊繁演之必要，同時又對於多元的詮釋能否掌握文本投以遲疑的態度：

> 昔庖羲刊八象於玄石，畫亦甚少矣。至夏為連山、殷為歸藏。逮周易之興，猶未該其根。所以然者，卦有屯蒙困否不通之象，明道妙者難著，理妙者巨尋。寔由經代紛紜，動數十萬言，況乎九天之靈書，三天之寶圖，上導太和元精之氣，下備群生始然之會爾？乃至寂之音，希解於世……〔註19〕

〔註17〕《西昇經集註》（《正統道藏》第二十四冊），卷一，〈西昇章〉，頁532。
〔註18〕羅熾主編，《太平經注釋》，卷五十一，〈校文邪正法〉，頁315。
〔註19〕《太上靈寶五符序》，卷下，頁752。此部道書主要站在有限人類無法戡破天文的角度立論，一方面肯定經典之詮釋不斷滋長、漸趨複雜的現象，一方面卻否定了各家詮釋可幫助身心狀態未達悟道標準的凡賢之士窮究奧秘。這是

從數量來看，詮釋隨著經典受眾的累積而持續增加，但由於它們都是原初文本的引申，因此也可以說其核心旨趣不曾發生過變動，「猶未該其根」透露出詮釋似乎是一種擴張的行為，但再怎麼擴張，也超越不了原初文本的範圍。此處預設了經典具有豐沛富饒、深不可測的寓涵可供挖掘，故能被人們重複又重複地傳述、轉述、引述、追述，然詮釋之無限並非組建於詮釋自身的特性上，而是源於經典內部道與意之無限；在這種觀念下，閱讀所羅織的指涉（significance）其實就裹納於經典固有的意義（meaning）裏，不管前者再如何創新、變異、拆解、與各階層存在的境況相會照，都還是處於後者那絕對而穩定的領域之中。

《抱朴子》曰：「五經之事，注說炳露，初學之徒猶可不解。豈況金簡玉扎，神仙之經？」〔註20〕陶弘景〈登真隱訣序〉亦認為：「凡五經子史，爰及賦頌，尚歷代注釋猶不能辯，況玄妙之秘徒，絕領之奇篇，而可不探括沖隱，窮思寂昧者乎？」〔註21〕倘若人之經典都難以透過詮釋全幅開展，那麼作為道體微縮的天之經典，更是永遠張啟不完的智慧淵礦。如先前所云，詮釋者說判經典時總不免受到時空經驗牽引，也往往考慮受眾的思維能力而攙入一些新的質素，但這些質素對道教學者而言，與原初文本並不構成嚴峻的緊張性，它們被囊括在原初文本圈劃出來的最大值裏，〔註22〕靠著同樣的基因接

對黃帝問道傳說再降一級的思考，同樣探討讀者視域未能與經典視域相接應的問題：由於凡賢之士感知的能力不足，即使擁有靈書寶圖及他人的指引，也等於沒有；在真正理解之前，經典只是一堆符號的排列組合，所謂「意義」必須在讀者視域能夠與之碰撞後，始得以展放。然而魏晉南北朝道教雖強調個人理解與文本意義彼此互動的關係，但其認識下的文本，依舊有客觀、既定既存的內容，故云「聖人雖不為其解高妙之意，然故自陳於本符之上，無損減也」，與伽達默爾強調意義於理解中生成的概念，並不相同。再則，魏晉南北朝道教著某種能夠通透經典之詮釋的基本預設，認為聖人之體悟必定恰好符合經典，一分不多一分不少，毫無遺漏——所謂「無減損也」，同時指涉了文本原意及理想的詮釋，因此，儘管聖人不作字面上的說明，但其不詮亦非一種意義的空無，此與第三節可相印證。

〔註20〕《抱朴子內篇》（《正統道藏》第四十七冊），卷十，〈明本〉，頁696。

〔註21〕《華陽陶隱居集》（《正統道藏》第三十九冊），卷上，頁765。

〔註22〕另如《上清玉帝七聖玄紀迴天九霄經》云「冥圖高妙，非以簡札翰墨所能言宣，粗記千分之一，略標得真之遐迹」也有類似意涵。以原初文本所載法理為最大值，經典的內部空間近乎沒有邊際，依於眾生不同條件所作的詮釋，經常是不夠完整的，故《太上靈寶諸天內音自然玉字》引天真皇人云：「將感以私短而切申自然之書，以解曲逮之文，振琳瑯之響，叩瓊瑤之音，義體雖不都備，由足申演天地之根矣」，此處對一己注解的檢討雖是謙辭，但也表現

踵產生。從這個角度來看，道教認知下的經典與詮釋，正應合母／子的隱喻
——詮釋由經典孕育而成，因此有著切割不斷、無法僭越的倫理關係，縱使
兩方神貌已遠，子於現實上已然違逆了母，也不會被視為一種悖離行徑，如
此一來，便完全否定詮釋可能具有反叛經典之潛在願望。

順沿著前述思維，任何經典都無法以一套單薄的主題或固定的綱領來析
究，它們是活生生、可高度延展的義理系統，承受得起每位讀者以各種角度
去叩問盤詰，這就是為什麼道教學者對《老》、《莊》、《易》的注疏，往往讓人
覺得不忠實於原著，但他們卻堅信自己具備了詮釋的正當性。〔註23〕故魏晉
南北朝道教認知下的經典有其客觀而絕對的意旨，只是這意旨輻括了一切主
觀而相對的歷程；詮釋亦有其合法且必須持守的邊界，只是這邊界被拓展得
極遠極邈，幾乎看不到盡頭。換言之，經典統御著所有的詮釋，詮釋的運作
邏輯不可能凌越過它們，因而成為一種有限度的開放。再進一步說，道教學
者雖已注意到各階存在對經典意義有所反饋，並非僅是單方面地接收文本訊

　　　　　出詮釋對應原文之意義時，必然造成缺損的觀念。

〔註23〕例如魏伯陽所著《參同契》，運爻象、卦術於伏鍊之中，就用了移花接木的手
　　　　法，將未具養生服食思想的易理，置換成修丹的思想系統。葛洪於《神仙傳》
　　　　即評論：「其說似解《周易》，其實假借爻象以論作丹之意」，朱熹《周易參同
　　　　契考異》亦云：「《參同契》本不為明《易》，姑借此納甲之法，以寓其行持進
　　　　退之候」，都注意到此書意旨並不吻合原初文本之訴求，然而魏伯陽自我申
　　　　辯：「大易情性，各如其度；黃老用究，較而可御；爐火之事，真有所據。三
　　　　道由一，俱出徑路」（八十五章），認為神仙方術與《周易》之宇宙論、黃老
　　　　學說三者同途，共舉造化之事。如此一來，便將自己撰寫的內容正當化——
　　　　在以燒鍊金丹之語言侵入易理的同時，《易》的範圍也被大大地張弛了。另
　　　　如張陵、張魯《想爾注》加強原文中身體概念的物質性，讓節欲、存息等道
　　　　教修行方法能夠進駐其間，又攙入五行生剋、王相休囚等概念，甚至通過改
　　　　字來曲解《老子》，使它帶著明顯的神論意味及警示效果，故饒宗頤校箋曰：
　　　　「注語頗淺鄙，復多異解，輒與老子本旨乖違」，認為這是此注傳播不廣的原
　　　　因。然《想爾注》藉由更換代名詞之指涉，將「道」人格化，並強調道、一、
　　　　虛无、自然、太上老君為同一本體之不同稱謂，如此就將《老子》由抽象的
　　　　哲思過渡為神仙信仰，且自認這是「得道經紀」之觀點。再如《太上洞玄寶
　　　　元上經》將《老子》詮釋為一種修行法門，賦予它高度的神學色彩，表現此
　　　　書依據天地之道而行的特質，文中以太上老君為敘述主體，筆調斬截，都暗
　　　　示讀者，此書所解乃無庸置疑。無論面對傳統道家、儒家或佛教，道教學者
　　　　皆將其他學派的術語納為己有，把各類從原來的脈絡割離，再將己意編整進
　　　　去，造成整套理論的搬遷。參考：顧寶田、張忠利注譯，《新譯老子想爾注》
　　　　（臺北：三民書局，2002 年），〈導論〉，頁 1～17；鄭燦山，《邁向聖典之路
　　　　——東晉唐初道教《道德經》學》，頁 64～82。

息，但在理論上，此時尚未出現所謂的創造性詮釋——詮釋（尤其是優秀的詮釋）必定為經典所覆蓋，猶如聖賢與道永遠不相違背，故只具佐助弼輔的功效。這樣的觀點亦出現於後世道教，例如杜光庭《道德真經廣聖義》記載歷代注疏《老子》凡六十餘家，接著捻出「道德宗經，包含眾義」一語，〔註24〕來涵攝人們因關懷重心及稟學不同而按立的理國、理身、重玄……各種進路之解讀，也藉機說明為何從那短短的五千言裏，就能釐定出虛玄、無為、道德、非有非無等多方宗旨，於是諸家之意趣，全被匯歸入經典原有的範疇，成為埋伏於文本中等待墾掘的基質。

　　此種論點亦影響了某些學者在闡發經典時，儘量顧及各種詮釋，甚至以整個道教的精義去填充一個簡單的字詞，將個別的敘述與普遍性概念相比副，避免遺漏掉任何義理。例如南齊嚴東為《元始无量靈寶度人上品妙經》作注，只就「元始洞玄靈寶本章」之「元」字，便給予「先也，先天而生」、「大也，大无不包」、「炁也，細无不入」、「无也，无形无影」、「靈也，能變能化」、「道也……明常道無形，不可得而名，故略云其狀」六種含意，〔註25〕既考究「元」字本身所蘊帶的地位與性質，又依循它重演幾項道教最基礎的綱目；《雲笈七籤》引齊梁之際的宋文明宣演「三一」曰：「總體三一，即精、神、氣也。別體者，精有三智，謂道、實、權；神有三宮，謂上、中、下；氣有三別，謂玄、元、始」，〔註26〕總攝過去不同見解，於是這個辭彙代表宇宙本體的發用，往下還能再分立為諸法實相之呈顯方式、修身核心與世界成因等三個層次。

　　倘若關於文本的各種綜析可以並存，那麼要如何說明它們之間差異、甚至矛盾的狀況呢？《太上洞玄靈寶開演祕密藏經》將聖者對眾生講演的內容視為對至道的闡述，並澄清了這些闡述前後相反的情形：

〔註24〕《道德真經廣聖義》（《正統道藏》第二十四冊），卷五，〈釋疏題明道德義〉，頁179。

〔註25〕《元始无量靈寶度人上品妙經四注》（《正統道藏》第三冊），卷二，頁20。

〔註26〕張君房輯，《雲笈七籤》（臺北：自由出版社，2000年），卷四十九，〈玄門大論三一訣〉，頁692。《玄門大義》於宋後逐漸亡佚，今道藏本其實只餘〈十二部〉一篇，而此〈三一訣〉乃原書部份內容。關於「三一」的研究，參考：胡其德，〈太一與三一〉，《東方宗教研究》（1993年10月，新3期），頁77～96；李零，〈三一考〉，《本世紀出土思想文獻與中國古典哲學研究論集（上冊）》（臺北：輔仁大學出版社，1999年），頁63～78；林永勝，《南朝隋唐重玄學派的工夫論》（新竹：國立清華大學博士論文，2008年），頁131～189。

道君告曰：「若於大聖，諸有所言，皆是正觀，一切智心，無非畢
竟，悉是了義。隨眾生故，半滿不同：為鈍根者，或時說有、或時
說空，或時說常、或說無常，是名兩半。前後異說，不得一時，隨
病發故，偏示一義，是名為半；前病除已，復顯一藥，用具足故，
名之為滿。了兩半已入一中道，乃名具足圓滿之相。若深智者，聞
說一邊，即應了悟，因緣假名，即正中道。所言中者，離一切著，
亦無所離，不滯二邊，故名為中。」〔註27〕

此部道書認為，聖者雖已通達終極真際，但當祂們向著世間傳遞訊息時，就
必須顧及接受者之歷史有限性，必須循其精神境地的變遷而迂迴造論，在這
與眾生心靈對話的歷程裏，產生了無數善巧方便而非究竟的法理要旨，例
如「有」、「空」、「常」、「無常」等用語，均是為了適應特定時地及存在脈絡所
發的見解，因此不免偏執於一端。《開演祕密藏經》深受佛教中觀思想影響，
格外關注詮釋缺陷（半）的必然，強調聖者正是透過各種隨緣起現的道之詮
釋，幫助那些困鎖於語言文字的鈍根者，逐步進行概念上的轉化：複數的詮
釋可以彼此填補義諦的縫隙，複數的詮釋更能交相砥磨、解消，防止眾生安
逸於某種觀點而停滯不前。道教之所以沒有獨尊任何一座經或述，就是希
望能從群經與群述的互具、互指、互飾、互參、互斥裏，串連出一條披顯真知
的道路——為了讓眾生取得絕對圓融的視野（滿），聖者承允了詮釋間的差異
及矛盾，因為那便是道、經典及原初文本，恆久卻又與時俱進、不斷更新的
表徵。

　　至於「了義」一語由《維摩詰經》、《大般涅槃經》、《大智度論》等佛典而
來，李明輝曾就此提出中國傳統學術真理多層性的特色：

……至於依了義不依不了義，意謂佛經皆是佛陀所闡發的真理，無
所謂對錯，而只有層次高低——即「了義」與「非了義」——的分
別，每一層次的言說都表達了真理的一個面相。〔註28〕

從當時學者將重要典籍分立為洞真、洞玄、洞神等三部來看，道教的確已具

〔註27〕《太上洞玄靈寶開演祕密藏經》（《正統道藏》第十冊），頁 94～95。以下「所
演法言」句見頁 95。此部經典主要就詮釋者、覺悟者的角度進行視察，探討
多元詮釋之所以成立的理由，而「了義」一詞的來源如《大智度論》，則留意
一般讀者、受啟蒙者的局限，指導他們如何在多元詮釋之中作取捨。
〔註28〕參考：〈「中國經典詮釋學的特質」學術座談會紀錄〉，收入：黃俊傑編，《中
國經典詮釋傳統（一）通論篇》（臺北：喜瑪拉雅基金會，2001 年），頁 443。

備了這種思維，例如《龍蹻經》云：「大洞聖教，通真生仙，兼包眾經一切官屬，故有洞玄、洞神三十六部上品功德。洞玄部中，不及兼上，唯通於下，而攝洞神，故有二十四部真仙之力。洞神仙經，不及於上，唯有洞神十二部經生仙之福」，〔註29〕表示洞真、洞玄、洞神三十六部經雖連綴以形形色色的文辭章法、收蘊了各種歧出的義理，但它們卻一起指向究極真實，只是涵蓋面寬窄不同而已。如果仔細觀察《開演祕密藏經》，即可發現此處所謂「了義」只能存於聖者的覺悟（智心）中，一旦有了需要訴說的對象，就會變成不了義；換言之，道教認為世間並沒有一種絕對完整的詮釋，「滿」與「中」其實是詮釋與詮釋相加相抵的結果，真理多層性便是詮釋與非詮釋、詮釋與再詮釋共構而成的。

　　道教的真理多層性和先前探討的詮釋多元概念有些相似，但前者通常以天文或聖真之言說為主，後者則囊括了經典以外各種不夠理想的詮釋，價值判斷的意味比較淺淡。這兩種觀點其實都觸及了「讀者、詮釋者理解」—「存在侷囿」的問題，而非將之視為意義創造主體，即使是靈寶天尊、太上老君對眾生開示時所論述的內容，也不會超出「道」這一最初文本的範圍，因此不可能贊成隨心所欲、憑空捏造的詮釋；反過來談，靈寶天尊、太上老君對道的解明，必然已達「滿」的圓整狀態，只是祂們的解明提供給一時一地之眾生思索時，就不能免於「半」的遺憾。

　　再深一層思考，「滿」之圓融視野並不需要將全部詮釋按照順序地鋪排後方可產生，假使眾生從聖者的些許啟示、甚至從自己的理解中尋得洞燭宇宙本源的契機，依然能夠驗證無定無執之境界。故《開演祕密藏經》又云：「所演法言，皆表一道一味一相，而諸眾生，各得悟入，深淺差別，隨解有異，明為別教。示其一相，故曰同歸，無異經也……於未悟者，名為未說；於解了者，常滿究竟」，太上大道君澄清祂為眾生宣講的法言，只呈現了真理與經典的某個面向，眾生又因憑著不同的器量來切入法言，倘若眾生透過這類被縮減的訊息而成就了正果，則此詮釋（及再詮釋）之效用在那一瞬間，亦等同於真理與經典，無論再怎麼簡短的評註也足以稱之為「滿」、「中」。〔註30〕換言

─────────────

〔註29〕《上清太上開天龍蹻經》（《正統道藏》第五十六冊），頁715～716。

〔註30〕唐代道士孟安排撰著《道教義樞》時，即把這種觀念應用到經典之組織架構裏，此書訓解「三寶」云：「經有生善滅惡之用，或一句兩句已有此能，或多章多偈方具斯力。如言『寧守善而死，不為惡而生』，一句之中，其義各足。又如〈善勝論〉於真一、二真，諮於神本，乍開譬諭，演說會通眾多章句，

之，當個別的心靈與道心取得一致，也就同時撐開了朗照意義世界的全幅式景觀，由學術之局部仍可掌握知識的總體，詮釋在這裏終於追趕上原初文本。

　　綜合先前所敘，就能夠明白魏晉南北朝道教對文本的詮釋，與傳統「以意逆志」強調還原、索返之目的，有著極為明確的差別：「以意逆志」裏的「意」與「志」，基本上代表著昔古、現今兩種不同的思考路徑，它們一開始就是離異的，必須倚靠讀者勉力去拉近與文本的間距；道教認知下的詮釋則脫胎於文本，「意」完全在「志」的籠罩之內，無從也無需遁逃，故其還原、索返便是個突破自身約限，盡量與文本劃出的範疇交疊、服貼的過程，亦即是由「半」求「滿」的過程。《孟子·萬章下》曰：「頌其詩，讀其書，不知其人可乎？是以論其世也，是尚友也」，強調文本與作者之心的關係，更發覺此心所合成的一切思想、信仰、價值觀、論述風格，深受作者歷史背景的規範，為了充份瞭解文本，不得不考察這整體脈絡；然而道教學者因其思想系統的特質，習慣以超越時空的普遍性來考量文本寓涵，再加上天書概念影響，使他們捨去了對作者之心的追求，傾向於直接探照經典之客觀義理。

　　此時道教認知下的經典—原初文本與詮釋之關係，或許可以用描述教法傳衍的語彙進行歸納：首先，所有詮釋都因憑著經典—原初文本而起，其間包含著由聖入俗、由約入繁、由幽隱入淺顯等多重轉折，故曰「從本降跡」，〔註31〕認為每則闡述皆有穩固的來源，並且憂慮經典—原初文本再現後，勢必造成意義失落的問題，也點出了魏晉南北朝道教對詮釋抱持著一種具保留態度的次級信任感。〔註32〕第二，詮釋之最終目標，乃是為了讓讀者投身於

　　　　明理乃足。然四字成句，或詮理用足，可是正經，一字起時是真經。不有師云：『字字各能詮理，一字即是真經』？」觀察到文本之片斷，有時已顯現了整體意義，這是因為文本之局部與全部具有一貫性，彼此印驗，每個片斷都算是文本的微型。

〔註31〕本與跡的母題衍生出許多哲學或宗教上的子題，例如聖者有情、無情論，亦可見於道教典籍，道教信眾甚至還提出聖者穿不穿衣的疑問，《三洞法服科戒文》便花了頗長的篇幅討論「上聖無形，實不資衣服，但應迹人間而有衣服。若歸真反本，湛寂自然，形影尚空，何論衣服？今雖示迹，略有九階，要而言之，大歸二種：一者無衣之衣，謂四梵以上，妙體自然，變化無常，本無形質，或隱或顯，應見化身，接引下凡，暫假衣服……二者有衣之衣，謂三界以下，乃至棄賢，形質尚麤，未能合道，遊行出處，要藉威儀，衣服階修，致有差別」，基本上都以品第的劃分和應世觀點，來解決這些疑惑，不再像魏晉玄學那樣努力思索現象及本質之間的辨證關係。

〔註32〕《開演祕密藏經》亦云：「體實無二，隨義名身……迹無定相，形不常倫。但

經典—原初文本所欲呈現的終極真際，因此不能被名相拘束住，更不能被刻板僵滯的書寫格式所制約，必須跳脫語言文字之表象，以探求其後隱藏的意義系統，故曰「攝跡崇本」，藉此來提醒眾人，一切理解都應該是朝著究竟實相而前去的理解。第三，經典—原初文本雖然醞釀了詮釋的誕生，但它們也透過各種詮釋展示了自身，故曰「本跡雙顯」，詮釋猶如經典—原初文本的應化之體，兩方既不全然相等，亦非全然相異，彼此相互掩映。〔註33〕

第二節　魏晉南北朝道教的翻譯觀念

　　無論是側重於自我身心調御，冀望在秘笈裏謀求到內氣養護或外丹燒煉訣竅的巖穴之士，還是憂慮著人類集體命運，期待從天啟中獲得拯救世界的派別組織，道教學者對如何讓宇宙奧秘顯影的方法往往有份執念，而此方法不僅牽涉了經典的降世，同時也觸及了神聖符號的辨讀、文本意義之輸出輸入等技術，又充滿對陌生畛域進行試探的好奇與不安；凡此種種，均與「翻譯」這一關於再現之特殊知識型態互相聯繫。

　　中國的翻譯活動可以逆溯至先秦時期，「其智能上下比義」的巫覡替群眾燒炙龜甲、讀取卜辭，將原本晦澀莫測的靈祇意志，轉換成明白易懂的字句，從而溝通了幽明兩界；漢緯《尚書中候》記載周成王觀於洛河，禮畢，有青龍銜元甲之圖臨壇，「周公援筆，以時文寫之」，〔註34〕把含括在符象內的訊息用當代流行的書體重新紀錄下來，透過傳達媒介的改變，為君主及所有臣民除去領略神恩的障礙——翻譯、翻譯者的產生，最初就是為了克服聖俗之際的裂峙，隸屬於宗教信仰的一環。更正式的翻譯活動主要用來

能顯本，即是迹陳」，認為詮釋依止於經典，無論就發生順序、內容的周延來說，都是落後一等的。「但能顯本，即是迹陳」更暗示了經典不必然都是文字所構成的，可以有各種表達形式。

〔註33〕此類思考直至唐代天台智顗談論法華經時，在佛法之實相與方便法間建立了繁妙的關係後，才產生極其嚴謹的辨析。參考：郭朝順，《天台智顗的詮釋理論》（臺北：里仁書局，2004年），頁41～63。

〔註34〕安居香山、中村璋八輯，《緯書集成》（石家莊：河北人出版社，1994年），頁414、415。除了青龍負圖傳說外，另有玄龜背甲刻書神話。中國殷商時代的巫者因為身負「明神降之」的質性而享有獨特地位，然他們之所以「能知山川之號、高祖之主、宗廟之事……」乃至於「壇場之所、上下之神、氏姓之出」，成為眾人眼中的智者與聖者，正是因為他們具備刻鏤文字與破譯文字的本領。

因應漢民族與異邦間的外交事宜,《禮記・王制》敘述:「五方之民,言語不通,嗜欲不同。達其志,通其欲:東方曰『寄』,南方曰『象』,西方曰『狄』,北方曰『譯』」,〔註35〕故知周朝已設置了專門的官屬,負責將各地表意形式更轉為可理解的樣貌,使君王能夠確實掌握異邦的風土民情,而《周禮・秋官》云:「象胥,掌蠻夷閩貉戎狄之國使,掌傳王之言而諭說焉,以和親之。若以時入賓,則協其禮與其辭言傳之」,亦描繪出多種話語交流的景況。

然《國語》、《楚辭》或讖緯所演敘的翻譯過程,已完全堙沒於幽微的占卜情境,未曾被獨立看待,而《禮記》、《周禮》所云「寄」、「象胥」等,只是政府機構裏相當偏僻的職司,對一般百姓並不具實質意義,必須等到佛教傳入華夏以後,這項語言行為才算真正被人們認識。漢代以降,外來的僧侶為了宣暢釋迦牟尼本懷,故引介佛教典籍當作闡揚的根據,將原來採梵書、西域語言登載的經書遷易成漢字,比較有系統地展開文化會通的作業,諸如孫吳的支謙,西晉竺法護與東晉覺賢、鳩摩羅什、真諦……等代表性人物,從遙遠的他方各自帶進了毘曇之學、般若經論與禪法,前秦苻堅甚至在道安的建議下,組織了大規模的譯場,精微的分工使中外詞物之互證變得越來越專門。〔註36〕

以古代天命觀作為根柢、佛教經典傳播機制作為參考點,道教對語言文字的交替互換也建立了一定的概念。在先前的探討裏,曾提及「凝空結文」往往需要經歷「注」、「解」、「演」等過程才能降授於其他境界,但有時則必須藉由「譯」這門技術始得以流播世間,例如《洞玄靈寶五嶽古本真形圖》曰:「古書五嶽真形首目者,乃是神農前世,太上八會羣方飛天之書法,殆鳥跡之先代也。自不得仙人譯注顯出,終不可知也」,〔註37〕即強調此種崇高而古老的符號無法被凡夫俗士所明瞭,唯有透過聖真或東方朔等修為深厚的儒家,將其挪轉成人們熟習的篆隸之體後方可突破。《抱朴子・覽遐》記載了一段有趣的傳說:

> 鄭君言:「符出於老君,皆天文也」……昔吳世有介象者,能讀符文,知誤之與否。有人試取百病雜符及諸厭劾符,去其籤題以示

〔註35〕《禮記正義》(臺北:文化圖書公司影印阮刻《十三經注疏》,1970年),卷十二,頁1338。以下《周禮》引言見頁899。
〔註36〕關於佛教譯經事業之沿革、翻譯制度與理論,參考:王文顏,《佛典漢譯之研究》(臺北:天華出版社,1984年)。
〔註37〕《洞玄靈寶五嶽古本真形圖》(《正統道藏》第十一冊),頁531。

象，皆一一據名之。其有誤者，便為人定之。自是以來，莫有能知
者也。〔註38〕

葛洪認為「符」乃神靈所用的文字，尋常百姓難以辨析，而介象正是一位具
備鑑別諸符之能力、可以居中傳遞意義的高士；「介象」這個稱謂本身已帶有
極其豐富的寓涵，暗示著翻譯乃是同時穿透形象、意象與心象的活動，甚至
在對群象展開調動之餘，還能替被錯植、缺損不全的殘象進行一番修補勘訂
——在這裏，翻譯並非僅是撥弄文字的簡單遊戲，而是深入文字背後之旨趣、
使名實完全合襯的高難度判斷。另外，玄嶷《甄正論》敘述南朝梁陳之際，已
有道士於齋儀間運用五方真文：「今道士所受法真文及上清其詞，皆以玉字為
文，其字似小篆又非小篆。道家明真行道，於壇五方各施一真文……宋文明
等作隸書以譯之」，〔註39〕可見這種重新呈顯書體的方式，廣被當時民眾接受，
並且帶著略為誇張的表演性質。此外，大約出於唐代的《太上洞玄靈寶十號
功德因緣妙經》記載元始天尊具七十二相、八十一好、十號圓滿，此十號「是
諸真聖、眾天人與天真皇人開赤明和陽天中白玉殿內百寶之匣、鳳錦之笈，
譯大梵隱言而為正音」，〔註40〕大梵隱言是先天道氣的化現，聖仙真以世間形
聲和它對映，然後眾生才能夠收受其博大精深的內容，並產生實際的教諭功
能；非相一經翻譯，從此定著於相，「體」乃向下伸展到「用」之領域。終極
的道雖是不可說、不可詮、不可譯的，但任何訴說著道的乘具，包括天文、地
文與人文，卻都強烈地要求著詮與譯，亦即要求著眾生的理解——此理解並
非專指智性的思辨，更涵蓋了心靈上的感會——這類神話彰顯出道教所營構
的，乃是神、人、物循著語言文字互涉的宇宙。

　　關於翻譯活動更細緻的陳敘，出現在陶弘景《真誥》所錄紫微夫人夜降
之辭，此段話語從天文生發的緣由論起：

　　……今請陳為書之本始也。造文之既肇矣，乃是五色初萌，文章畫
　　定之時。秀陰陽之交，別陰陽之分，則有三元八會、羣方飛天之書，

〔註38〕《抱朴子內篇》（《正統道藏》第四十七冊），卷十九，〈覽遐〉，頁755。《神仙
　　　　傳》有類似記載。

〔註39〕玄嶷，《甄正論》（臺北：新文豐出版公司《大正新修大藏經》第五十二冊，
　　　　1986年），卷上，頁561。玄嶷對道教此種行為嚴厲地抨擊，直指這是宋文明
　　　　等人的偽造。觀察《甄正論》提出的批判（「若玉字本是諸天真人所書，文明
　　　　是近代道士，不預說法之會，又與集經真人不相交會」），其實是以現實上的
　　　　平行式翻譯來質疑神話裏的垂直式翻譯，兩者的思想基礎有所差異。

〔註40〕《太上洞玄靈寶十號功德因緣妙經》（《正統道藏》第十冊），頁430～431。

又有八龍雲篆之章也。其後逮二皇之世，演八會之文為龍鳳之章，拘省雲篆之迹以為順形梵書，分破二道，壞真從易，配別本支，乃為六十四種之書也，遂播之於三十六天，十方上下也。各各取其篇類，異而用之，音典雖均，蔚跡隔異矣。〔註41〕

「音典雖均，蔚跡隔異」短短兩句即賦含多重意涵，勾劃了翻譯之形式、特徵及成立的理據：首先，六十四種書皆承八會之文、雲篆之迹而來，它們是各自不同的符號系統，卻分享著同一個意義來源，因而在這文字遷動的歷程裏，所指不變，只是能指已然經過了抽換；此為道教學者對「翻譯」最初步而直捷的認知。其次，「音典」可表示八會之文、雲篆之迹既有的神秘聲韻，〔註42〕也可表示更抽象的律則——若依前解，便說明了上清派那種半以口談、半以降筆來完成的人神交流儀式，已內建了天地被某一共通的終極語言所穿引之基本預設；若從後解，即透露出無形的道、氣，正為各階存在傳訊載體的統綱，以道、氣作串聯，不管文字表達的樣態再如何改變，都能彼此徵驗、彼此印合。《洞玄靈寶玄一真人說生死輪轉因緣經》呼應了第二種看法：

道常一也，无極无窮，古天所奉，今天所宗，其一无二。但諸天人，言音不同，號之為異，大歸一也。〔註43〕

古與今、聖與俗的各色名相之所以能夠對譯，就是因為它們皆在常道的運作下施行，而受制於時空產生的隔異，僅為虛假不真的幻影，穿透此幻影便可找到匹配名相的支點；由此可知，道教認知的翻譯需要以其綿續不絕的宇宙論作為基礎。至《雲笈七籤》云：「一切萬物，莫不以精氣為用……道之精氣，布之簡墨」，〔註44〕認為精氣為森然萬有之本原，由同質異構的角度來貫透世界各種類型的符字，並且提出總納：「一曰天書，八會是也；二曰神書，雲篆

〔註41〕　《真誥》（《正統道藏》第三十五冊），卷一，〈運象篇〉，頁6。《真誥》六十四種書之說，應自佛教借取而來，當時如《普曜經》、《佛本行集經》、《方廣大莊嚴經》等皆有所記載，僧祐更依此作了〈六十四書緣記〉，釋僧祐，出三藏記集（北京：中華書局，1995年），頁12。

〔註42〕　例如《九天生神章經》、《元始無量度人上品妙經》用以配屬天文、配屬神之名號的「隱韻」，也同於後文舉用《玄門大義》裏的「真聖之音」與「梵音」。

〔註43〕　《洞玄靈寶玄一真人說生死輪轉因緣經》（《正統道藏》第四十一冊），頁593。另如《丹水飛術運度小劫妙經》敘述三界蔓衍的言語無窮，探其究竟，乃因一切名號「并於大數，入於微空」，都在自然理則的運作下生成，故具有互相翻譯的可能性。

〔註44〕　《雲笈七籤》（臺北：自由出版社，2000年），卷七，〈三洞經教部〉，頁82。以下「一曰天書」句見頁82～83，此語據張君房所記，為南朝宋法師所說。

是也；三曰地書，龍鳳之象也；四曰內書，龜龍魚鳥所吐也；五曰外書，鱗甲毛魚所載；六曰鬼書，雜體微昧，非人所解也；七曰中夏書，草蓺雲篆是也；八曰戎夷書，類於蚊蟲者也……符彩交加，共成一法，合為一用，故同異無定也」，強調眾書體蘊藏著一致的規範與邏輯，亦揚興著一致的功用，縱使形貌各別，也能夠互為發顯；在書體與書體的接允裏，可以見到更高的普遍性存於其中，而翻譯乃成為天地間一項必要的功業。

綜合先前的探討，便可發現魏晉南北朝道教所架立的，是一個沒有絕對阻隔的世界觀，即使語言文字切換時，會因存在層級的差異而產生若干障礙，但基本上仍然肯定翻譯─溝通─理解的可能性；也就是說，由於道、氣等概念的延繫，使得道教一開始就從交流的角度去看待語言文字分化的問題，因此像西方在巴別塔神話深刻影響下，把語言之裂變等同於人類最根源的裂變，以及對翻譯─溝通─理解充滿悲劇性的沉思，便毫無出現的餘地。〔註45〕

重新回到《真誥》的記載來看，「壞真從易，配別本支」意謂著由初始的三元八會、八龍雲篆轉化為六十四書之後，信息密度便逐漸減低，所以這是一個不斷趨偽、趨簡的歷程。三元八會、八龍雲篆連同所欲表達的內容及形式，被視作最高等級的原文，為永遠無法超越、甚至無法企及的終極範本，而世間任何從原文至譯文的變易，也全都順從了這種上下關係，彼此聯結成由高階轉入低階之墜落弧線，故紫微夫人透露出的，便是力圖原文初旨再現，卻難以阻止其質能於譯文中耗損的感傷情懷。在這裏，原文與譯文隱約呈顯了二元對立的拉鋸狀態，前者必定優於後者，而後者雖然嘗試完整地朝前者復返，但總有所缺憾，因此道教認知下的翻譯不免是種降格以求的語言活動。再進一步申論，紫微夫人所云其實兼顧了兩種語言行為：「拘省雲篆之迹以為順形梵書」表面上似乎扣緊翻譯的問題來談，但「演八會之文為龍鳳之章」尚包括了詮釋的成份，如果和黃帝周流各國尋求經解之眾多傳說相比較，亦能發現天真皇人擔任的，既是詮釋者也是翻譯者，「釋」與「譯」混淆不清，為無法明確嚴謹切割的兩個範疇──當翻譯啟動時，受閱讀主體獨特條件規限的詮釋便隨之展開；而在詮釋張致時，往往有兩種以上的符號系統於其間參差對照。值得注意的是，純粹語言雖具有可詮性與可譯性，但它本身卻不

〔註45〕關於巴別塔神話的討論，參考：蔡新樂，《翻譯的本體論研究》（上海：譯文出版社，2005年），頁67～100。

從事詮與譯，詮與譯之實際操作必須使用純粹語言派生的六十四書來完成；〔註46〕也就是說，詮釋與翻譯的世界是有書寫、敘述、線性時間的經驗世界，而純粹語言即是經驗的邊境，由此亦能印證前章的觀點。

　　將譯、釋合併的說法似乎還可回尋至漢代，例如《易緯乾坤鑿度》云：「坤母運軸，而後大央氏、百庭氏、大元氏，立坤元，成萬物，度推其理，釋譯坤性，生育百靈，效法之道也」，〔註47〕就以抽象的詮釋、翻譯作為萬物繁衍的生動比喻，倒過來又表示這兩種行為皆後於原文（坤性），一樣具備了引發新的語言形式（萬物、百靈）的作用，而鄭玄注曰：「乾鑿度，庖犧式先文，公孫軒轅氏演古籀文」，這裏「演」也同時包含了譯與釋。因此，倘若將「道教經典從神聖界到世俗界逐漸文本化、實體化的過程」進一步概括為「整個道教經典的傳授與出世，實際上就是一個翻譯的過程」，〔註48〕那麼把「翻譯」二字代換為「詮釋」，依然是可以成立的。

　　《真誥》主要依循宇宙歷史之演化來表現翻譯活動的特質，自然容易考慮原文、譯文因發生次序而造成的差別，《玄門大義》則透過不同道書的體例進行歸納，並且由經典受眾的立場分析翻譯活動之結構：

　　　凡天書　玉字，雖本出梵音，至於行教說經，亦隨類得解。如書真文本，是三元八會梵天之音，今以隸書，又以此音譯傳；書則篆隸兩存，譯則此顯而梵隱也。及《九天生神章》，則本文不傳，梵音不出，但有隸字而此音也。至於《內音玉字》則有異同，同者亦以隸字傳篆書，異者不以此音譯梵語，故文單復不可解也，而天真皇人演之，仍用大梵之音而語此間，即以此間之物合玄都之事。故知真聖之音，音可以通施眾物也。〔註49〕

《玄門大義》認為天書玉字原本對應著飄渺的聲律，一旦被拿來佈道施教，勢必得隨著環境而改變呈示的方式，很難顧及既有的發音，這個情形導致幾種不同考量的翻譯類型產生：第一，並時陳列聖俗文字的樣態，使兩方互相

〔註46〕此處所云詮與譯，是一般定義下，必須要有能指更換動作的詮與譯，不包括以天文表現道體這種能指與所指完全貼合之詮譯原型。

〔註47〕安居香山、中村璋八輯，《緯書集成》（石家莊：河北人出版社，1994 年），《易緯乾坤鑿度》，卷下，頁 103。鄭玄注見頁 101。

〔註48〕謝世維，〈聖典與傳譯——六朝道經中的「翻譯」〉（《中國文哲研究集刊》，1996 年 9 月，第 31 期），頁 185～233。引文見頁 187。

〔註49〕《洞玄靈寶玄門大義》（《正統道藏》第四十一冊），頁 666。

匹配，成為秘篆與今隸夾雜的文本，於是漢音在字形兌換中，也連帶取代了梵音；〔註50〕第二，舉《九天生神章經》為例，此書單獨記錄下俗界文字供人們瀏覽，將聖界文字其他元素全部捨棄掉，只保留內部的意義，為一種徹底的翻譯；至於《內音玉字》則採納折衷的作法，雖然使用俗界文字來傳遞天書玉字盛裝的深奧內容，卻儘量以漢語摹擬梵語專門術語之聲律，接著才於篇後將未闡明的寓涵揭發出來。〔註51〕

　　事實上，此段話語已經碰觸到意譯、音譯的抉擇問題，藉由描述道經之形製，十分潛隱地評斷它們的得失——省略既有聲律，雖能使經典受眾觀閱時毫無阻礙，卻往往失去裏藏於其間的力量，所以天真皇人演繹時才儘量將之存續下來。然而《玄門大義》也發現，無論再怎麼小心維護天書玉字的面目，都不能避免譯文掩蓋原文的狀況，所謂「此顯而梵隱」、「本文不傳，梵音不出」等等，皆映示「隨類得解」之話語踐履，如何在每個領域中遮止了天書玉字——譯文看似把原文帶給讀者，卻反而阻斷了原文與讀者真正的會合，且愈是周致的翻譯，阻斷得愈是嚴重——因此儘管人們努力拾掇著源初密碼的碎片，卻注定永遠與源初密碼互相離異。

　　需要稍微補充說明的是，《真誥》對信息密度減降的憂心，以及《玄門大義》檢討神聖音韻如何在超符號與符號流動間遺失的狀況，均陳述了翻譯無法完整表現原文的想法，而時代更早的《上清高聖太上大道君洞真金元八景玉籙》記載太上大道君誕生、修道與受八景玉籙之事，文云：「爰有寶魂制魄，凝神胞胎之法，發數十言耳，可以安身合道，眾魔散卻，乃異天之絕祝，秘宣龍燭之玄北。其旨不可得而演，重言不可得而譯」〔註52〕，贊誦玉籙威力的話語背後，也透射出詮釋與翻譯本身有所侷囿的意味，因為這兩種活動俱是天之經典在世間的投影，第二語言再造不了第一語言所涵蓋的終極真實。道教思維裏，詮釋與翻譯之不可能的見解，並非從社會文化的落差來立論，也不是對個體認知極限的懷疑，主要是純粹語言之崇拜的附產品。

　　魏晉南北朝這種獨特的翻譯觀在後世仍持續發展，《隋書‧經籍志》總覽

〔註50〕例如《靈寶无量度人上品妙經》錄有〈五方真文〉、〈禹餘玉律天文〉即採漢梵並列的體例。這類體例很顯然把漢語單音系統的思維搬入大梵天語。

〔註51〕除了《內音玉字》，《靈寶无量度人上品妙經》〈元始玉篇首章〉、〈元始靈書瑞符曲篇〉、〈元始靈書日精陽明中篇〉都採保留原音的體例。

〔註52〕《上清高聖太上大道君洞真金元八景玉籙》（《正統道藏》第五十七冊），頁283。

道經源流曰：「天尊之開劫也，乃命天真皇人改囀天音而辯析之，自天真以下至于諸仙，展轉節級，以次相授。諸仙得之，始授世人」，〔註53〕將累疊的宇宙秩序鋪排得更加清晰，直到宋代金允中編纂《上清靈寶大法》，又依《靈寶度人》古經而有所擴充：

> 第一、玉字生於虛無之先，神文隱於混沌之內，至赤明開圖，元始宣演秘諱，係第一譯，為大梵玉字。第二、道君標敘玉字秘諱，天真皇人書其文為第二譯，號諸天八會之書。第三、道君撰次靈寶成經，為第三譯，號雲篆光明之章是也。西王母下受黃帝，龍威丈人授大禹靈寶五符，并在經內。而於經之本文無所更易，故不謂之譯。昔黃帝問道於峨嵋，親見皇人，再蒙指授，及太極真人授道於左仙翁，亦非譯經，故亦不謂之譯。第四、漢元封元年七月十五日，西王母以此經下授漢武帝，帝不曉大梵之言，遂改天書為世書，號第四譯。〔註54〕

此處把「譯」界定為文本樣式的改變，和利用同一種語言向文本旨趣展開搜尋之詮釋行為，清楚地作了劃分，並重新梳理龐雜的天書傳授神話。所謂四譯，是指幽微隱晦的道意透過元始天尊，從無光無象的混沌裏彰顯出大梵玉字，又在各種因緣下逐步演化為諸天八會之書、雲篆光明之章，最後終於採取人們熟知的字體呈現的漫長歷程；以陌生的聖域作為依歸，暗示了翻譯活動正是藉著移置各種符號，在非歷史化的超越性文本裏滲入歷史因素，達到由虛轉實、由聖轉俗之目的。前列《真誥》云「各各取其篇類，異而用之」，傾向於探究原文與眾譯文間能否一對一、正確無誤地核對？但《上清靈寶大

〔註53〕《隋書》（臺北：藝文印書館影印清乾隆武英殿刊本，1972年），卷三十五，〈經籍志〉，頁534。

〔註54〕《上清靈寶大法》（《正統道藏》第五十二冊），卷一，頁785。金允中於文中另記五譯成書法，並嚴加批判，元明時代所出的《靈寶無量度人上經大法》亦有類似載述。五譯成書法打破了四譯成書那種循序下降的過程：第二譯敘述天真皇人將赤書玉字翻轉成諸天八會之書，第四譯描繪西王母為漢武帝將梵文移易為今文，第五譯則言「天真皇人悉書其文以為正音（中國之音）」，試圖將歷來所有翻譯神話融於一爐，因此不免產生蔓衍之弊，這也是金允中駁斥的原因，卻反而表現出同文異譯、譯者能以不同語言進行多次翻譯之複雜狀況。另外，四譯之說對於「釋」與「譯」的差異，顯然有比較深刻的瞭解，五譯之說則維持將兩者混同的認識。相關討論可以參考福井康夫，〈靈寶經の研究〉，收入：《福井康夫著作集II：道教思想研究》（東京：法藏館，1987年），頁415～416。

法》卻描繪出「原文─譯文─次譯文」之迻遞動態，原文先經過一次翻譯，接著依這件譯文再形成另一翻譯，理論上可以無限地延伸下去，構成不斷往凡塵推移的巨大表意環（chain of signification）。如果《真誥》對翻譯活動所按立的註解為「所指不變，只是能指已然經過抽換」，則〈四譯成書品〉便嘗試誘導讀者在這個思考上，進行更深的反省：假使語言文字可以分成觸及真理、無法觸及真理之層級，那麼能指經過了幾度抽換，從天文、地文朝人文一路偏航，詞與義愈見彌散，其所指還會永遠維持不變嗎？根據這篇章的脈絡來看，金允中的答案仍然是肯定的，因為太上大道君、天真皇人與西王母接引的恆常之知，不應該有任何分歧；但這種肯定多少帶著遲疑的態度，畢竟次譯文規輔的對象，已從原文沉降至譯文，話語裏的成份必然隨之削褪而面目難全。

　　道教學者對翻譯活動的關懷，自魏晉南北朝起即告確立，其目光一直都聚焦於高階語言能否遷就低階語言、低階語言能否配合高階語言的問題上，透過符號之間的辨證關係，不斷地確認並且跨越知識的斷層。

　　倘若按照語言文字在空間的運動方向來區判，那麼先前所敘傳統翻譯活動，大致可以釐定為橫貫的水平翻譯及縱貫的垂直翻譯：〔註55〕水平向度的翻譯主要擔負現實環境裏，國與國、地方與地方之際的交流；垂直向度的翻譯則源於宗教信仰中層次井然的宇宙結構，人們企圖探索的異域，位處超越性的彼端，除了透過語言文字從上而下之流勢，接迎新的感思模態，更希望能據此一窺更高級的存在方式為何。由於兩類翻譯設定的目的不同，所屬譯者的職責便有了差異：水平向度翻譯之譯者，主要的功用在幫助聽者、讀者牽合異質文化的物事，使其等值、等效，易於理解，故只需要嫻熟多種語言即能掌握相互轉換的訣竅，如《國語》曰「夫戎、狄，冒沒輕儳，貪而不讓……其適來班貢，不俟馨香嘉味，故坐諸門外，而使舌人體委與之」，〔註56〕張衡〈東京賦〉云「重舌之人九譯，僉稽首而來王」，〔註57〕顯然都把譯者當作語言轉換的工具而已──「舌人」、「重舌之人」說明了這種翻譯在古代的認知

〔註55〕如果考慮時間的因素，還可加上古今語言文字的對譯，即僧祐〈胡漢譯經文字音義同異記〉所云：「譬諸中土猶篆籀之變體乎？按倉頡古文沿世代變，古移為籀，籀遷至篆，篆改成隸，其轉易矣。」
〔註56〕《國語》（臺北：河洛圖書出版社，1980 年），卷二，〈周語中〉，頁 62。
〔註57〕張衡，〈東京賦〉，《文選》（臺北：藝文出版社影印宋淳熙本，1983 年），卷三，頁 65。

裏，僅僅是件世俗的行當，譯者被各色各樣的辭彙通過，自己卻呈現為一片思想的空無，最後只餘留下不斷複述的舌頭供史家和文學家素描。

　　比較起來，垂直向度翻譯之譯者泰半擁有特殊的身份才質，也必須具備非凡的修為。周公於中國政治學術範疇內被賦予的深廣意義，已毋庸多論，而天真皇人既領受峨嵋山官秩，又是輔佐扶桑君的重要使臣，在魏晉南北朝道教譜系居佔的階次相當崇高；〔註58〕另如介象，未服食金丹得道之前曾閱覽諸子百家，其思見弘博，足以替一群困惑的書生解決典籍裏的疑難，同時又擅長氣禁、隱形變化等術法，並專注於精神心靈的陶冶轉化，如果對照葛洪《抱朴子》的觀點，這樣的學者生來就入了仙籍，〔註59〕鑑定、規整與考訂符文之器識，亦反映了介象絕塵出世的宿命。即使是那些程度僅止於讓仙真穿梭於體內、以扶箕降筆方式幫助兩界溝通的靈媒，同樣需要經過篩選：

　　（楊羲）為人潔白，美姿容，善言笑，工書畫，少好學讀書，該涉
　　經史，性淵懿沉厚，幼有通靈之鑒，與先生長史年並懸殊，而早結

〔註58〕關於天真皇人在道教的獨特地位及意義，參考：王承文，《敦煌古靈寶經與晉唐道教》（北京：中華書局，2002年），頁691～739；神塚淑子，〈六朝靈寶經に見える本生譚〉，收入：麥谷邦夫編，《中國中世社會と宗教》（京都：道氣社，2002年），頁83～106；謝世維，〈傳經與譯經：天真皇人的淵源及流變〉，收入：《第一屆道教仙道文化國際學術研討會論文集》（高雄：國立中山大學，2006年），頁787～817。謝世維於另篇論文〈聖典與傳譯——六朝道經中的「翻譯」〉提及了本雅明的翻譯理論，儘管道教翻譯觀與純粹語言概念緊密交纏，卻與班雅明以猶太教為基礎的思考有極大差別，後者特別著重於上帝話語之究極理想，它是所有語言互補的總體，亦為一切原文譯文交融的結果，翻譯並非是對原文的複製與屈附，而被界定為追求更高層次的表達，故從原文至譯文，便構成不斷攀昇、朝上帝話語演進的再生方式，其筆下的譯家可突破某種語言的效度，利用另一種語言，將所有語言共同的潛勢放射出來，更好地展現原文。然無論道教思維裏的譯者有何等神聖性，都不得不受制於各種語言的效度，更講究忠實傳遞原文內的道與意；道教之翻譯觀如同其整體學說，對於起源點永遠抱持戀慕之心。此外，本雅明所謂的原文譯文，都只指涉了人為作品，純粹語言不屬於任何原文譯文，卻在一切原文譯文內外，而道教則將純粹語言當作最初的原文。參考：本雅明（Walter Benjamin），〈論語言本身和人的語言〉、〈翻譯者的任務〉，收入：瓦爾特・本雅明著；陳永國、馬海良編，《本雅明文選》（北京：中國社會科學出版社，1999年），頁263～278、279～290。

〔註59〕《抱朴子》〈辨問〉：「按仙經以為諸得仙者，皆其受命偶值神仙之氣，自然所稟。故胞胎之中，已含信道之性，及其有識，則心好其事，必遭明師而得其法」，另如《真誥》曰：「人生有骨錄，必有篤志，道使之然」亦具相同思考。

神明之交。〔註60〕

在陶弘景的敘述裏，楊羲德貌兼俱，學問與情性都值得稱揚，相當符合魏晉南北朝對人物的品評標準，而幼年即產生與神靈交流的臨界經驗，更充份顯示他作為一位譯者的優異資稟。相反地，許謐、許翽父子身為高門士族，「雖玄挺高秀，而質撓世迹，故未得接真」，儘管年歲及社會地位均長於楊羲，卻因為受限於個體之先天格局，所以沒有通洽仙聖的能力，也就成為被動地等待楊羲譯經、授經的讀者；另如許氏姻親華僑，初懷明辨陰陽的本領，但性情輕躁，「多漏說冥旨」，再加上行為舉止狼籍不堪，終於遭到被裁撤取代的結果，喪失了替天地發聲的立場。由此可見，垂直向度翻譯乃含藏著濃厚的「譯權天授」意味，每位譯者都稟承了一定的神聖性，他們將某種語言遷移成另種語言，並且讓宇宙之徵兆、萬物之情志於此遷移中表露出來，為經過上蒼印可後始得以進行的特殊任務。

然而在魏晉南北朝之前，垂直向度的翻譯很少被冠以「譯」字，儘管與水平向度翻譯並未涇渭分明，也有相當程度的區隔；道教學者會將天書遞降至人間世的行為稱喚為「譯」，應該受到佛教傳入中土極大的影響。表面看來，佛典從胡地往漢地流播、從西方往東方徙動，完全屬於橫跨現實空間之水平向度翻譯，但佛典原本多以梵書、佉樓書等字體來記錄，前者相傳為佛所造、後者則為佉樓仙人用來謄抄梵文的樣式，〔註61〕都被視作超邁俗世之聖界語言；另如支謙〈法句經序〉云：「天竺言語與漢異音，云其書為天書，語為天語」，〔註62〕標高印度宗教思想之餘，也呈現出語言上下轉置的結構，改變了「譯」固有的單維狀態；而僧祐〈梵漢譯經音義同異記〉曰：「唯梵及佉樓為世勝文，故天竺諸國謂之天書。西方寫經，雖同祖梵文，然三十六國往往有異」，〔註63〕更顯示出佛典之延佈，同時涉及前述兩種翻譯類型，它們

〔註60〕《真誥》，卷二十，〈翼真檢〉，「真胄世譜」，頁184。以下二許事見卷十九，「真誥敘錄」，頁172；華僑事見「真胄世譜」，頁185。

〔註61〕《大般涅槃經》，〈文字品〉，注引謝靈運〈十四音訓序〉，頁369～370。關於梵文、佉樓文之來由及崇高地位，還可見於僧祐，〈胡漢譯經文字音義同異記〉，《佛本行集經》，卷十一，頁377；《方廣大莊嚴經》，卷十，頁701～705。

〔註62〕支謙，〈法句經序〉，《全上古三代秦漢三國六朝文（三）》，《全三國文》，卷七十五，頁12。

〔註63〕僧祐，〈梵漢譯經音義同異記〉，《全上古三代秦漢三國六朝文（七）》，《全梁文》，卷七十一，頁2。

在概念上可以接融為一。魏晉南北朝佛教盛行，得力於譯經活動的蓬勃，故南朝梁釋慧皎《高僧傳》、唐代道宣《續高僧傳》均備有「譯經篇」，並引以為首，佛教對翻譯活動之重視可見一斑。試舉法護、支謙、鳩摩羅什等人的記錄如下：

> 竺曇摩羅剎，此云法護……遊歷諸國，外國異言三十六種，書亦如之，護皆遍學，貫綜詁訓，音義字體，無不備識……自敦煌至長安，沿路傳譯，寫為晉文……孜孜所務，唯以弘通為業，終身寫譯，勞不告勌。經法所以傳廣流中華者，護之力也……安公云：「護公所出……雖不辯妙婉顯，而宏達欣暢，特善無生，依慧不文，朴則近本。」

> ……時孫權已制江左，而佛教未行。先有優婆塞支謙……博覽經籍，莫不精究……遍學異書，通六國語……曲得聖義，辭旨文雅……

> ……什既率多諳誦，無不究書。轉能漢言，音譯流便……初沙門僧叡才識高明，常隨什傳寫。什為叡論西方辭體，商略同異，云：「天竺國俗甚重文製，其宮商體韻以入絃為善……但改梵為秦，失其藻蔚，雖得大意，殊隔文體……」〔註64〕

上列僧侶除了通曉中西語言外，大多見廣識深，並受過嚴格紮實的學術訓練，他們對翻譯的方法及形式已懷著敏銳的警覺心，並驅策自己竭盡所能地探測這門課程。隨著此一文化再現機制的發達，陌生的思維極其洶湧地漫入華夏，撐開了人們長久以來浸淫於九流十家的傳統視界，《開元釋教錄》便宣稱這個階段的翻譯名僧高達九十六人，譯經數量則超過三千一百五十五卷，鋪陳出的譯場風氣肅穆莊嚴，又充滿授師與眾門徒辯論時，智慧火花相擦撞的機鋒。如此很容易帶給人們某種錯覺：在「譯」的另一端，似乎存著那麼一個杳然難測的場域，毫無限制地飽孕、豐饒地生產著各種玄奇的思想，其內涵及辯證架構全都迥異於古聖先賢所締築的任何體系，搖撼著千百年來穩定的感知及表述模態。就彼時民眾的角度來說，「譯」正是源源不絕、深奧幽密之新見的重要象徵，而道教學者即是想乘搭這種語言活動在當代沛然莫之能禦的強

〔註64〕《高僧傳》（上海：上海書店《歷代高僧傳》，1991 年），法護事見卷一，「竺曇摩羅剎」，頁 327；支謙事見卷一，「康僧會」，頁 325；鳩摩羅什事見卷二，「鳩摩羅什」，頁 334。

勁勢頭，才會將聖典出世的程序與它相附合，有意無意地混同了兩者。

　　順應著水平向度翻譯造成的宗教、文化浪潮，魏晉南北朝道教不再只拘於聖俗幽明之間的溝通，開始在神話裏經營他們過去罕少著墨的中外交流，以《上清外國放品青童內文》為例：

> ……東方弗于逮九萬里之外，極豪林之墟，其國音名呵羅提之國……國有六音之銘，是高上始氣置於外國胡老之品。高上常吟歌其音，以化胡老之人，令知外國有不老之教……命上學之士知外國地色，常吟詠六品之音者……自然遊呵羅提之國，與胡老交言……。南方閻浮利三十萬里之外，極洞陽之野，其國音則銘伊沙他之國……國有六音之銘，是高上置於外國越老之品……命學者知外國地色，常吟詠六品之音者……自然遊伊沙他之國，與越老交言……。中國直下極大風澤，去地五百二十億萬里，剛維地源，使不落土色……中嶽崑崙即據其中央，諸天之別名，上有玄圃七寶珠宮……高上玉帝悉吟詠其音，以化中國傖老之人……。青童君受高上入六國內文，後學欲遊名山、之五嶽、入六國、致群仙、制萬魔、伏五兵，當受五帝交音內文。佩之六年，得與六國仙官交言，自明三十六國之音也。〔註65〕

此部道書構設了東、南、西、北、上方及中央六個神國，其實是對漢民族與胡、越、氐、羌，再加入仙真關係的改寫，教導學者如何藉由吟詠「六音之銘」來調制身心，終而達到「與六國仙官交言」、「明三十六國之音」的成果，寓水平向度翻譯於垂直向度翻譯之中。從篇幅的比例與描繪口吻來看，《外國放品青童內文》儘量保持均衡、客觀，居於中央的國度雖明顯指涉華夏，但按入族群名稱時，卻刻意以「傖」字代替「漢」字，〔註66〕一方面嘗試從聖

〔註65〕《上清外國放品青童內文》（《正統道藏》第五十七冊），卷上，〈六國品銘三十六首〉，頁64～65、70。六國品銘分為〈東濛隱文真書〉、〈南方交音內文〉、〈西混青洞隱元內文〉、〈北九靈金光音〉、〈上清陽苞元隱錄內文〉、〈中化靈總真眾內文〉，於《上清佩符文青卷訣》亦有類似的概略記載。

〔註66〕「傖」字在南北朝多為南人譏罵北人粗鄙之語，另外自居文明上國的吳人有時也如此稱喚其他地區，但《外國放品青童內文》使用時卻儘量不帶貶抑之意，除了與漢民族連結外，更與胡越氐羌並列為仙國之一。類似的用法如《三天正法經》云：「逮至皇帝，始立生民……三年能言各在一方，故有傖秦夷羌，五情合德，五法自然，承上真之氣，而得為人也」，亦具有包容其他種族之意。

仙的高度對其他五國等而視之，另方面則弱化了傳統面對異邦時，那種帶有
強烈自尊寓味的中心／邊陲思考方式。「交言」透露出與其他族群互動的渴望，
是個頗具關鍵性的突破，揭示了單一語言的不足——遊歷時空，不能不理解
各地傳遞訊息的媒介——即使過去中國境內包容著無數方言，也與其他國
家有所往來，但「書同文」的現象與建立在「五服」、「九服」等級上的價值
判準，仍讓人們誤以為世界是被漢語所統攝的，直至梵文等書體經由佛典為
人們熟知以後，這種封閉性才有某程度的瓦解，也因此才可能產生這種多方、
雙向的語言地圖。

　　值得注意的是，「六音之銘」在《外國放品青童內文》裏近乎一種全能的
翻譯機制，借助它的力量，所有不同文化的辭彙、觀念與智識，都可以輕易
轉換成人們習以為常的話語形態，可以毫無障礙地相應、移植，並且獲得完
整的解碼，自然連綴起原本割裂的世界圖式。〔註67〕反過來說，每個符號體
系都是相互映稱的，名與名之間的對調挪移，永遠不會枯竭，或簡或繁的形
聲裏，包裹著一貫、沒有任何歧出的思想；以往宇宙萬物相感、遍知天下的
概念，多半放在道、氣等形上學層次來談，但《外國放品青童內文》其實是將
此一概念作了語言化的處理。因而道教學者所設定的水平向度翻譯，比起其
塑劃出來的垂直向度翻譯更加單純——垂直向度翻譯大抵從意義與質能的漏
失，來考慮由原文至譯文之異化問題，然在水平向度翻譯裏，此種異化卻被
規避或忽視掉了——由於缺乏聖俗、上下位序的落差意象，以致連從譯出方
改變至譯入方所造成的耗損都不再考慮，他們更未察覺某種語言一經啟動，
便會牽引背後那龐大而駁雜的文化結構同時運作，天真地認為符號和符號之
間可以不經磨擦、不經衝突地相互取代疊合。〔註68〕

〔註67〕由此可見，語言文字分化在道教裏並不被視為一種缺憾，終有收攏於一的可能。
〔註68〕如果與《洞玄靈寶度人經大梵隱語疏義》對照，可以更清楚地看出道教翻譯
　　　　觀的問題：「正者，音中國之音也。天真皇人昔書其文以為正音者，以梵音名
　　　　地上物，仍以為中國之正音也。論其音在天上，則為天上之正音，名太上之
　　　　妙物，在他方國土亦得通用。名邊國之間異物，无所偏滯，此同是正音，但
　　　　名物異耳。猶如外國亦用五音四聲，中華亦用五音四聲，物名不同而出聲者
　　　　同也，一切萬物皆然」，「正音」指的是發聲的方法，此經認為無論是梵語、
　　　　天竺語、漢語，其實都有相同的發聲，只是命名的結果不同。如此或許可再
　　　　作更進一步的探討：道教學者真正關切的異域，乃位處於上方的浩瀚領空，
　　　　而非海外四方，然而那是否算是真正的異域？道教敘述下的胡越氐羌，其實
　　　　仍具中國形象，而其敘述下的西方發聲方法，也是以漢語單音系統去理解的，
　　　　嚴格說來也不算真正的外邦語文。

　　如果稍微對照魏晉南北朝佛教的翻譯環境，就可以更清晰地呈顯出道教翻譯觀念的癥結何在。根據知名僧侶所撰著的相關論述，當時佛典面臨了合譯、誤譯、複譯等各種錯綜複雜的問題，開始進行文與質、節譯與全譯孰優孰劣的爭辯，並且熱衷於謀求彌補之法：例如現存六十一卷《十誦律》，先後得到弗若多羅、羅什、曇摩流支、卑摩羅叉四位大師的整理才完成，自然會產生文字風格上的牴觸；又因為各家對華梵語文熟悉的程度互有高低，釋意及摹擬聲韻時總不免訛謬，故鳩摩羅什乃採取「胡音失者，正之以天竺；秦名謬者，定之以字義」的修正措施，指出過去譯作的失準之處，而《出三藏記集》也列舉了舊經、新經用詞不同的對照表供人們參考；另外，同一經籍往往衍發多次翻譯，比方《維摩詰經》由漢至晉，總共有支恭明、竺蘭及法護研揀過的三種版本，《般若經》更高達七種版本，要能判斷其中是非並作出取捨，誠屬不易之事。〔註 69〕這些難以解決的困境，促使佛教學者較深入地省思翻譯活動，道安更提出「五失本」、「三不易」的觀點：

> 譯胡為秦，有五失本也：一者，胡語盡倒，而使從秦，一失本也。二者，胡經尚質，秦人好文，傳可眾心，非文不合，斯二失本也。三者，胡經委悉，至於歎詠，叮嚀反覆，或三或四，不嫌其煩，而今裁斥，三失本也。四者，胡有義說，正似亂辭，尋說向語，文無以異，或千五百，刈而不存，四失本也。五者，事已全成，將更傍及，反騰前辭，已乃後說而悉除，此五失本也。然《般若經》三達之心，覆面所演，聖必因時，時俗有易，而刪雅古以適今時，一不易也；愚智天隔，聖人巨階，乃欲以千歲之上微言，傳使合百王之下末俗，二不易也；阿難出經，去佛未久，尊者大迦葉令五百六通迭察迭書，今離千年而以近意量裁，彼阿羅漢乃兢兢若此，此生死人而平平若此，豈將不知法者勇乎？斯三不易也。〔註 70〕

〔註 69〕關於誤譯的問題，《出三藏記集》〈前後出經異記〉作了完整的比較。關於複譯的問題，在道安〈合放光、光讚略解序〉、支敏度〈合維摩經序〉等文有精要的說明，《出三藏記集》「新集異出經」亦有頗為詳細的歸納。關於節譯的問題，道安曾據讀者的程度與身份不同，於〈阿毗曇序〉加以支持，在〈比丘大戒序〉則贊成全譯本，都清楚呈現了翻譯活動錯綜複雜的狀況。以上參考：王文顏，《佛典漢譯之研究》，頁 64～92；朱志瑜、朱曉農著，《中國佛籍譯論選輯評注》（北京：清華大學出版社），2006 年。

〔註 70〕道安，〈摩訶鉢羅若波羅蜜經鈔序〉，《全上古三代秦漢三國六朝文（四）》，《全晉文》，卷一五八，頁 11～12。以下「巧則巧矣」句見頁 12。關於道安此說

「五失本」主要從語序、修辭、論述習慣及文章規格等層次，探討譯文能指與原文所指，在搭配時各種難以適應的狀況，它們分別被華梵風土所烙印，先天上就有統一的障礙；「三不易」則站在翻譯主體作為中介的立場，申敘原文作者至讀者兩端的差距，強調若欲銜接古雅與今俗、聖智與凡愚，必然引發巨大的矛盾，並且對後世無法如阿難、大迦葉等尊者那般親聆釋迦牟尼訓示，只能間接地用現下粗陋的見聞去理解過往哲思感到遺憾，進而質疑譯者理解之可信度。道安所云，意謂著佛教學者能正視造成翻譯之異化的各項因素，除了考核意義的缺損外，也相當關懷言說脈絡對譯文能否忠實於原文的影響。另外，鳩摩羅什對演法尺度的拿捏、辭采及音韻之考究，使得水平向度翻譯的價值陡然提昇，進入求淵、求雅的範疇，改變了先秦兩漢那種僅止於膚淺作業的印象──如此一來，翻譯便由機械性的技術，一躍而變為講究彈性、進入審美之維的技藝，既得重現原文織造出的特殊情調，又得顧及讓讀者接受的眾多條件；翻譯不再是制式、僵硬地咿咿學語，反而被定位成需要句斟字酌、需要在深厚素養的配合烘托下達成的艱鉅使命。

對比於佛教背負著胡漢兩方沉重包袱的思考，道教勾劃的水平向度翻譯似乎顯得太過樂觀而簡略了。由於佛教翻譯論是在一步步實際操作的經驗中提煉出來的，故能深切體認異質文化在磨合時每個困難的細節，也努力去撫理彼此的磽确之處；然多數道教學者與一般民眾的立場，幾乎是完全相同的，他們並不從事真正的翻譯行為，未曾真正地進入跨越中外各國的交流模式，所有相關描述都來自遙遠的揣度、霧裏看花式的模仿，因此也就沒有機會分

的解析，參考：梁啟超，〈翻譯文學與佛典〉，收入：氏著，《中國佛教研究史》（臺北：新文豐出版公司，1984年），頁81～134；王宏印，《中國傳統譯論經典詮釋──從道安到傅雷》（武漢：湖北教育出版社，2003年），頁11～29。王宏印從道安譯論推演出「以文本為認識單位，不妨假定在原文那裏並不存在文與質之間的矛盾。這種原初的統一狀態，在翻譯中一般會打破」之深刻觸發，頗值得參考。然王文認為「……打破的主要傾向是偏於文而不太可能偏於質」的看法並不正確：道安所以認定譯梵為秦有偏文的情況，極關鍵的原因是他（及多數漢人）不諳梵語，遑論體會佛典裏的華采，故「原初的統一狀態」打破後，究竟是朝文或質產生偏航？其實無法簡單化約。鳩摩羅什云：「天竺國俗，甚重文制……但改梵為秦，失其藻蔚。雖得大意，殊隔文體」，喟歎譯梵為秦，往往刪殺了佛典本有的美感，正好作為絕佳的反例──對精通梵語的他而言，譯文再怎麼潤飾也無法傳達原文的氛圍，充其量只撿拾到一點遺落的精彩──文、質的選擇經常會隨譯者、讀者之程度而變動，他們關於異化方向的判斷，也經常相互齟齬。

辨翻譯過程裏的種種變數，所以零誤差之符號對等關係才成立得那麼理所當然；對道教學者來說，水平向度翻譯既非技術也非技藝，只是一個抽象而模糊的概念，一種構築在漫無邊際之想像上的語言活動而已，它幾乎不具任何知識的條件，被縮減、淡化為溝通媒介交銜之剎那，只靠著天書，就能將中國與胡越氐羌各族兜攏在一起，甚至連翻譯主體都能扣除不論了，於是原先不被稱喚為「譯」的垂直向度翻譯，便在道教體系裏取代了原先被「譯」的水平向度翻譯。

如此便能解釋，為何佛教對意譯、音譯之探討，大抵著眼於語文之旨趣、美感因素能否忠誠地傳導，但道教卻比較偏好思索宇宙潛能是否完整留存的問題。由於早期佛典譯者多半為外國僧侶，傾向於順從印度之書寫習慣，因此時常以漢文直接表陳印度梵語，甚至連相反的句法也照樣搬演，自然增加讀者理解上的困難。例如東漢支讖「辭質多胡音」之譯法導致三國時代支越的不滿，對其所述《首楞嚴經》進行刪改潤飾；相反地，支越開始注意讀者能否接受，將音譯減到最低程度，以致於有時連應存原音的「陀羅尼」也意譯了，[註71] 過度重視辭旨通暢、文雅的結果，又使道安等人憂慮失去佛陀闡說的真諦，「巧則巧矣，懼竅成而混沌終矣」，類似論述都是以實際操作為基礎而發的。道教的看法一方面與其特殊的語言觀緊密相連，另一方面則與他們的翻譯思維始終脫離現實、圍繞著宗教信仰有關，因此對語言文字之本質的興趣較高，卻罕能從讀者接受的角度立說。

第三節　道教傳習禁制與詮譯

詮釋與翻譯兩種語言活動，使道教經典於天地之間臨現，並且向各層級存在敞露，據此闓劃出一條領略宇宙秩序、窮究大化奧妙的途徑，說明道教並非是個拒斥芸芸眾生測探的隱密性信仰；但它也無法歸類為全然公開的顯教，其義理之傳習自有嚴格的軌約，而世俗化的程度更被規束在一定範圍內，這與道教格外重視師徒間的諮問，主張經典必須面對面授受有著深切關聯。

在魏晉南北朝道教裏，「道」、「經」、「師」是維持整個體系持續運作不可或缺的三個支點，重要義理藉著文字被記錄下來，再透過尊師的訓誨講述來

[註71] 參考：呂澂，《中國佛學源流略講》（臺北：里仁書局，1985 年），頁 312。關於支讖、支越事見支敏度，〈合首楞嚴經記〉，卷一五七，《全上古三代秦漢三國六朝文（五）》，《全晉文》，頁 1。

達到播化的目的，從而能夠源遠流長。由於求仙煉命必須進行實際操作，許多內修外養的技術很難用文字完整表達，只能仰賴聖真或學成的賢者直接教導，一邊演練一邊提示書簡中無法清楚記載的竅門，〔註72〕故道教特別講究師承，比方《抱朴子・勤求》即囑咐求道必須尋求高人提領，才不會迷惑於紛雜的虛說；《太上洞淵神呪經》反覆強調對待祭酒主者該有的謙卑心態及應守的戒律，所謂「奉師如日月，敬經如珠玉，不得慢經，不得輕師……升仙度世，皆由師耳。无師，又不得此經；无經者，不得上仙矣」，〔註73〕「師」是「經」的唯一出口，亦即信徒獲取教旨的中介，沒有尊師就接收不到上天的訊息，登陟之路自然滯礙難行；另如《上清太極隱注玉經寶訣》更直言「夫經不師受則神不行矣」，〔註74〕認為未由尊師經過隆盛儀節而獲得的典籍便失去

〔註72〕除了經典本身需要由尊師傳遞以外，不載於經典之內的訣法更只能由尊師親自口授，例如《抱朴子》曰：「《鴻寶枕中書》雖有其文，然皆秘其要，必須口訣，臨文指解，然後可為耳。若不得口訣之術，萬無一人為之而不以此自傷煞也」、《老君音誦誡經》云：「然愚人意短，不達至妙。長生至道，聖仙相傳，口訣授要，不載於文籍」，對「訣」的倚重加深了師徒沿承的必然性，也使各種嚴屬的知識禁制有其成立理據。但「訣」並沒有統一的作用與形製，大約可分為幾種型態：第一、如《抱朴子》、《周易參同契》「三五與一，天地至精，可以口訣，難以書傳」所云，指的是煉養的秘密步驟或準則，也包括悟入某種修煉狀態的關竅；第二、如《玄覽人鳥山經圖》等書，圖文往往隱晦難明，經末提示「自然之字，一十有一……山外空虛之字，向左百二十四、向右百二十、合二百四十四字，誦之在心，訣在師口」，意謂著學者不能採取一般的方法閱讀此書，必須經過特殊的程序才能破除表象、探知其間意義，故「訣」便是破譯密碼的鎖鑰；另外，「訣」有時來總括一門學說的宗旨，採取極度濃縮的語言構成，例如《上清太極隱注玉經寶訣》「玄玄至道宗，上德體洪元」一句被托名葛玄的〈道德經序訣〉吸收，此後又成為重玄家開解《道德經》含蘊及修行的指標；再者，後世道藏「玉訣部」將嚴遵《道德真經指歸》、王弼《老子注》與《上清佩符文絳卷訣》與《隱登真訣》歸為同類，此處「訣」只是對經典、義理之解釋或摘錄。參考：龔鵬程，〈道教《黃庭經》論要（上）〉，《宗教哲學》（1998年1月，第4卷第1期），頁87～99；林富士，〈試論《太平經》的主旨與性質〉，《中央研究院歷史語言研究所集刊》（1998年6月，第69卷第2期），頁205～244。

〔註73〕《太上洞淵神呪經》（《正統道藏》第十冊），頁341。

〔註74〕《上清太極隱注玉經寶訣》《正統道藏》第十一冊），頁388。尊師在授度的過程裏，一是擔任了經典的載體，另外道教授受經典的儀式嚴謹繁複，需要共立盟誓、交換信物與齋戒告祀，如《抱朴子》云：「受之者以金人、金魚投於東流水中以為約，歃血為盟」、《太上黃庭內景玉經》曰：「授者曰師受者盟，雲錦風羅金紐纏，以代割髮肌膚全，攜手登山歃液丹，金書玉景乃可宣」等，則在弟子與神真的盟約行為中起著見證的作用，具有深刻意含。參考：伍成

正統性，也失去原有的神聖效力。重師因之於崇經，而崇經又因之於尚道，據此我們能夠瞭解，為何各派別都著意建構脈絡分明的傳習譜系，學者亦時常在文章裏表明自己思想的來歷。

關於道教經典傳習的譜系，其實砌築在許多防堵知識亂流的禁制上。譬如《太上靈寶五符序》詳細記載帝嚳順天之義，輔恤百姓有功，因而獲贈《九天真靈經》、《三天真寶符》、《九天真文》，卻苦無通曉這些經典的門路，只好將之藏匿於鍾山，直至大禹平定水患才重見世間，其後吳王闔閭派遣包山隱居（龍威丈人）竊取真文，終於導致喪國滅族。經文末尾嚴峻地提出警告：「夫神文非啟授而攬之者，鮮不為禍也。天書非道同而傳之者，無有不嬰罰於玄都也」，〔註75〕強調觀閱經典必須通過多重資格檢驗，受更高境界的聖真或尊師帶領，才算合乎標準，否則便會招來毀滅式的災難；而聖真或尊師也應該先考察授予對象之品德、心志及修為，倘若所論非人，往往要遭到極大的刑責。類似描述在其他派別的籍冊中比比皆是，那些不入仙籙、功德未滿或誠意有所動搖的修行者，被摒除於讀者的行列以外，彷彿與幽渺的思想、術法永遠絕緣，《无上秘要》蒐羅各家敘錄而集合成〈輕傳受罰品〉，每一條例都對經典流播的趨向設置了界線，阻止玄妙的教旨任意漫漾：「道非勤不告」、「自無玉骨玄圖紫字綠名，不得見聞」、「輕洩聖文，使世見聞，為玉童所奏，七祖父母被考」、「玉帝寶秘，不傳於世，妄說之者則九天刺姦」、「傳之違科，負盟三祖，考於水官」、「師不依年限而授弟子則身受風刀之考」……，〔註76〕在天地神靈的仲裁下，知識只能沿洄於選民所會串的方渠裏，從而達到有效的控管。《上清太上八素真經》起首頗具代表性：

> 《八素真經》者，乃玄清玉皇之道也。上皇天帝以此書授太微天帝
> 君、三元紫精道君、真陽元老君。此君受書，施行道成後，以付太
> 上道君，太上道君以傳金闕後聖李君，李君以付太虛真人、南嶽赤
> 君，使下授學道，宿有金名玉字，高閣刻名，當為真人者。太上之
> 隱文，不傳於地仙，地仙亦自不得獲之矣。〔註77〕

泉，《漢末魏晉南北朝道教戒律規範研究》（成都：巴蜀書社，2006 年），頁
321～322。

〔註75〕 《太上靈寶五符序》，卷上，頁726。

〔註76〕 《无上秘要》（《正統道藏》第四十二冊），頁335～337。

〔註77〕 《上清太上八素真經》（《正統道藏》第十一冊），頁396。另如《外國放品青
童內文》也有類似自我說明的段落，由於原文不可能預先將傳承結果事先列

道教許多籍冊都含帶著這種自我說明的段落，除了突顯其言其論之權威，亦可以藉由揭舉傳承義理的限制來反演一己的價值，更重要的是，它把眾生切割成兩個階次：有能力理解經典的，與沒有能力理解經典的——前者或許直接參悟原文、或許透過詮釋或翻譯來得到啟發，後者則完全不具備觸及原文、詮釋與翻譯的機會。隋唐所出的《上清經秘訣》亦曰：「雲篆仙書，秘于瑤篇玉簡，非握圖受籙之主，不能行其教，非栖真擇賢之士，不得闚其文」，〔註78〕強調相關知識的神秘性質，同樣將凡夫俗子阻隔於大智慧的領域之外。

　　也因此，「讀者」的身份便成為一項證明，標誌著心靈昇華到某種程度，已儲備了豐富的學養對經典進行詮釋與翻譯，抑或對經典之詮釋翻譯進行再詮、再譯，以回應天地的呼喚；反過來說，沒有「讀者」身份的人們很可能視經典為無物，自然掌握不到文本的旨趣，遑論精確地看穿其言外之意。這個觀點和先前探討的闡述之開放氛圍，是否有所扞格呢？在魏晉南北朝道教思維裏，讀者與讀者之間存在的，是見解孰優孰劣的問題；但讀者與非讀者之間卻橫亙著真實與虛假的對立，不可混為一談。比方《上清外國放品青童內文》云：「自非紫胞結絡、玉藏通鮮、九孔納靈之人，不能解其微韻，通於玉音。高上重秘，故口口相傳」，〔註79〕由高上玉帝開始，依傍天書相維繫的問學枝脈，攝取的是「流眄億劫而不滅」、直透陰陽鬼神性命的永恆真理，但那些未入此枝此脈的平庸之輩，就會迷惑於膚淺的現象世界，苟循著黯鈍的感官來吸收空洞貧乏的話語。《太上靈寶五符序》說得更加明白：

> 其天辭虛篇，非凡賢所聞，雖同載五符之中，故廢其龍跡，不顯大音矣。徒見而不知，亦何所言哉？聾者希聞黃鐘之響，盲者企睹白黑之津，奚有異於此耶？〔註80〕

出，因此這些段落必定是後起後加的內容，反映出所有的天之經典劉播至人間，都難以維持本來的樣貌，而讀者現在所面對的道書，已然經過了增修、改寫，或者詮釋及翻譯。
〔註78〕《上清經秘訣》（《正統道藏》第五十五冊），頁289。
〔註79〕《上清外國放品青童內文》，卷上，〈高上入國隱元內文〉，頁64。「流眄億劫」句亦同。另如《太上靈寶諸天自然玉字》云：「自非宿名金籙、玉字上清，終不得見脫於漏慢之中，見其篇目，神迷其心，終不開悟」，《太上洞玄靈寶智慧定志通微經》曰：「學道之人，不得思微定志要訣，如此諸人不識寶光而欲求寶，可愍如何？」都有相同意涵。
〔註80〕《太上靈寶五符序》，卷下，頁753。另如《諸天內音自然玉字》云：「自非金籙玉字上清……見其篇目，神迷其心，終不開悟」亦具相似意義。

指出平庸之輩根本無法洞察天書真諦，沒有得到允許的閱讀，只會造成意義的大量剝落，僅僅是摹擬閱讀的假動作而已。唐以前所出的《黃帝陰符經》，通篇教導學者怎麼窺伺宇宙的變動生殺、如何在恰適時點奪取造化之樞要，亦表示知機、盜機的精義一旦被蒙昧的民眾獲取，必定會遭致喪身亡命的悲慘下場，所謂：「愚人以天地文理聖，我以時物文理哲。人以愚虞聖，我以不愚虞聖。人以奇其聖，我以不奇其聖」，〔註81〕君子與小人的差別，在於前者面對日月星辰、山海河泊、鱗羽草木、金石隸篆等一切物事時，都會把它們當作必須探勘的文本，尋繹背後運轉的幽深軌律，而不會盲目地膜拜那些已被坼除掉本質的表象，所以態度總是平穩冷靜的；君子看待天地間各種紋理，盡皆內具可詮、可譯的意義空間，同時又與潛藏的實在相連結。但是小人即使直接碰觸書簡籍冊，也感受不到裏面有什麼值得鑽研的東西。

由此可見，道教經典並非完全拒絕被閱讀，而是堅持有條件的被閱讀——為了避免宇宙奧秘成為泛濫的街談巷語，其臨現顯形必須是選擇過的，這彷彿在說經典本身自有意志，可以決定怎樣才是合格的讀者——一旦身心昇華至某種境界，便將叩開那扇關於真實知識的神秘之窗。然而，即使已擁有閱讀的資格，也不表示立刻就能進入詮與譯的狀態，前述黃帝、帝嚳神話都很清楚地表現出受經與解經，具有層級上的區別。〔註82〕所以道教除了閱讀的禁制之外，更產生各種針對詮譯活動而擬訂的禁制，例如《太真玉帝四極明科經》曰：「有得明科之身，不得妄與常學談說經文，評論玄古，意通至真，

〔註81〕《黃帝陰符經》（《正統道藏》第二冊），〈強兵戰勝演術章下〉，頁418。此經作者及年代歷來眾說紛紜，胡應麟、梁啟超認為出於戰國，余嘉錫認為出於楊羲或許謐，姚際恆、全祖望則定於北魏寇謙之，黃庭堅、朱熹認為出自唐代李筌。現代學者如王明認為不早於東晉；蕭登福考證此為先秦子書，但頗多揣測之語；卿希泰主編《中國道教史》以《神仙感遇錄》所載「大魏真君一年」為其成書年代上限，以唐初褚遂良寫本作為下限，是比較周延的論點，《道教提要》所見相似。參考：王明，〈試論陰符經及其唯物主義思想〉，《哲學研究》（1962年，第5期），頁59～68；卿希泰主編，《中國道教史》（成都：四川人民出版社，1988年），頁416～418；蕭登福，《黃帝陰符經今註今譯》（臺北：文津出版社，1996年），頁2～26；任繼愈主編，《道藏提要（第三次修訂）》（北京：中國社會科學出版社，2005年），頁17。

〔註82〕故道教認知下的詮與譯，多半代表精粹化至一定程度的特殊理解，而理解又是累積了無數次閱覽、思索及疑惑後的階段性總結，詮譯和啟蒙、教化的關係極為密切，故其主體往往處於師而非徒的立場，擁有覺悟者而非初學者的身份。

宣傳非所，泄露道源，妄示世人」；〔註83〕《太上洞玄靈寶本行宿願經》提出學者必須遵奉的十誡，其中第八項為「不得臆論經典，以為虛誕」，其後又標舉不可違犯的十惡，最後一項為「臆斷經旨，損益聖典」；〔註84〕《太上洞真智慧上品大誡》亦規訓信眾：「不得評斷經教，訾毀聖文，恭心如法，恒如對神」〔註85〕……都注意到懷抱惡意的詮譯、偏頗主觀的詮譯、沒有仔細辨明便下判語的詮譯，很容易影響百姓對經典的認知，動搖百姓對教法的虔敬。

這類條目一方面殘存著原始宗教之祭司掌控文字、獨佔知識權力的心態，透過守護經典價值的口號以保衛少數人的發言位置，顯露出信仰體系中必然形成的封閉結構；另一方面，竭力防止因個人立場所帶來的武斷「評」、「臆」，將經典擺放在不合適、不恰切的環境裏，以致損毀它原來的整全，使其真實度大打折扣。詮釋與翻譯往往把多義的經典稀釋成某種特定的中心思想，提供受眾能迅速接納的訊息，但被詮譯的內容得到了進一步的強化，就會推擠那未經詮譯的內容，誘使受眾忽之略之。當未臻圓熟的詮與譯滿足了學者對經典、教法、知識的想望，往往也就註銷了他們發展更圓熟之詮譯的動力，是故此處不詮、不譯的主張，其實是拒絕將文本簡單化，抵擋詮譯話語本身所具強烈的排他性，避免詮譯活動的停滯——換言之，在這不詮、不譯的規範裏，詮與譯的邏輯仍持續地運作著，試圖為尚未觀道、悟道的學者保留一片廣大的理解淨土，以便日後培育出屬於自己的深刻體認；傳習之限制與傳習之導引，於焉乃取得了同一。

在第一節的討論裏，曾敘及《問疾經》描繪靈耀寶藏天尊講道，不只肯定當下的理解，並且也應許了未來的理解；把眾生與經典交遇、互相作用及再現的狀態，區分為不同的事件，允諾這些事件將在未定、未明的時間點逐步浮露，這是道教頗具特色的詮譯觀。另外《西昇經》云：「覿觀妙言，內意不出。誦文萬遍，精誠思徹，行真臻身，能通其玄」亦有類似寓含，〔註86〕要求學者暫時接受現下的駑鈍，不強行解釋，並透過持續讀誦經典及聖真點

〔註83〕《太真玉帝四極明科經》（《正統道藏》第五冊），卷一，頁240。

〔註84〕《太上洞玄靈寶本行宿願經》（《正統道藏》第四十一冊），頁554。

〔註85〕《太上洞真智慧上品大誡》（《正統道藏》第五冊），頁200。關於詮譯會因閱讀主體而產生各種差異，意謂著天之經典可以順應不同的條件脈絡化；而詮譯之禁制，則意謂著只有少數特殊的學者，才有能力將無脈絡的天之經典充份地脈絡化。

〔註86〕《西昇經》（《正統道藏》第二十四冊），卷一，〈慎行章〉，頁535。

撥等方式，等待個體之心與道心合拍的機運到臨；也就是說，在冥證真知以前，必須先經過一個漫長的沉潛階段，就只是單純地學、讀取、苦磨於語言文字與沉默之間；從表面上看，這個階段似乎無任何思辨形成、理解幾近於零（內意不出），等到累積至一定程度，真正的理解之輪才開始轉動，然後得以進行詮與譯的事業。由此可清楚地解釋，《真誥》為何要假託南嶽夫人之口，對聖仙「上論九玄之逸度，下紀萬椿之大生……真言玄浪，高談玉清，激朱唇之流徵，運日氣之零零」的情景大加闡述，〔註87〕行文中更帶著顧盼自得的風情，因為那樣開闊恣縱的評議並非一般學者所能行，諸如尋究宇宙之本性、測定萬物生命的界限等問題，都屬於「……仰擲雲翰，總轡太空，手維霄綱，足陟玉庭，身升帝闕，披寶歃青」之覺悟者的職權。但南嶽夫人亦非以一種冷漠疏離的眼神俯瞰眾生，而是向人們提出祂殷切的期待：「望所營者道，研詠者妙耳。道妙既得，高下之音必坦然矣」，要求學者以跨越這個醞釀的階段為目標，讓自己身處的語言環境和聖仙的語言環境相通連，儘快步入早被應許的未來理解之地。

如此特殊的詮譯觀，使道教經典不只是一昧世俗化、普遍化的文書而已，它們挺立卓拔於某個高度，搭築成一重又一重的門欄：「大洞玉清之文，皆皇上高真所修，不傳地上之士；洞玄上清之經，時當下教以授至學之士；洞神三皇之書，傳訓下世，鎮化佐國，扶濟兆民」，〔註88〕既透過閱讀之規範為各層精神位格把關，也無聲地召喚學者朝上攀援、循序漸進地通過言辭章句所鋪排的道路，讓心靈揚升至新的次元。

葛洪《神仙傳》記載帛和至西城山拜王君為師，就特地把將發未發的穎悟轉換為全篇主要意象來鋪陳：

> 君謂曰：「大道之訣，非可卒得。吾暫往瀛洲，汝於此石室中，可熟
> 視石壁。久久當見文字，見則讀之得道矣。」和乃視之，一年了無
> 所得，二年似有文字，三年了然見《太清中經》神丹方、《三皇文》、

<hr>

〔註87〕《真誥》，卷一，〈運象篇〉，頁7。以下「仰擲雲翰」、「望所營者道」句亦同。《真誥》〈敘錄〉對華橋傳譯資格被削的記載亦頗有深意：「又按眾真未降楊之前，已令華橋通傳音意於長史，華既妄漏被黜，故復使楊令，而華時文迹都不出世」，華橋因為洩露天機而被懲罰，於是自己的語言文字就受到掩抑，結果形同未曾說、未曾寫，過去一切為聖真代言的痕跡完全被抹煞，成為另一種意義上的空白。

〔註88〕《無上秘要》（《正統道藏》第四十二冊），卷三十二，〈眾聖傳經品〉引《洞神經》，頁324。

《五嶽圖》。和誦之上口，王君迴曰：「子得之矣。」〔註89〕
帛和三年參究天書的故事，暗合了《莊子‧人間世》「瞻闋」、「集虛」概念，
藉由無言、無文、無詮、無譯之空白境況，來逆說求致圓熟理解的過程。在最
初的兩年裏，石壁與王君都沒有提供帛和修習時可憑藉的隻字片語，這言、
文、詮、譯的缺口，用以指涉晦澀而隱蔽的義理，實際上正是勾動學者產生
意念的先決條件，更是刺激學者開展言、文、詮、譯之勢能的母胚，它本身並
不構成什麼確定性的答案，卻是推促帛和思維湧現、讓答案浮露的基磐。懸
宕的閱讀時間所表徵的是「得」，一種沒有旁鶩、誠摯面對知識，並且能完全
加以內化融會的勤學成果；「得」必須依止於心靈及視覺的空白，掃落一切慮
見之干預才能夠到達，故意義息掩處反倒是意義的生發場所。

　　陶弘景〈登真隱訣序〉亦有類似看法：「真人立象垂訓，本不為蒙校設言，
故每標通衢，而略曲徑，知可教之士自當觀其隅轍」，〔註90〕認為聖真論及常
道時，往往只作梗概的解釋，點到即止，留下偌大的想像空間，就是希望讓
學者自己觸擊尚未刊明的意義；那已揭露與特地省略的部份，都具有誘發、
催策進一步思索的用心。而《玄覽人鳥山經圖》云：「無數諸天各有人鳥之山，
有人之象，有鳥之形，峯巖峻極，不可勝言……不死之津，長生之液，又難具
陳，陳之無益於學。學者自應精尋，得一知萬，了然究知」，〔註91〕一開始就
反對將人鳥之山內部各種靈妙的景象，鉅細靡遺地演述出來，強調如此只會
讓學者耽溺於繁縟的細節描繪，扼殺了他們深入修習的意志及感受力，理想
的方式是以簡約而節制的語言，給予有限度的啟示，使學者「由山緣山」，主
動去追蹤啟示外的勝形異跡，從特定形跡再抽繹出更多的形跡，最後證得無
量、無限度之永恆至理。

　　於是「闋」、「虛」這類本源性的潛匿所藏帶的驅力，很明顯被強化了，
它們雖無實體，卻可以吸引學者將感知思辨的能量匯聚、傾注於斯，故瞻之
集之等動態，是後於「闋」、「虛」才運作的；更精確地講，是受到「闋」、「虛」
的興發，為了讓「闋」、「虛」盈滿才開始進行的。當學者涵泳於深沉的空白，
並不表示慮念情志就完全停頓下來，而是翻騰淊涌的慮念情志還沒有找到

〔註89〕葛洪，《神仙傳》（臺北：臺灣商務印書館影印《文淵閣四庫全書》，1986年），
　　　　卷七，〈帛和〉，頁292。
〔註90〕《華陽陶隱居集》（《正統道藏》第三十九冊），卷上，頁765。
〔註91〕《玄覽人鳥山經圖》（《正統道藏》第十一冊），頁470。下一段「自然之字」
　　　　句見頁472。

方向，還來不及定形；這是知識建構的前置階段。對詮譯之空白和前置階段的重視，使語話暫時的消遁成為魏晉南北朝道教傳授理法的重要方式，影響了尊師的指導原則與經典立論的風格：尊師繞過了言，把原來應該詳加解釋的部份延擱下來，為的是拉牽學者自己去彰顯真正的道之言說；經典越過了文，在論述中製造間隙，則希望改變學者單向接收訊息之閱讀習慣，反過來不斷追問那間隙內的文理。

因此經過了抉擇、有意為之的闕漏，便是道教獨特的表現姿態，例如《寶元上經》析論《老子》全書未滿五千言云：

> 文千以五，五德備充，闕一字者，理不全焉，是為道本，生乎太空，空而不空，无中之有……无狀之狀，不可以意知。意知由文，文以達意，意不得拘文，文簡不得究意，意在文外。明者研精之，略舉一隅，反三由智德之士矣。〔註92〕

從《老子》與道、德的對應關係來談，四千九百九十九字即為「已言」、「已詮」或「已譯」，而那一闕文看似什麼都沒有傳達，實際上是讓具意向性的空白來演繹無意向性的虛闊，恰恰是作者為解道、明德所作的一場示範——以默與非象代替名謂的指稱，才可不偏不倚地反應那無定質的鴻蒙，才可推求那一切符號都「莫侶」、「莫儔」、「莫齊」的宇宙根源——「不言」、「不詮」、「不譯」被用來描狀語文與意義都收攝不了的渾然統體，被用來闡述無法闡述、無需闡述的絕對之境；更重要的是，「不言」、「不詮」、「不譯」彌補了先前以四千九百九十九字言說道德的不足，延伸出對八十一章之再詮譯，使《老子》本身就帶著自我修正的雙重結構，和首章「道可道，非常道；名可名，非常名」之自我顛覆哲思兩相映合，成為一種終極的詮譯形式。

另外，宋文明《道德義淵》暢談口業有「不言」、「微言」與「正言」三田，其中「不言」分為內德及外化，兩者互相補充：「內德則寂寞聲，閉口胎息，餐霞飲液，吐納服御；外化則以不言為教，自身率物，不施號令，貴言重語，物自得安」，〔註93〕聖者覆育眾人，在不言之中亦伏具了教化之意，並非將話語文字視為唯一的媒介。聖者以自己的生命、自己的處世態度當作典範，

〔註92〕《太上洞玄寶元上經》（《正統道藏》第十冊），頁630。
〔註93〕大淵忍爾，《敦煌道經圖錄編》（東京：福武書店，1979年），頁。「正言」、「微言」與「不言」與道的關係，恰好也表現出由「半」向「滿」的不同詮釋階段。

讓眾人瞭解自然而存、適性逍遙的真理，即使未對至道進行任何口頭或書面的詮譯，卻已讓其形跡完成了最精湛的表呈，那經過調節且充份實現的身心，與天地萬物達到一種深層的和諧，嶄露出寧靜希微之氣象，便是至道的最佳註腳。此處「不言」看似消極，事實上是採取一種更積極的方式來闡明至道，認為祇有透過鍛冶軀體，在控制心慮、收斂感官的狀況下，始得以準確地彰顯出至道之義蘊；「不言」強調了至道並非一個靜態的概念，它必須被踐履於聖者精神及軀體的動態過程間，才能圓整地施展寓含——道教的文本概念既然超過了書簡冊頁裏的字句，那麼詮譯概念亦同樣可以超過言說與書寫；從聖者的角度來看，「不言」亦是一種言說方式，「不詮」與「不譯」的行止反而更貼切地詮譯出宇宙的重要命題。

這類觀念於後世道教仍繼續發生作用，例如金允中編《上清靈寶大法》時陳列了「不殺」、「不害」、「不嫉」、「不妒」、「不淫」、「不盜」、「不貪」、「不慾」、「不憎」、「不」、「言無華綺」、「口無惡聲」等十二善，並對書中未置任何詮譯提出端嚴的辨訴：

> 又舊本於其條下悉加註解者。蓋此十二事本為修真法子而設，只據正義而行，有何不可？固不必詳加訓釋，或譯論稍失本旨，反致迷誤後人，故今刪去，專存本文爾。〔註94〕

此段話語之所以未對這些戒律多加析註，認為只要按照單純的指示去待人接物，即印證了經典之「正義」，就是憂慮學者只將它們當成表面知識來記誦，甚至耗費心神去鑽營字句，卻忘了主體的實踐便是對文本最精翔的說解。

由此可見，道教認知下的閱讀—理解—詮釋—翻譯，與身心轉化的關係極為強烈，絕非只是單純地依據符號進行配置，用來思辯的益智活動而已；倒不如說，閱讀—理解—詮釋—翻譯便是伏鍊的一種形式，更是學者求致長生、登仙辟魔之特殊體驗，《太極隱注玉經寶訣》、《太上八素真經》記載閱讀需要配合叩齒、咽液、焚香之類的行為，就能證明它已然被納為自度及度人的儀軌。陶弘景《真誥》曾經析註：「洞玄即《大洞玄經》，讀之萬遍，七祖已下，并得煉質南宮，受化胎仙」，〔註95〕《洞玄靈寶自然九天生神章經》揭示詠誦本文有何等功效云：「一過徹天，胞原宣通；二過響地，胎結解根；三過

〔註94〕《上清靈寶大法》，卷一，頁784。
〔註95〕《真誥》，卷十三，〈稽神樞〉，頁117。閱讀經典具有薦拔先祖的功用，故比較起存思、守一等法門，他度色彩較為濃厚，受到佛教的影響更大。

神禮，魂門練仙；四過天王降仙，魄戶閉關；五過五帝朝真，藏府清涼；六過魔王伏諾，胃管生津……九過諸天下臨，三關五藏、六府九宮、金樓玉室、十二重門、紫戶玉閣，三萬六千關節，根源本始，一時生神」，〔註96〕《太上老君戒經》則曰：「誦經萬遍，白日登晨」，〔註97〕都直接把閱讀經典與人們所處境界之提昇相連結，如此等於肯定學者在觀字覽句時，內心最深沉的妙用會被引發起來，導致生理狀態與感覺結構逐漸改變，終於跳出受五情六欲限制的物質性框架，跳出在生老病死、盛衰枯榮間不斷周折的存在瓶頸。《太上靈寶天地運度自然妙經》有同樣的看法：

> 若能常諷誦冥韻，則得度災於陽九，受位任於丁亥。約當先長齋靜詠，默絕囂累，然後求釋，解之微旨，發清音於唇吻，則七祖反胎，己身長存，經運周而無害，受仙而登焉。妙哉微矣，非言所宣。〔註98〕

故閱讀經典（包括轉經、誦經、抄經）可以與存思、守一、齋戒等法門，並列為道教重要的持養工夫。之所以這麼說，是因為這些方式皆強調透過長時間的積累，來轉換各種感官的功能及主體意識，使其與更廣大的宇宙意識互相接融，比較起金水分形、投胎換舍那類偏重展現特殊技巧的術法，又多了在靜定之中朝內求索、陶冶心性之傾向。《真誥》評論修習法門的位序云：

> 食草木之藥不知房中之法及行炁導引，服藥無益也，終不得道。若至志感靈，所存必至者，亦不須草藥之益也。若但之行房中之術導引行氣，不知神丹之法，亦不得仙也。若得金神丹，不須其他術也，立便仙矣。若得《大洞真經》者，復不須金丹之道也，讀之萬過，畢便仙也，〔註99〕

《玄覽人鳥山形圖》亦提出類似看法：「能讀此書萬遍，修行不負文言，天帝君即遣使雲車羽蓋來迎之也。不須服御丹液，無勞導引屈伸，精之不修，自獲升天矣」，〔註100〕在這裏，文字竟然與擁有與金丹大藥類似、甚至更為雄

〔註96〕《洞玄靈寶自然九天生神章經》（《正統道藏》第十冊），〈三寶大有金書〉，頁4。
〔註97〕《太上老君戒經》》（《正統道藏》第三十冊），頁528。
〔註98〕《太上靈寶天地運度自然妙經》（《正統道藏》第十冊），頁42。
〔註99〕《真誥》，卷五，〈甄命授〉，頁45。將閱讀經典置於一切修煉方法之上的觀點，在當代並未受到普遍認同，《真誥》〈敘錄〉便記載南朝宋時，孔熙先、孔休先兄弟竊看其父孔默收藏的上清經典，譏誚不已，以為「仙道必須丹藥練形乃可超舉，豈有空積聲詠以致羽服？」甚至因此將所有經典焚燬。
〔註100〕《玄覽人鳥山經圖》，頁470。

厚的質量，它不必考慮火候、時辰方位及鼎器形制等各種繁瑣的細節，就能引領學者歸返緜渺的先天場域，當閱讀真正完成之際，自我的解脫也跟著一道完成了。是故閱讀即修行，文字本身乃具有淨化生命的效用，它帶著人們拓展精神領域，進而與渾全的終極真際觀面會照；由「己身長存」到「受仙而登」，就是爬梳文字的歷程，就是取得理解、掌握詮釋的歷程，但也必須是同步將經典徹底實踐的歷程，此即為《靈寶无量度人上品妙經》「得道者乃當洞明至言也」的義諦〔註 101〕——換言之，魏晉南北朝道教並沒有純粹的知識論，其系統內的任何知識都無法脫離切確的體驗行為，不斷策動著學者去證明形軀究竟有多大的可塑性、心靈的容量究竟可以擴張到什麼地步，並且迴映著玄之又玄的宇宙造化機趣。

結　語

　　在魏晉南北朝道教的認知裏，語言文字是一種將無形法理代換為有限形跡的用器，而詮釋與翻譯這兩門活動，最大的特色就是遣派各種詞彙、表述方式，把位移的規則發揮到極致，它們都清楚地展演了語言文字之權宜性質，也幫助學者達到追虛捕微的目的。

　　詮釋與翻譯於道教思想系統中佔有一席之地，透露出人們嘗試開顯天地萬物的真相，希望隨著聖真或尊師的宣講，讓大智慧藉由明確的表達形式進入眾生的意識內。然而「明確的表達形式」並不限於任何依聲、依色的語文符號，只要聖真或尊師產生了垂訓的念頭，那麼即使是無聲無色的沉默，也具有解明的作用，故詮譯的邏輯可運行於言說書寫之外，或者云，不言說、不書寫也可被詮譯之邏輯貫透。

　　詮與譯雖把豁顯物事之實在當成究極目標，卻必定受到此在之歷史條件的約束，再加上眾生不免將道、經典視為等待分析的對象，所以這兩種活動原本就呈現了主客二分的架構。道教學者即是在承認主客二分架構的前提下，考慮如何超越這個架構，因而他們打通了語言觀和身心觀，將閱讀延攬為一種修養工夫，使其順著軀體精神的變化，逐步調整物（包括需要鑽研的道、經典乃至於一切文本）及自我的關係，進以驗證那主客交融的圓滿境界。

〔註 101〕《靈寶无量度人上品妙經》，卷十四，〈日精陽明品〉，頁 145。

第四章　病癥的語言、語言的病癥
——魏晉南北朝道教之身體論述

　　身體在道教思想裏，是內在意識與社會活動、自然環境等各種力量交會衝撞的場所，也是與宇宙本體相繫聯的樞紐，為超越限制、實踐一切價值之基據。然而尚未經過克治轉化的原始身體，不免被情感嗜欲所纏綁牽縛，並得隨時面對病痛衰敗，感受著終將步入死亡，乃至腐朽成灰的惘惘威脅。故道教著意於嚴謹的冶煉過程，企圖透過消解心靈的迷障來填補軀殼本有的罅隙；接著又藉由軀殼持續地更新及汰變，促使精神向上攀昇，以期達到一種圓滿的境界。

　　《老子》第十三章曰：「吾之所以有大患者，為吾有身」，指出身體正是譴妄憂苦的根源；《莊子》強調「墮枝體，黜聰明，離形去知，返於大通」，從瓦解身體意象來尋求人之本質的回復。然道教未曾如此明確地否定此世擁有的軀殼，《真誥》云：「若夫能眇邈於當世，則所重唯身也。罕營外難者，則無死地矣。是以古之學者，握玄筌以藏領，匿穎鏡於紛務，凝神乎山巖之庭，顧真於逸谷之津」，〔註1〕認為仙道必須築基於身體之調節，而其究極目標也仍在護衛身體的整全。可以說，道教發展出的本體論、修持工夫及政治社會思維，都與捐棄初度降生的肉身——證成二度降生的真體之歷程息息相關。在這個知識系統底下，原始身體究竟如何被看待？而所謂的整全，又呈現了什麼樣的模態？本篇論文嘗試從描述身體的語彙，來探討魏晉南北朝道教如

〔註1〕《真誥》（《正統道藏》第三十五冊），卷二，〈運象篇〉，頁18。

何重新界定身體、想像身體，並思索此種觀照是否改變了自我與外在世界的互動。

第一節　可解離的身體觀

　　《抱朴子‧論仙》云：「若夫仙人，以藥物養生，以術數延命，使內疾不生，外患不入，雖久視長生，而舊身不改。苟有其道，無以為難也」，〔註2〕認為成仙之途自有可依循的軌則，能夠仰賴後天學習力強而致，同時也透露出這種高級存在的形式，必須包括身體的維持。因此「永恒」便成了當下的一種延續：仙真既能無窮變化，又擁有絕對的不變特質──「舊身」意謂著經驗性、具備感官知覺的物理身體，樣態形質沒有缺陷，且不需憂慮毀壞之日的來臨。與先秦兩漢各家思想相比較，魏晉南北朝道教坼除了道德心性或社會規範的先行預設，〔註3〕轉而對原始身體展開直接深刻的凝視，使其從問學的隱暗之處浮凸出來，並成為這個宗教的關懷重心。

　　在生理的劃分上，道教除了具實的五臟六腑、血肉筋骨等器官外，還發展出「明堂」、「黃庭三宮」之類的抽象區位，用以引導氣機的流行；在靈識的辨別上，不僅沿承了傳統的陽魂陰魄二元觀點，更產生三魂七魄的說法來詮解各方心念如何維繫個體存在，同時又延伸出涵括三部、八景、二十四真之身中神組織，作為收視反聽的依據。《太上老君內觀經》一文作了如下統整：

> 總括百神謂之身；萬象備見謂之形；塊然有閡謂之質；形貌可則謂
> 之體；大小有分謂之軀；眾思不測謂之神；邈然應化謂之靈；氣來
> 入身謂之生；神去於身謂之死……〔註4〕

如果身體是個盛裝生命運能、聖俗種子之無盡藏容器，那麼道教始終對此容

〔註2〕　《抱朴子內篇》（《正統道藏》第四十七冊），卷二，〈論仙〉，頁644。

〔註3〕　道教學者的身體觀並非完全與道德心性、社會規範無關，但他們主要將道德心性、社會規範作為各種術式得以行之久遠的基本前提，或者是尋求長生久視的必要手段，只有行為層次的意義而已──道德心性、社會規範反而是身體知識的底襯。

〔註4〕　《太上老君內觀經》（《正統道藏》第十九冊），頁85。此段話語亦出現於《太上三十六部尊經》〈太清境真一經〉內。王卡〈讀《上清經秘訣》所見〉依唐初道士張萬福《傳授三洞經戒法籙略說》、《上清經秘訣》所引《登真隱訣》佚文，判斷約為南北朝末期至隋唐之際作品。參考：王卡，〈讀《上清經秘訣》所見〉，《中國道教》（1999年，第3期），頁8～10。

器抱持著濃厚興趣，嘗試進行各種層次的切割剝離、類推歸納，採取多維度的觀點，來察照它所有可能的構成方法，進而營求不同的認知程式；「形」為一程式，「軀」為一程式，「神」為一程式，「靈」亦為一程式。程式與程式兼收並蓄於身體之內，彼此揉結為更龐大的程式——由此可知身體作為場域、作為空間範疇，並非單一的向量測度，而是具有重層性格之複極構造。〔註5〕

陶弘景於〈答朝士訪仙佛兩法體相書〉一文解釋：「凡質象所結，不過形神……其非離非合，佛法所攝；亦離亦合，仙道所依」，〔註6〕提綱挈領地點出佛道兩教的差異正顯現在面對身體的態度上——「身體」遂成為現象界、成為萬有的隱喻——相較於佛教學者用否定的姿勢，滌蕩真空實有以外的有限軀殼，道教學者則視身體為汲引至道之善根，為提昇生命境域無可或缺的觸媒；所謂真宰，必須透過此身的實踐來證成，故形神同一、登虛成仙或尸解蟬蛻，各種級類的自我更新方式，便是他們鍥而不捨地鑽研的知識領地，而勘測人們所受稟賦之極限為何，並且努力去逼近、甚至衝決這不可見的邊界，乃是魏晉南北朝道教的思想基調。《抱朴子》即云：

> 夫存亡始終，誠是大體。其異同參差，或然或否，變化萬品，奇怪無方。物是事非，本鈞末乖，未可一也。夫言始者必有終者多矣，混而齊之，非通理矣。謂夏必長，而薺菱枯焉；謂冬必凋，而竹柏茂焉。謂始必終，而天地無窮焉；謂生必死，而龜鶴長存焉……萬殊之類，不可以一概斷之……〔註7〕

葛洪將世界的構成分為本／末、大體／變化的對照，認為宇宙雖依憑著一定的秩序而運行周轉，但物類的原樣與經過歷史發展而呈現的事象，並不完全

〔註5〕 此處云身體之複極構造，意指多重視角、不同次元在同一空間的開展，各種視角或次元可自成系統，沒有等級高低的差別；無論「百竅」、「身中神」或「三魂七魄」，皆於身體裏並行不悖。

〔註6〕 《華陽陶隱居集》（《正統道藏》第三十九冊），卷上，頁764。

〔註7〕 《抱朴子內篇》，卷二，〈論仙〉，頁643。以下「惟有識真者」句見〈論仙〉，頁648；「人在氣中」句見〈至理〉，頁668。葛洪又順著神仙難證的行文脈絡，發出「窮理盡性，其難如此」之感歎。魏晉時代談「窮理盡性」，基本上偏向認識論的說解，和觀覽行為緊密相繫，與倫理學、存有論關係較淺，劉邵《人物誌》即是如此，「物生有形，形有神精；能知精神，則窮理盡性」等語，主要談論如何完成人物品鑒；《太上洞玄寶元上經》云「尋理盡性」則注重以玄元始三氣及五行為思想基礎，來求得真經要旨。在《抱朴子》裏，更上溯為對事物的悉究、對實相的探察；「理」與「性」並非貫穿通徹宇宙一切現象之總要原則，而是根植於個別現象的各種質地。

—115—

一致，即使均為人類，也會產生賢愚、正邪、美醜、緩急等情性上的區別，不會永遠重複相同的面貌，沒有任何歧出；陶鑄天地之玄道既能涵納常理，也就足以容受各種詭譎乖離的權變，因此各座身體之間具有可相映印的共通處，也銘刻了絕對難以整合的差異性，其中隱藏著破除終始、生滅之定律的無窮可能，以及羽化成仙的鎖鑰。道教學者一面證明超越存在，也一面駁斥了身體具有無法突破之侷圉（即所謂的「極」）的論調，幾度發出「天地之間，無外之大，其中殊奇豈遽有限」的詰難，亟欲從生—老—病—死那種規範化、必然的套式中突圍而出。

如果說，先秦道家試圖從渾淪無分的角度來思索同質與連續性的自然，那麼道教所訴求的，便是一個能夠收攝異質與不確定性、甚且以異質與不確定性作為神聖的自然。〔註8〕故從存在的角度言，道教強調「人其盡死，而我獨存焉」之遺世精神；〔註9〕從知識層面言，道教講究「惟有識真者……可獨知之耳」的隱密性質，此外諸如種民思想、末世救贖觀念等，皆展現了群中求異的心態。

一、魏晉南北朝道教的身體敘述模式

在探討魏晉南北朝道教學者如何求致身體與存在的超拔以前，首先必須先瞭解他們依循什麼理路來思索身體、並且採取怎樣的語彙談論之？葛洪云：「人在氣中，氣在人中」，至南朝宋陸修靜也有類似看法：「生之所賴，唯神與氣。神氣之在人身，為四體之命。人不可須臾无氣，不可俯仰失神……氣之與神，常相隨而行；神之與氣，常相宗為強」，〔註10〕此時道教主要沿襲了先秦道家氣化觀點與兩漢盛行的元氣論，認為人之生命的底質是可凝聚、可

〔註 8〕 神仙道教所謂的「自然」，不僅是與人文、名教相對立的生態環境，而且貫穿了超現實的仙聖妖魅世界，更伸入無分別之本體樂園，故此詞彙雖涵括人們習以為常的生命軌道，卻也認同由後天歸返先天、悖逆於尋常現象之修煉變化。嵇康〈養生論〉云：「至於措身失理，亡之於微，積微成損，積損成衰，從衰得白，從白得老，從老而終，闇若無端，中智以下，謂之自然」，即譏諷人們視生命必定由強盛走向凋敝，乃是一種認識上的謬誤，極力主張生死相續的現象自然，遠遠不及於「與物反矣，然後乃至大順」的境界自然，與《抱朴子》「及其倏忽而易舊體、改更而為異物者，千端萬品，不可勝論……乃天地之自然」之看法相應合。

〔註 9〕 葛洪，《神仙傳》（北京：商務印書館景印《文津閣四庫全書》，2005 年），卷一，〈廣成子〉，頁 83。此文改寫自《莊子》〈在宥〉。

〔註10〕 《洞玄靈寶齋說光燭戒罰燈祝願儀》（《正統道藏》第十六冊），頁 496。

散逸的氣，同時又以形—氣—神之三分範式作為學說主軸，強調身體除了承載生命的固態物理性感官外，尚且包括盈盈流蕩於軀殼之內、並撐持著整個軀殼存在的動態能量，以及對感官和動能皆具有支配地位的意識層面。〔註11〕如果統合當時道教學者推研身心關係時提出的許多命題與解答，必定會注意到古代中國儒、道、醫各家建立起來的理論基架，仍在魏晉南北朝發揮強大的影響力，其慣用的語言符碼也被紹續了下來，故「精」、「志」、「血脈」、「吐故納新」等，都能在道教典籍中找到相呼應的意見，或經過翻修的再詮釋。

　　儘管魏晉南北朝道教接受了傳統哲學對身體的基礎想像，卻因為關懷焦點的轉移，另外發展出頗具特色的方式來說明身體的結構。最顯而易見的改變如：道教學者依沿了傳統哲學，將身體分為形、氣、精、神，但這些部份又各自配屬了一個超越性的層次，意謂現世存在乃具有先驗的來源和明確的復歸方向：人們從父母雙方繼承而來的「形」，框負著皮膚毛髮、骨骼肌肉、血脈津液……各種不同成份，倘若採取合直的方式加以訓練，就能展現出完全無涉於陰陽媾合、永恆存在之「真形」；經過食物及呼息調攝而來的「氣」，是用來維持生理機能的動力，然而在軀體誕降之前，尚有虛廓寂漠的「元氣」或「真一之氣」，人們可以透過冥想靜思來汲引、冶煉，進而求得生命的原貌；此外，儲存於腎臟的「精」只能用來繁衍後代，但抽象的「元精」則代表周遍於身體的菁華物質，失去它，就無法開展人之存在的場域；至於有執定、有分別的對象化智識之所以會產生，其實是受到了「神」的支配，但能夠和全幅宇宙相感通、妙應無方的超意識，便需要出「元神」來啟動。

　　除此之外，魏晉南北朝道教最常見的身體敘述，即是把身體視為能與外在景況兩相符印的微型宇宙，以世界的意象來重新設定身體的意象，可說是天人感應思想之變化遷衍。例如《抱朴子·地真》云：「一在北極、大淵之中。前有明堂，後有絳宮。巍巍華蓋，金樓穹隆。左罡右魁，激波揚空。玄芝被崖，朱草蒙瓏。白玉嵯峨，日月垂光。歷水過火，經玄涉黃。城闕交錯，帷帳

〔註11〕關於形氣神三分結構的探討，已有多位學者作過極為深入的研究，故此處不再贅敘。參考：原田二郎，〈養生家の肉體表象について〉（《東方學》，1986年7月，第72期），頁48～62。胡孚琛，〈道家和道教形氣神三重結構的人體觀〉、楊儒賓，〈支離與踐形——論先秦思想裏的兩種身體觀〉，收入：楊儒賓編，《中國古代思想中的氣論及身體觀》（臺北：巨流圖書公司，1993年），頁157～169、415～449；楊儒賓，《儒家身體觀》（臺北：中研院文哲所，1996年）。

琳琅……」，〔註12〕生動地勾勒出全幅的道教神話世界草圖，利用許多隱語來暗示萬物基源「真一」原即存藏於身體，從形軀與自然同構、共相的角度，來推求人類超然於萬物之上的論斷，故「北極」這個支持天地運行、指引中央位置的宇宙軸，其實指稱了人之形軀的頂端；注焉不滿、酌焉不竭的「太淵」，乃是臍下命脈涵納與豐饒的象徵；而仙真翩然往返之靈臺瓊閣，則被用來假借為位於咽喉、眉之間掌握生機的關竅；至於五行，便暗喻著功能與性質各異的不同臟器，串聯成元氣所欲循進衝砥之無形軌跡。類似的描繪還可見於《太上靈寶五符序》、《太上老君內觀經》等道書。

與兩漢讖緯相比，魏晉南北朝道教雖同樣把宇宙當作身體的巨大參照系，但前者偏於於身體各部位「通於天」、「類於天」的附屬概念，朝外匹副之傾向較為清楚；後者側重於強調「宇宙在乎手，萬化生乎身」的自成理論，往內證圓之態勢就明顯得多。從擬仿的領域來看，前者所言天人之數基本上仍穿梭於此世各種經驗現象裏，尚未擴及他界異質存在，因此身體其實是天體投影下機械性的對稱，敷演了萬般事象皆各得其所的靜態圖式；而道教典籍中的身體內部景觀，已經延展至如幻似真的神仙境地，透過氣的流轉，映示出活潑盎然之動態情狀，各家的傳敘及類比也不很固定，論述彈性顯然更大。

其次，道教經常採用建築語彙，來描寫形軀各部份的職司及互動關係，砌造出一個包覆於身體內的神聖殿堂；這類敘述模式與「形者神之舍」的觀點緊密相連，將身體視為意識靈魂的居所。在先前所引《抱朴子》之例文裏，儘管也有「絳宮」、「華蓋」等名詞，但從其全文脈絡與所占比重來看，可以確定它們所指的是身內及身外仙真存在的境域，人工造物的意義並不十分清晰。然而在上清經派《黃庭內景經》、《黃庭外景經》等道書裏，幾乎所有的器官或穴位都被比擬為建築物，文中以明堂宮、洞房宮、泥丸宮、流珠宮、玉帝宮、天庭宮、極真宮、玄丹宮、太皇宮，來指稱腦部九區，並以命門、太倉、神道、中府、醴泉……將形軀每部份串聯起來，儼然營構出一獨立而自給自足的城池：

> 若得三宮存玄丹，太一流珠安崑崙。重中樓閣十二環，自高自下皆真人。玉堂絳宇盡玄宮，璇璣玉衡色蘭玕……〔註13〕

> 上有黃庭下關元，後有幽闕前命門，呼吸廬間入丹田，玉池清水灌

〔註12〕《抱朴子內篇》，卷十八，〈地真〉，頁749。

〔註13〕《太上黃庭內景玉經》（《正統道藏》第十冊），〈若得章〉，頁109。

靈根……〔註14〕

此處身體被呈現為互相支援的行政單位，不僅分隔成上下左右之類的空間配置，更涵括了幹與枝、尊與屈、高及低的社會階序關係，是可以憑靠意志與技術來操縱的人文秩序。道教把看似造作而成的建築物併入自然的一環，正如其將金書鳳篆、玉字龍章視為隱匿於虛空，卻足以創世開圖的生命源頭，皆使「器」跨進了「道」的領域，使質料逆轉為質料因，於是原該隸屬於後天人文的物事，便能與超越時空、吉凶、生死等一切分別的先天自然嫁接，導致語言的型態和價值產生劇烈變化，對境界的表述也就被充滿象徵的樂園神話所取代。

　　嚴格說來，先前歸納的幾種敘述類型僅是傳統身體思維的遺蛻而已，真正富含時代性格的論說模式，如《上清大洞真經》、《大洞雌一玉檢五老寶經》等道書，認為每個脈竅臟腑都有司主之神鎮守，學者可藉由存思其造相、名諱及功能，使這些「其居無常，出入六虛」的司主之神更加穩定地駐留在器官，以維持形軀健康，身體內部遂成為匯集靈明於一的龐大網絡。身中神網絡其實是道教神仙譜系的縮影，依《大洞真經》記載，上清三十九帝皇映和了形軀裏的三十九個重要門戶：太一尊神執掌泥丸、玉帝君管理兩眉中心、無英公子進貫左腋之下、黃素中元君往來胸腹之境……，〔註15〕而《金闕帝君三元真一經》則謂身中有二十四真人與太微二十四真人相應，當學者修行至一定高度，「太微二十四真人俱與身中神明合宴於混黃之中，共景分升，俱齊內外之德也」〔註16〕——在此種敘述裏，同時陳列著居於外在環境，與宇宙造化相與流轉的高級存在者，以及居於形軀之內，宰制了人類一切行為之活動主體，雙方可以交互印應——因此道教認知下的身體既具備了複本性質（宇宙的複本、房舍的複本、仙真的複本），亦具備了其他物事無可比擬的獨特性質，即使再細微的部位都是一個聖顯（hierophany）之處。〔註17〕故道教

〔註14〕《太上黃庭外景玉經》（《正統道藏》第十冊），卷下，頁 115。
〔註15〕《上清大洞真經》（《正統道藏》第一冊），頁 797〜851。漢代《太平經》、《老子河上公注》已有簡單的身神說，主要司管五臟，至魏晉時代才構成完整繁複的體系。此三種敘述模式在運用時並沒有嚴格區分，往往彼此交攝，端看道經作者以何模式為其身體書寫的主要輪廓，例如《黃庭經》之建築語彙即建立在相當完整的身中神概念上，而身中神的論說型態經常也涵納了微型宇宙觀。
〔註16〕《金闕帝君三元真一經》（《正統道藏》第七冊），頁 291。
〔註17〕「聖顯」（hierophany）一詞引自伊利亞德《聖與俗——宗教的本質》，意謂

學者「對待身體的態度便成為對待神的態度」：

> 道教中人一方面對身體所展現的生命現象與生理機能的神奇感到
> 驚訝與敬畏，另一方面則必須了解並順從神的性質與規律，恭然地
> 與其不斷地交涉以保持良好的對待關係，並於交涉之時，期於恢復
> 以神為主導的管理權，而使生命活動成為是在神的意識底下所進行
> 的模式。〔註18〕

身體若完全以「神」為主導而運作，等於永久浸淫在聖潔的氛圍裏，即使未
實際避居山林、乘龍昇天，也已經脫離了虛假的凡俗世界。此類道書詳細地
登錄身中神之字號、服色，以及召喚時必須冥想的路徑等等，對各器官展開
重新命名的活動，使身體從稟天地之氣而生的自然場域，變為學者的意念
與話語得以介入的場域，增加了人為調控的可能性，而將原本僅擁有被動知
覺之脈竅臟腑，視作具備主動情識的神靈，更強化了此種傾向。

　　綜而觀之，魏晉南北朝道教界定下的身體，涵蘊著極為濃厚的空間意義，
嘗試利用不同的方法，在「形」這一空間再次切劃界線、釐出間隔，並寓流動
性於區塊與區塊之際。與傳統以形、氣、神為核心概念的身體敘述比較起來，
此時道教大抵依循著「務實而不務虛」、「論事而不論理」之書寫原則，〔註19〕
專注於陳列各種修行方式及技術性的說明，因此在抽象思維的發展及對果地
風光的揣摹上，就明顯忽略得多。也由於這種務實、論事的態勢，道教的身
體敘述習慣援引大量具象化語言〔註20〕——語言指稱的作用與賦形的作用，

著不同型態的神聖，自我示現之行動。在此書裏，「聖顯」為總括性的說法，
另有「神顯」（theophany）一詞，專指神聖以位格神的形式呈顯；「力顯」
（kratophany）一詞，意謂神聖藉由非位格神之巨大能量而昭朗。參考：伊
利亞德（Mircea Eliade）著；楊素娥譯，《聖與俗——宗教的本質》（臺北：桂
冠，2000年），頁62。

〔註18〕張超然，〈心神與修持——《莊子》與六朝上清經派之比較〉，收入：《宗教與心
靈改革研討會》（高雄：高雄道德院，1997年），頁295～326。引文見頁313。

〔註19〕《女功正法》，〈女功正法陳序〉，收入：《道藏精華（三）》（臺北：自由出版
社，1989年），頁123。

〔註20〕賀碧來曾對道教內丹家的語言作了如下說明：「事實上，內丹對語言採取了一
種獨創的態度，蓋懼其門徒執文泥象也，但它卻也『使文弄象』，吾人可察覺
到它使用的方式，對語言的效果有相當的信賴，這來自它自創並特定出一個
形象，一種比喻的語言使用……事實上，同一個象可有不同的意思，根據作
品的階段或信徒的程度而定」，魏晉南北朝道教之存思語言通常只設定單一
的形象來驅動精神力量，尚未達到內丹家兼及動態、多義性與相互循環之詩
式語言，但兩者運作的方式及原理卻是一致的。惟內丹家所云之「象」，更接

幾乎是同步進行的；或者說，道教學者儘可能讓語言之指稱攜帶著賦形的功效，使心志能夠按著圖示流動，切確地完成對軀幹的支配；與此同時，身體即更容易被意識所捕捉，以符合「內觀形影，則神炁長存」等鍛鍊法門對造像的需求。〔註21〕

　　透過先前的討論，可以發現無論守一或存思等工夫，都脫離不了對心—意—志的掌握，即使是人人皆能為之的誦經及齋戒，從事時也必須講究誠敬和節制，仍然與心的動向息息相關。「心」這一概念，在魏晉南北朝道教學說中雖不及形、氣、精、神那樣受到重視，卻於踐履面上串聯了這些詞彙；在學者進行衛形、導氣、鍊精、嗇神之前，都不得不通過治心這一程序。《太上老君內觀經》有頗為完整的解釋：

> 心者，禁也，一身之主。心能禁制，使形神不邪也。心則神也，變化不測，故無定形……人以難伏，唯在於心，心若清淨則萬禍不生。所以流浪生死，沉淪惡道，皆由心也。妄想憎愛，捨取去來，染著聚結，漸自纏繞，輾轉繫縛，不能解脫，便至滅亡……從道受分謂之命，自一稟形謂之性，所以任物謂之心，心有所憶謂之意，意之所出謂之志，事無不知謂之智，智周萬物謂之慧……道者……在人之身則為神明，所謂心也……人能常清靜其心，則道自來居；道自來居則神明存，神明存則生不忘也……道以心得，心以道明；心明則道降，道降則心通……神託心存，心由神有，形以道全，一物不足，何所依焉？所以謂之神明者，眼見、耳聞、意知、心覺，分別物理，細微悉知，由神以明，故曰神明也……千經萬術，惟在心也。〔註22〕

　　近一種象徵系統，往往具有意在言外的「象外之象」。參考：Isabelle Robinet，〈內丹〉，《中國文哲研究通訊》（1996年，第6卷第1期），頁11～28，引文見頁14～15；賴賢宗，《道家詮釋學》（北京：北京大學出版社，2010年），頁186。

〔註21〕葛玄，〈道德經序〉，《全上古三代秦漢三國六朝文（三）》（臺北：世界書局，1982年），卷七十五，頁16。

〔註22〕《太上老君內觀經》，頁85。此部道經對「心」等語彙的界定，應該襲自《靈樞》。《靈樞》原文為：「黃帝問於岐伯曰：『何謂德氣生精、神、魂、魄、心、意、志、思、智、慮？請問其故？』岐伯答曰：『……故生之來謂之精，兩精相摶謂之神，隨神往來謂之魂，并精而出入者謂之魄，所以任物者謂之心，心有所憶謂之意，意之所出謂之志，因志而存變謂之思，因思而遠慕謂之慮，因慮而處物謂之智』」，《靈樞》各語彙緊密相扣，顯然比《內觀經》更重視心

「心」與「形」、「氣」、「精」、「神」等術語的差異，是它本身並沒有先天／後天、有限／無限之深淺雙層架構；魏晉南北朝道教表詮的「心」純粹是經驗意義的，卻足以將超越的「道」完整地轉譯為內在的「神」，把世界的存有引入主體境界裏，為連接形上、形下二域的樞機；「所以任物」正說明了心受到外在對象的觸擊然後起動，從而產生了各種形式的認知及情感，亦包括對萬有存在理則之領悟，能夠拖扯人們向下沉淪，也能促成境界的昇華。當學者收視反聽，掩匿起多餘的喜怒哀樂時，心可以退回虛靜澄澈，它所容納、收放的範圍極度寬廣，故曰「變化不測」，為人們之無窮可能性的根源；但這種虛靜澄澈仍只屬於一種經驗性的述狀詞，儘管此狀成立時，可使道落實於個體上，促進形、氣、精、神復歸於自然，不過心本身並沒有經過一番質之轉換的過程——換句話說，唯有仰賴心—意—志，始可讓學者完成逆覺的活動，洞見宇宙本體並貫穿天地；但無論心或覺，都必須在「性命」的括弧底下呈現。由此角度言，道教給予「人」這一身份無可取代的價值及定位。

早於《黃帝內經》、《太平經》，即已將心視為神所棲止之處，《內觀經》云「心則神也」，並非指心與神全然等同，而是表示兩者的範圍互有重疊。類似的說法還可見於《太上洞玄靈寶三元品戒功德輕重經》：「非天非地，亦又非人，正由心也。心則神也……」，〔註23〕都把「神」當成心靈最深沉的妙用，它是眼見、耳聞、意知、心覺背後真正的作用體，同時也是透過見、聞、知、覺層層向內翻轉，最終臻致的結果，學者與萬物相感之連續性直觀乃由此而出，甚至可據以突破所有概念性的界定。然所謂「神」，不一定要罷黜一切感官攝受及心意的流蕩才能到達，因為感官及心意俱能成為人們深入辨識萬有理則的因素之一——魏晉南北朝道教學者在追求與天地為常的願望時，亦同樣嚮往「明」這樣敞亮清晰的開顯狀態，〔註24〕並不總是逆推至緡乎昏乎、漫無邊際之闃黯境況。順沿而下，他們對必須將意識投射於對象（此對象也包括身體內部各區位）的「知」與「分別」，就顯得包容許多。需要說明的是，《內觀經》所謂「分別物理，細微悉知」，主要談論對宇宙運行之道的理解，

靈連續性的變化，特殊之處是以德、氣來統攝這些語彙，彷彿含有孟學的成份。至於《內觀經》則修改了「智」的詮釋，並增添「慧」一詞，比較注重宗教式的神通。

〔註23〕《太上洞玄靈寶三元品戒功德輕重經》（《正統道藏》第十一冊），頁759。

〔註24〕《黃庭內景經》探討心這一部位時亦曰：「心典一體五藏王，動靜念之道德行，清潔善氣自明光」。

並無荀子定是非、決嫌疑的人文統類意義，不過從「分別」與「知」、「明」等用語，仍可得知魏晉南北朝道教與傳統道家之價值取向有若干差距。

　　因此，道教學者並不特別排斥利用心來左右血氣、指導形體的功能，《內觀經》就認為對六識進行軌約（禁），乃是人心最大的特徵，其中又以擬視覺、超視覺的觀注自我，作為調伏之法的重點；另外，如葛洪在《抱朴子‧雜應》教授人們以意識行「五火之炁」、「六癸之氣」，造成身體不畏寒熱的效果，〔註25〕從術法實際操作的角度重新說解《莊子》「大澤焚而不能熱，河漢沍而不能寒」之至人神話，凡此種種，均表示身體與心靈彼此並非對立的關係，後者居於主控位置，決定了形、氣、神能夠延展到什麼地步。這類思考與老子「心使氣曰強」的守藏原則，自是相互違背的，反倒與孟子「志至焉，氣次焉」之擴充式修養論還更切近些，主要是因為道教學者認為逆覺活動有極大的部份必須被劃入技術面來談，為了溯返存在的本然狀態，必須藉由心及其所發之意志，在身體內規範出一條還原的路徑。由於老子認知下的道、器二境乃是相即互攝的關係，強調心處於未發狀態時始可真正合於自然，故人為的「使」就被貶謫為悖離玄同之德的錯誤姿勢；然而道教思維裏的現象自然與境界自然間，卻橫亙著非常明確的分隔，倘若想要跨越既定領域，便得透過一面冶煉、一面遮撥的「前進—後退」歷程才能完成，是故心不僅不能止息於未發狀態，反而一定要有所發動。因為對道教學者而言，連所謂的凝、定、齋、靜都算是一種驅使、役使的行為，與道相應相冥也必然被當作一種身與心的經驗來看待。〔註26〕

〔註25〕此種術式亦可見於北魏樓觀道士李順興的傳記，李氏常誦《大洞經》，又從師陳寶熾受《黃庭經》，可見平日所習較傾向上清派，文中並載仙人告之「雖骨氣合真，而胎形未脫」，其中觀點亦符合後小節的「真身」概念，而李氏亦能分形化影，可見北方道教身體觀與南方仍有一定淵源。相關記錄見於：《歷世真仙體道通鑒》（《正統道藏》第八冊），卷三十，頁571～573。

〔註26〕在順生逆成理論出現之後，「無為」的處世立心哲學便潛至道教思想底層，「有為」的修煉法門卻被大加彰顯，人們往往要先透過一番自覺地鍛冶，然後才能逐步褪去外在的軌約以回歸先天之境。故葛洪《抱朴子》記載：「或人難曰：『人中之有老、彭，猶木中之有松柏，稟之自然，何可學得乎？』抱朴子曰：「……且夫松柏枝葉，與眾木則別，龜鶴體貌，與眾蟲則殊。至於彭、老猶是人耳，非異類而壽獨長者，由於得道，非自然也……」，認為獲致長生和成仙皆需要藉助有意識的調養，倚靠各種修習來汰除生命渣滓；所謂「天道自然，人道自己」一語，就暗藏了「心」與「使」之必要性。嚴格說來，魏晉南北朝道教對先天之氣、神、精的闡述都不夠深入，講求「以意控氣」

—123—

就內容而言，道教的「心」實已包含《莊子》劃分的心與常心，亦即各種雜念更迭相生於其間的世俗之心，以及離知棄識的自我觀照之心。〔註27〕例如《養性延命錄》輯錄彭祖所云「心不勞，形不極」之「心」，乃屬於劣義的前者；而陶弘景於〈序〉中倡議的「遊心虛靜」之「心」，就偏向勝義的後者。然道教學者並不認為心之概念必須拆分為二，也不認為心原本具備永恆不變的超越性，只是盡可能地張開方寸之間的涵量，使其與玄道銜接，並讓玄道一點點地滲透進來，將人之經驗的邊界推到無比遙遠的地方。

二、從原始身體到真身

由先前探討的各種敘述類型來看，道教學者基本上對身體抱持著積極、樂觀的態度，相信其內部蘊藏的潛能，自有不假外求的神聖性質，此即身體之所以被稱為「靈根」、「善根」的緣故。但他們同時還注意到人之為人的許多限制，是以魏晉南北朝道教身體觀也藏著消極而陰暗的面向。

在第二章〈文字的樂園〉小節裏，提及上古時代人民沒有煩惱，並且享受極長的歲壽，而中古乃至近世的百姓卻必須在風俗趨於澆薄的環境中，時時憂慮生命崩頹與終結的危機。這類神話隱約點出身體是語言經驗、社會經驗甚或道德經驗的核心，由於歷史會改變這些經驗，因此人的身體也會隨著改變；換句話說，身體被包裹在歷史之內，被自然環境與文化價值系統塑造的同時，也不得不為其所侷圍。除了察照歷史流動對身體的影響，道教更習慣從個人的角度來審視形軀之下的負面值數，例如短促的生理時間即是身體擁有的嚴苛條件，葛洪於《抱朴子・勤求》便殷殷籌算：

> 淩曷飆飛，暫少忽老，迅速之甚，諭之無物。百年之壽，三萬日餘耳。幼弱則未有所知，衰邁則歡樂並廢。童蒙、昏耄，除數十年，而險隘憂病相尋代有……計訂得百年者，喜笑平和則不過五六十年，咄皆滅盡……俚語有之：人在世間，日失一日，如牽牛羊以詣屠所，每進一步，則而去死轉近。〔註28〕

在生命能量不斷耗散的熵增過程裏，身體處於全盛狀態的比例極小，人們持

之「命修」也不免落於有待的狀態，這些缺口直至重玄與內丹學才重新獲得補強。

〔註27〕關於心與常心的討論，參考：唐君毅，《中國哲學原論（導論篇）》（臺北：學生書局，2004年），頁120～131。

〔註28〕《抱朴子內篇》，卷十四，頁718。

續與死亡進行無力的拉扯，感知老化與俗化的痛苦時間，遠遠超過了未識憂愁與歡樂的時間；道教學者看似拒絕面對死亡，卻無時無刻不瞥見它入侵生命領域的黯影，驚詫著人之存在原來就是不斷接近終點的「向死而生」。〔註29〕也因此，他們認知下的原始身體總是極為脆弱、污穢醜怪，充滿了難堪的病痛與過剩的欲望，並且隨時與恐懼、墮落、凋萎相鄰為伴之有漏物件，故許多道書對於身體的描繪經常帶著鄙薄或貶斥的意味。例如《上清九丹上化胎精中記經》云：「化成其身，既睹陽道，開曠三光，而自忘所生，所由之因，爾者皆由胞根結滯，盤固三關，五府不理，死氣塞門，致靈關不發，而忘其因緣也」，〔註30〕將形軀的構成（後天）與生命的觸發（先天）明確劃分開來，認為形軀之構成恰是生命本源被遺忘、真性離散的開端，也是精氣流動產生阻礙的首要原由；《靈寶無量度人上品妙經》則曰：「神風鼓鍊，天與其生。生迷道本，纏著罪緣。疑綱痴獄，貪念為愆。境物亂心，思慮攻神。精喪神謝，形軀敗昏。五臟內腐，七情外奔」，〔註31〕這段話語很明顯受到佛家思想的影響，強調身體從誕育伊始，就已經附著了本質性的無明，人們因為擁有身體才會意識到自我及外物的界隔，也才會湧起各種渴求，役於外物，當身體在成形時，勢必將社會與歷史的因素捲入，故其本身就是追求超越所需克服的第一道屏障。

　　身體既然同時埋存了向上超越和向下淪滅兩種悖逆的力量，它的內部便呈現為一個鬥爭的場域，三魂及七魄彼此間的衝突，可說是此類思考裏極具代表性的課題，許多道書都有相似的記載：

　　　　……人有三魂，利人之存；人有七魄，害人之命。〔註32〕

　　　　……復使愆痾填籍，憂哀塞抱，經營常累，憑惜外道……必精滅神離，三魂殞歿，邪運空間，魄告魍魎……違內負心，三魂失真，真既錯散，魄乘其間。〔註33〕

〔註29〕「向死而生」、「趨向死亡的存有」（Sein zum Tode）一詞援用海德格《存有與時間》裏的觀點，原文具有一種面對存在之虛無的感慨，但並不存著求助於永恆生命的預設。

〔註30〕《上清九丹上化胎精中記經》（《正統道藏》第五十七冊），頁178。進入後天經驗的身體是殘缺不完整的，與真身形成強烈對比之原始身體即已是個病體，這類觀點可和第三節相參照。

〔註31〕《靈寶無量度人上品妙經》（《正統道藏》第一冊），頁582。

〔註32〕《洞真太一帝君太丹隱書洞真至真玄精》（《正統道藏》第五十六冊），頁407。

〔註33〕《真誥》，卷七，〈甄命授〉，頁57、63。

……月朔月望月晦夕，是此時也，七魄流蕩，遊走穢濁：或交通血食，往鬼來魅；或與死尸共相關入；或淫赤子，聚姦伐宅；或言人之罪，詣三官河伯……殘病生人，皆魄之罪；樂人之死，皆魄之性，欲人之敗，皆魄之疾。〔註34〕

道教三魂七魄之說，大抵以魂為陽、以魄為陰，基本上從傳統魂魄二元觀念轉變而來，然兩者內涵頗見差異：二元觀念裏的魂魄沒有善惡的區別，魂為主宰精神智識之核心運能，具備了促使人們不斷提昇、摒棄惡念的除穢功能；魄是策動肉體感官之重要機制，僅可容受隨時空流變而增加的記憶，對人的影響其實是中性的。〔註35〕但是魏晉以後產生的三魂、七魄概念卻被賦予了較多的價值意義，它們並非處於諧調的合作關係，雙方甚至相互斂伐，陽尊陰卑的意味十分清晰：當三魂安住停息於身體之中，人的情緒便能穩定開朗，思想澄淨而寡欲，將生命導向蓬勃且具創造力的狀態，所以必須「拘而留之，使無遊逸也」；七魄則代表不完全受理智掌控、需要馴化的惡念源頭，它們總在伺機而動，等待著將三魂排擠出去，引導人們走向自我毀滅的偏邪道路，故需「制而勵之」、「鍊而變之」、「御而正之」、「攝而威之」，以強硬的手段來壓抑及修正。《雲笈七籤》歸結：「魂欲人生，魄欲人死，魂悲魄笑」，〔註36〕感歎人乃周折於三魂與七魄兩種矛盾勢能的攻據之間，身體雖是道德得以映顯的必要媒介，卻也同時召喚罪惡的陰影來會合，而學者們追求棄疾、離喪的生之渴望，更和死之驅力糾纏不清。

此外，如《洞玄靈寶齋說光燭戒罰燈祝願儀》云：「夫人非聖真而處身五濁，三尸強盛，內生攻賊；九竅四關，各有所趨，施為之向，動入死地」，〔註37〕《黃

〔註34〕《上清修行經訣》（《正統道藏》第十一冊），頁 411。以下「當拘而留之」、「制而勵之」等句亦同。關於傳統魂魄二元觀念，參考：余英時，〈中國古代死後世界觀的演變〉，收入：氏著，《中國思想傳統的現代詮釋》（臺北：聯經出版公司，1993 年），頁 128～132；拙著，《兩漢時代靈冥世界觀探究》（臺北：文津出版社，2006 年），頁 14～21。

〔註35〕關於傳統魂魄二元觀念，參考：池田末利，〈魂魄考〉，收入：氏著，《中國宗教史研究（一）：制度與思想》（東京：東海大學出版會，1989 年），頁 199～215；余英時，〈中國古代死後世界觀的演變〉。收入：氏著，《中國思想的現代詮釋》（臺北：聯經出版公司，1993 年），頁 123～144；康韻梅，《中國古代死亡觀之探究》（臺北：臺灣大學出版委員會，1994 年），頁 159；龔韻蘅，《兩漢靈冥世界觀探究》（臺北：文津出版社，2006 年），頁 16～21。

〔註36〕《雲笈七籤》（臺北：自由出版社，2000 年），卷五十四，〈魂神部〉，頁 757。

〔註37〕《洞玄靈寶齋說光燭戒罰燈祝願儀》，頁 495。

帝陰符經》曰：「性有巧拙，可以伏藏。九竅之邪，在乎三要，可以動靜」，〔註38〕認為在氣脈筋絡及情性的收發裏，都會透露出某組逆反價值互相競鬥的訊息，而掩伏於身體內裡之陰惡底質，就與解道、悟道的神聖因子不斷進行角力——也可以說，道教其實是藉由身體來進行辯證的，陰與陽、善與惡、生與死等對峙且錯綜複雜的概念於其間交纏，而「存在及亡逝」正是這一辯證環節的樞紐。道教經典雖然主張將視覺、聽覺與味覺等感官的引誘過濾於外，強調必須芟刈那些多餘、扭曲的嗜欲，才能使充滿生機的部位獲得完全的發展，但也對此種發展抱著頗為悲觀的態度，感嘆人們於意識啟動之初便已脫離了本真，身體多半迷失在虛偽的現象和頑強的卑微情感裏，很難以恰當合宜的方式運作，因此，就一般的生命經驗而言，陰惡底質遠比神聖因子更強勢地主宰人類，往往只能任其持續擴大，逐漸走向潰敗，終而完全被吞沒。

　　嘗試梳理魏晉南北朝道教思想的糾結處，可以推測一部份來自學者面對原始身體時所產生的矛盾情緒上。舉《抱朴子》為例，〈論仙〉篇章給予仙真「雖久視長生，而舊身不改」強烈的肯定，但〈黃白〉卻又勝贊「及其倏忽而易舊體」之變化神妙——那麼在超凡入聖的過程裏，「不改」與「易」何者才是學者們欽慕的成道方式？原始身體究竟被視為完整的物事，只需盡力保持它的本來樣相、使其不傷不損即可？抑或被視為必須經過一番轉化改造，始得以趨近完整的半成品？

　　綜合魏晉南北朝道教各家各派的學說，大抵以追尋永恆不朽之理想身體為旨歸，企圖在有限的形軀內注入無限的意義。嵇康〈養生論〉即已闡述「修性以保神，安心以全身」，而前小節所引《太上老君內觀經》亦云「形以道全」，簡單地說，道教對理想身體的追逐，正是一個守「全」、求「全」的過程。陶弘景《真誥》對獲致完整的身體有更細緻的闡述：「積精所感，萬物盡應。妙誠未匝，則形華不盡；形華不盡，則洞房之中難即分明也」，〔註39〕此處「誠」意指學者淬練身體之精微物質時，所需存蓄的專一敬篤心境，更是真實之玄

〔註38〕《黃帝陰符經》（《正統道藏》第二冊），〈神仙抱一演道章上〉，頁418。
〔註39〕《真誥》，卷二，〈運象篇〉，頁13。此處的「誠」，以修道的虔敬之心出發，但往上可以召喚玄道顯現後的真實狀態，往外又印合身體獲得全幅發展之理想樣相，故分析其內涵，既包括了宗教神靈（numinous）的誠、天道的誠，同時多少也觸及心性的誠，整句話似乎也與「曲能有誠則形，形則著，著則明」的實踐次序合拍，不無可能受到《中庸》的影響。以下〈甄命授〉「夫可久於其道者」、「道成……」見頁54。

道在身體上的展現；專一敬篤的心境促使真實之玄道遍布於人的形軀，散發出神聖的氣質，身體內部的秩序因而井井有條，可與天地萬物毫不滯阻地感應。容貌或器官沒有缺陷，並不足以稱之為「全」，學者必須透過不斷澡雪、涵養精神，方能充份地綻放形軀的光彩，所謂理想身體應該成為學者傳達人格特質之無礙的媒介。另外《真誥》〈甄命授〉還主張：

> 夫可久於其道者，養生也；常可與久遊者，納氣也。氣全則生存，然後能養至；養至則合其真，然後能久登生氣之二域。望養全之寂寂，視萬物玄黃盡假寄耳……惜氣常如惜面目，未有不全者也，然面目亦有損害者，猶氣亦有喪失。要人之所惜，常在面目，慮有犯穢，次於四肢耳。若使惜氣常於一身之先急，吾少見其枯悴矣。

學者養護身體的究極意義，乃在使自己的存在能夠合乎玄道，然探尋玄道之最終目的又是為了養護身體，這段話語構劃了一個道與身體間的循環，而非呈現出一個以身體為始、以道為終的單向返樸過程。此時道教將「求真」與「求生」兩者作了極為緊密的縮結，強調身體雖與森羅萬有同屬虛幻、隨時可散逸的假借物，但如果失去形軀這個基礎容器，人們也就無從領受精神氣交匯時的妙用、無從由生命證得宇宙真理，故曰「道成，則同與天地共寓在太無中矣；若洞虛體無，則與太無共寄寓在寂寂中」，暗示著所寄、所寓的經驗性形軀，雖是需要克治轉化的對象，卻也是精神冶煉不可或缺的鼎爐。

再則，四肢、面容一旦敗壞毀損，器官變得脆弱不靈敏，即意謂著體內之氣早已開始流喪，所以學者必須時時留心構成人之本質的氣，是否充實飽滿？才可能支持生命與形軀的不朽。故「氣全」乃是達到「形全」的先決條件，而「形全」適足以為「氣全」之外顯。如果以道教這種觀點來察照莊子筆下「頤隱於臍，肩高於頂，會撮指天，五管在上，兩髀為脇」的支離疏，很可能就會將他看作心氣不正的代表了，這是因為莊子認為物質性形軀的缺陷無妨於精神及心氣之整全，甚至更能夠襯托、保障精神及心氣之整全；但道教自我發展的完成，卻必須兼顧物質性軀殼這個部份。另外，體內之氣或實或虛的現象，導因於人們能否有效地掌控思想情緒，思想情緒如果污濁起來，便會直接反應於身體的劣化上；反過來說，當學者的人格完善、念慮清澈，精氣便將瀰漫於形軀，樣貌也就跟著豐榮茂盛，洋溢著蓬勃的生意。此種看法頗能與前一小節身、神合說之敘述模式相參照，從不同角度揭示出身體並非只是物質性的存在，它參與了主體的思考、甚至可以說其本身就已經在思

考，生理現象因而被心靈的向度所滲透。〔註40〕

　　基於形、氣、神三分的身體結構，道教學者除了追尋形軀與精氣之完整，也無法忽略追尋心神完整的工夫。「神全」的概念首出於《莊子》，〈達生〉這一篇章舉用日常生活裏的細節，來說明在心知未作用於世俗物事的情況下，人的德性會淳正而不駁雜，精神沒有任何虧損，連帶地減低了身體被外在環境傷害的程度：「夫醉者之墜車，雖疾不死。骨節與人同而犯害與人異，其神全也，乘亦不知也，墜亦不知也，死生驚懼不入乎其胸中，是故物而不慴」——對內而言，「神」的完整展現於它不被意識混淆、不被情緒撕裂之無間際性；對外而言，「神」的完整展現於它與天道無分之渾然狀態。如果說，《莊子》所謂「神全」與否的判斷，基本上源於精神自身的純粹度，那麼道教「神全」與否的判斷，則源於精神與形軀的對應關係。比方《抱朴子・極言》演述道教修鍊之理想境界曰：「苟能令正氣不衰，形神相衛，莫能傷也」，〔註41〕提醒人們的行為應該儘量符合天地至道，以免精神離散、遊放於形軀之外，兩者同時走向凋零，引發「器弊神逝」的缺憾——此處所云不圓滿（弊、逝）即是因為精神與形軀產生難以彌補的距離所造成的。道教學者認為理想身體的形神必須接合無間，人的存在與意識、無意識各層結構充份地協調，故《自然九天生神章經》云「形與神同，不相遠離，俱入道真」，〔註42〕《太上諸天靈書度命妙經》強調「骨肉俱飛，空行自然」，〔註43〕都期盼形軀在經過鍛冶之後，濁重的部份得以排濾，並逐漸往氣、往神的方向推進，最終到達與氣、神同樣輕盈的景域。

　　更重要的是，魏晉南北朝存思身中神的修鍊方式替換了「全」的意義：由於「神」從維持心知活動的單一作用體，變成了複數仙真所攏集的群組，因此身體必須等「神」之群組裏的每個成員都到位後，才算完整；換句話說，魏晉南北朝道教所強調的，是形軀的單位與精神的單位盡皆等同、且各單位

〔註40〕關於道教身心俱美的概念，可謂孟子踐形理論的變調，只是道教對於心與精神的判斷並不以人之道德意志為主，而著力於人對自我存在的反思。關於孟子踐形理論，參考：楊儒賓，《儒家身體觀》，頁129～204、楊儒賓，〈支離與踐形——論先秦思想裏的兩種身體觀〉。此外，這類觀點剛好又與佛教七十二相好的思想相照會，從《龍蹻經》可看出佛道身心觀的交疊。

〔註41〕《抱朴子內篇》，卷十三，頁715。

〔註42〕《洞玄靈寶自然九天生神章經》（《正統道藏》第十冊），〈三寶大有金書〉，頁5。

〔註43〕《太上諸天靈書度命妙經》（《正統道藏》第二冊），頁387。

沒有任何缺遺的「全」。唐宋間延陵先生集錄、桑榆子評注的《新舊服氣經》裏，收載了「氣全則神全，若元氣充滿，百骸孔竅神必備矣」等看法，〔註44〕即相當明確地提出這種迥異於《莊子》的神全概念。《真誥》對致降仙真的修行方法要求頗為嚴厲：

> ……不存二十四神，不知三八景名字者，不得為太平民，亦不得為後聖之臣。

> ……左玄右玄，三神合真，左黃右黃，六華相當，風氣惡疫，伏匿四方，玉液流澤，上下宣通，內遣水火，外辟不祥，長生飛仙，身常體強。〔註45〕

在諸神安於其宮、被蒐羅入身體駐守之前，學者的形軀隨時可能因為疾病、戰亂或時間的沖刷而毀壞，倘若想成為上天的選民，度過災禍連接不斷的亂世，就不能不以「神全」作為目標；如此說來，「神全」是達到長生久視（「形全」）之必要步驟，與《莊子・天地》所云「神全者，聖人之道也」把「神全」歸併於純素的本初境界，具有一定落差。再如先前引用的《大洞真經》，記載上清之三十九帝、道之三十九章經、人身之三十九戶交相映對，指示學者透過誦詠經典，靜心想像各章所書寫的神真，挹注其氣以守護體內關竅；一旦三十九帝齊備，便能塞絕死亡能量入侵，並且湧現綿綿不絕的生命力。南宋程公端曾提攝此部道經的宗旨為「存心養性以事天，聚精會神而合道」，〔註46〕「聚」、「會」二字呈顯出一個循次排比的總括意象，但是在這個諸神乘氣聯結的整全裏，已經蘊存了神與神、器官與器官有過區隔、分截的痕跡，那是已經被開鑿過的文明小宇宙，不再是《莊子》裏無罅無縫、通同於一的鴻濛世界了。

　　表面看來，「氣全」、「神全」均是通往「形全」的必經過程，環繞著「形全」這個最終的願望而為之，但形、氣、神三者的整全其實是一個頓然俱顯、沒有時間先後之躍昇狀態——在精氣盈滿的當下，身內眾神即已各自就位，而形軀也完成了彌補耗損的作業；在形軀卸除掉所有時空的限制、獲得真正自由時，也就意謂著人們處於氣滿神具的況域——因此「形全」印證了「神

〔註44〕《延陵先生集新舊服氣經》（《正統道藏》第三十一冊），頁2。此語為桑榆子之評注。此外如宋代《無上玄元三天玉堂大法》云：「神全數足，白日登晨」，亦展現出魏晉南北朝道教的神全觀。

〔註45〕《真誥》，卷九，〈協昌期〉，頁73、74。

〔註46〕《上清大洞真經》（《正統道藏》第一冊），〈後序〉，頁851。

全」，而「神全」則能夠收驗「氣全」，三者可以相互詮釋、相互演繹；形、氣、神原就不能分開來設想，但它們愈是趨於整全，就愈能呈顯出彼此對稱運作的關係。

道教類書《無上秘要》所引《洞神監乾經》提出一個修鍊程序，極為清晰地表現了這種階段式的身體求全思維：

> 天老曰：「人生於陰陽，長於元炁，未必盡備，感五常之性，得之者十未有一也：感其火者明，感其金者剛，感其水者清，感其木者王，感其土者仁，不感者亡。故天地五行，五五二十五行，人生感得其一者，可壽一百年；感得其二者，可壽一百二十年；感得其三者，可壽一百三十年；感得其四者，可修術，壽一百四十年；感得其五者，可為小道，可壽二百年；感得其六者，可得大道，壽無疆；感得其七者，可知鬼靈之心；感得其八者，通明神意；感得其九者，通神祇；感得其十者，知聰明；感得十一者，終身无患；感得十二者，應其天心……感得十六者，得為聖人……感得二十者，身與天地俱……感得二十五者，與上皇為友。」〔註47〕

《洞神監乾經》以天與地之金、木、水、火、土五行相乘，認為天地之德性可以分為二十五類，由於大多數人的身體並沒有齊具這些德性，發展時便會有所偏頗，從而產生各種不同的人格特質，同時也決定了人們之壽限長短、和外界信息溝通的狀態，故學者必須集備每一種德性，方可確認自我的完成；所謂「全」，不只意謂著人的潛能被墾掘，更從人如何感受整體宇宙、如何與整體宇宙互動來立論。有趣的是，「長生久視」、「壽畢天地」於此文裏只是求全的某個環節而已，未居於首要位置，「與上皇為友」之逍遙境界才顯示了「全」的真諦。循此架構來思考，身體—生命可以說是某種終極的「計劃」（project），人們無法拋棄身體來實現生命，而當身體齊具了每種德性，也就等於完成了此一生命；身體和生命是兩相混同的概念，身體雖仍保有物質性的層面，但也開拓出超越物質的意義。傳統道家把身體視為生命的組件之一，物質性的身體可以在個人的、宇宙的生命完成以後，被忽略甚至取消掉，但道教的身體並非僅是一個組件這麼簡單，它就是那有待完成的計劃本身，由此可知身體在道教知識系統內的重要性。

如果仔細校勘此章節裏每段引語的出處，可以發現道教對原始身體評價

〔註47〕《無上秘要》（《正統道藏》第四十二冊），卷五，〈人品〉，頁182。

之高低，其實與時代思潮的變動有著極大關聯。早期學者如嵇康，認為只要持續地陶冶精神，並輔以服食丹藥、調理生活作息等方法，即能避免種種傷性害命的因素，進而窮盡人之歲壽的極限；所謂「修性以保神，安心以全身」，即預設了每具原始身體都擁有一個圓滿的應然狀態，養生之道的重點就在護衛人們本來的優勢條件，這也是「嗇神」、「固精」等法門的理論依據。〔註 48〕但道教在遭到佛教、儒家之嚴厲批判後，逐漸傾向把原始身體當作需要汰換、更新的不完整物事，儘量利用各種術式來增益、變易原本的缺陷處，於是養生之道乃慢慢由守全轉移至求全。《西昇經》提出道有真偽之說，認為「偽道養形，真道養神」，幾乎顛覆了過去神仙道教的中心信仰；〔註 49〕而《太上太玄女青三元品戒罪妙拔經》亦云「形非我有」、「有身則有百惡」，〔註 50〕主張人由虛無而來，自當歸還於虛無，道教一度和傳統道家拉開的距離反倒縮小了。

聖與俗之間的兩極性，時常被表達為真實與虛假之間的對立，故蕩淨凡質、達到「全」之標準的理想身體，就被稱為「真形」或「真身」，這是一種能夠卸免現世各種侷囿的存在。「真形」、「真身」等語詞，披露了使原有誕妄生命結束，然後再度開創出嶄新生命之深沉冀望，〔註 51〕對於道教學者而言，

〔註 48〕 另如《神仙傳》亦稟持類似觀點，文中記載，彭祖云得道之人應當「食甘旨，服輕麗，通陰陽，處官秩，耳目聰明，骨節堅強，顏色河和澤，老而不衰，延年久視，長在世間，寒溫風濕不能傷，五兵百蟲不能近，憂喜毀譽不為累」，認為仙真雖能飛行變化，遨遊於青雲、江海、深山之中，但「皆去人情，離榮樂，有若雀之化蛤，雉之為蜃，失其本真，更守異氣」，不如前者來得可貴。

〔註 49〕 《西昇經集註》（《正統道藏》第二十四冊），卷二，〈邪正章〉，頁 542。

〔註 50〕 《太上太玄女青三元品戒罪妙拔經》（《正統道藏》第二冊），卷下，頁 455、456。

〔註 51〕 人們通常會透過宗教儀式，象徵性地跨進某個門檻，表示凡俗的自我已經死去，並獲得嶄新的身體。但在道教裏，二度降生（the twice-born）從來就不只是象徵性的儀式，而是能夠切確操作、實際完成的高深數術，例如《雲笈七籤》載錄：「但常愛氣惜精，握固閉口，吞氣吞液，液化為精，精化為氣，氣化為神；神復化為液，液復化為精，精復化為氣，氣復化為神。如是七返七還，九轉九易，既益精矣，即易形焉。此易非是其死，乃是生易其形，變老為少，變少為童，變童為嬰兒，變嬰而為赤子，即為真人矣」，即否定「現在」這個單一而有限的時序，試圖終止、破壞生命之既定程式，希望回歸至感通不息的流動力本身；此處胎兒狀態一則代表前宇宙（precosmic）的模式，同時也意謂著真正有價值的新生命。另如《真誥》所載「太陰鍊身」法門：「自世事乖玄，斯業未就，便當暫履太陰，潛生冥鄉，外身棄質，養胎虛宅……故改容於三陰之館，童顏於九煉之尸……當生之時，即更收血育肉，生津成液，復質成形，乃勝於昔未死之容也」，更完整地展現出死與重生的奧妙。此

真形、真身的確立，意謂著人們進入了絕對自由，因此不只會造成精、氣、神完滿這類個別狀態的改變，亦能弭平繁複難解的社會性制約；從道教的角度也許更該這麼說，唯有身體的質地及結構得到轉化以後，才可能突破層層社會網絡的纏崇，除此之外別無他法。《莊子·人間世》藉孔子的口吻喟歎：「天下有大戒者二：其一，命也；其一，義也。子之愛親，命也，不可解於心；臣之事君，義也，無適而非君也，無所逃於天地之間」，認為無論來自天然情感的羈絆，還是人文義理的責成，父子、君臣等倫常關係都是人們難以掙脫的限定。〔註52〕但在魏晉南北朝道經的敘述裏，倫常關係卻非密不透風的束縛，《太上洞玄靈寶三元品戒功德輕重經》即云：

> 我所以得生者，從虛無自然中來，因緣寄胎，受化而生也。我受胎
> 父母，亦非我始生父母也，我真父母不在此也……今所生父母，是
> 我寄附因緣，稟受育養之恩，故以禮報，而稱為父母焉……立行合
> 道，則身神　也。身神並一，則為真身，歸於始生父母而成道也，
> 無復患也，終不死也。〔註53〕

道教把身體的起源從看似根深蒂固的血親關係（父母）中推離出去，再往上接植到最邈遠的虛無自然（始生父母），於是「命」這一世代與世代之間的縱向聯繫，便被視為在特殊時空條件下所產生的暫時現象，與終極玄道比較起來，即顯得促狹許多；看似難以開釋於心的孺慕之情，因這番領悟而得到提昇，執定的意味因此淡化。原始身體從父母而來，不過這只是一付被六塵六識綑綁住的殘破軀殼，人們必須復歸於太初太素之純樸境界，求得真身、真形，然後方可知見一切因緣與劫數的道理。

至於君王與國家建制鋪演下的「義之大戒」，是將「天地」概念法統化的產物，成立在階級與階級之橫向聯繫上。但因為得道者的身體已經跨過了「天

外，二度創生的問題也牽涉著物類變化的觀念，道教學者將傳統道家順應自
然、齊一死生之哲思加以修改，突顯世界演化及生命規律間的可逆性，並且
深信這種可逆性，能夠藉由服食丹藥和導引、辟穀等修行方式來獲得，期盼
被時間斫傷的軀體與完美人性，能夠再度恢復。

〔註52〕　《莊子》利用孔子這一角色所說的話語未必觸及終極的道境，因此不能由這
段言論來推判莊子認為社會關係之限制完全沒有突破的可能。對一般人而
言，父子、君臣關係當然是無從遁匿的大戒，但神人、至人等卻往往翻轉了
社會階序，成為帝王之師，得道者應是不受命與義影響的。

〔註53〕　《太上洞玄靈寶三元品戒功德輕重經》（《正統道藏第十一冊》，頁759。此段
話語亦見於《太上洞玄濟眾經》。

地」的限制，符合另一個更超然的規律，從此不必再受塵世間各種權力的管轄、更不會被馴服，故《真誥》曰：「豈若守丹真於絳宮，朝元神於泥丸，保津液而不虧，閉幽術於命門，餌靈术以頤生，漱華泉於清川，研玄妙之祕訣，誦太上之隱篇。於是高栖于峯岫，並金石而論年耶？諸侯安得而友，帝王不得而臣也。遠風塵之五濁，常清淨以期真」，〔註54〕認為凝注於自我之內面的生命，可以完全洗脫社會與政治的干擾，進而豁免於人與人之間的所有責任；新的身體創造出新的秩序，臣下事君的「義」在此處也變成了需要驅避的濁物。倘若回頭檢閱《神仙傳》的載錄：

> 河上公者……漢孝文帝時，結草為庵……帝使人謂之曰：「溥天之下，莫非王土；率土之濱，莫非王民，域中四大，而王居其一。子雖有道，猶朕民也。不能自屈，何乃高乎！朕能使民富貴貧賤。」須臾，公即拊掌坐躍，冉冉在空虛之中，去地百餘尺而止於虛空。良久，俛而答曰：「余上不至天，中不累人，下不居地，何民之有焉！君宜能使余富貴貧賤乎！」〔註55〕

這個故事所敘述的河上公肆無忌憚地嘲弄了禮教，展現出寬闊的思想及無憂無慮的生命力，而他浮坐於虛空，「上不至天，中不累人，下不居地」之形象似乎是對「無所逃於天地」這一喟嘆的回應，強調聖仙真自有本領在周匝的關係網絡裏找到一塊新的領地，使身體從政體的壓抑中獲得解放。引申而言，義、命之大戒指的是家庭、政治、歷史、文化等價值系統形成的社會機制，被此機制整塑出來的自我蘊含了既定的成見，反過來又會深化既定的成見。然如文前所云，道教理想中的身體即為對「獨」與「異」的一場貫徹，它能獨於社會機制之外、異於社會機制之外，讓形軀在極致狀態下，開拓出一條逾越存在困境的道路。

三、身內之身、我外之我

　　經過前兩小節的探討，可以發現魏晉南北朝道教認為身體每一部份均具含各自的意義，它們不僅被視為構築身體的某種零件，更擁有相當程度的獨立性格，能夠從身體內部拆解並再度分化。三魂七魄、三尸擬人的形象，透露出道教認知下的原始身體本來就不是諧調的，意識之外尚存著念慮、理智難以支配的無意識，它們彼此排抑推擠，反映了人類心靈明暗交參的構造；

〔註54〕《真誥》，卷六，〈甄命授〉，頁51。
〔註55〕葛洪，《神仙傳》，卷八，頁98。

身中神概念也顯示出理想身體中，任何器官的知覺都會變得極度活潑，從而產生千萬個來去自如且系統化的準人格，藉由冥想沉思時所湧起的巨大能量，將身體催運成比自我還要高明深邃的一種次元。

　　像這樣「在身體之內潛匿著另一重身體、在自我之外縮藏著另一重自我」之奇妙觀點，亦投射於此時道教發展的實際術式上，成為當時人們特殊的期盼。葛洪曾記載其師談論數法云：「如含影、藏形，及守形、無生、九變、十二化、二十四生等，思見身中諸神，而內視令見之法，不可勝計」，〔註56〕足見身體由無至多的收斂及演放，是當時道教所潛心鑽研的珍奇技藝。以《抱朴子》為例：

> 道起於一，其貴無偶。各居一處，以象天地人……一有姓字服色，男長九分，女長七分……不施不與，一安其所；不遲不疾，一安其室；能暇能豫，一乃不去……並思其身分為三人，三人已見，又轉益之，可至數十人，皆如己身。隱之顯之，皆自有口訣，此所謂分形之道。左君及薊子訓、葛仙公所以能一日至數十處，及有客座上有一主人與客語，門中又有一主人迎客，而水側又有一主人投釣，賓不能別何者為真主人也。師言守一兼修明鏡，其鏡道成，則能分形為數十人，衣服面貌，皆如一也……〔註57〕

「一」在葛洪的解釋中，雖仍保有宇宙生成的根源意義，更重要的卻是其所

〔註56〕《抱朴子內篇》，卷十八，〈地真〉，頁750。另如《真誥》〈稽神樞〉裏的「遯變隱景」之道，也屬於此類法術。以下引文見頁749～750。

〔註57〕葛洪所云「真一」又可化為「明堂、洞房、上丹田」，此處主要論述其形象化的問題。「守一」思想在葛氏道、上清派、重玄學派等都產生不同理解，但由《雲笈七籤》〈玄門大論三一訣并敘〉所載九家關於「三一」的看法，可知此時大多以三丹田為存守對象，唯其所表現的形象各自有別。參考：吉岡義雄，〈太平經の守一思想と仏教〉，《道教と仏教（第三）》（東京：國書刊行會，1976年），頁315～351；Isabelle Robinet, Translated by Norman Girardot and Julian Pas. *Taoist Meditation: The Mao-Shan Tradition of Great Purity.* Albany: State University of New York Press, 1993, pp. 120~124；山田利明，《六朝道教禮儀の研究》（東京：東方書局，1999年），頁27～48；蕭登福，〈道教「守一」修持法之源起及其演變〉，《宗教學研究》（2006年3月，第1期），頁1～12；張超然，《系譜、教法及其整合：東晉南朝道教上清經派的基礎研究》（臺北：國立政治大學中國文學系博士論文，1997年），頁37～88；林永勝，《南朝隋唐重玄學派的工夫論》（新竹：國立清華大學博士論文，2008年），頁131～189。葛洪說解「一」時引用了《老子》「忽兮恍兮，其中有象；恍兮忽兮，其中有物」語句，然此時重點已由流淌不定的恍惚境地，挪移至有象有物的化育功能。

貯蓄的宗教性神秘力量；無論執守體內之神的「真一」，或執守體外之神的「玄一」兩種術式，都能促成形與影的不斷衍化。以意念凝聚及憑鏡剖判的各部形影，為不同媒介或素材對身體的再現，它們之間擁有相通互滲的質能，使原本被膚表所圈限而成的身體邊界獲得充份的延展及擴大。〔註58〕單一身體內蘊了無數個有象有態的神人，往外又可以散分成無數個相同的自我映顯，說明此時道教具備了可解離的複合性身體概念，並企圖透過人為的操作，使每一自我之折片獲得最大程度的發揮。所謂「解離」，並非意指身體處於隨機崩坍、雜亂無章的失序狀態；相反地，形與影或以列位先後、或以正反峙立等不同關係來互相維繫，拆疊之間亦能透示出某種規律，從隱沒到張繁，仍構成了極其完整的節理。學者如果專意致志地修持真一、玄一，則身體內外的重層性格便能夠完整地展開，於是本來應該置於時空座標下始能成立之「作為場域的身體」，又可以掙脫時間、空間的約制而存在。所謂「形分則自見其身中之三魂七魄」，葛洪認為精神意識啟動了人們朝內與朝外的觀視，更推闢出身內之身、我外之我來加深對一己的認知與審察，如此，心靈向度乃獲得循環不已的拓拔，而人們的生命也將被導至全幅的朗現。

在這無性的增殖裏，身體可以進行無止盡的重製（重新製造、重複製造）——微縮之形，乃是本然之體的精粹化；虛照之影，則與實然之體展開真幻交錯的攻防辯詰——不僅使經驗性的知覺，對身體的歸範及定義產生了混淆，也使「如何確認主體？」這一問題的難度浮現出來。例如《神仙傳》敘述薊子訓善於施展各種變異之術，曾經化身多端造訪京城裏的貴人：

> ……到日中，子訓往，凡二十三處，便有二十三子訓，各在一處。諸貴人各各喜，自謂子訓先詣之。定明日相參問。同時各有一子訓，其衣服顏色皆如一，而論說隨主人諮問各各答對不同耳，主人竝為設酒食之具以餉子訓，皆各家家盡禮飲食之。於是遠近大驚，諸貴人竝欲詣之。〔註59〕

〔註58〕以上參考：李建民，〈中國方術史上的形影觀〉，《臺大歷史學報》（1999年6月，第23期），頁279～300。相關概念見頁279、287、294。

〔註59〕葛洪，《神仙傳》，卷七，頁96。至唐代《上清五常變通萬化鬱冥經》載錄祝辭曰：「法常彰木，位總神仙，使我分景，化身為千」亦提及分形之術，可見這是道教相當普遍、流傳甚久的概念，另如《金闕帝君三元真一經》雖未直接提及分形，然認持守真一之術後，「但三月內視，注心一神，神光化生身外，與之而游」，亦有類似作用。

散分出來的形與影同時完成了各種不同的行為，思維交接匯集的瞬間根本無從
釐析，而旁人更難以區判何者為原、何者為變？何者為正、何者為副？既然形
影之延展仍包含在人之意念所抵達的場域裏，那麼它們即是身體—主體的一部
份；但形與影對發送出意念的身體—主體而言，卻是接收訊息、被支配的對象，
因此又可以當成客體來看待。〔註60〕另外，散分出來的形與影能夠幫助修煉者
辟除眾邪、延年益壽，並且與天仙地祇相交遊，往往產生比原始身體更加強大
的力量，這是否意謂著道教學者認為虛無縹緲的神識反而比身體更加實在？還
是因為經驗性的身體當中，已然涵納著超越性的身體，現象界的意識背面亦連
結了更廣闊的宇宙性意識，而形與影其實正為後者顯現的一種徵兆？依先前我
們對道教哲思的理解進行評斷，第二個答案應該是比較合乎本意的。

　　由可解離的身體進昇至解離的身體，道教並非將理論聚焦於變化的結果
上，而是希望從變化行為中，提攝出變化的公式，自由地呈現人之存在的各種
樣相，達致一種「兼」乃至於「備」的生命境界；魏晉南北朝道教學者渴求的
身心狀態，是既屬一元、亦屬多元的狀態，而此「多」必須包覆著原有的「一」、
並且又包覆於原有的「一」之內。他們未必繼承了莊子「在宇宙剎那變化、新
新不已的流程中，沒有一樣事物是真正在其自體，或是具有所謂的同一性」之
根本質疑，〔註61〕倒不如說，道教學者對於「『個人』（individuum）總是『分
裂的個人』（in dividuum）」這個觀念有著極為深切的認識〔註62〕——因為修鍊
前定型、定式的身軀，經過知覺系統的轉化後，已然發生改變，精、氣、神、
魂在理論上都能再進行更細緻的切割。分形概念不僅暗示了身與心彼此作用、
交互完成，更指出意識與無意識之間，其實是多樣且不斷演化的連續層，自我
之內醞釀著難以察覺的非我，〔註63〕故養生學與工夫論即擔負著使連續的各層
活絡之刺激作用，讓身體內的每一非我終能完全為自我所宰制。

〔註60〕如果對應拉康精神分析之三種不同階段的主體存在，則此類道法乃是發出指
　　　　令、象徵秩序的「話語主體」，透過對被壓抑著的「無意識主體」之開放，來
　　　　追索原本只在想像中才獲得完整的「自我」。
〔註61〕楊儒賓，〈支離與踐形〉，收入：《中國古代思想中的氣論及身體觀》（臺北：
　　　　巨流圖書公司，1993 年），頁 415～449。引文見頁 419。
〔註62〕馬可‧戴安尼（Marco Daini）、凱薩琳‧英格罕，〈啟迪計劃——重構建築理
　　　　論〉，收入王志洪、夏鑄九編譯，《空間的文化形式與社會理論讀本》（臺北：
　　　　明文書局，2003 年），頁 491～504。
〔註63〕三魂七魄、三尸等概念使個人身體內部產生了他者之域，也可以說是此類概
　　　　念另種面貌的展演。

就離的角度而言，學者能夠透過形軀、鏡像及影迹的映照，俱時啟動觀注與被觀注兩種逆向活動，從而發覺形軀、影迹到自我之間的差距——在這兩種活動裏，自我可以對自我之折片發出直接的命令或召喚（如此便產生「我—你」的關係），也可以從事間接的視察（如此便產生「我—他」的關係），於是身體乃構成同時容受第一人稱、第二人稱與第三人稱等多方小宇宙。就合的角度而言，學者能夠藉由形軀、鏡像及影迹的交感互應，領悟到此與彼的裂塹並不存在，皆是自我的延伸，身體的幅員乃被張馳至可視可觸的框架以外。

存想身中神、分形等工夫或術法，與道教拓伸身體邊界之渴望具有共同的思考基礎，前者顯見於表、後者隱抑於裏，實則相予補充。另外，道教亦努力突破各種空間邊界，例如《神仙傳》以盧敖和若士作比較，當前者炫耀自己「背群離黨，窮觀六合之外」，矜誇他曾經抵達漫無人烟的蠻荒地帶；後者便闡述「我昔南游乎洞瀾之野，北息乎沈默之鄉，西窮乎窈冥之室，東貫乎鴻濛之先，其下無地，其上無天。視焉無見，聽焉無聞」之遊歷，來超越那方向性、指涉性的探索。緊接著，推導出「其外尤有潑潑之汜」之更高境界，藉由一層層抹除經驗的限制，以撫平各異質空間的隔閡，直至窮盡宇宙全景，這或許是與身體（內部空間）論述相連通的觀點。〔註64〕

傳統道家認為，當人們的心靈提昇至某個程度後，不同器官之間的界限就會愈來愈模糊，甚至連生理結構與精神結構都消釋成一片，毫無區判，《莊子》所謂「真人之息以踵」（〈大宗師〉），而《列子》曰「而後眼如耳，耳如鼻，鼻如口，無不同也。心凝形釋，骨肉都融」（〈黃帝篇〉），都曾描述過這種全身任氣而化、通透無礙的氤氳狀態。〔註65〕但此看法在魏晉南北朝道教裏其實並非主流，道教學者憧憬的身體並非結構性完全被瓦解的渾然物事，而是如《太上洞玄靈寶五符序》、《太上老君內觀經》所言：「蓋上天之氣，歸此一身耳。一身分明，便可長生也」、〔註66〕「所以謂生有由然也，予內觀之，

〔註64〕葛洪，《神仙傳》，卷一，〈若士〉，頁84。若士所云，亦可解釋為修煉層次的提升。此篇傳記討論到多個關於空間的命題：全篇主要藉著人物的漫遊來開展內外的雄渾（pure sublime）及廣袤意識；透過若士窩居於蚌蜆的介殼，點出用以蜷伏之微型空間的浩瀚無垠，類似芥子須彌的思考。而《神仙傳》載述若士對盧敖的諷刺：「嘻！子中州之民也，不宜遠而至此」，也觸及了中心與邊緣兩相抗衡的緊張關係。

〔註65〕參考：楊儒賓，〈支離與踐形〉，頁 415～449；〈中國古代思想中的氣論及身體觀導論〉，頁 21～23。

〔註66〕《太上洞玄靈寶五符序》（《正統道藏》第十冊），卷下，頁762。另如《太上

歷歷分也」，亦即各部份器官能夠安守其職的身體，精、氣、神彼此關係確定而緊密，形軀或心的構成皆具備了清晰的脈絡，條理井然、層次「分明」。是故，此時道教雖也強調身體需要保持暢達流動，不過其認知下的流動，必須遵循著特定的軌轍來運行，和傳統道家渴求的無差別境地已經有了隔閡；「支離」的身體亟欲洗脫、崩散一切形式，而「解離」的身體則注重形式之拆分與再造，相信在原本的秩序上，還能產生出更好的秩序。

這種理想形式恰恰符應了道教對整個神仙世界的安排，比方《黃庭內景經》指導學者持續入靜冥想，終可見到萬神「千千百百自相連，一一十十似重山」，疊坐於身體之內的肅穆情狀，而〈至道章〉更如此說明：

> 泥丸百節皆有神……一面之神宗泥丸，泥丸九真皆有房，方圓一寸
> 處此中，同服紫衣飛羅裳，但思一部壽無窮，非各別住俱腦中，列
> 位次坐向外方。〔註67〕

諸神姿態儼然，各自在身體之中佔據了一個專屬的座落處，於是身體乃呈現為有綱有紀、有數有類的規範化領域。如果察照道教學者編組的聖仙真譜系，亦呈現出這樣等級森嚴的景象，遙遙對映著人間。《太清金液神丹經》云「金液丹華是天經，泰清神仙諒分明」，〔註68〕認為神仙世界裏的階次、權責及地理歸屬，皆十分縝密謹慎，同樣顯露出以「分明」為準的價值判斷；另如陶弘景於〈真靈位業圖序〉一文，談論自己佈置神仙世界的方法：「搜訪人綱，究朝班之品序；研綜天經，測真靈之階業……埒其高卑，區其宮域，又有指目單位……」，〔註69〕暗寓了整飭當朝社會與政治制度的思想，恰恰是對宇宙新秩序的一場演示。由此可以再深入分析：傳統道家把原始身體當作世俗價值系統之表徵，透過消解身體意象來傳達這一價值系統與真德的相悖，然道教思想裏轉化過的真身，卻僅是原始身體及世俗之德的補強，沒有前者那麼深厚的省思成份，故其經典反倒進一步鞏固了身體意象，行文之間自然就不太可能對身體發出如《莊子》、《列子》般激切的諷喻。

回顧先前相關論述，能夠發覺道教學者所汲汲追尋的，是身體之宇宙性的實現，他們竭力突顯身體和宇宙相互對應的共構關係，而非內外全然融通

洞玄靈寶三一五氣真經》亦有近乎相同的記載。
〔註67〕《太上黃庭內景玉經》，〈至道章〉，頁107～108。
〔註68〕《太清金液神丹經》（《正統道藏》第三十一冊），卷上，頁513。
〔註69〕《洞玄靈寶真靈位業圖》（《正統道藏》第五冊），頁18。

的同一；由於此時道教幾乎將所有心力，都耗費在怎麼使形軀、神魂獲得實質意義的維持上，因此對「如何將自我揉入終極之道」這樣的命題，反而不太著墨，即使某些冶鍊方法已經觸及了前個體狀態的回返，但逆還之目的仍是為了鞏固個體的存在，而非以萬物統合為究極目標——因為身與心必須有明有識，才能享受到遊戲人間的樂趣；仙真必須是具有分殊意義的對象，才能組織成龐大的階序體系供人崇仰——所以對歸泯守寂之狀態的探討，便不若傳統道家及唐後的內丹學那樣徹底。這並非意謂著魏晉南北朝道教無法將視野延伸至主客未分之境域，只是此類觀點被過於龐大的「形」（形軀、形象）給沖淡，甚至吞噬掉了；道教學者常以身體的量變、態變，來表達性天相通之質變，其結果就是精、氣、神與心都僅能作為形的烘襯，一切變化神妙，都被算成是人之經驗的極至，具象的語言刪黜了最後那質的跳躍。所以像《洞玄靈寶諸天世界造化經》認為得道之士「與虛空合體，無盡者也」，〔註70〕《太清金液神丹經》云「心智泯於有無，神精凝於重玄」等哲思，便只能零星出現，〔註71〕並且多半是被架設在養生學及工夫論之外的。

第二節　由「治身治國」論身體與國家互喻的意義

　　從秦漢之交的《管子》、《呂氏春秋》開始，由道家脫胎而出的黃老治術便初步將身體與國家聯結起來，互為類比，把《老子》哲學思想改換成君王的權法謀略。例如《管子·心術》以身喻國、以心喻君、以九竅喻群臣，強調君主必須制衡臣下於無為之間；而《呂氏春秋》認為：「成其身而天下成，治其身而天下治」、「夫治身與治國，一理之術也」，〔註72〕斷言身體與國家具有共同基礎，殲滅邪辟與調御氣血的道理其實是一致的，故原本分屬公、私領域的兩個範疇便產生了聯繫。漢代以降，將身體與國家兩者並列的思考已經相當普遍，

〔註70〕《洞玄靈寶諸天世界造化經》（《正統道藏》第十冊），〈諸天世界大洞品〉，頁 35。

〔註71〕《太清金液神丹經》，卷上，頁 507。這類觀點在南北朝後期逐漸成熟，重玄學說主要以抽象概念來進行辯證（相關探討見於第五章第二節），對於聖仙真、身中神等形相，便不那麼強調。與傳統道家或唐宋以降的道教相比，此時道教習於將「道」、「無」神格化，視之為超越且異於主體的力量，也是人們對能所雙泯之冥契經驗關懷較少的原因。

〔註72〕高誘注、畢沅校，《呂氏春秋新校正》（臺北：世界書局《新編諸子集成》第七冊），卷十七，〈審分覽〉，頁 198。

董仲舒《春秋繁露》即直接採取「通國身」作為篇章題名，文曰「……治身者，務執虛靜以致精；治國者，務盡卑謙以致賢。能致精則合明而壽，能致賢則德澤洽而國太平」，〔註73〕闡發蓄積精氣及蓄積賢人之重大意義，明白指出管理身體與國家的律則，具有相似之處；直至三國時代，諸葛亮尚云「夫治國猶於治身」，標榜「治身之道，務在養神，治國之道，務在舉賢，是以養神求生，舉賢求安」，〔註74〕可知這種行文方式不止見於特定學說。

　　早期道教典籍如《老子河上公注》、《太平經》等，也時常對身體與國家的關係進行各種層次的探討，並使身、國之比較，朝著宗教化的道路前進，將內在修煉的過程等同於駕馭群眾的途徑，強調治身乃是通過自我節制來達到提昇精神境界的目標，而治國則是通過在社會確立秩序，及對政、軍與經濟各種機制展開宏觀調控，以保持百姓生態的平衡，兩者極為切近。尤其《老子河上公注》一書的旨趣原在開示君王，使其善於法道，從養生之中推求如何裨益於國家，因此注解裏，身與國兼論的比例頗高，例如釋《老子》「有國之母可以長久」句謂：「國身同也」，釋第十章云：「治國者愛民則國安，譬猶治身者愛身則身全」，〔註75〕均教導帝王習取愛氣養神之「常道」及經術政教之「可道」。曾春海分析：「若套用王弼的體用、母子、本末關係範疇，則《河上公注》以治身為體、為母、為本，以治國為用、為子、為末；不但如此，且兩者之間有『真』與『俗』及『先』與『後』的關係」，〔註76〕於是身與國的次序開始發生調動的現象，前者受注目的程度逐漸越過了後者。

　　然仔細觀察各家典籍，可以發現「夫治國猶於治身」、「治國與治身同也」等思考與行文方式，實際涵括了兩個面向：其一屬於範疇界定，意謂著身體與國家乃是結構相仿之有機系統——此處「猶」或「同」，應被理解為「比擬」，既是文學上的譬況手法，更是思想上的參照推演；另一則屬於價值判斷，意

〔註73〕《春秋繁露》（臺北：中華書局《四部備要》抱經堂本，1966年），卷七，〈通國身〉，頁2。

〔註74〕〈便宜十六策〉，張澍，《新校諸葛亮全集》（臺北：世界書局，2003年），卷三，頁65～66。

〔註75〕《老子河上公注》（臺北：成文出版社《老列莊三子集成補編》），頁17～18。

〔註76〕曾春海，《兩漢魏晉哲學史》（臺北：五南圖書公司，2002年），頁141。關於「治身治國」的思想源流，亦參考：村田進，〈《淮南子》にみえる治身治國論——原道訓と詮言訓・泰族訓との比較〉；陳進國，〈道家與道教的「理身理國」思想——先秦至唐的歷史考察〉（《宗教學研究》，2000年，第2期），頁42～50。

謂著雙方地位齊等，治身的重要性相當於治國，至於身體與國家孰先孰後？孰重孰輕？便隨著作者或流派的改變而有所偏倚。魏晉以降，身國並比成為道教極富代表性的論說型態，嵇康〈養生論〉即云：「精神之於形骸，猶國之有君也。神躁於中，而形喪於外，猶君昏於上，國亂於下也」，而葛洪《抱朴子》裏，此類明喻、暗喻出現得更加頻繁，例如〈微旨篇〉教導學者內修形神，在「藉眾術之成長生」以前，先作了「猶世主治國焉」的對照，〔註77〕〈勤求篇〉亦言：「夫治國而國平，治身而身生，非自至也，皆有以致之也」，認為人民為國家之根本、元氣為身體之根本，國與身能否強建安康，端賴對此二根本的鞏固。另外又如〈地真篇〉著名的段落：

> 故一人之身，一國之象也。胸腹之位，猶宮室也。四肢之列，猶郊境也。骨節之分，猶百官也。神猶君也，血猶臣也，氣猶民也。故知治身，則能治國也。夫愛其民所以安其國，養其氣所以全其身。民散則國亡，氣竭即身死。

此種看法與董仲舒「人副天數」之說非常類似，只是與身體相符應的對象，由天地星辰等自然結構變成了君臣官民組構的社會倫理秩序。如此轉變究竟有何意義呢？首先，「人副天數」裏的身體—「人」（小宇宙）其實為「天」（宇宙）之複製品，階層自然是較低的；但葛洪「治身治國」論卻以身體為主軸，強調管理社會政治的法則，能夠藉由個人的修習養煉來領悟，故魏晉南北朝神仙思想下之身與國，兩者受重視的程度及在論述裏的份量，便產生了些微傾斜——儘管國家可謂身體外在化的表現，具有更龐大複雜的時空向度，然而此時「治身」已經躍昇成「治國」的基磐，身體（人）顯然受到了較多的關懷。倘若深究「……有諸不易，而當復加之以思神守一，卻惡衛身，常如人君之治國，戎將之待敵，乃可為得長生之功也」等看法，便能發現其探討的重心皆在長生不死、成仙得道；「身」是這整個帶有正向價值之譬喻的喻依，而「國」僅能作為喻體。易言之，儒家與黃老治術習慣以「身」來比擬國家，國家才是他們有計劃部署及試圖振作的對象；魏晉南北朝道教則習慣以「國」來比擬身體，身體為一切人事現象和參贊天地之功的起點，內部各個單位需

〔註77〕《抱朴子內篇》，卷六，頁671。以下引言如「夫治國而國平」句見頁722；「故一人之身」句見頁751；「有諸不易」句見〈地真〉，頁751；「欲求仙者」句見〈對俗〉，頁653接654（中含錯簡處）；「猶世主之治國也」句見〈微旨〉，頁228。

要互相合作，也含帶著上下支配的權力關係。

　　其次，個人身心之鍛冶在儒家思考中，只是到達「治國」、「平天下」的初階，但外儒內道的《抱朴子》卻強調治身與治國兩者不能偏廢，身體與國家並無太大的高下差異，它們的統馭之術是平行、可以置換的——此即葛洪主張「欲求仙者，要當以忠孝、和順、仁信為本。若德行不修而但務之方術，皆不得長生也」的緣故，這些情操原是用來維持各類倫理範疇的德目，與社會的關係較強，然《抱朴子》卻將之當作修煉內在身心的必要條件；同樣地，「守一」、「清靜無為」等治身原則也可以作為治國的寶器。因此，葛洪之身國論述不只兼具了「身國同構」與「身國同值」兩個層次，並且又由這兩個層次抽繹出「身國共法」的細部內涵，故養生必須博採眾說，「猶世主之治國也，文武禮律，無一不可也」，照護身心的方式亦應如君主對社稷的整飭一般，必須同時顧及各種面向，勤苦於仙道並沒有比積極用世來得更為簡易。如此，「內聖」便取得了與「外王」相等、甚至凌駕於上的地位。

　　再進一步探究，葛洪《抱朴子·暢玄》提出了存有的依據——玄道，將之視為一切事類生成的本原，而身體與國家自然也於玄道的作用下運行。故〈明本〉曰：

> 夫道者，內以治身，外以為國，能令七政遵度，二氣告和……疫癘
> 不流，禍亂不作，塹壘不設，干戈不用。不議而當，不約而信，不
> 結而固，不謀而成，不賞而勸，不罰而肅，不求而得，不禁而止。
> 處上而人不以為重，居前而人不以為患，號未發而風移，令未施而
> 俗易，此蓋道之治世也。〔註78〕

從宇宙生成的角度來說，「玄」是孕育、覆蔭身與國兩種場域的母源；從萬物存在的角度而言，「玄」是支撐身與國成立之根據及動因；從實踐的角度立論，「玄」更是治身與治國所欲圓證的終極境界——身體與國家以「玄」為其共通的質性，兩者都是道意的顯現，而治身與治國之理想即呈顯了合於自然的狀態，故葛洪身國論述內層其實又連接了「身國同道」之精神底蘊。綜合前述各點，此類思考可作出下列簡單圖示：

身國同道（本體論、宇宙論）＜身國同構（存有論）——身國共法（功夫論）
　　　　　　　　　　　　　　　身國同值（存有論）

〔註78〕《抱朴子內篇》，卷十，〈明本〉，頁694。

《老子河上公注》著眼於君王的身體，將國家視為君王身體在空間上的延伸，強調君王在國家興亡中佔居的核心位置，〔註79〕但《抱朴子》所關懷的卻是眾人的身體、修鍊者的身體，並且也把國家當成動態的生命來對待，認為寶愛求仙之道的長才，往往具備輔助君王治理天下的能力；以國喻身的運用其實已經完全披蓋住葛洪所有的論述範圍，而「國」說穿了，亦不過是「身」的一種位移而已。

　　治身如治國的概念雖也出現於其他道書，但多半不若葛洪那樣清晰，意義也不那麼周致；但既然皆是以「道」為根的宗教，就必定處於「身國同道」的籠罩之下，然後才鋪展各自的思想。道教從民間而起，深刻地反映了個人生存的限制及整個社會環境的缺憾，故《太上洞淵神咒經》「三天真王說消除瘟疫星宿變度神咒」即詳盡描述元始天尊作頌、祈祝八願的情景，此八願求禱的內容，由道、天、地往下層層遞降，遍及蟲鱗百類，其中「四願天皇來治，真聖佐時，幽冥感澤，動植咸宜，淳和盛長，保守洪基」、「八願普加運載，同昇玉清，志思玄寂，人因道成，俱歸福果，道炁延生」，〔註80〕前者代表對天下太平、世界繁榮的希冀，後者則側重於生命之淬煉與超越——天師道學者對身體和國家都同樣關切，只是此一篇章並未將兩者直接對應，也就沒有產生結構互擬的設想；而由八願的先後排序，似乎可以看出國家的價值高於個人身體，這與天師道重視教化功能的傾向相吻合。另外如《太上三五正一盟威籙》，明示〈太上正一都章畢印籙〉具有「內以治身，外以救人，宣揚道教，助國扶命，醫治百姓，拯救蒼生」的功效，〔註81〕一篇籙文可均勻地顧及養護個人身體、濟度群眾性命、宣揚宗教信念及安定社稷，正是從「身國共法」概念衍生而來的變奏，各項大小不等的範疇皆被籙文所捍衛，雖有內外之別，卻無上下之判，或多或少也包括了「身國同值」的觀點。《黃帝陰符經》於短短的三章裏發揚了知機、盜機哲學，以此貫穿「神仙抱

〔註79〕　《河上公注》此一傾向，與西漢道家嚴遵《老子指歸》云：「人主者，天下之腹心也；天下者，人主之身形也。故天下主俱利俱病，俱邪俱正，主民俱全，天下俱然」的概念是互通的。

〔註80〕　《太上洞淵神咒經》（《正統道藏》第十冊），卷十二，〈眾聖護身消災品〉，頁298。

〔註81〕　《太上三五正一盟威籙》（《正統道藏》第四十八冊），卷五，頁139。此外，《洞真太上八素真經三五行化妙訣》認為三洞諸經能夠「化身化家，化鄉化國化天下，天下不相許，與勿犯之，國鄉家身，皆同一法」，便是「身國共法」概念的最佳例證。

一」之道、「富國安民」之法與「強兵戰勝」之術，認為只要瞭解萬物生殺消長的原理，就能窮究生命與政治的閫奧，文中隱隱然含有打通身國二脈的用意，而「神仙抱一」在排序上優先於「富國安民」、「強兵戰勝」，也與當時以身為本的看法相符。至於《西昇經》則假借老子之口，使人們重新認識身與國的相似處：

> 眾人皆得神而生不自知，神自生也；君有德施於百姓，百姓不自知受君之德也。是故聖人藏神於內，魄不出也。守其母，其子全；而民熾盛，保其國也。〔註82〕

這裏以有德的君王來比擬人之心神，前者主持整個社會運作而百姓絲毫不察覺，猶如後者總是靜默地執掌身體，另如「守其母，其子全」亦可為前一節「神全則形全」之討論的佐證。〈身心章〉云：「故善養身者，藏身於身而不出也，藏人於人而不見也。故君子之至，必先死於國，既死不亡，其國盛也。民不敢散，更復充也」，此段話語正與《老子》十三章「故貴以身為天下者，則可寄於天下。愛與身為天下者，乃可以托於天下」相接準，認為「忘」乃是養身治國之要方；倘若能夠即身而忘身、即國而忘國，那麼，個人便會因為混俗同塵、陸況晦迹以保全生命，君王也會因為不執著於首長的身分，而使蒼生遂性，達到平定國家的理想。《老子》裏的「身」與「天下」雖然並列，但中心思想卻早已越過它們，重點其實擺放在「愛」、「貴」等態度背後，無求、無心和無為等境界，身與國兩種意象是可被其他不同的名詞置代的；然《西昇經》所欲探討的課題原即身體及國家，特別使用弔詭的語言來陳述如何修治此二界域，嘗試突顯生命法則與政治法則交錯的關係。〔註83〕

〔註82〕 《西昇經集注》，卷六，〈在道章〉，頁580。以下「故善養身者」句見卷五，頁569。許多學者將治身如治國論推至老、莊；在「道」為一切存有本源的思考下，雖可如此詮釋，但實際上《老子》、《莊子》闡述的重心並非身與國，而在於道、自然等更抽象的概念，此時治身如治國的想法應該尚未完全成形。

〔註83〕 可以說，「身國並比」乃是道教對儒家教化觀念的一種回應，在這個隱喻裏，架構出極為特殊的內聖外王格局，企圖說明道教不僅能夠治身，並且唯有領略了至道的聖仙真才足以治國。倘若從「想像的接受者」這個角度來看，兩漢道教經典談論「身國同一」時所預設的讀者，主要是已經登上帝王之位、或即將登上帝王之位的人，故《太平經》云「吾之文，療天地之病，解帝王之憂苦」、「乃憐帝王在位，用心愁苦，不得天意，為其每具開說」，《河上公注》曰：「道生萬物……一為萬物設形象也，一為萬物作寒暑之勢以成之……人君治國治身，亦當如是也」。然而，魏晉南北朝道教經典所預設的讀者，卻比較偏向遁世無悶、能夠勤習養生之術的修行者，也就是從「帝王」移轉到

　　道教學者確信身體的位勢與社會之等第交相呼應，藉由兩者符碼互換的形式，來提示養生自有其政治的一面，而政治亦不過是養生學的擴充而已。這說明了道教學者不只具有出世的思考，並且還努力使純正的個人生命向外感化，以促成群眾生命的昇華；也因此，在這類譬況包圍下所產生的「國家」概念，深深被身體的經驗所影響，同樣以長存永續作為前進目標，很少措意於建立廣大的格局、或儲備剛強的攻伐力量，比較傾向於避免「失民」、「擾民」等內在耗損，進而強調「安」、「寧」、「樸」這樣柔弱卻能綿延千載萬世的質性，可以說是將私領域之價值觀輸送至公領域的結果。

第三節　末世救贖論下的社會病理學

　　面對漢末以來的紛擾世局，魏晉南北朝興起的道教各派不約而同地思索起社會脫序的成因，並試圖提出救贖的方法，以幫助人們度過共同面臨的困境。原本屬於現實的課題被染上宗教的色彩，造成了遍及整體宇宙的危機意識，認為世界將有大災興起、天地崩壞的毀滅性時刻；而在這個終結點的另一端，連通著洗刷任何罪孽的新時代，是只有少數人可以抵達的極樂境地。

　　此類說法普遍見於當時各派道經，例如天師道《大道家令戒》使用「末世」、「末嗣」兩個詞彙來表達王朝、甚或世界終期的各種亂象；在《女青鬼律》裏，強烈地將精怪鬼靈、魑魅魍魎的失控歸咎於人類道德的墮落，對宇宙的裂解潰敗提出預言及警告；《太上洞淵神咒經》則突顯陰陽各界的質變，認為國家政治的衰腐及君臣民欲望的流蕩，造成邪念惡氣持續地澱積，促使上天不得不採取激烈的方式來全盤淨化。上清經派之《真誥》、《三天正法經》等典籍，承襲了漢代曆算學裏的「陽九、百六」術語，以表現即將降臨的大規模災難，後來又融合佛經，運用「大劫」、「小劫」來呈示「天地翻覆、河海涌決、人淪山沒、金玉化消、六合冥一」這樣悲慘絕望的情態；至於靈寶經派更一連提出數部題名為「運度」的典籍，詳細探究殃戾屢起的因素及解脫之道，較諸其他道派更加深入；〔註84〕除此以外，六朝末、唐初編纂的道教類書，

<hr>

　　　　具備輔佐政事資格的「帝王師」。

〔註84〕以上參考：小林正美，〈東晉期の道教の終末論〉，收入：《六朝道教史研究》
　　　　（東京：創文社，1990 年），頁 403～430；李豐楙，〈傳承與對應：六朝道經
　　　　中『末世』說的提出與演變〉，《中國文哲研究集刊》（1996 年 9 月，第 9 期），
　　　　頁 91～130；〈六朝道教的救度觀：真君、種民與度世〉，《東方宗教研究》（1996

也特別設置「劫數」或「劫運」等品目，[註85] 均反映這些觀點在當時道教的重要性。如果說，修煉成仙信念是此時災禍頻仍之境況的一道折光，那麼末世救贖論述就是集體憂患的直視及顯影，透露出黎民百姓經年累月在環境折磨下，身軀與心靈的顛沛困頓、社會日趨混濁之黑暗樣相，以及知識份子回首歷史、面臨不可知未來所產生的倉惶焦灼感。

值得注意的是，在各道派經敘述的末世景圖裏，不約而同地皆描繪了型態多變的疾病，砌造出無數橫陳著殘缺肢體、充斥潰爛傷口的孤城廢墟，一場場令人觸目驚心的無血大戮於其中持續進行，男女老少哭泣哀嚎，徬徨無助地掙扎於死生境域之間：

> ……下古世薄多愚淺，但愛色之樂，淫於邪偽，以成耳目，淫溢女色，精神勃亂，貪惜貨賂，沴氣發上，自生百病……夏商周三代，轉漸世利，秦始五霸，更相剋害，有賊死者，萬億不可勝數，皆由不信其道。（《正一法文天師教戒科經》）[註86]

> ……旦頃以來，殺氣蔽天，惡煙㫎景，邪魔橫起，百疾雜臻，或風寒關節，或流腫種㾐，不期而禍湊，意外而病生者，比日而來集也。（《真誥》）[註87]

> ……道言：大劫欲至，治王不整，人民籲嗟，風雨不時，五穀不熟，民生惡心，叛亂悖逆，父子兄弟，更相圖謀，以至滅亡，怨賊流行，

年 10 月，新 5 期），頁 138～160；〈六朝道教的終末論──末世、陽九百六與劫運說〉，《道家文化研究（第九輯）》（上海：上海古籍出版社，1996 年），頁 82～99。「末世」對人類而言，既是應然的懲戒，亦是必然的宿命，《本相運度劫期經》即云：「三元者上中下也，一元三厄，數終巨易，凡有九厄，天不能改，地不能易，其數定矣」、「天地運終，劫數盡矣，造化萬物，乾坤更始」，說明每個週期都有大法流行的革運之會，也有真理沈隱的長憒之時；一個週期結束以後，又將有另一個週期誕生，而且這是永遠無法更動、輪轉不休的軌跡，因此我們可以看出，六朝末世說與西方最後審判那種絕對性終點的概念並不相同，道經的終末論點呈顯出的「永恒」（permanence）性質極為稀薄，但「變化」的成分卻相當濃厚，基本上沒有逃避或脫離時間之預設，而是試圖去順應或駕馭時間。

[註85] 例如北周《無上秘要》卷六〈劫運品〉即收錄《洞真三天正法經》、《洞玄靈書經》……等六種道經，初唐王懸河編輯的《三洞珠囊》卷九〈劫數品〉亦收錄五種道經，皆為六朝前半期所出世。

[註86] 《正一法文天師教戒科經》（《正統道藏》第三十冊），〈大道家令戒〉，頁 570～571。

[註87] 《真誥》，卷六，〈甄命授〉，頁 50。

> 殺害無辜。當此之世，疫炁眾多，天下九十種病，病殺惡人……青
> 炁者人卒死；赤炁者腫病；黃炁者下痢；白炁者霍亂；黑炁者官
> 事。(《太上洞淵神呪經》) 〔註88〕

以上引文詳細地展演各種疾病型態及發生癥候，說明疾病既摧折貧者、亦同
樣侵襲富者，不只毀損老幼、也會磨蝕正值壯年的人們，士農工商各行各業
均難以倖免，竄動的契機根本無從預測；而《太上洞淵神呪經》對疾病數量
的估計，卷卷不同，從數十種夸增至幾千萬種，彷彿暗示著疾病能產生變
貌，在某一神秘力量醞釀下不斷滋長蔓延。另如《女青鬼律》相當繁瑣地載
錄了一切凶神惡煞之名諱，包括東西南北、由甲子到癸亥每日每旬、由自然
的山林沼澤乃至人造屋室床竈等不同區域，都有妖怪精靈的存在。《女青鬼
律》教導百姓記住它們的名諱以抵禦突如其來的傷害，即在告誡信眾，疾病
的因子潛伏於任何物事中，它們甚至可寄宿在各項類分或計量單位裏，交錯
成漫天鋪地的巨大網罟。〔註89〕這「時間、空間性的泛瘟意識」，一方面與東
漢許多地區發生流行性傳染病有關，〔註90〕另一方面源自道教特殊的觀照方
式，以身體作為社會、國家及世界的隱喻，以軀竅之異變來反映整個宇宙之
異變，藉著描寫衰竭疲癃、污穢枯摧的五臟六腑，使抽象的毀滅概念得以實
體化，而原本看似飄渺的罪與罰思想，就變得迫近且易於理解。

如此一來，聖與俗、仙真與種民、道師與信奉者的關係，遂被轉換為醫病
關係，「苦難—救贖」之論點便經常伴隨著「疾殘—診療」之敘述架構而出現；

〔註88〕《太上洞淵神呪經》(《正統道藏》第十冊)，卷一，〈誓魔品〉，頁233。關於
　　　　《洞淵神呪經》的寫作年代，宮川尚志認為完成於晉代，大淵忍爾則認為各
　　　　卷年代不同，第一與第五卷完成於東晉末劉宋初，第二、三卷完成於梁末陳
　　　　初，在陳隋之際增益為十卷，至晚唐五代又經杜光庭編為二十卷本。參考：
　　　　宮川尚志，〈晉代道教の一考察〉，《中國宗教史研究》(日本京都：同朋舍，
　　　　1983 年)；大淵忍爾，〈洞淵神呪經の成立〉，《道教史の研究》(日本岡山：
　　　　岡大共濟會，1964 年)。
〔註89〕「疾病」在此自成一個特定的符號論式，反映出相當完整的社會制度與人文
　　　　自然生態。
〔註90〕李豐楙，〈《道藏》所收早期道書的瘟疫觀——以《女青鬼律》及《洞淵神呪
　　　　經》系為主〉，《中國文哲研究集刊》(1933 年 3 月，第 3 期)，頁 417～454。
　　　　引文見頁 450。另如黎志添對《女青鬼律》的性質有詳細討論，並指出它「旨
　　　　在宣示疫病之鬼的名稱」，否定某些學者將之推論為關於地下官僚機構的法
　　　　典。參考：黎志添，〈《女青鬼律》與早期天師道地下世界的官僚化問題〉，收
　　　　入：《道教研究與中國宗教文化》(香港：中華書局，2003 年)，頁 2～36。

相反地，單一病體的治癒結果也往往被放大成援拯群體的指標來看待，故道教末世論的歷史其實是部疾病的歷史，記錄著凋敝年代的各種傷痛，而所有用來諭告人們的典籍，即是對國家社會罹疫狀況進行檢測後開擬出的診斷方案。

　　這類將解除個體憂患及濟度世界災難兩大範疇打通的思考模式，當然還可推溯到更早之前。例如《韓詩外傳》云：「太平之時，無痔、癰、跛、眇、尪蹇、侏儒、折短，父不哭子，兄不哭弟，道無繦負之遺育。然各以序終者，賢醫之用也，故安止平正除疾之道，無他焉，用賢而已」，〔註91〕強調理想盛世所培育出來的子民必然美好，先天缺陷或後天破損的形軀皆是濁世之兆朕，身內、身外病痛之整頓清理需要同步進行，此處賢者和醫者被連結在一起，兩方的究極目的都在洗刷大小歷史內澱積已久的污染，使其重返潔淨。漢代太平道、五斗米道原就透過替人治病來驗證道法，他們認知下的疾病，除了意謂著形軀的壞朽，更指稱天地間一切紊亂的現象，因此幫助民眾恢復健康，就是向宇宙秩序回歸的象徵。〔註92〕

　　然魏晉南北朝道教所云之疾病，不只是包含於形軀、世界內部某種特殊的醜惡狀態，且進一步認為形軀、世界本身已是一大疾病——在天地「始—旺—衰—滅」、「成—住—壞—空」不斷往復循環的周期裏，當代正處於由衰轉滅、由壞轉空之危殆階段，陶弘景〈藥總訣序〉即云：「上古神農作為本草……上應天文，中應人道，下法地理……當生之時，人心素樸，嗜欲寡少，設有微疾，服之萬全。自此以後，世偽情澆，智慮日生，馳求無厭，憂患不息，故邪氣數侵，病轉深痼，雖服良藥不愈」，〔註93〕說明天體、國體與人體全都墮成了病體，沈疴已深，藥石難救，無法再依靠過去那樣單純的方法進行治療。

　　最具代表性的例證應屬《洞玄靈寶太上真人問疾經》，全篇經文以「疾病」作切入點，敘述靈耀寶藏天尊如何開解無始真人之疑惑，從自己背負的七十二種病痛來討論眾生一切煩惱，其中涉及宗教問題（如「後世學仙士，

〔註91〕陳士珂，《韓詩外傳疏證》（臺北：新文豐書局《叢書集成續編》，1989年），卷三，頁15。

〔註92〕參考：龔鵬程，〈受天神書以興太平——太平經釋義〉，收入：氏著，《道教新論》（臺北：學生書局，1991年），頁79～262。龔氏認為道教以「平治天下」為理想，氣無不正、物無不順即稱為「治」，故天師道在蜀中設立廿四治，就是從制度上體現這一精神。

〔註93〕《華陽陶隱居集》，卷上，頁765。

外披法服，內懷陰惡，是我大病」、「傳經不究儀格，是我大病」)、政治的問題
（「國王臣民居高自驕，是我大病」、「謀圖君主，是我大病」)、人倫問題（「室
家不睦，六親不合，是我大病」）及心靈問題（「未知云知，未解云解，是我大
病」)，意謂著需要克治轉化的對象並非只有身體，整個社會皆在修補救護之
列。從根本上言，物質現象的構成元素裏已含藏著致疾之因，故身體的生成
注定是種病態的過程：

> ……我有此七十二病，彌劫不脫，不能免之。是以故變形散氣，化
> 神分身，以成七十二聖。聖中有真，真中有品，品中有章，章中有
> 句，句中有辭，辭中有氣，氣中有象，象中有微，微中有細，細中
> 有無，無中有有，是謂微妙。妙中上氣，無氣而成真身，下氣有氣
> 而成肉身，故有水火風地合成四大身。我身大病者，為有四大，無
> 此者有何患哉？〔註94〕

所謂「病」代表著天、地、人那不斷重複出現的錯誤，而「聖」即是為了療癒
種種錯誤而產生的純粹化精神；如此說來，「聖」在整個發生歷程中，反倒要
以「病」為起點了。這段話語與第二章「我今分身分號，其成百千億萬，是我
病痛」之引文可相印應，認為一切形象及言語文字都會造成主客物我的分別，
均是異化於道體、異化於存有之病症，從而可以理解，道經裏「疾」、「病」、
「疫」、「癘」等詞彙所承載的，往往是超過疾病疫癘本身的龐大命題，概括
了自然與人文環境失去節度後的惡劣狀態，甚至指涉了現世存在之所以能夠
完成的必要條件。

　　但談及末世救贖的道經，罕少如《問疾經》那般將討論的命題揚昇至終
極實在，大多圍繞著人間界各種失衡情境來展開嚴格的批判——在迎接新時
代降臨的企盼之內，寄托著對當下現實最深沈的關懷；在看似反歷史的審判
神話底層，潛藏了對歷史難遣的牽掛。例如《女青鬼律》認為君臣相疑、
中央政府與宗豪的權力鬥爭可能引發四方瘟疫；《太上洞淵神咒經》極為詳
盡地記載了晉朝社會的動蕩不安，其文云：「甲子旬年有七十二種病，長安

〔註94〕《洞玄靈寶太上問疾經》（《正統道藏》第四十一冊），〈問疾品〉，頁568。此
　　　種說法其實出自佛教如《佛說佛醫經》等典籍，以地、水、風、火作為構成
　　　色法的四大元素，每大可致一百一病，四大共致四百四病，並以為佛法能治一
　　　切病症。由葛洪《肘後備急方》、陶弘景《補闕肘後百一方》等書俱引來看，應
　　　可判斷魏晉南北朝道教學者普遍接受此說。另外，《真誥》亦以九患擬喻人格、
　　　修行等缺陷，與《問疾經》手法相似，都使病痛不再侷限於生理面向。

索虜，暴殺人民，南楚喪失，流分他國」、「甲午之旬年，有三十六萬氐羌胡獠之鬼來殺人民……人見者自然疫病不可得治」〔註95〕……，很顯然將人民流離失所、胡漢華夏間的爭端，以及外族侵擾均視為疾病的蔓延。比較起來，《正一法文天師教戒科經》更著力於矯正社會澆薄的習俗，認為「今已去天下之擾擾如羊，四方兵病，惡氣流行」之狀況乃導源自百姓奢靡的風尚及信仰的淪喪，並對官吏貪污聚斂、宗教組織毀壞等亂象大加撻伐。因此，「疾病」絕非只單純用來指陳肢體器官遭到侵蝕的客觀變化，而是對整個猙獰世界的譴責與控訴，它被賦予複雜豐厚的意義，且替「治身如治國」思考完成了陰暗面向的補充；然此時「國」字尚未產生近現代那樣明確的定義，所以民族、文化、政治、朝代、君王責任等概念，全都揉和糝雜於其間，也意謂著「疾病」這一隱喻能夠滲透的範圍極為遼闊。

　　由於道教神學具有與醫學相仿的構造，因此許多道經提及聖仙真、宗教領袖或神職者時，便期許祂（他）們秉持慈善的醫者之心，面對求助對象必須仔細偵察病因，並講究預防與治療的方法，思索如何替人們的愚昧及無明施針按脈。《道教義樞》引賈法師云：「今明物情，常執謂有。常道可求，不能悟理，便成滯教。老君演明道德，正治此迷……說道為藥，本治物迷，迷病若消，何道不得？」〔註96〕即將人們執著於有形之物、言說之教的問題視為一種症候，強調「道可道非常道」這句話語正是老子為了消解此病所立的藥帖。至唐代《太上三十六部尊經》則記載元始天尊對仙真們的訓示曰：

　　當知一切眾生無量苦患及一切種種無量愁憂，已令一切等身體平
　　復，如本受諸快樂，免離生死，亦不變不異，真實正住……汝今是
　　大醫之三：善治眾生，無量重病；善治方藥，處處療治；曾無暫捨，
　　為於眾生出病根源，善巧方便……〔註97〕

在這裏，醫療的內涵隨著疾病意義的擴張，幾乎可與救世完全劃上等號，並非僅是救世的過渡性手段而已，故治病這一行為不需要與宗教行為切分開來，

〔註95〕《太上洞淵神咒經》，卷二，〈遣鬼品〉，頁240、241。另如《女青鬼律》云：
　　　　「方外故州胡夷人，交頸腫領惡逆民。化身風毒身奉天，大小皆來至此間，
　　　　餘有胡鬼億萬千，食人血性逆毛邊」也有類似看法。
〔註96〕《道教義樞》（《正統道藏》第四十一冊），卷一，〈道德義〉，頁767。此處賈
　　　　法師所指應為賈稜。
〔註97〕《太上三十六部尊經》（《正統道藏》第二冊），〈玉清境上清經〉，頁32。《道
　　　　藏提要》認為此書當出於唐初或更早。

傳道者也不認為兩方有任何牴觸。〔註98〕道教於此方面與佛教頗能會通，例如《高僧傳》記載于法開妙通醫法，「或問：『高明剛簡，何以醫術經懷？』答曰：『明六度以除四魔之病，調九候以療風寒之疾』」，〔註99〕即把教理行果當作廣義、深義的醫學來看。由此可知，佛道兩教均發展了身心互滲、大小宇宙應合、聖俗相即等思考，故醫療之範圍的界定便被撐到極大，許多宗教活動才能以治病為其譬況。

受到上述觀念影響，道教學者認知下的疾病與罪惡之間，便產生了極其密切的連結；疾病是罪惡的表徵，同時也是罪惡清算後的結果。〔註100〕《正一法文天師教戒科經》警告：「比年以來，四方疾病，掃除群凶，但殺惡人耳……」，〔註101〕北魏寇謙之所撰《老君音誦誡經》云：「我以今世人作惡者多，父不慈，子不孝，臣不忠，運數應然，當疫毒臨之，惡人死盡」，〔註102〕均把道德泯滅視為疾病並發的首要因素，逐漸銷蝕的肉體乃為墮落、天譴，庚子年或甲申年等神話意象孕育的溫床，容納了衝擊社會價值的所有難題，並將之重鑄成一則又一則嚴酷而驚悚的啟示錄。是故與污穢、垢濁幾近同義的疾病，很弔詭地成為上天用來闊清世界動亂、淨化宇宙的手段，例如《洞淵神呪經》描寫太上道君為了對百姓進行考核整肅，以重新甄定選民，「辛巳壬午年，有八千萬大鬼來滅惡人兩舌，誹謗道法」，「……大劫之運，惡人不通道法，天遣疫鬼行七十二種病」，〔註103〕陰慘悽苦的人間地獄裏，公義的真諦仍在運轉執行，並且深深地黥刻於聾盲瘖啞等受難意象之中。然而道教

〔註98〕相反的例證如西方基督教士將醫療行為與宗教行為截然區分，甚至認為兩者相互矛盾，強調醫療之上，還有一非醫療性的究極目標。參考：楊念群，《再造『病人』——中西醫衝突下的空間政治（1832～1985）》（北京：中國人民大學出版社，2006年），頁1～43。關於以疾病作為社會文化或整體宇宙的譬況，參考：蘇珊·桑塔格（Susan Sontag）撰、刁筱華譯，《疾病的隱喻》（臺北：大田出版社，2000年）。

〔註99〕《高僧傳》（成都：巴蜀書局《佛藏輯要》，1993年），〈晉剡白山于法開傳〉，頁4。

〔註100〕疾病與罪惡的連結，也使患者承擔了高度的心理壓力及排斥目光，例如《正一法文天師教戒科經》云：「祭酒治病，病來復差，既差復病，此為惡人，勿復醫治之」，認為遲遲未能痊癒的患者必然在道德上有缺陷，應該任由他們自生自滅，也等於將之放逐排除於社會之外。

〔註101〕《正一法文天師教戒科經》，〈大道家令戒〉，頁573。

〔註102〕《老君音誦誡經》（《正統道藏》第三十冊），頁533。

〔註103〕《太上洞淵神呪經》，卷二，〈遣鬼品〉，頁238；〈縛鬼品〉，頁242。

學者推診出來的罪惡，並不祇限於倫理綱常敗壞，早於漢代，《太平經》便如此論斷：「下古之人所以久失天心，使天地常悒悒者……皆為誤學，故生災異不絕，天甚疾之，得亂生病焉，陰陽戰鬥不止也」，〔註104〕《女青鬼律》亦分析「天地初生，元氣施行，萬神布氣，無有醜逆祅邪不正之鬼……自後天皇元年以來，轉生百巧，不信大道，五方逆殺，疫氣漸興」，〔註105〕皆沿襲傳統道家對有限知識的質疑，認為感性、智性過度昂揚，反倒遮罩了物事本質，人們在發展出各類思考後，迅速地背離自然母體，使得宇宙諸般關係網絡失去原來的平衡，暴虐之氣急遽滋生，被侵擾的生命因此狼狽不堪。

　　「百巧」同時意指多餘、虛矯的見解，特別是援附於語言文字而呈顯的負面情緒或異端學說——由於病態社會裏的語言情境不免也是病態的，所以末世中的言說，必然會失卻太平盛世那種王風正氣，最後自我貶黜為人們卑低欲望的載具。在日常用語的沈淪上，道教學者對各種詆毀、謊詞、謠詠、惡意詛咒之泛濫抱持著高度憂慮，倘若仔細勘察典籍，即能發現此類規範在文中所佔比例極高，譬如《太上老君戒經》將「戒妄語」作為基本五戒之一；《太上老君經律》一百八十戒裏，與語言文字相關的禁令就有二十條以上，皆試圖透過宗教的力量來控制訊息散播所產生的亂流。但宗教性論述進入末世後，亦有朝下斜墜的傾向，當時道教各派為了廣收信眾而大量製作典籍，以致產生許多真偽不分的作品，最著名的案例即是東晉王靈期「見葛巢甫造構靈寶，風教大行，深所忿嫉」，因而根據許黃民所授上清經，自行增改之行徑：

> （王靈期）知至法不可宣行，要言難以顯泄，竊加損益，盛其藻麗，依《王》、《魏》諸傳題目，開張造制，以備其錄，並增重詭信，崇貴其道，凡五十餘篇，趨競之徒，聞其豐博，互來宗稟。傳寫既廣，枝葉繁雜，新舊混淆，未易甄別，自非已見真經，實難證辨。〔註106〕

如果依照前幾章敘述的獨特邏輯，經典在道教應當被視為禁止增刪、改易的自足性封閉系統，則王靈期所為，就不只是破壞單篇文章之既有架構或原定佈局那樣簡單的問題，毋寧說更接近對一個神秘小宇宙的褻瀆與損害；他以人的身份，僭越了天地或聖者才能擁有的權限，造成不同階層之語言文

〔註104〕《太平經》，卷九六，〈守一入室知神訣〉，頁711。
〔註105〕《女青鬼律》（《正統道藏》第三十冊），卷一，頁577。
〔註106〕《真誥》，卷十九，〈翼真檢〉，頁176～177。

字的混淆，擬仿真知的結果其實比其他思想更嚴重地斫喪了真知。但此種陷溺並非僅出現於特定教派，似乎也已顯現為整個時代的病況，陸修靜於〈靈寶經目序〉質疑部份靈寶經的生產方式云：「頃者以來，經文紛似，似非相亂，或是舊目所載，或自篇章所見，新舊五十五卷，學士宗竟，鮮有甄別……或刪破上清；或採搏餘經；或造立序說；或迴換篇目，裨益句章，作其符圖；或以充舊典；或別置盟戒」，〔註107〕除了利用各種狡獪手法將早期經典加工、隨意割裂錯置來改變形貌外，有些偽作甚至直接抄襲不同派別的道書，其內容多半鄙拙蕪淺，且「文字僻左，音韻不屬；辭趣煩猥，義味淺鄙；顛倒舛錯，事無次序」，遭到支解的拗逆章句，彷彿與無序的社會境況互相呼應，而充斥著虛浮贗品的神話與神學，亦說明這是一個欺罔不實的年代。另如《老君音誦誡經》感歎「世間詐偽，攻錯經道，惑亂愚民」、「世人奸欺，誦讀偽書，切壞經典，輸吾多少，共相殘害」，怒斥救世真君李弘傳說氾濫於世，〔註108〕導致許多逆臣以此為反叛藉口，稱兵作亂事件層出不窮，即開始意識到原本肩負著治療民眾任務的道教，竟然已成為社會病因之一，連神職人員自己也成為需要治療的對象了。

由於傳統用來預防、撫癒個人及社會各種創痛的醫方，諸如三綱五常、政教律法等等，不再具有過去那樣卓著的效果，道教學者只得嘗試開立新的藥帖以應付錯綜複雜的時代問題，而深化罪惡意識正是它們努力匡正風氣所

〔註107〕 張君房輯錄，《雲笈七籤》（臺北：自由出版社，2000年），卷四，〈道教經法傳授部〉，頁38～39。另如寇謙之《老君音誦誡經》云：「後人詐欺，謾道愛神，潤飾經文，改錯法度，妄造無端，作諸偽行，遂成風俗」亦有相同意含。再者，陸修靜於《太上洞玄靈寶授度儀》自敘：「執筆戰悚，形魂交喪，懼以謬越致罪，又慮造作招考，進退屏營，如蹈刃毒」，即是以真道為依歸、反對此種創構經典風氣而採取的謹慎書寫態度，由此段話語亦能看出「造作」在道教被賦予負面評價的原由。

〔註108〕 《老君音誦誡經》，頁533～538。真君李弘傳說普遍流傳於民間，在《洞淵神咒經》、《三天內解經》、《老君變化無極經》等典籍中俱有記錄。在不安的年代裏，宗教往往會塑造一個代表天之無上權威的救世主形象，藉以鞏固人心，此類傳說融合了兩漢的符讖、天命說，老子轉生說，以及外來的彌勒下生說，大多在六朝中後期出現，正可與種民之揀選的概念相輔相成——前者具有明顯的他度傾向，後者則表現了某種程度的自度意志。由於真君所代表的超越性，被置放於未來的時態而非上方的空間，因此道教末世說將人們的願望引向前方，展現出一個流動而非凝結的神學圖式。參考：李豐楙，〈唐人創業小說與道教圖讖傳說〉，收入：氏著，《六朝隋唐仙道類小說研究》（臺北：學生書局，1986年），頁282～304。

提出的一種對策。承前之述，可知道教學者在理論上儘量使罪與罰兩大畛域的界線變得模糊，使百姓從日常生活的摧折與磨難中，體認到自我生存的方式時常違逆了天之法理，所謂罪惡並非只發生於人們對禮教或制度之蓄意破壞行為，大至文化結構的設置、小至睡臥食沐甚或起心動念，都具有叛離至道的可能性——「罪惡」一詞因而逾越了人們親身施受、感知的現實領域，進入到抽象概念的區畛裏，它的含意也就從歷歷分明的 crime，延伸到更深層、具有普遍意義的 sin。〔註109〕此外，道教吸收佛教三世果報觀念和天堂地獄說，將時間空間無限地前後上下拓展，罪惡的範疇亦跟著大幅度張弛，百姓得時時刻刻承擔責罰的心理壓力，一種嶄新而有力的約束於焉形成。

在實踐上，此時許多道派皆強調懺悔的必要，例如早期五斗米教指導信眾罹疫後應該在道治內叩頭首過，並請祭酒代上三官手書，方可解除病苦；天師道則產生極端激烈的自搏或塗炭齋儀式，〔註110〕透過富含戲劇性的受虐方式，透過污穢物事或符碼之代換來滌淨身心，同樣提醒人們不要被多餘的情感欲念所束縛。罪惡越來越被視為難以從本性中抹滅的成份，若想獲取真正的救贖，便不能迴避這與生俱來的闕漏，必須直接去面對並揭露它，然後才有克服的希望。

在濃厚的省思氛圍下，道教學者擬仿《十誦律》、《四分律》、《僧祇律》等流行於當世的佛教戒律，訂立森嚴繁複的教典來控管人們的言談舉止與情緒思想，於是道士及信眾從日常修持到生活起居，便有了各自相應的準則，需要一一遵守才算不違背天理，制度化的規訓措施便轉為道教整飭社會風氣之權力技術，並用以型塑理想中的新時代子民。早期道教組織雖也有戒律產生，但多半形態簡單，不會針對如何閉塞六情、度化生靈、施散供養等綱目，

〔註109〕 crime 由多樣的（plural）禍害與錯誤構成，主要生於個體與特定外在事物的互動間，其意義是法理的；而 sin 則為單數的（singular）概念，意謂著固著在人之生命及本性裏難以抹滅的瑕疵，具宗教情懷的普遍性。參考：威廉・詹姆斯（William James）撰；蔡怡佳、劉宏信譯，《宗教經驗之種種》（臺北：立緒文化公司，2001 年），頁 166。從第一節所引「生迷道本，纏著罪緣」等語，可知此時罪惡概念已轉變為一種比犯行更為內在而深邃的悲觀信仰。另外值得注意的是，此時道德概念又有被實際的「善行」、「善功」取代的淺薄化傾向，逐漸失去先秦儒道兩家的形上義。
〔註110〕 塗炭齋儀式大抵從張魯開始，直至陸修靜修整道教後仍保留下來，隨著時代變遷，有由繁入簡的變化。參考：楊聯陞，〈道教之自搏與佛教之自撲〉及補論，收入：氏著，《中國語文札記——楊聯升論文集》（北京：中國人民大學出版社，2006 年），頁 17～37。

將可行與不可行的細枝末節清楚地列舉出來；至於葛洪之類的仙家雖已集中探討恬淡寡欲的方法，然這些方法踐履與否，端看每位修煉者取捨，講究個人主動的節度，本身未具備任何強制性質。道教戒律之造作，不僅將百姓虔敬的信仰心揉入世俗的經營裏，對群體展開嚴格精微的約束，更明確地指示出物事的先後秩序。以下嘗試排列數條戒律為例：

……第六誡者，減酒節行，調和氣性，神不損傷，無犯眾惡。

……誡曰：施散山棲道士一錢以上，皆一十二萬倍報，功多則報重，世世恆值聖師、見道法、教七祖，皆得五帝交遊。(《太上洞真智慧上品大誡》)〔註111〕

……老君曰：道官祭酒修行之法……到民家不得妄有嗔怒，有呵讉食飲、好惡床席，舍廬仲雜，論說是非。不可得先到貴豪富家，苦顧歷民，儀（宜）先到貧寒家教誨求福，使科約具備。明慎奉行如律令。

……老君曰：男女籙生及道民，家有奴婢不得喚奴婢，當呼字。若有過事，不得縱橫撲打，但以理呼在前……(《老君音誦誡經》)〔註112〕

……二者、不得呼天無神，言道師旨，敗刑亂政，自言己是道人，言非皆負鬼律。天奪算一十三。(《女青鬼律》)〔註113〕

……第六戒者，不得妄燒敗一錢已上物；第七戒者，不得以食物擲火中；第八戒者，不得畜豬羊；第九戒者，不得邪求一切人物；第十戒者，不得食大蒜及五辛；第十一戒者，不得作草書與人……。

(《太上老君經律》)〔註114〕

從內容看來，戒律可謂宗教與社會互涉、和民眾對話的結果。當人們接納了基本教旨，並試圖將之落實在生活中，必然要遇到基本教旨未及言明的各種瑣碎狀況，這便會引發民眾不斷地詢問，而宗教學者也必須參酌經濟制度、階級結構等不同面向，給予明確的解答，對一切行為作出屬善或屬惡的判斷。

〔註111〕《太上洞真智慧上品大誡》(《正統道藏》第五冊)，頁 200、206。
〔註112〕《老君音誦誡經》，頁 537。
〔註113〕《女青鬼律》，頁 584。
〔註114〕《太上老君經律》(《正統道藏》第三十冊)，頁 544。

陸修靜於《洞玄靈寶齋說光燭戒罰燈祝願儀》云:「因事息事,禁戒以閑內
寇,威儀以防外賊」,〔註 115〕說明戒律依隨著繁雜的心象與社會現象而起,
作用也在禁絕這些心象與社會現象——戒律即是基本教旨之充份開展,藉由
嚴厲的否定格式,它能夠裁決每位百姓的是非福禍、健康狀態或生死存亡,
從而達到支配人們價值觀之目的;服膺這些戒律的矯正,就等於領受其意識
型態的洗禮,透過它來確認、印證自己是否保有成為選民的資質,並習得一
套檢驗他人的度量衡。〔註 116〕

　　有趣的是,若與傳統病理的繪敘比較起來,便可以發現此時末世論表述
疾疫的語言和過去迥異,這不僅關乎醫療思維的改變,更涉及宇宙觀的遷動。
傳統病理學以「氣」作為主導概念,認為疾疫的發生,是由於身體內外陰陽二
氣受到季候轉換、情緒波動等因素影響,使得兩者運行之規律被破壞,所造成
的滯阻或逆流,例如《素問》云:「陰勝則陽病,陽勝則陰病」,〔註 117〕《呂
氏春秋》曰:「病之留,惡之生也,精氣鬱也」,〔註 118〕此類說法呈顯出來的
身心—社會—宇宙結構,是各種勢力與能量相聚合的一統性環境,勢力與勢
力、能量與能量之間縱使有所推涌搏捲,甚至已經失去平衡,仍然是相互依
存、彼此牽繫的;換句話說,這是個沒有絕對敵我之分的世界。

　　然而道教末世論在探討疾疫成因時,卻傾向於將病原體大規模地對象
化、妖魔化:邪王、鬼王以及歷史上的敗軍死將,如李陵、董玄珂、殷仲勘,
帶領成千上萬的兵卒,朝著百姓散播熱毒、霍亂、癰瘡、心腹絞痛……不同
種子,他們是神秘而難以抵抗的侵略者。此類說法富含巫魘情緒的描寫,以

〔註 115〕　《洞玄靈寶齋說光燭戒罰燈祝願儀》,頁 496。
〔註 116〕　戒律的制定牽涉到道教復古與開新的問題。復古者如《正一法文天師教戒科
　　　　　經》,責令奉道者必須回歸漢中時代組織;開新者如北魏寇謙之,為了清整
　　　　　道教,努力建立完備的規儀,將維護社會安寧穩定作為其主要任務,因而「專
　　　　　以禮度為首」,將儒學精神注入道教,故從他訂立的戒律裏,可以看出對過
　　　　　去道教獨立於國家政體之外、違背忠孝仁義等倫常關係的批判。參考:湯一
　　　　　介,《魏晉南北朝時期的道教》(臺北:東大圖書公司,1988 年),頁 219～
　　　　　311;卿希泰主編,《中國道教史(第一卷)》(成都:四川人民出版社,1988
　　　　　年),頁 222～568。
〔註 117〕　楊維傑,《黃帝內經素問譯解》(臺北:志遠書局,2018 年),〈陰陽應象大
　　　　　論〉,頁 46。
〔註 118〕　高誘注、畢沅校,《呂氏春秋新校正》,卷二十,〈召類〉,頁 264。關於傳統
　　　　　醫學理論對疾病的說明,參考:山田慶兒,《中國醫學の思想的風土》(東京:
　　　　　潮出版社,1995 年),頁 118～119。

人為本位，以非人的妖魔為敵體，疾疫被當作某種凶猛外力的介入，故身心
—社會—宇宙結構便呈顯為不純粹的破碎環境，到處充滿著粗礫的異質物
事。〔註119〕是否能夠如此推論：道教學者對疾疫的想像、以及他們書寫疾疫
時所運用的戰爭語言，源於夷族肆虐、五胡亂華之悲慘歷史？傳統病理學將
疾疫解釋為陰陽二氣失去諧調，意謂著治療行為即是梳理身心—社會—宇宙
內在的糾結，自我調控的意味濃厚，也肯定自然痊癒的能力；但道教病理學
講究剋治、驅逐外侮，恰恰反映出一個被未知他者之陰影所覆蓋的家園，人
們幾乎處於無力反擊的弱勢立場，痊癒及改變現狀的希望極為渺茫。概念的
改換加深了人們與疾疫無法共容的印象，自我復甦的力量因而降低，人們對
從事治療的道師與聖仙真也就更為依賴，這或多或少可以解釋為何魏晉南北
朝以後，道教會由自度型態逐漸朝著他度型態而偏移。

總覽魏晉南北朝道教末世論裏，疾病譜錄的編排與殘酷敘述、革命性預
言，以及蕩除天地之覆滅式理想，便能察覺此類鋪演多半自居於一道德制高
點上，採取朝下俯瞰、超越的目光，對讀者進行帶有支配意味的指導，並以
亢奮而激切的語調向不通道者、不合道者展開連串的攻擊。經文裏的情感是
熱烈、陽剛的，與道教學者推崇的《老子》那樣冷靜澹泊的陰柔風格已成明
顯對比；甚至可更直接地說，道教末世論其實是內蘊著肅厲精神，運用殘虐
形式在歷史和語言文字中，製造出暴力場景之暴力書寫——諸如「疫水交其
上，兵火繞其下，惡惡並滅，凶凶皆沒」（《上清後聖道君列紀》）、「當疫毒臨
之，惡人死盡」（《老君音誦誡經》）之類的章句，都勾勒出一個極度震怒且對
塵世幾乎不留餘地的神祇形象，藉由罪與罰的中介，將整個自然秩序強行納
入倫理秩序裏；以懲惡揚善為名義，在人間界施縱具正當性的恐懼及混亂。
這樣的書寫風格或許是為了針砭此一道德盡失、質劣體弱的病態社會，然而，

〔註119〕道教病理學對魔怪意象的運用及其中心主題，就是嘲仿此一痛苦、迷惘的世
　　　　界，正符合弗萊（Northrop Frye）關於神話原型的分析。參考：諾思羅普·
　　　　弗萊（Northrop Frye）撰；陳慧、袁憲軍、吳偉仁譯，《批評的剖析》（天津：
　　　　百花文藝出版社，1998年），頁167～173。必須加以說明的，是典型的傳統
　　　　醫療語言並未完全斷絕於講述末世論的道經之內，只是採取魔怪、敵對意象
　　　　的比例大幅提高，對疾病的形容更為尖銳而已，例如《正一法文天師教戒科
　　　　經》也強調天地、君臣、室家及個人身心，都必須以沖和為德，種種範疇中
　　　　的秩序若統一、諧調就能維持健康，若分裂、刑剋時便會造成疾病。按照石
　　　　田秀實的分類，則道教末世論乃是以正／邪之硬性二元論為主、以陰／陽之
　　　　柔性二元論為輔的。

當信眾聽閱著這些經文，勢必會引起保羅・里克爾（Paul Ricoeur）所說的「宗教意識的創傷症」（a traumatism of the religious consciousness），〔註 120〕他們面對上天的威逼脅迫，只能戰戰兢兢地調整看待世界的方法，同時又得不斷地說服自己，為了迎接新時代，需要以舊時代大量的腐朽身軀作為代價；在終極的援拯來臨之前，需要先忍受漫無止境的棄絕。努力嘗試替家與國分析疾疫、治療疾疫的道教學者，似乎也不免感染了整個家與國的焦慮和躁鬱，故筆下苛刻寡恩的末世觀點，除了見證魏晉南北朝社會的病癥，也同時自我顯現為病癥之一，在百姓心中迸發出新的裂縫。〔註 121〕

結　語

魏晉南北朝道教所定義的身體，具備了證成玄道的超越面，也演述了人們因撥離不開時空制約，所必然衍生的滯濁面；雖是陶鑄精神、化生元氣，乃至於觸探真實的基礎容器，擔負了聯繫宇宙之本與跡的責任，但其物質性卻經常框定它充盈、展放的無限可能。故道教學者歸結出來的修鍊方向，主要在捐棄身體的俗劣成分、保留和增加聖潔成分，並將各種感官的欲望轉化為永恆存在的欲望，正是對生命能量所作的一場經濟調度。

《洞玄靈寶本相運度劫期經》闡發大千世界一切眾生悉有道性時，記載道士炎明請教靈寶天尊曰：「道性可見否？」天尊回答：「不可見而可見之。成之故可見，未成觸目而不睹」，〔註 122〕原本無質無形的道性，倘若可以目視，究竟會由什麼地方呈現呢？道教學者認為當人們修養有成、精氣神臻至圓滿時，他們的身體自然會成為道性展示的場所，因此終極的價值不在遙遠的彼處，必須從自己身體內部尋找，所有的救贖都要由色受想行識開始。

作為一種宣示福音、立致太平的信仰，道教必須時時面對群眾治癒傷痛的渴求，故對學者而言，身體不會是只用來傳達人之意志的象徵物，也不是最終需要捨忘的過渡性界域，它的內容、樣態及在時空裏的各種變化，才是

〔註 120〕以上參考：保羅・里克爾（Paul Ricoeur）撰；翁紹軍譯，《惡的象徵》（臺北：桂冠圖書公司，1992 年），頁 69。

〔註 121〕對於道教書寫，甄鸞〈笑道論〉、道安〈二教論〉等篇章均有比較嚴屬的批判。此外，第二章〈文字的樂園〉小節裏，提及道教學者已經留意到宗教與神話產生的限制，而此節則表示法與戒律也會帶來暴力或疾病，從這個角度，亦可解釋道教學者為何極力追尋寂靜的道與天文。

〔註 122〕《洞玄靈寶本相運度劫期經》（《正統道藏》第十冊），頁 19。

最值得探討的課題；失去了身體，便無從分辨何謂善惡、無從感覺如何才是遊心於世的逍遙狀態，連「神聖」也僅成為一個空泛的詞語。或許魏晉南北朝身體觀之現實意味，妨礙了冥契式哲思的進一步發展，使其顯得不夠通透，但這正是它作為一複合思想系統的最大特色。

第五章　神學與神話的糾繆——
魏晉南北朝道教之辯訴型態

　　在道教醞釀、興起與逐漸邁向成熟的各個階段裏，《老子》始終是傳演義理最具代表性的授本，其間對語言的敏銳批判及精練的辭句，為道教奠定了基要的書寫風格。牟子〈理惑論〉曾記載中原人士質疑佛教典籍云：「夫事莫過於誠，說莫過於實。老子除華飾之辭，崇質樸之語。佛經說不指其事，徒廣取譬喻，譬喻非道之要，合異為同，非事之妙，雖辭多語博，猶玉屑一車，不以為寶矣」〔註1〕，除了透過外來文化的鏡映，指出道家與道教論述之清略特徵，也以這一特徵作為推拒外來文化的著力點；直至宋齊之際的顧歡仍沿續了此種區分：「佛經繁而顯，道經簡而幽」，〔註2〕認為前者篇幅浩漫，只會讓百姓更加無法確認真知，不若後者容易遵行卻又充滿深遠沉潛的意致。相反地，佛教學者也從典籍的縟麗與疏淡來比較兩宗差異，劉宋時代僧愍就採取「道經少而淺，佛經廣而深」這樣直接含帶正負評價的字眼來概括華梵之辯訴型態，〔註3〕可見類似印象已普遍地刻埋於大眾的思想裏。

　　然而在「寄言」、「因言」觀念的解放作用下，魏晉南北朝道教其實已不再執守簡約的表達原則，再加上把佛教視為營塑典籍的參照系，更促使它逐漸朝豐瞻華偉的方向前進。《上清外國放品青童內文》強調：「但玄文寶經隱

〔註1〕牟融，〈理惑論〉，《弘明集》（臺北：新文豐出版公司，1986年），卷一，頁32。
〔註2〕顧歡，《全上古三代秦漢三國六朝文（六）》，《全齊文》，卷二十二，頁2。
〔註3〕僧愍，〈戎華論〉，《弘明集》，卷七，頁354。另如謝鎮之〈與顧道士書〉亦有類似觀點。

書，古字有千二百億萬言」；〔註4〕《元始玉篇自然赤書玉篇真文》宣贊聖真「敷演玄義，論解曲逮，有十部妙經三十六卷、玉訣二卷，以立要用」；〔註5〕《洞玄靈寶諸天世界造化經》則陳敘太上天尊居靈鳥山中，「與諸天人說十二部經，是乃分四十萬品，與弟子書之，故曰妙道」，〔註6〕諸如「千二百億萬言」、「四十萬品」這樣龐大的證議形式，都是過去難以想像且不太可能獲得肯定的，由此說明，道教典籍從傳統注重巧悟之求仙綱領，轉變為詳密厚重的知識庫藏，顯現出學者心目中的理想結構已有複雜化的趨勢。但是，道教學者究竟寄寓、因憑著怎樣的語言來填擴典籍，使其由簡至繁？所謂「複雜化」究竟借助何種技術，將原欲呈示的概念予以調配、組建，然後才展露出來的？這些技術本身具有獨特的意義嗎？

此章希望綜匯幾種魏晉南北朝道教習慣使用的表現方法，從敘事與修辭的角度，來檢驗語言文字在特定體制運作之下引發的效果，從而省察道經及道教本身的質性。這些基本的形式要件，與道教思索的終極真實相牽連，它們的改變即象徵了道教之「道」的改變，也暗指出學術潮流的改變。

第一節　獨白、問答與合議

在中國思想傳統裏，「設問與應答」是發展命題常見的議敘架構。自《論語》開始，即以此種形式簡短扼要地記錄下孔子與弟子、弟子與弟子之間教學的內容，年代較晚的著作如《孟子》、《墨子》，雖是主旨集中、辯證詳細的長篇論述，也同樣運用了問答體制，透過人物與人物之間的對話來逐步揭露各自的觀點。兩漢獨尊儒術，特別重視講經傳經的家法，師徒往往藉由反覆的詢探與說解以闡明義理，從《白虎通》、《鄭志》都能看到圍繞著典籍字句所進行的問答；另外，揚雄《法言》、荀悅《申鑒》之類的子書，以及當代流行的辭賦，亦習慣採取這一表現型態。

早期道教典籍《太平經》也依沿一連串的師徒問答組構而成。在天師與弟子言語赴返的過程裏，「中和」、「承負」、「致太平」等概念及核心教義獲得了廓清，後世讀者便能夠隨著記錄下來的文章脈絡，慢慢深化自己的認知，

〔註4〕《上清外國放品青童內文》（《正統道藏》第五十七冊），頁93。
〔註5〕《元始玉篇自然赤書玉篇真文》（《正統道藏》第二冊），卷二，頁380。
〔註6〕《洞玄靈寶諸天世界造化經》（《正統道藏》第十冊），頁32。另如《靈寶五符序》云：「聖人演天地之文而敷言數萬」，亦可看出道經理想型態的改變。

故每項問答都被視為是天地感召的結果——弟子在天地的授意下提出疑惑，接著天師再代天地回覆，〔註7〕他們都是將至道導引到人間的中介，而問與答可說是最佳的中介形式，於神聖性啟蒙裏佔據了相當重要的位置。全書列舉的弟子雖不只一位，但大多個別向天師求教或接受天師指點，有時也會因為無法理解或執持懷疑的態度，而招致天師恚怒，〔註8〕借著對話隱約將角色的情緒呈露出來。

魏晉南北朝亦有部份道經採取了問答體制，但在樣範與思想基礎上，卻與過去典籍不盡相同，顯現出這個時代道教與傳統的連結與脫鉤。所謂「問答」，大抵還能分為幾種類型：

第一、「問」僅用來引動經典的主要旨趣，設問之後就幾乎全以「答」的內容完成篇章，嚴格地說，其間並沒有對話進行。例如早於唐代所出的《太上洞玄靈寶業報因緣經》，記載普濟真人向太上道君請教業報因緣之事，太上道君聽聞後即展開單方面的訓示，普濟真人不再發表任何言論；在《太上洞玄靈寶智慧本願大戒上品經》裏，錄述葛仙公向太虛真人諮求「人生宿世因緣本行之由」，也完整地攤展了太虛真人的解釋，授法時便未穿插他人的辭語。〔註9〕第二，「問」與「答」疊遞產生，層層推進，使所敘觀點在轉折中獲得更精細的表詮，行文也較富變化。例如在《太上洞玄靈寶本行宿緣經》內，葛仙公連續對太極真人高上法師提出「何謂宿命因緣？」、「何謂本行上誠？」、「入寂定虛之階級緣何而來？」等問題，雙方看法交替出現，談演的觀念也愈來愈切確；《洞玄靈寶木相運度劫期經》敘及靈寶大尊垂詢於道士炎明，透過炎明因居住在洞浮山境而興起的各種猜迷，漸次地對「劫期」、「修治之方」與「道性」加以探討，利用一來一往的講習，緩緩把真文神話帶

〔註7〕例如卷首，天師把自己與弟子的問答與天相繫，作了神秘化的解釋：「天使子問，以開後人，令悟者識正，去偽得真。吾欲不言，恐天抱恨」，其後如〈陽尊陰卑訣〉、〈冤流災求奇方訣〉、〈拘校三古文法〉、〈作來善宅法〉等都有類似觀點。

〔註8〕例如〈案書明刑德法〉、〈起土出書訣〉，都記載了天師問答時怫然不悅的情狀。關於太平經的問答體式，高橋忠彥認為。參考：高橋忠彥，〈太平經の會話體の性格について〉《東洋文化研究紀要》（1988年2月，第105號），頁243～281；參考：龔鵬程，〈受天神書以興太平——太平經釋義〉，收入：氏著，《道教新論》（臺北：學生書局，1991年），頁124。

〔註9〕然此部道經在開展問答時已作了些許變化，加入太上高玄真人對葛仙公的讚賞，並要求太極真人給予詳盡指導，而太極真人在回覆時也曾直接針對葛仙公給予指示，隱約具備對話的形式。

進抽象的宗教哲學裏。

前一類問答，與《度人經》、《諸天世界造化經》、《太上玄一真人說勸誡法輪妙經》、《太上洞玄寶元上經》這些純粹使用「道言」、「太上曰」之獨白形式所成立的道經，其實十分接近，〔註10〕以終極的至道或特定的高階聖真作為論述源頭，只是清楚地植入了「話語應機而啟」之根本思維。後一類問答，則能衍生出更繁複的表現型態，從雙方互相切磋而增益為多人合議之辯訴景況。最具代表性的是《太上洞玄靈寶智慧定志通微經》，靈寶天尊召見左玄真人及右玄真人，並傳予思微定志要訣、兩半圖局與修行十戒的經過——兩位真人並非順著前後次序發言、也不總是擔任提問的角色，祂們有時一齊回稟天尊誘導式的題目，有時各自抒解內心的困頓；而天尊善於點撥，甚至可以敏銳地察覺左玄真人未敢直接上呈的意向，錯落有致的對話，讓整部《定志通微經》在說理時亦充滿故事般的趣味。此外，《太上妙法本相經》卷下記載天尊與四方之虞、四方之來，及野母、不鈞等十二邪道之間進行詰難，十二邪道競作巧辭，連番質疑先前天尊所云內容，恰好反映了塵世知見的紛紜雜沓。

「問答」與「合議」的設置，使違叛的、冥頑的、童騃的或未臻圓熟的看法，在道經裏保有舒展的餘地，可於文中造成轉折的效果，所陳觀點乃具備了分明的層次感，並往往能夠旁涉至與主線相聯結的概念，篇章因此變得豐碩且富有彈性。提問者站在與至道疏隔的立場，捫叩之間為渾然而沉默的真理，調整出一個固定的流播方向，而答覆者與至道相應相傍，負責沿循此方向，將深度的智慧提供給利鈍不同的眾生，傳授當下也連帶渲染出其地位崇高、靈光灼灼的氛圍。「問答」與「合議」雖無法構成真正的內容，卻能夠決定最基本的敘事框架，製造一個封閉而完整的話語情境，使原來應該直接對著讀者宣諭的思想，朝著文本內的特定人物發送，讓讀者得以用客觀、比較的角度獲得這些哲識。

為了營造經典的神聖感，道教學者不只單獨把問答的內容排列出來，還時常搭配許多過去罕少運用的敘述手法，首先是授受場景之鋪張虛揚：

> ……爾時，元始天尊、太上大道君、五老上帝、十方大神會於南丹
> 洞陽上館，坐明珠七色寶座。時有五帝大聖玄和玉女五萬二千五百
> 眾詣座，天灑香華，神龍妓樂，无鞅數眾，紫雲四敷，三景齊明，

〔註10〕使用「道言」的道經，幾乎都採取獨白形式，但偶有少數例外，如《太上洞淵神呪經》卷一就在「道言」之下，加入太上天尊與真人蔚明羅等的對話。

天元合慶，眾真齊駕。時有精進學士王龍侍座，請受法戒。(《太上
洞玄靈寶赤書玉訣妙經》)〔註11〕

……如是一時，靈耀寶藏天尊於北龍山玄幾仁賢世界龍牙山中騫華
樹下，與十方大聖，眾有若干，千億萬眾，俱會法座，論講說議，
研詳大乘。經詔曰五千文，終日竟夜，共美之味，常如不足，不厭
不勞，不倦不懈。(《洞玄靈寶太上真人問疾經》)〔註12〕

這些段落，與其和《論》、《孟》或《太平經》等未特意摹寫教學情境之傳統典
籍進行類比，倒不如說它們更接近釋迦牟尼與弟子的問答模式，宣演的地點
及情境不僅有清晰的介紹，並且透過華美的字詞，敷衍出一片開闊的氣象，
本身已帶著統攝情節的功效，更將聖真的威儀烘托出來。魏晉南北朝道經以
「爾時」、「是時」、「如是一時」來表示某段遙遠的歷史，即參考了漢譯佛典
的形制，〔註13〕從而透露篇章裏包含著二重以上的時間性、二重以上的敘述
層，〔註14〕也包含著顯性及隱性的敘述者：例如在《問疾經》裏，靈耀寶藏
天尊是進行敘述的主要角色，但那未具名、暗地描繪此過程的記錄者，使天
尊的話語成為實際可觸的文本，才是真正對此歷史從事了敘述的人物；又例
如《智慧本願大戒上品經》裏，太極真人向葛仙公說解因緣之起迄，屬於一
級時間與敘述層，而末尾又加入了葛仙公的頌辭、以其對弟子鄭思遠的告誡
作收束，便屬於另一級時間與敘述層──由於道教習慣將傳承譜系放置在經
文之中，典籍內部的時間往往被拉得很長，也因此多半採取第三人稱全知觀
點的方式來完成，這與佛教大乘經典時常採用「如是我聞」等詞句，主要站
在配角、旁觀者的位置，以曾在場的回憶口吻、第一人稱講述的樣相不同。
大抵而言，道經的記錄者本身罕少出現於篇章裏，與文中敘述者也有所分別，
多半藏匿在歷史的末端、典籍的外緣，因而呈現出超然冷靜的書寫態度，結

〔註11〕《太上洞玄靈寶赤書玉訣妙經》(《正統道藏》第十冊)，卷上，頁517。此經
　　　卷上使用獨白形制，卷下就採取了具有對話的情節。
〔註12〕《洞玄靈寶太上真人問疾經》(《正統道藏》第四十一冊)，頁565。
〔註13〕此類代表「昔」的時間狀詞，透露出立基於「今」之演敘者的視角，明顯含
　　　帶了追述之意。吳海勇認為「爾時」一詞，具有「強調所說之事於彼時正在
　　　發生進行」的效果，或可稱為「過去現在時態」，是敘述層分化的重要機制之
　　　一，中國傳統典籍並不常使用。參考：吳海勇，《中古漢譯佛經敘事文學研究》
　　　(北京：學苑出版社，2004年)，頁424～433。
〔註14〕魏晉南北朝道教亦有結構簡明、以單一時間來完成敘事的問答體經典，如
　　　《赤松子中誡經》等，未能一概而論。

構亦逐漸趨於複雜。

再者，聖真之幻變常常伴隨著問答，在篇章的關鍵時刻啟運，為不可思議的救度力量作出形象化的詮釋，也使經文增添了敘事比例而更顯生動。例如：

> ……元始告太上道君曰：「頗聞大福堂國十方邊土，有悲泣之聲否？」道君稽首上白天尊曰：「入是境七百五十萬劫，不聞此土有悲歎之聲，不審是何故？」……於是元始天尊含笑，放五色光明，從口中出照一國土地，靈寶真文於光中，煥明文彩，洞耀暎朗……（《太上諸天靈書度命妙經》）〔註15〕

> ……四虞、四來、野母、不鈞、獨挽、木俟、難鹿等各不信受，相謂言曰：「天尊者，非至真之道也，妄說虛空未來之果，廣演譬喻，誘諸冥愚……」，於是生心欲停，止者踴躍飛馳，悉皆還返。爾時天尊閉天光明，四方冥黑，諸道迷亂，莫知趣向，唯有座所光明如常，無有迷亂……（《太上妙法本相經》）〔註16〕

魏晉南北朝一部份道經裏的問答體制，並未就角色進行任何刻劃，也未透過對話來交代事件的發展，完全只專注於闡揚教義及理論，故問與答的作用僅在切分議題而已；另一部份則順著問與答，精細地狀寫各角色的形貌思緒，從而促成了情節的推衍。由於聖真之幻變多半作為經文的高潮，所以往往出現在後一類問答中。

關於絢燦的瑞相、奇蹟之描敘，沖淡了說理的平直單調，並且讓問與答不落入一種智性邏輯的演練——魏晉南北朝道經在神學（theology）之間夾雜著神話（myth），提醒人們，終極真際不能只用冷靜的思想來解明，有時還需要訴諸日常經驗的破裂，以造成心靈上的巨大衝擊，使依言、依文而產生的概念，得到一種具有實感的補充——這些幻變都是為了破除眾生的迷惘而敷陳的，因此仍可看作宣法的形式之一，亦足以當成值得深究的文本。

另外，問答體制也時常被架構在歷史情境之上，以聖賢之名來提昇對話的可信度，〔註17〕更重要的是，強調道教典籍乃古聖先賢用以治身治國的準

〔註15〕《太上諸天靈書度命妙經》（《正統道藏》第二冊），頁382。
〔註16〕《太上妙法本相經》（《正統道藏》第四十二冊），卷下，〈普說〉，頁52。
〔註17〕道教問答體制基本上仍以聖仙真等神話角色佔絕大多數，歷史人物則偶爾出現，而《太上妙法本相經》卷上設計的「辯夫」，就具有比較明顯的虛構意味。

繩，曾於人們熟悉的事件底層發揮強大的影響力，從而建立經文的神秘性質及價值。譬如《赤松子中誡經》假託軒轅黃帝之口，向赤松子請教萬民何以受生不均？貧富福禍不勻？《太上洞玄靈寶本行宿緣經》將時間訂於三國吳的赤烏三年，陳述地仙、道士三十三人，於勞盛山謁見葛仙公的過程，都嘗試與紀實的歷史相接合，和各經的傳承譜系具有同樣功能，企圖為「司命籌算」、「宿緣命根」等抽象觀點，追溯一個切確的定位，來驗證其涉入甚或改變了整個世界的運轉。道經裏一再闡揚這些裝載著宗教哲思的典籍，如何被君王或祖師履行於社會，除了表示它們具有拯濟眾生的力量外，也藉由人事物的異動來反襯典籍的永恆性，因此虛擬的「歷史」乃成為一種特殊的修辭型態，而尹喜、葛玄、東方朔、張陵等，皆被視作傳遞道經的媒介、也只能作為傳遞道經的媒介，存在於篇章之內。

　　必須說明的是，無論演法場景的營構、聖真之幻變的描繪，以及與歷史的拉牽，都使用了繁複的字詞作較長篇幅的敘述才成立，可以看出此時道教典籍在實際創作方面，已脫離了過去精簡、約限之表達方式，呈現出恢闊富麗的書寫風格。再與《問疾經》「論講說議……終日竟夜，共美之味，常如不足」、《開演秘密藏經》「此時眾聖莫不皆集，敷講玄妙，闡揚道德」等話語連併著看，〔註18〕更明顯展露了「不言」、「無言」理念的消退。進一步析究，篇幅之擴增往往建立在細節的填充上，所謂「細節」，是靠著聖真說法的容姿、修行的瑣碎步驟等點點滴滴的知識累積起來的；換言之，魏晉南北朝道教典籍逐漸捨棄了綱領式的撰著型態，愈來愈傾向締造一種可以包羅萬象、誇張卻不失嚴謹的思想組織，〔註19〕讓「神聖」在「言」與「文」的蔓衍間昇揚起來。

　　然而不管何種問答體制，皆採取了上下分明的位勢來架設，〔註20〕師與徒、聖與俗、真與偽、邪與正，所有的歧異最後都要收歸在那主要講敘者的

〔註18〕《太上洞玄靈寶開演秘密藏經》，頁91。
〔註19〕例如《洞淵神呪經》仔細標記各種鬼神的身長、顏色樣態、所造成的災害……，都表現出道經作為一種知識庫藏的意味。
〔註20〕道教典籍當然還有不同的表現方式，例如葛洪《抱朴子》雖使用了問答體，卻非採取師徒、聖俗這類尊卑明確的位勢來構成，而是讓站在儒家或反對神仙學立場的人們作為詰難的一方，與抱朴子進行層層辯駁，因此問答兩端大抵呈現平行、同級次的關係，問者的挑戰意味濃厚。《抱朴子》雖被後世列為道經，但葛洪創作的原意及給自己的定位，其實比較接近子書，因而才會在文本中顯現多方的聲音。

話語裏，故魏晉南北朝道經內部必定包含著一個權威而正統的聲音，這聲音掩蓋住其他頻率的鳴響，因此問答、合議的過程，往往就是將離亂的智識導向唯一中心的過程，甚至是調伏馴降的過程，並非和而不同的協奏，說到底，仍與究竟的獨白相連通，明白地顯示出作為宗教典籍、作為一種信仰的質性。

中國傳統裏具備「多音」、「複調」特色的文本，可以《莊子》為代表，莊子雖然也在書寫中，預設了一個依循至道而運行的天地，但無所不在的至道，讓孔丘、盜跖、黃帝或支離疏等各種賢愚貴賤的聲音，俱時播散、擁有彼此砥磨的同等價值；讓卑低的螻蟻、瓦甓與屎溺的聲音也能夠被聽見，在無窮盡的拆解下，自證其神話原即無所謂神聖性、其哲思也無所謂超越性，故眾角色之間、角色與作者之間，即呈現一種平等的對話關係。與《莊子》多重話語交互映照、未定於一尊之世界比較起來，魏晉南北朝道教所欲塑立的世界沒有刺刺嘲謔、顛倒規範的通俗用詞，也沒有和社會禁忌與文本情境相衝突的怪誕角色，而是盡力在古代與外來思想以外，另建一個堅實的意識型態，那內部唯一的聲音始終是鄭重而嚴肅的。

第二節　故事的匱缺

透過第一節的內容，能夠看出魏晉南北朝道教在傳遞教義當下，亦同時建立了屬於自己的敘述方法，各種真實或想像的事件，可以被獨立而完整地呈現，也可以裁剪其中某個片段來詳細編寫；可以成為承裝特定概念的容器，也可以視為篇章內部一貫思想的點綴，隨著不同的需要而配置於典籍之中。

倘若拋開問答體制這個框架，更能清楚地顯示，道教學者已愈來愈瞭解應該如何敘述那些曾經發生、正在發生、即將發生的大小事件。例如《靈寶五符序》所載靈寶五符授受神話，從玄古淳和之世開始，順著黃帝、顓頊、帝嚳至夏禹的君王譜系，鋪演天書在此世彰顯與隱沒的奇妙過程，對於吳王闔閭派遣龍威丈人進入太陰之堂偷竊的緊張神態、使者向孔子謊報以求取解釋等曲折場面，都作了鮮活的刻劃；《定志通微經》運用了插敘、直接引語之類的繁複技巧，把左玄真人、右玄真人的因緣本生嵌入天尊的講議裏，〔註21〕

〔註21〕「本生」、「本生譚」（jātaka）原指佛教以佛或菩薩之前世故事為中心，述說祂們如何在宿世累積功德，最後證得佛果的特殊文體，與輪迴轉世思想關係密切。南北朝道教典籍因引入輪迴因果觀念，亦模仿佛教而造構了部分聖真

讓經文的速度、氣氛與結構充滿變化。再例如上清派以聖仙真修行作為主題的《漢武帝內傳》、《紫陽真人內傳》，超越了葛洪《神仙傳》質樸簡略的素描，在記錄主角獲致的典籍及教法之餘，也具備了明晰易辨的情節動線、塑造出栩栩如生的人物形象。〔註22〕

　　此時道教典籍經常把過去的神話當作素材，給予重新編排，也擷取今昔哲學之敘述模式，並放入獨特的思想因子，使其轉換進自己的修煉系統之內。比方《抱朴子·地真篇》包含了一段黃帝向天真皇人問道的記載，很可能與《莊子·在宥》裏，黃帝見廣成子於空同之上的寓言有著先後啟承的關係，和《靈寶五符序》卷下《太上太一真一之經》黃帝周流四方、就教於天真皇人之經歷相似，皆觸及了「守一」、「真一」這個法門。然《抱朴子》僅對存想之術進行交代，對於問道的狀況並沒有任何敷說，而《太上太一真一之經》在表現上更接近《莊子》，將黃帝請益時恭謹的姿勢、天真皇人從婉拒至惺惺相告的情緒波瀾，都作了精密的揣摹，藉由逐漸步入高潮的故事，把《抱朴子》對治身治國的論辨、「三一」之意義及效用，巧妙地傳達出去，全文的感染力亦因此提昇。

　　如果分析篇章的節理，則《太上太一真一之經》「包含了經文、傳記、方法、密咒、口訣」幾個部份，〔註23〕但方法、密咒及口訣其實又被揉入傳記之中，這表示《太上太一真一之經》並非純粹的神話，而是以神話圍覆著神

的本生故事。關於《開演秘密藏經》左玄真人、右玄真人之本生的相關研究，參考：神塚淑子，〈六朝靈寶經に見える本生譚〉，收入：麥谷邦夫編，《中國中世社會と宗教》（京都：道氣社，2002年），頁1～46。另外，「直接引語」意指省略主詞（如「靈寶天尊」）及引導動詞（如「云」、「曰」），使對話更具臨場感的表現方式。

〔註22〕關於上清派「內傳」的內容與性格，參考：小南一郎，〈尋藥から存思へ——神仙思想と道教信仰との間〉，收入：氏著，《中國古道教史研究》（京都：同朋社，1991年），頁39。

〔註23〕謝世維，〈道教傳經神話的建立與轉化：以天真皇人為中心〉，《清華學報》（2008年6月，新38卷第3期），頁296。關於《抱朴子》〈地真篇〉與《靈寶五符序》卷下《太上太一真一之經》的關係，已有多位學者展開討論，而謝世維亦有了比較詳細的歸納，故此處不再贅敘。參考：山田利明，《六朝道教儀禮》（東京：東方書局，1999年），頁359；小林正美，《六朝道教史研究》（東京，創文社，1990年），頁78～79；王承文，《敦煌古靈寶經與晉唐道教》（北京：中華書局，2002年），頁696。在思想上，《抱朴子》及《靈寶五符序》所云「一」為「三一」，和莊子所云「無視無聽，抱神以靜」之「一」略有差別。

學，呈示出夾敘夾議、或者融議於敘的樣式，這也是許多道教典籍習慣的表現型態。同屬靈寶派的《元始五老赤書玉篇真文天書經》，開首先簡介東、西、南、北、中五老字號，接著陸續揭闡「玉篇真文生發」—「天地開啟」—「聖真乞求元始天尊傳授」過程，全文大抵依循時間軸而完成，但在真文生發的敘述之後，卻加入一段關於十二靈瑞與二十四應的解釋，使原本流動的宇宙紀事乍然中止，忽然改易為一種穩靜的智性語言。另如劉宋天師道士徐氏所造《三天內解經》，其文卷上除了起始作者對此書的說明外，主要逆溯「道之源本」，談演太上老君誕生、變化與傳道的神話，然後再略記漢代因六天氣勃、群邪滋盛，《太平經》乃從此流布、佛教進入中原及天師道發展之歷史，卷下則採用論證方式探討修道、齋直，也把敘事與議論合併在一起；即使在以宗教陳蹟作為主幹的卷上，也不時插進「孰為正法」、「孰為邪法」之類的評判。由此可見，在道經的敘述裏，往往會發生「事」被「非事」打斷的現象，〔註24〕道教學者顯然不關心情節發展的連續性，他們更重視導出價值、解析冶煉方法，以直露而非象徵的話語來表達自己對世界的觀感。

　　儘管逐漸掌握了比較成熟的敘述技巧，但道教典籍中，仍有許多只負責提供故事梗概、省略具體內容的神話，如果以那些和佛教神話類似的案例進行對照，則能更清楚地看出這個特徵。在佛教裏，關於悉達太子出家的動機，時常採用「四門出游」之固定模式來抒寫，《長阿含經》、《賢愚經》都記載太子分別從都城四方外出，先後遇見老人、病人、死人與出家人，或者乞兒、屠兒等樣狀不同的角色，使其領悟世間的無常與苦難，進而堅定修行的意志。道經也有極為相似的固定模式，例如《太上玄一真人說三途五苦勸戒經》、《太上洞玄靈寶智慧罪根上品大戒經》等，都藉著聖真由八方各門遊歷的布局，來描繪地獄拷撻罪人之殘酷景觀，並講授為惡終要承受報應的道

〔註24〕 參考：浦安迪（Andrew H. Plaks）講演，《中國敘事學》（北京：北京大學出版社，1998 年），頁 40～48。浦安迪認為，中國神話具有一種獨特的「非敘述性」，主要原因是傳統美學的原動力裏，缺乏一種要求「頭、身、尾」連貫的結構原型，因而經常展現為一種靜態的神學圖式，表露出空間化的思維方式。與西方文學理論把「事件」作為實體之時間化設計相反，中國的敘事傳統習慣把重點放在事與事的交疊處（the overlapping of events）、或者放在「事隙」（the interstitial space between events）、或者放在「無事之事」（non-events）上，這些特徵也能夠在道教神話裏找到，甚至更進一步，作者會自己拉開或製造事隙，並將議論、描寫放置其中，使其成為敘述的一部份；相對地，道教典籍裏近乎沒有純粹的敘事體。

理。〔註25〕然佛教在這類架構的內部，極力展現佛陀之思想成長，讀者從篇章裏感受的是一連串躍運不已、即將自我突破的心靈故事；而道教除了順著「遊」所牽引的時間軸線一路直敘下來以外，並不關注其他動向，焦點擺放在狀摹各種靜態的懲治場面，讀者從篇章裏獲取的，是能烘托教旨之特殊境況──依此看來，道教更強調空間性的搜索，而其使用的敘述框架也更接近一種今昔沿用的格套，不必然從佛經轉演而來，也很可能受到漢賦某程度的啟發。

再勘測道教本生譚與佛教本生譚之差異：《太上靈寶諸天內音自然玉字》以自敘口吻，簡介了天真皇人反覆輪迴於天道、人道、鬼道，終於超凌三界而位登仙真的漫長經歷，而《本行因緣經》裏，關於葛仙公如何證成正果的說明，亦借用了佛教本生故事之結構，把主角於前世幾番昇降的際遇呈現出來：

> ……天真皇人稽首上白天尊：「自受日月，隨運流遷，去來轉輪。一光一冥，一滅一度，一死一生，身受破壞，一敗一成，經履天地，改易光明……自龍漢以來，已九萬九千九百萬劫。緣對相牽，世世不絕，至于今日。亦嘗生王門，亦嘗生賤家；亦嘗生富室，亦嘗生寒窮；亦嘗為人尊，亦嘗為僕使……諸惡漏盡，福德自生，乃得還在富貴之門，道得因緣，供養佛法……為三界所舉，五帝所明，降致雲輿，八景瓊輪，駕空乘浮，白日昇晨……」〔註26〕

> ……吾昔嘗為貴人而凌貧賤，挾彊抑弱，死入地獄。後生為小人，貧窮陋疾，孤寒煢然。時乃發念：我宿命何行而致此辛苦？彼宿命何德而享其富貴？思念作善，然心不自解，憂苦難言。死昇福堂，後生富家……〔註27〕

這兩部典籍陳說三世因緣，僅以簡單的貧寒、富裕、君王、僕役之類概括性的資訊帶過，由於欠缺深度描述，因此天真皇人與葛仙公的前生讀來並沒有太大區別。如果和當時譯入的《普曜經》、《佛說太子墓魄經》、《佛說鹿母經》等詳細記載佛陀救度眾生之感人事蹟相對照，〔註28〕即能夠看出道教本

〔註25〕以上參考：吳海勇，《中古漢譯佛經敘事文學研究》（北京：學苑出版社，2004年），頁297～299、501～502。

〔註26〕《太上靈寶諸天內音自然玉字》（《正統道藏》第三冊），卷四，〈龍變梵度天音〉，頁573～574。

〔註27〕《太上洞玄靈寶本行因緣經》，頁562～563。

〔註28〕參考：釋依淳，《本生經的起源及其開展》（臺北：佛光出版社，2018年），頁

生譚只提綱挈領地點明「發生什麼？」，而佛教本生譚更側重於處理「怎麼發生？」之不同處，前者主要用來解釋「輪迴」的大致原則，而後者透過長壽王、母鹿、以身飼虎等故事，不但宣揚菩薩道的修持內容及方法，也塑造出一個個掙扎於存在困境的鮮活形象。歸納起來，道教本生譚不措意於勾畫角色性格，更遑論英雄式的戲劇性表現，也較少對那些穿越時間之行為加以著墨——「時間」只是文本中最初、最基礎的裝置而已〔註29〕——所以聖仙真的面目通常比較模糊，其「細節」的內容多半是可將宗教定律提煉出來的「狀態」，並非遞變事件之充份開展。

　　儘管此時道經未將事件擴大或深入地敘述，卻產生了一種特殊的表現手法，可以把簡明的事件夾附於其中，也就是所謂的「譬喻」。傳統書寫主要以修辭的譬喻為大宗，〔註30〕喻依與喻體多半是兩種性質之交互比擬，例如《靈寶五符序》曰：「東方青芽九氣之天，其氣煙如春草之始萌，其光如暉日之初隆」，〔註31〕或如《太上老君內觀經》云：「神明之在身，猶火之因卮也」，〔註32〕以及《真誥》仿效《莊子・說劍》而作的鋪排：「故玄玄以八風為關籥，天地為堤防，四海為甕盎，九州為糠，積之以萬殊，蒸之以陰陽」，〔註33〕故譬喻乃時常借助明確的「物」與「物」（包括名詞及其形容）來成立。然此時漢譯佛典如《法句譬喻經》、《百喻經》、《賢愚經》等，都蒐集了許多巧妙的例證，以世俗種種相來闡發佛陀所說偈頌與行跡之義，受到這類形制影響，魏晉南北朝道經也造構了不少申演聖真旨趣的譬喻：

　　　　29～38。佛教本生譚並不限於佛陀前生故事，有時也記載佛弟子往世業因，如西晉竺法護所譯《佛五百弟子說本起經》。

〔註29〕必須說明的是，《定志通微經》關於左玄真人與右玄真人的本生譚，在敘事上遠比《諸天內音自然玉字》、《本行因緣經》兩部典籍所載精深得多，不僅情節完整，對話的運用、情節的轉折、前生與緣起部份之人物對應，都頗為複雜，堪與佛教部份本生譚相比，但故事中不會採用動物、魂魄等非人角色，現實傾向仍然強烈。關於漢人重視歷史卻忽略故事之敘說，而印度文化善於編組幻想性的故事但不留意已發生的歷史，兩者差異及其思想背景，參考：薛克翹，《中國印度文化交流史》（北京：崑崙出版社，2008年），頁96～99。

〔註30〕吳海勇將秦漢典籍中的譬喻歸納為修辭的譬喻、例證的譬喻、寓言或故事的譬喻三種。參考：氏著，《中古漢譯佛經敘事文學研究》，頁33。以下關於佛教譬喻經典的相關資料見頁33～53；丁敏著，《佛教譬喻文學研究》（臺北：東初出版社，1996年）。

〔註31〕《太上靈寶五符序》，卷上，頁726。

〔註32〕《太上老君內觀經》（《正統道藏》第十九冊），頁87。

〔註33〕《真誥》（《正統道藏》第三十冊），卷三，〈運象〉，頁30。

……天尊曰：「譬如有人，或千或萬，欲得珍寶，聞海中大有，各各裝治，或舫或船，千艘百艘，泛於大海。或千里萬里，或近或遠，有洲嶼百千，島亦無數，或在水中，甚多珍寶，乃至無量七寶精光，光皆衝天，色色各異。同泛船伴，如許多人，及風當發，無識光者，為爾且發，罔知何向。」……「此諸船伴，可得寶乎？」二真曰：「其無導師，盡無先知處，又不識寶光，為爾周章，此行甚難。」（《定志通微經》）〔註34〕

……自昔以來，未曾得聞如是妙經。譬如薄福重罪之人，生而聾盲，不見五色青黃赤白及黑等相，不聞宮商五音之聲，有大明醫，授以妙術，為開耳目，一切色聲无不聞見。（《開演秘密藏經》）〔註35〕

《定志通微經》所舉譬喻，用來詮釋沒有「經」與「師」便無由得道的觀念，最後揭示〈思微定志要訣〉即是引導眾生尋獲珍寶之燦爛光芒，整個譬喻其實就是一個精巧的寓言；《開演秘密藏經》所舉，則用來贊揚太上大道君說法的深奧內涵，同時強調此部典籍能為學者開拓全新視野，雖不若前一譬喻那般具備完整的情節，仍含有一定的敘述性。由於參考了佛經的書寫模式，此時道教在把「譬如」二字當成引詞的句段裏，多半呈顯出「事」與「事」之互相照應──以喻體指涉可思議的經驗內容，以喻依指涉不可思議的道意與智慧──透過形象的話語來傳達抽象的哲思，使其動作化、人格化，因而更容易被百姓接受與理解。

但「譬喻」在佛道兩教的陳設仍有繁簡的差別。佛教譬喻典籍不僅隸屬於經、律兩藏，亦是佛教學者作論的三大法寶之一，北魏・瞿曇若流支所譯《唯識經》即云：「凡作論者，皆有三義。何等為三？一者立義，二者引證，三者譬喻」，〔註36〕可見此種表現手法之重要地位；在型態上，包括了「博喻」、「遍喻」、「一喻多柄」……各種多變的樣態，或者彼此聯綴猶如貫珠、或者彼此組織為有機的一系列整體，〔註37〕篇章甚至能長數百字、數千字，儼然蔓衍成一片富麗而駁雜、規模龐大的故事叢林。然道教未曾出現過蒐載譬喻的專書，《問疾經》雖置〈德覆譬喻品〉，所載十三例證盡皆短小比況，像《定

〔註34〕《太上洞玄靈寶智慧定志通微經》，頁67。
〔註35〕《太上洞玄靈寶開演秘密藏經》，頁94。此外如《西昇經》、《妙法本相經》、《真誥》、《因緣業報經》等皆納入了此類譬喻，長短不一。
〔註36〕瞿曇若流支譯，《唯識經》（《大正藏》），卷三一，頁64b。
〔註37〕以上參考：吳海勇，《中古漢譯佛經敘事文學研究》，頁44～50。

志通微經》那樣情景兼備的巨型中型譬喻，畢竟還是少數。中國傳統之辯訴向來力求明快，而東晉王洽〈與林法師書〉即對佛教談論本無、空有等概念時，不斷增益各種譬喻這種作法感到疑惑：

> 夫教之所由，必暢物之所未悟；物之所以通，亦得之於師資。雖元宗沖緬，妙旨幽深，然所以會之者，固亦簡而易之矣。是以致雖遠，必假近言以明之；理雖昧，必借朗喻以徵之……今本無之談旨，略例坦然，每經明之，可謂眾矣。然造精之言，誠難為允；理詣其極，通之未易。豈可以通之不易，因廣同異之說？遂令空有之談，紛然大殊，後學遲疑，莫知所擬。〔註 38〕

此段話語並未否定譬喻的效用，〔註 39〕卻認為佛經裏的奇巧譬喻不夠允當平易，失去以「近」（切合生活）、「朗」（清晰明白）這些能幫助人們曉悟之必要條件，反倒使學說焦點模糊，也產生變異的面貌，最後連原本牽繫的義理都混淆難辨。王洽所云，觸及了華梵辯訴趨向的不同，也間接為佛道兩教情調差異之思想背景提出解釋。因此，魏晉南北朝道教這類用來佐助教義的「譬喻」，呈顯的觀點大抵清楚而單純，沒有古代神話之象徵性或《莊子》「寓言」、「重言」、「巵言」之歧義性，更罕見佛教典籍波瀾壯闊的敘述結構，基本上只披掛著讓人一目瞭然的簡捷事件。

如果說，議論與陳述夾雜的型態，表現出道教典籍特有的破碎敘事、「譬喻」之運用標誌了淡微的低度敘事；那麼，早期天師道《女青鬼律》則藉由排列各種神鬼之名，經營出一個縝密的神話空間，也呈露了一種趨近於零的敘事方式：

> 雲中无頭壞軍死將逆惡大鬼姓李名三可／北斗三台招搖大鬼姓伴名玩／西斗三台鬼姓車名球／南斗三台鬼姓湨名溫夫／中斗三台

〔註 38〕王洽，〈與林法師書〉，《全上古三代秦漢三國六朝文（四）》，《全晉文》，卷十九，頁 9。

〔註 39〕道教對於譬喻能否表達終極真際，基本上稟持著否定的態度，《太上靈寶元陽妙經》即直指「不可以譬喻為比」，對一切譬喻都感到不安，提醒讀者，喻依與喻體之間不準確的部份，其實遠遠超過準確的部份，無法完全扣合的不似之處即引動了文章的蔓衍。然而此經卻大量地運用了譬喻，有些接近《聖經》對寓言神話嚴加撻伐，本身卻充滿著各種寓言神話之矛盾。另如《太上洞玄靈寶授度儀》太極真人頌曰：「太上大道經，出是靈寶經。高妙難為喻，猶彼玄中玄」，及《本相運度劫期經》云「名道者……無匹無偶，無譬無喻」等，在推崇道與道經的同時，也一併質疑了譬喻的效能。

鬼姓王名咸／東斗三台鬼姓角名車／……東方凶神鬼姓堅名角子／南方凶神鬼姓精名玉又名後竹……東方青帝直符鬼名伯神子一名果子／西方白帝直符鬼名伯和子／南方赤帝直符鬼名泰伯子……甲子日鬼名元光／乙丑日鬼名邢彰／丙寅日鬼名釗昌／丁卯日鬼名子方／戊辰日鬼名生進／己巳日鬼名傳弁／庚午日鬼名柴方／辛未日鬼名音父／壬申日鬼名石松……甲子十日一旬凶神姓玄名玉衡／甲戌十日一旬凶神姓恒名捧……（卷一）

山精之鬼長一尺名濯肉／木精之鬼名群夭／石精之鬼名愳肉了／虎精之鬼名健莊子……大山之鬼名弓強／小山之鬼名和邢／大樹之鬼名方域／小木之鬼名轉其……屋室之鬼名搖子／食器之鬼名後服／囷廁之鬼明項夭……傘蓋鬼名晏／麾幢鬼名託／鼓音鬼名亂……（卷二）〔註40〕

在這些段落裏，沒有關於陰陽天地的任何寫照，卻修編出一個相當完整的世界圖像，並且暗示了這是一個文字化、被人為符號重新設定過的世界，甚至可以說，此部經典本身就是「文字完成了世界、體現了存在」之觀念的直接示範。從抽象到具象、從自然到社會，透過名與名堆疊的過程，空間性的五方與時間性的六旬，以及山林江河與所有動物、植物、礦物、家具、住宅、樂器、衣飾……，全都以一種被調節後的物質形式開展出來，而篇章內的鬼神雖未經刻劃，仍能將此圖像染上紛亂陰鬱的視覺效果。《女青鬼律》以最小的詞作為陳演單位，將千絲萬縷的陳述轉變為意象之砌築，省略了細部的摹繪、抽離了湧動的情念，於無故事中締建出道教特有的神話型態。

　　綜覽魏晉南北朝道教典籍，偏好對各種境況作定格式的描寫，遠甚於對動態事件作推擴式的鋪演，「議」的成份大幅地超過了「述」的成份，而神學的比例也經常高於神話，造成「經」與「論」、「經」與「詮」彼此混淆的結果，同時製造了一種滿是縫隙的敘事。稀薄的神話依附在數量龐大的神學之上，後者才是篇章主體，說明了這一宗教並非浸潤在夢與潛意識裏，而是和夢與潛意識拉開某種距離後，再嘗試重新進入，借用之、以其為輔助，在深刻的理解中返回生命的源頭。

〔註40〕《女青鬼律》（《正統道藏》第三十冊），頁 577～583。

第三節　悖論與無窮退後的否定形式

關於終極真際，以及天人交溶之冥契經驗該如何繪敘，是多數宗教與哲理都必須面對的難題，箇中區別正是不同思維揭發宇宙奧秘時，在模式上有所差異的顯相化（embodiment），透射出各種學術的獨特性。儘管魏晉南北朝道教亦以不可言、不可說的信念，作為陳演究竟義之基本建構條件，但談論至道、玄德、法身聖體之話語的形態，卻逐漸和《老》、《莊》兩家產生疏隔，不僅應和著這個時代文化向度的改變，也呈現了一種新穎的詮釋立場。

英美學者史泰司在綜括各類關於純粹統體之表達型態時，曾經深入地就「真空實有的悖論（paradox）」展開長篇討論，〔註41〕說明此乃運用兩項對逆性質或對逆名相之互滲，來呈現絕對領域超乎理智分類的修辭法。《老子》云：「道常無為而無不為」、「大成若缺，其用不弊；大盈若沖，其用不窮」、「天下之至柔，馳騁天下之至堅」，皆在某個正極的肯定裏，傾注了負極的否定，暗示著恍惚的玄虛之境即是種本然的矛盾、也調勻了一切矛盾。而《莊子》曰：「天地與我並生，而萬物與我為一」、「六合為巨，未離其內；秋毫為小，待之成體」、「在太極之先而不為高，在六極之下而不為深，先天地生而不為久，長於上古而不為老」，認為所謂「道」與體道者，均處於詖詭譎怪、不受邏輯與秩序牽制之渾沌狀態，以致主客、鉅微、先後、久暫等任何定限一旦施諸其上，都會失去它們原來的範疇意義——《老》、《莊》思考與辯證的結構雖非全然符契，卻同樣採納了悖論來演示不可言說、沒有經驗內涵之究竟圓融，因為藉由這種反轉、旋合的手法，能夠揉蝕知識的涯際，讓價值判斷據點對自己產生消散瓦解的作用。

魏晉南北朝道教典籍裏，亦不乏使用悖論來進行議論的例子，例如《抱朴子》即形容含醇守樸的玄道：「如闇而明，如濁而清；似遲而疾，似虧而盈」、「道者，涵乾括坤，其本無名……以言乎邇，則周流秋毫而有餘焉；以言乎遠，則彌綸太虛而不足焉」，〔註42〕遣詞營句的風格與《老》、《莊》頗為接近，

〔註41〕史泰司（W. T. Stace）著；楊儒賓譯，《冥契主義與哲學》（臺北：正中書局，1998 年），頁 208。史泰司認為這類悖論在內容上，大抵可分為三種面相：有質性與無質性的結合、人格性與非人格性之並攝、創生不已與寂靜凝止同時具足，從魏晉南北朝道教經典裏都能找到符合的例證。然此時道經裏的悖論，主要用以形容至道，較少見於個體性的冥契經驗之內；更切確地說，魏晉南北朝道教並不措意於個體性冥契經驗，此於第四章第一節已作說明。

〔註42〕《抱朴子內篇》（《正統道藏》第四十七冊），卷一，〈暢玄〉，頁 641；〈道意〉，

強調玄道無法依照切確的感官意象給予析判，萬有於其間彼此函化、相統相攝，故必須捨裰所有情念始得以領悟。《元始五老赤書玉篇真文天書經》則如此講訴：「靈文晻靄，乍存乍亡」，〔註43〕另外《龍蹻經》曰：「大道生化，无物不通，大包无外，細入無間」，〔註44〕《太上妙法本相經》也選擇了類似的辭語來解明：「夫本相者，大無不包，細無不入」，〔註45〕讓多種牴觸的屬性，在字述之推迎迫撤中逐漸凝聚、進而泯沒，映顯出終極真實那蘊藏著豐富生命底質之沉寂澹闐。

　　然而，綜覽這個階段的道教典籍，便會注意到學者們習慣使用的悖論其實已經不是傳統道家及《抱朴子》這樣的表現模態了，東晉晚期的《太上洞玄寶元上經》曾作殊別：

> 道炁玄妙……不清不濁，不減不增，含容无量，一切有无……成生一切，无數无鞅，大而分之，常用以五：一曰无，二曰有，三曰无中之有，四曰有中之无，五曰非有非无。非有非无，妙炁也；有中之无，精炁也；无中之有，始炁也；有者，元炁也，无者，玄炁也。〔註46〕

此段話語將道炁分為「无」、「有」、「无中之有」、「有中之无」、「非有非无」五種發用，藉著這些原應互斥的範疇之併生、併起及併拒，細膩地辯證了道炁本身不受各種範疇制約，並且於一切範疇之上予以總攝的卓拔義，也揭示其凌越過清濁、增減等世間變動的恆常性。「无中之有」、「有中之无」其實是「亦有亦无」的翻說，《寶元上經》儘量在語言層次裏，窮盡「有」、「无」兩項概念所能排列的一切組合，來呈示道炁無限廣闊的容納量。由於這些發用，都指向某種可孕育形質之「炁」，並不具備層層否決的意味，反倒是彼此融通、

　　　　卷九，頁687。另如〈地真〉說解「一」時亦云：「其大不可以六合階，其小不可以毫芒比也」，後被《太上洞玄靈寶三一五氣經》論真一之道時襲用；《正一法文天師教戒科經》云：「道弘大包含，天地變化，萬神微布；散在八極之外，內潛毫毛之中……大無不覆，小無不入……含濁而不穢」亦具類似的悖論。

〔註43〕《元始五老赤書玉篇真文天書經》（《正統道藏》第二冊），頁343。另如《度人經》、北周韋節詮解《西昇經》〈道象章〉、〈聖辭章〉亦有類似繪敘。

〔註44〕《上清太上開天龍蹻經》，卷二，〈通生官屬元置品〉，頁717。以下「道性虛凝」句見頁712。

〔註45〕《太上妙法本相經》（《正統道藏》第四十二冊），卷上，頁35。

〔註46〕《太上洞玄寶元上經》（《正統道藏》第十冊），頁631。

衍生的意味較強，故文裏推舉的「无」、「有」、「亦有亦無」、「非有非无」，與佛教中觀之論式仍存著根本的差異，基本上是以玄學糅合佛教之邏輯推演，再依道教特殊宇宙觀而成立的思考。時代更晚的道教典籍所陳置的悖論，則開展出相當一致的面貌：

> ……而發眾生，無量道性，出諸智慧，清淨六根，悟解無為，證真常道，不生不滅，永斷識因，無去無來，海然空寂，皆因此經得悟，因悟成真。(《太上洞玄靈寶業報因緣經》)〔註47〕

> ……道性虛凝，不生不滅，无來无去。(《上清太上開天龍蹻經》)

> ……言道身者……冥契玄宗，與道為一，不滅不生，無來無去，言語路斷，念慮永畢。(《太上洞玄靈寶開演秘密藏經》)〔註48〕

> ……道德一體而其二義，一而不一，二而不二。不可說其有體有用，無體無用，蓋是無體為體，體而無體，無用為用，用而無用。然則無一法非其體，無一義非其功也。(《道教義樞》引臧矜言)〔註49〕

傳統的悖論泰半以具象的語言來架構，故往往是與隱喻混合而運轉的，〔註50〕兩兩遣破之性質如「明闇」、「堅柔」、「虧盈」，隨著論述者及論述的脈絡而產生變化，主要用意乃在硎夷經驗界看似理所當然之二元對立。但上列案例所用的悖論，其實皆擷取龍樹《中論》「八不中道」四組代表迷滯之抽象概念「生

〔註47〕《太上洞玄靈寶業報因緣經》(《正統道藏》第十冊)，卷七，〈功德品〉，頁405。

〔註48〕《太上洞玄靈寶開演秘密藏經》，頁91。另如《昇玄內教經》、《太上靈寶元陽妙經》、隋唐間《太上洞玄靈寶淨供妙經》亦有類似悖論。

〔註49〕《道教義樞》(《正統道藏》第四十一冊)，卷一，〈道德義〉，頁767。臧矜的悖論，尚可見於〈三一義〉、〈有無義〉等篇章。除了雙重否定型態（如「非質非空」、「離有離空」、「非陰非陽」）外，臧矜也使用「且應且寂」、「能權能實」、「可左可右」等雙重肯定型態，但都可以當成類似的公式。否定、肯定共運的方法，或許是臧矜與《本際經》以後隋唐重玄學家的差異之一。

〔註50〕牟宗三曾對《莊子》〈應帝王〉記載神巫季咸見壺子一事，申論四門示相的差異：「第一，『示之以地文。不震不止。是殆見吾杜德機也。』……此為無門」、「第二，『示之以天壤，名實不入，而機發于踵，是殆見吾善者機也。』……此為有門」、「第三，『示之以太沖莫勝，是殆見吾衡氣機也。』……此為亦有亦無門」、「第四，『示之以未始出吾宗，吾與之虛而委蛇，不知其誰何，因以為弟靡，因以為波隨。』……此為非有非無門」，這雖是牟氏援佛入道之特殊詮釋，但亦能說明中國傳統哲學思維亦已發展類似層次，卻未成立固定的語言範式，可以用來對比以具象語言和抽象語言所組構之兩種論閾的差異。參考：牟宗三，《圓善論》(臺北：學生書局，1985年)，頁282。

滅」、「常斷」、「一異」、「來去」締建而成，前兩者統攝了關於時間的計執，後兩者則代表空間的計執，實際上是把所有世俗的見解都壓縮到這四組概念內，以極度括約的語言來擯除外境與心智的偏倚。在辯證規律方面，許多傳統悖論會對正反條件同時進行肯定與否定的操作，亦即採取既肯定又否定（both yes and no）之邏輯來貫串，而南北朝道教典籍裏的悖論則比較強調雙重否定（neither yes nor no）之邏輯，帶有清晰的駁斥姿態，因此「不……不……」、「非……非……」等句法便頗為普遍，已然湧現公式化的傾向。

然臧矜所用的悖論，必須與《龍蹻經》、《開演秘密藏經》之類的道經略加區隔，因為這是南朝重玄學家在假、空、中三觀影響下，廣泛地借助「四句百非」軌制，對至道之寂寥具有深刻體認後，才逐漸發展的議訴型態，〔註51〕嘗試將所有物事以至於語言、意識，全都予以剗磨，更側重於祛鑠人為造設的「概念」本身，故其文旨在防止學者因「道／德」這一詞組，而陷泥於「體／用」、「義／法」等其他詞組二分的理障，期盼藉由不斷來回穿梭雙邊之說解技巧，來促成完滿無漏的鑒照。析究臧矜的辭述，能夠發現他的悖論內部含存著證圓實的目標，〔註52〕詳盡地宣講「道」、「德」依而復即，「一而

〔註51〕臧矜對隋唐重玄學義理建構有極大影響，關於重玄學的意義與範圍界定，參考：林永勝，〈乞啟重玄之關——論重玄派研究之爭議論點〉，《清華學報》（2004年12月，新34卷第2期），頁383～424；李剛，〈道教重玄學之界定及其所討論的主要理論課題〉，收入：氏著，《重玄之道開啟眾妙之門——道教哲學論稿》（成都：巴蜀書社，2005年），頁124～149。南朝重玄學者如王斌提出「八並」之說，宋文明提出「四非」之說，都參考了二諦、八不中道的論證方法，直至「四句百非」、「雙遣二邊」成為玄學家專有的辯議律則，在形式與思想上都更加成熟，也將「離言」觀念作了極致周詳的發揮。但蒙文通總結重玄派的地理範圍曰：「北朝解《老》，猶習魏、晉之遺。重玄雖盛，不過江東，未嘗行於河北也」，故此類繁複的辯證方法主要見於南方。關於重玄學家使用四句百非的相關研究，參考：蒙文通，〈校理《老子成玄英疏》敘錄（節錄）——兼論晉唐道家之重玄學派〉，收入：氏著，蒙默編《川大史學（蒙文通卷）》（成都：四川大學出版社，2006年），頁358～370；卿希泰，《中國道教史（第二卷）》（成都：四川人民出版社，1992年），頁120～238；盧國龍，《中國重玄學》（北京：人民中國出版社，1993年），頁19～136。另外，倘若比照林鎮國對「說一切有部」與「般若思想」所作的分殊：「有部強調以嚴格的分類法和實踐程序以達到解脫生死的目的，般若思想的特色則表現於當下解構，遮撥言詮，直指實相」，亦符合靈寶、上清等思想與重玄學的差異，如此可看出道教吸收佛教思想之趨勢的改變。參考：林鎮國，〈佛教詮釋學〉，收入：《辯證的行旅》（臺北縣：立緒文化公司，2002年），頁194。

〔註52〕從現存資料來看，臧矜尚未直接使用「圓」一語，但其義理已明顯指出此觀

不一，二而不二」的和合關係，主張道之本與德之跡正是一體兩面的符同（co／incidence），假使截然割裂，將現象排黜在至道之外，必然會膠著、固結為一種認知的窒礙，「若絕無者，豈同太虛，即成斷見」。〔註53〕而避免「絕」、「斷」的方法，就是避免讓志慮耽溺於任何形式的向量，避免讓心靈停頓於沒有轉圜餘地的類劃，如此才得以保持勘悟真實之通明活潑；在詮釋策略上，則是鬆動能指與所指那切確對應、具強制力的環紐，將語言文字所屏圍的定義拆散（如「無體（所指）為體（能指），體（所指）而無體（能指）」），進而再和不同的詞組搭配，把被「此能指」（如「體」）映射而出的「彼能指」（如「用」）按入另一詞組（如「義／法」、「常／無常」）之交錯裏，各種哲學範疇乃於相羅相網中，達到徹底抵銷的效果（如「無一法非其體，無一義非其功」），比起單純排列「不……不……」、「非……非……」之類的方式，更周密地敷演了至道內在於萬化的超越性。

　　從消解一切現象之執滯，再到消解一切概念之執滯，隱約透露了道教學者所在位置的改變：他們一步步撤離有情、有景、有物的世界，把過去學者的沉思當作否定的對象、把接觸《老子》與道教典籍可能產生的謬妄當作否定的對象，最終又把這些否定當作否定的對象；換句話說，臧矜的悖論充滿對自我的顛覆，那是種累層性的顛覆，是在反省傳統學術語言之過程裏成立的語言。像這樣逐漸向後移動立基點，以便深入分析各層觀念之僵化危機，並且試圖滌蕩此類危機的深度辨議，在南北朝前期已然產生，例如顧歡云：

　　　　夫無欲於無欲者，聖人之常也；有欲於無欲者，賢人之分也。二欲
　　　　同無，故全空以目聖；一有一無，故每虛以稱賢。賢人自有觀之，

念的生成，故〈玄門大義三一訣〉乃以「以圓智為體」來詮解臧矜之說。在《玄門大義》（乃至後來有所刪整的《道教義樞》）裏，記載了多位南朝重玄學家，然每位綜納出的觀念不盡相同，而從孟安排等隋唐重玄學家的角度看來，也未必被當作成熟正確的論點，故《玄門大義》往往對引文加以辨駁、重新梳解。至於獲得肯定的關鍵，似乎主要就在「圓」與「空」觀念建立與否，前者必須依靠悖論才能有完整的展現，後者就與無窮退後之否定思維方式緊密相連。例如徐素以「大智慧源」及「裁成之靡素」講述「三」與「一」，分出境／智、體／義、本／跡兩諦，而未泯除其差異，是以遭到批駁；孟景翼亦認為「一」為妙有，「有而未形」但能「布氣生長」，不過《玄門大義》作者卻質疑能夠引發「生」之現象與概念的「一」退得不夠遠，無法稱為「未形之妙」。相反地，臧矜所言「三一」，被認為超於假真對立而進於中道，所以《玄門大義》抱持較高的評價。參考：盧國龍，《中國重玄學》，頁60～67。
〔註53〕《道德真經注疏》（《正統道藏》第二十二冊），卷二，頁207。

則無欲於有欲；自無觀之，則有欲於無欲。虛而未盡，非屢為何？
〔註54〕

此段話語其實彌補了魏晉玄學申談「無」之義蘊時，未能細探的思想缺口，察覺到學者對「無欲」之尋索，也經常凝集為一種不自知的形上欲望，是故藉由修習來歸返道本的行為，只能算作不完整的解脫，唯有連「歸返」之判斷都拋遣，才可真正地達致「空」的境界——顧歡所述，既同時拓張了「無」與「有」的範圍，亦使「欲」的理論厚度增加——「未盡」與「屢」乃指出一條需要不斷克服的路徑，強調只將人們對客觀境象、語言文字之依止加以卸免還不足夠，必須把有所依、有所止、有所卸、有所免的意向全部抹去，「無欲於無欲」之虛極狀態始能浮現。《無上秘要》曾引《洞元敷齋經》云：「忘其所忘，體與玄同」，〔註55〕提醒學者關於忘卻的操演，會使「忘卻」本身形成一種近乎無法排遣的幽微記憶，此記憶的底線若未捐棄，便難以與玄道冥合；北周樓觀道士韋節闡述《西昇經》曰：「……次當遣存神之心，恢泊志於无為。此存神之心猶有相有意，故當又遣之，以定于无欲，亦乃忘其思念，故不知我之持心念神之異也」，〔註56〕則從更內在的角度來審視道教存神、守一等煉養工夫，說明人們推運智慮而入靜，仍屬有為之術，努力掌握聖仙影像以追求身心轉換之具實目標，亦是定位定質的限制性活動，與極致的純粹境界尚有隔異，因此這「存神之心」不能不加以刪濾。

在上列引文裏，每句段都存著兩個命題或觀念單位，前一命題（觀念單位）是後一命題（觀念單位）所將剋扣，且據以昇華的地平線，它代表了塵俗某項價值被取消掉的出世義趣，因此後一命題（觀念單位）之疊架，就構成退後又退後的否定型態。如果與傳統哲理相參照，這可謂《莊子》思想之回聲，利用持續遷延的語言來逐漸逼近絕對的至道，〈齊物論〉曰：「有始也者，有未始有始也者，有未始有夫未始有始也者。有有也者，有无也者，有未始有无也者，有未始有夫未始有无也者」，即以多重自我磨滅、自我折拗的論說

〔註54〕皇侃，《論語集解義疏》（臺北：商務印書館，1937年），卷六，〈先進篇〉，頁153引顧歡語。

〔註55〕《無上秘要》（《正統道藏》第四十二冊），卷一百，〈會兼忘品〉，頁623。此語與莊子〈德充符〉「人不忘其所忘而忘其所不忘，此謂誠忘」、〈大宗師〉「相忘乎道術」等思想應有直接關係。又《道教義樞》〈有無義〉引《金液經》云：「達觀兼忘，同歸於玄，既曰兼忘，又忘其所忘」亦同。

〔註56〕《西昇經集注》（《正統道藏》第二十四冊），卷三，〈觀諸章〉，頁552。

方法，指出「始」、「有」、「無」等字詞簡化了人們對物事起源及演變過程的想像，並促使這些想像恢復那沒有約束、不停往回溯遊的活絡性。無窮退後的否定形式與悖論，俱為遮撥的詮釋，然前者乃是先尋揀好特定的基準，一遮再遮、一撥再撥，把經典受眾推到臆想的盡頭，使其體悟究竟真實之不可名狀；而後者則是透過掩蔽對立面、同時又被對立面掩蔽，以取得漂遊於兩端、甚或剎棄兩端的自由，方得與無畛無畔之道氣相呼應。

除了《莊子》之外，上列引文可能與魏晉南北朝佛教典籍的關係更為密切。由於大乘佛教對人們各種面向的虛妄有著深刻的理解，故許多經典都會迭遞地拆解這些因情識而起興的誕念，幫助學者認知心靈障礙蔓生不已的困頓，從而也產生了頗為特殊的語言模式。以鳩摩羅什所譯《摩訶般若波羅蜜大明咒經》為例，其內容講述「空」超越一切感官意識之後又云：「無無明，亦無無明盡；乃至無老死，無老死盡」，〔註57〕先嘗試止斷眾生的昏昧癡闇，接著連「止斷無明之想」也予以窮抑；先將生老病死的苦難判為幻相，然後再進一步削除人們由於領會這些苦難所引發的「擺脫苦難」思考。在這幾句經文中，「無」字否定了先前提及的某種執迷，於是另一種反向的執迷便脫胎而出，緊跟著「盡」字又將此執迷否定掉，世間的成見便被層層裁革，以至於抵達無上正等正覺的涅槃之境。

由先前探討的內容裏，可以察見遮撥的詮釋已然成為南北朝至隋唐時代描繪終極真際最重要的方法。《道教義樞》云：「常與無常，並是起用，悉皆是跡；非常非無常，乃可為本」，〔註58〕即透露出道教學者不再滿足於肯定的說解、甚至不再滿足於容易製造二元對立之一次性否定，認為唯有倚靠「以語言殺語言」之表述才能帶領人們超離迷途〔註59〕——所謂「道」並非僅是「具有本然矛盾」的終極真際，而且還必須是「止息一切矛盾之矛盾」的終極真際。類似的「損之又損」範制，在唐代重玄學裏有了頗為成熟的發展，例如成玄英云：「有欲之人，唯滯於有；无欲之士又滯於无。故說一玄，以遣雙執。又恐學者滯於此玄，今說又玄，更袪後病。既而非但不滯，亦乃不滯於不滯。此則遣之又遣，故曰玄之又玄」，〔註60〕就是參悟了眾生不時會被概

〔註57〕鳩摩羅什譯，《摩訶般若波羅蜜大明咒經》（《大正藏》第八冊），頁847。

〔註58〕《道教義樞》，卷一，〈法身義〉，頁770。

〔註59〕此處參考：楊儒賓，《莊周風貌》（臺北：黎明文化公司，1991年），頁43。

〔註60〕嚴靈峰輯，《道德經開題序決義疏》（臺北：藝文印書館《无求備齋老子集成初編（三）》，1965年），卷一，頁4。另如李榮曰：「借玄以遣有无，有無既

念、以及被破除特定概念之「姿態」所拘縛，才按立的嶄新詮釋，每回合的「損」都是對思想慣性的一種抵抗與撕剝，故日本學者砂山稔認為：「所謂重玄，意謂著不執著於什麼東西，連不執著也不執著，包括成玄英在內的重玄派，就是把道德經之『道』乃至道教之『道』，以這一重玄觀點為中心加以理解的」。〔註61〕

　　倘若把南北朝中後期至隋唐道教典籍裏，無窮退後之否定型態作一並比，且與顧歡等人所云相較，即可以看出改變的趨勢：

　　　　……真性常一，未始暫有，未始暫無。真既非有，亦非非有；真既非無，亦非非無也。（《太上洞玄靈寶昇玄內教經》）〔註62〕

　　　　……言道性者，即真實空，非空不空，亦非不空；非法非非法；非物非非物；非人非非人；非因非非因；非果非非果；非始非非始；非終非非終；非末非非末，而為一切諸法根本。（《太玄真一本際妙經》）〔註63〕

　　　　……無行無無行；無觀無無觀；無空無無空；無真無無真。（《无上內秘真藏經》）〔註64〕

由這些案例，能發現此類辯證也開始有了公式化的情況，大抵以簡明直易的「非……非非……」、「無……無無……」句法呈示出來，藉著重複的負性字詞之緊靠黏著，對「空」、「因」、「果」、「物」、「末」等充份提煉過的哲學符號，幾度進行覆蓋，切近翻譯佛典的風格；其次，悖論與無窮退後之否定形式結合於一——負性字詞的添增，使對真道的詮釋不會留駐於任何端緣，亦傳達了在對立的雙邊之間反復挪動的樣態，故原本必須借助兩個基礎矛盾範

遺，玄亦自喪，故曰又玄。又玄者，三翻不足言其極，四句未可致其源」亦稟持類似思路進行。

〔註61〕砂山稔，收入：《道教（第二卷）》（上海：上海古籍出版社，1992 年），頁 32。

〔註62〕《太上洞玄靈寶昇玄內教經》，李德范輯，《敦煌道藏》第四冊，〈无極九誡妙經第九〉，頁 2218。此部道經還有其他自我否定的表達方式：「今日所聞亦無所聞，今日所視亦无所視，今日所見亦无所見，今日所戒亦无所戒，今日之相亦无所相，今日之法亦无所法。乃以无法為法，无相為相，无說為說，无見為見，无視為視，无聽為聽」，已含括由假入空、由空出假兩個面向，就辯證而言，比「非非」、「無無」等公式更加精細。

〔註63〕萬毅，〈敦煌道教文獻本際經錄文及解說〉，收入：陳鼓應主編，《道家文化研究（第十三輯）》（1998 年 4 月），頁 423。

〔註64〕《无上內秘真藏經》（《正統道藏》第一冊），卷二，〈惠澤品〉，頁 704。

疇來組構的悖論，現在只要依繫單項概念就可以完成。譬如「真」—「無真」—「無無真」恰好施履了「權」—「實」—「道」三智最低限度的環節，透過符號的置換而產生意義飄流的詮釋效果，也鋪設了萬事萬象無其自性的道理。〔註65〕此時道教雖然隨著思路愈形繁複而擴張了篇幅，但仍習慣採取比較經濟的方法來陳立邏輯的運作，以精省的語彙及敘述代替整個沒有止盡的追尋過程，成玄英「故說一玄，以遣雙執」乃至於「又玄」可謂這種傾向的典範。錢新祖曾分析佛教中觀之行文規律曰：

> 印度的三論宗在用「二諦說」的時候，並不是孤立地用，而是和「四句」連在一起用……以「四句」裡第三句的方式說萬法是「亦有亦空」而因此得到一個較高的、第二層次的「俗諦」，由於俗真二諦之間所內含的辯證邏輯，這第二層次的「俗諦」所作的肯定又隨即遭到否定而成為以「四句」裡第四句的方式所說的「非有非空」，「非有非空」是第二層次的真諦，繼續辯證演化的結果則產生第三層次的「有空非有空」和「非非有非非空」以及第四層次的「非非有非非空」和「非非不有非非不空」的俗真二諦。這種由「四句」和「二

〔註65〕關於此時道教從談論道體、道性，再延伸至「無自性」、「自然」的問題，已有幾位學者展開探討。例如中嶋隆藏主張《本際經》乃位於肯定佛教因緣說的立場，對傳統自然說展開批判；麥谷邦夫認為《道教義樞》建立以因緣為主、自然為輔的兩教調和論；而林永勝更仔細分殊文本，強調《本際經》的否定論述，主要用來描述道體之狀態，《道教義樞》所言「無自」必須與「無他」並觀，基本上用來揚棄二元對立以講解絕待之境，並非如空宗那般藉否定諸法自性之存在來證得空性，故不宜以因緣說的角度來理解。參考：麥谷邦夫，〈南北朝隋唐初道教教學管窺——以《道教義樞》為中心〉，收入：辛冠潔等編，《日本學者論中國哲學史》（北京：中華書局，1986 年），頁 267～323；中嶋隆藏，〈六朝後半より隋唐初期に至る道家の自然說〉，收入：氏著，《六朝思想の研究》（京都：平樂寺書店，1985 年），頁 682；林永勝，〈從才性自然到道性自然——六朝至初唐道教自然說的興起與轉折〉，《臺大文史哲學報》（2009 年 11 月，第 71 期），頁 21～23。魏晉南北朝道教學者在表面上，的確有意識地吸收了佛教因緣概念，也對萬物沒有不變的自性具備某程度的理解，故《本際經》、《道教義樞》均嘗試藉由類同思想，與佛教進行抗衡或調解。但由於南北朝道教所云「道」，為「氣」與世間一切法存在及生成變化的依據，仍保持實有的意味，連帶地使其「因緣」、「無自性」只能在經驗層次上談，並不證究竟本體，故其「空」之內涵已異於佛教。直至成玄英便以「至道虛玄，通生萬物」、「雖復能生萬物，實无物之可生」等語，嘗試把「體／用」與「生」都視為意義上的虛說，才間接地將佛教的「空」導入「道」內。

諦」的聯合運作所構成的系列是一個步步高昇的漸進否定辯證過程
（dialectical process of progressive），在理論上，這個過程可以不斷
地繼續，直到「無戲論言亡慮絕」為止⋯⋯〔註66〕

這一段落主要用來對照印度佛教與中國佛教在講議上的區別，彰顯僧肇於〈物
不遷論〉、〈不真空論〉等篇章裏，乾淨俐落地翻轉了「動靜」、「有無」範疇，
卻未聯結「四句」錯綜的辯證手法，故與龍樹因熱衷於駁斥各種俗知所砌築
的嚴謹思想體系產生了差異，清楚地指出中觀學者沿循著分解的言說架構來
超脫言說的精神，也點明華夏學者如何用屬於自己的方式，重新演練外來文
化的理諦。有趣的是，南北朝道教的悖論或無窮退後之否定型態，雖然參酌
了佛教分解的言說架構，卻同樣發生表述樸素化的趨勢，在操作程序上進行
芟減與節制，所指涉的內容亦多半集中於「本迹相即」的旨趣，與魏晉玄學
仍保持潛隱的會通，因此在他們特地營造的西式語境裏，還存著一個與傳統
緊密相連的意義世界。

結　語

　　無論問答體、譬喻或悖謬的矛盾語，皆是經過設計的言說方法，學者重
複地使用它們來承載各種思想，意謂著真理並非在任意不羈的談語中開展，
反而必須借助具有規定性的形式才能清楚地呈示、才能讓眾生瞭解。這些形
式應合了道教獨特的歷史進程，從只講求簡單明淨的精神境地，慢慢建架出
愈來愈周折的知識體系。

　　回顧此章每一小節，均可發現道教在傳輸概念、闡明諸法實相時，逐漸
複雜化的軌跡，這複雜化自然受到佛教的影響；但若與佛教典籍的型製比較
起來，卻又明顯產生樸素化的傾向，這樸素化乃出於先秦道家以降固有的哲學
與審美觀。故道教的敘事與修辭，不能只被視為對佛教的模仿或沿襲，同時
也是對古典語言的一種更轉，應該被當成華梵文化合力造成的移位結果。

〔註66〕錢新祖，〈佛道的語言觀與矛盾語（下）〉，《當代》（1987 年 4 月，第 12 期），
　　　　頁 101、103。

第六章　諸神的對諍──佛道兩教之雙向附歸及排闥

　　魏晉南北朝是道教產生分化、改革與自我充實的時代，並且也是佛教流播於中國乃至蓬勃發展的時代。一開始，兩種宗教遙相觸探，以溫和緩慢的步調彼此交涉，但愈至晚期，在社會與政治場域上爭搏的態勢愈見強勁，關於義理儀節的矛盾也經常被放大審閱，因而爆發了多次激烈的衝突。儘管如此，佛教與道教仍在各種評介或角逐間，逐漸適應並學習了對方的表述方法，從命名、概念陳設到修飾言辭的藝術，全都穿越了中國與印度、東方與西方之藩籬，呈現出前所未有的活潑。

　　然佛道兩教的語言往來，絕非不具任何意圖的單純信號切換，當一方嘗試掌握另一方的字詞話論，事先會通過一個被自身知識特性所決定的期待視野，也可能安排了藏帶偏差印象之過濾機制，故佛道學者在進行詮釋、翻譯及辯論時，即已受到某種程度的框束，更深刻地影響到未來聽者讀者的觀感。隨著兩教競鬥的局面日益險惡，語言變成了奪取權力的重要形式，道教學者乃或明或暗地借助各類文本，來禁限佛教的擴張，其中亦包括對佛教文本的運用，於是附歸與排闥那樣悖反的效應便往往齊發共顯。

　　本章希望探討在魏晉南北朝這個文化大規模匯聚的時代裏，佛教和道教相遇之後所從事的各種語言操作，特別關注道教學者如何由佛教內部汲取他們想要的資源，來達到一己護教之目的。以此問題為軸幹，進而追究學者在顧及國家、民族與思想疆界的同時，怎麼將異質的術語和概念收併於中華傳統，甚至使其順應道教獨特的旨趣？又以怎樣的心境來展開這些活動？接著

省察所謂「夷夏之辨」、「三教調和」等論點，是否如其表面宣示般，存著一貫的抵拒及包容？抑或只是佛道學者迎擊對手的武裝？最後逆推這些語言操作是否回過頭來對道教產生干擾，藉此可以側面瞭解佛道兩教如何再現對方，又如何將各自的批判埋伏於再現之中。

第一節　從格義之法談佛道地位的陵夷

魏晉時代，佛門弟子為了幫助人們接引在中國極為陌生的般若學，不得不求援於《老》、《莊》、儒家，甚至神仙方技等較盛行的思想，借用傳統知識體系裏既有的觀點來講說佛教的名相理趣，此種「以經中事數，擬配外書，為生解之例」，[註1]把華梵概念直硬匹附的詮譯之法，被稱為「格義」，是域外述道者將佛教推介、播散至域內的變通方式，同時也是漢民族吸收嶄新文化的重要途徑。

格義的歷史其實還可推得更早，劉宋僧侶慧叡云：「漢末魏初，廣陵彭城二相出家，並能任持大照，尋味之賢始有講次，而恢之以格義，迁之以配說」，[註2]即認為這樣不忠實於佛陀本懷、不拘於典籍訓喻的折拗論釋，在三國以前已經出現，它雖然發揮了弘揚教旨的功能，卻也製造了許多背離原意的見解。孫吳時，支謙翻譯《大阿彌陀經》，觸及了忠慈至誠、尊聖敬孝等儒家義理，也用「度世無為」等道教觀念來談演泥洹境界；康僧會主張養生成神，將

〔註1〕 《高僧傳》（臺北：新文豐出版公司《大正新修大正藏》第五十冊，1986 年），卷四，頁 347。以下「先舊格義」句亦同。關於格義，湯用彤認為：「它不是簡單的、寬泛的、一般的中國與印度思想的比較，而是一種很瑣碎的處理，用不同地區的每一個觀念或名詞作分別的對比或等同」，此為嚴格的定義，本篇論文大抵依循這個解釋，主要探討道教如何應用這種特殊的詮譯方式。另外，蔡振豐對記載「格義」的各種文本進行分析，認為此詞在魏晉時期並非具有特定意義，眾人所云格義的內容未必相同，可能只是字面上「於義有格」之意，也可能具體代表某種詮譯方式，亦可能指佛學發展的一個階段或研究特色，而東西配對的範圍更可擴大為「經旨」或「佛說」，故格義乃某一時期佛學發展的代名詞，這是考慮到話語脈絡、較為全面的看法。相關討論參考：湯用彤，〈論「格義」──最早一種融合印度佛教和中國思想的方法〉，收入：《理學‧佛學‧玄學》（臺北：淑馨出版社，1991 年），頁 273～285；呂澂，《中國佛學源流略講》（臺北：里仁書局，1985 年），頁 312；蔡振豐，《魏晉佛學格義問題的考察》，頁 216。

〔註2〕 慧叡，〈喻疑〉，《出三藏記集》（臺北：新文豐出版公司《大正新修大正藏》第五十五冊，1986 年），卷五，頁 41～42。以下「格義迂而乖本」句亦同。

「安般守意」詮譯為「清靜無為」，強調行此法門能「恍惚髣髴，存亡自由」、「制天地，住壽命，猛神德，壞天兵」，言詞間充滿了仙家的影子。〔註3〕至東晉時，竺法雅、康法朗等人考慮許多門徒雖對儒、道等世典具備深厚根柢，卻難以把握佛教精神，因而將五陰、十二入、四諦、十二因緣等術語應合於傳統典籍裏的辭彙，令迷惑者豁然明白；廬山慧遠「嘗有客聽講，難實相義，往復移時，彌增疑昧，遠乃引《莊子》義為連類」〔註4〕，並藉〈養生主〉薪火之譬喻，來說明不隨形軀消散而滅之輪迴主體；北魏文成帝時，沙門曇靖偽造《提謂波利經》，亦斟酌使用格義這種手法來完成，將佛教五戒與儒家五常、陰陽家的五行五方五臟相比附，〔註5〕如此攙混著中國思想的解析，往往可以引起讀者共鳴，對佛教事業的推動有極大助益。

格義產生及流行的緣由，主要是因為受限於華夏知識範疇的人士，一旦透過不同學說與學說的參照，就能夠輕易在他們毫無認知基礎的佛教思想裏找到理解的據點，故對於介紹者與被介紹者而言，都是相當便利的傳習法則，所以社會上的接受度極高。當時如竺法深、于法開、支愍度、曇壹、支道林等僧侶，都曾運用這種方式來提撥信眾，逐漸形成本無、本無異、即色、識含、幻化、心無、緣會等所謂六家七宗研究系統；即使道安曾質疑格義「於理多違」，他所表達的思想也免不了夾雜許多充滿老莊氣息的闡述。〔註6〕除了專

〔註3〕康僧會，〈安般守意序〉，嚴可均輯，《全上古三代秦漢三國六朝文（三）》，《全三國文》，卷七十五，頁13～14。
〔註4〕《高僧傳》，卷六，頁358。湯用彤認為漢代佛教乃神仙方技的枝屬，在魏晉之世則進為玄理之大宗，兩種走向都意謂著當時佛教並無獨立地位。參考：湯用彤，《漢魏兩晉南北朝佛教史》（臺北縣：佛光文化事業公司，2001年），頁153。另外，格義主要以佛學與玄學相擬配，玄學由曹魏時期開始，暢於西晉、東晉，故此種詮譯方式應該並行於南北方，如道安與僧先辯論格義一事，乃於石氏之亂隱於飛龍山時，可見即使是五胡十六國所統治的地區，在傳演佛法時亦有採用格義詮譯的狀況。
〔註5〕《提謂波利經》與中國思想的關係，春本秀雄幾篇論文裏已有精詳討論，此處不再贅敘。參考：春本秀雄，〈《提謂波利經》と讖緯思想（二）〉，《佛教論叢》（1990年，第34號），頁44～47；〈《提謂波利經》と「漢言」について〉，《大正大學綜合佛教研究所年報》（1990年3月，第12號），頁22～34。
〔註6〕《高僧傳》，卷五，頁351～353。《高僧傳》敘述東晉道安與僧先「……值石氏之亂，隱於飛龍山，遊想巖壑，得志禪慧。道安後復從之，相會欣喜……因共披文屬思，新悟尤多。安曰：『先舊格義，於理多違。』先曰：『且當分析逍遙，何容是非先達。』安曰：『弘贊理教，宜令允愜。法鼓競鳴，何先何後？』……」，此段話語標舉了佛教學者反省格義之法的開端，同時也透露出當時佛教界並存兩種不同的詮釋觀點：其一將佛教義理視為可隨讀者揮灑的

門的詮譯者，格義之法又深刻地影響了魏晉人士對佛教的領會：

> ……夫佛也者，體道者也。道也者，導物者也，應感順通，無為而無不為者也。無為，故虛寂自然，無不為，故神化萬物。(孫綽〈喻道論〉)〔註7〕

> ……廣成之言曰：「至道之精，窈窈冥冥」，即首楞嚴三昧矣；「得吾道者，上為皇，下為王」，即亦隨化升降，為飛行皇帝、轉輪聖王之類也；「失吾道者，上見光，下為土」，亦生死於天人之界者矣；感大隗之風，稱天師而退者，亦十號之稱矣。(宗炳〈明佛論〉)〔註8〕

東晉孫綽以「體道者」來註說「佛」，並採取玄學習慣的話語如「無為無不為」、「虛寂」、「神化」敘發佛教旨意，他所刻畫出來的佛之形象，其實與儒家、道家描繪的聖人並沒有太大區別，全篇〈喻道論〉雖述及報應論及涅槃棄世之類的概念，卻都舉用中國古代歷史作為例證，並且重新進行盤整，因此和傳統信仰間的界分也相當模糊。至於宗炳將《莊子》部份章句和佛教講述的禪定工夫、境界兩兩牽合，充份發揮了格義「擬配」的作法，但〈在宥〉「至道之精，窈窈冥冥」所欲傳達的渺茫情狀，與「首楞嚴三昧」演示的剛健性質畢竟有段距離，而文中對照得道者及失道者之間巨大落差之詩意鋪敘，被直接拿來和佛教神祇及天人六趣相比況，反倒同時削弱了雙方哲理的實質內涵；另外，在〈徐无鬼〉黃帝拜訪具茨之山的寓言裏，稱喚已覺悟於道的牧馬童子為「天師」，宗炳認為這正符合佛陀十種尊號內的「天人師」，如此只從典籍擷取浮面資訊，不顧思想之複雜因素便逕自完成的中西連結，雖能幫助人們迅速掌握佛教的某些特癥，無疑又造成其真貌難以辨識的窘困局面。北周另位道安法師，在〈二教論〉裏十分激切地分辨佛道概念的差異，文內

開放性系統，強調妙析創發；另一則期盼能對經典作適切中肯的說解，而後者逐漸佔了上風。關於道安對格義的看法及其思想分期，參考：蔡振豐，〈道安經序思想的轉折及在格義問題上的意義〉，《台灣大學文史哲學報》(1998年6月，第48期)，頁251～292。此文認為道安「先舊格義，於理多違」所指的「格義」，應非實指竺法雅的格義之法，而為對先輩經解的批評，根據上下文將「格義」的範圍制定得寬鬆且富彈性，不過廣義的「先輩經解」仍可能包括狹義的華梵擬配方式。

〔註7〕 孫綽，〈喻道論〉，僧祐，《弘明集》(臺北：新文豐出版公司，1986年)，卷三，頁98、149～150。文後「周孔救極弊」句見頁154。孫綽尚有〈道賢論〉一文，將天竺七道人與竹林七賢匹擬，可謂格義之法的應用。

〔註8〕 宗炳，〈明佛論〉，僧祐，《弘明集》，卷二，頁92。

構設了這麼一段問難：

> 問：「西域名『佛』，此方云『覺』；西言『菩提』，此云為『道』；西
> 云『泥洹』，此云『無為』；西稱『般若』，此飜『智慧』。準此斯義，
> 則孔老是佛，無為大道先已有之？」〔註9〕

像這樣將兩種不同文化內的名相（或觀點）捉對組湊的方式，通常比較著重
突顯思想的相似處，卻忽略了各自細緻精密的底蘊，更把它們從原來賴以發
展的整體情境裏割離，梵語因而被漢語所混淆，佛教理論亦被遮掩在傳統學
術的陰影底下，失去本然的價值及獨特意趣，以致產生「孔老是佛」、「浮屠
所載，與中國老子經而相出入」之類的誤判。〔註10〕但是，儘管格義引發了
許多扭曲的理解，倘若沒有它居間搭築橋樑，佛教未必能夠興盛於玄風激揚、
儒學深耕厚植的中土，故於歷史上仍不失為一種重要的詮譯進路。

　　從文化輸送的角度來看，格義的使用者之所以進行或有意（或無心）的
偏差引導，一則因為他們本身受制於語言的隔閡，以致無法精準地表達佛教
概念；二則因為他們對佛教的體會不夠湛密，〔註11〕講談時往往傾向將繁複
的教旨簡單化，如此便容易和儒道思想相諧調；另外，更與西方新進觀點必
須在華夏尋求普遍認同的形勢有關。佛教初傳時，詮譯者經常要重複地回答
幾個類似的詰責：倘若佛教真如典籍所云那麼精深博大，為何千百年來未曾
出現過它的蹤跡，而周、孔等聖哲也未曾闡演？倘若不殺生、三世因果等論
題確屬真實，為何從來沒有在古代書簡中獲得探討的空間？這些詰責起始於
牟子〈理惑論〉載述「問曰：『佛道至尊至大，堯舜周孔曷不修之乎？七經之

〔註9〕道安，〈二教論〉，釋道宣，《廣弘明集》（臺北：新文豐出版公司，1986年），
卷八，頁98。以下「播闡五乘」句見頁94。與此說相映成趣的是，唐代法琳
《辨正論》利用同樣的說法，重新定位中西學術的主從關係：「夫佛陀者，漢
言大覺也；菩提者，漢言大道也；涅槃者，漢言無為也。而吾子終日踐菩提
之地，不知大道即菩提之異號；稟形大覺之境，未閒大覺即佛陀之譯名也」，
極力弱化佛教依附道家的事實，強調這是由梵語轉演至漢語的現象，亦即將
「格義」改寫為「翻譯」，使佛教無論在義理或名相上，都佔了原生之處的優
勢，經過此番解釋，傳統思想遂變為佛教的餘緒。
〔註10〕《三國志》（北京：中華書局，1997年），卷三十，〈東夷傳〉引魚豢《魏略》
〈西戎傳〉，頁859。
〔註11〕蔡振豐分析當時對佛教教理的誤解，可能以為緣起法只是構作身心意識的因
素，故不能了解緣起乃為一切法之原理，而傳統主體觀念亦難以印契佛教的
無我觀。參考：蔡振豐，〈道安經序思想的轉折及在格義問題上的意義〉，頁
292。

中不見其辭乎？」〔註12〕乃至南朝宋何承天與顏延之辯論：「若令報應必符，亦何妨於教，而緘扃羲唐之紀，埋閉周孔之世？」〔註13〕北齊樊遜亦指控：「二班勒史，兩馬制書，未見三世之辭，無聞一乘之旨」，〔註14〕大多混淆了佛教生成、流播與介入中國的時間，並非合理的質疑，但也意謂著從域外而來的佛教，被迫面對自己在中國歷史缺席所引發的爭議，故詮譯者乃藉由名相及法理的互聯，陳立一條與中國平行卻處處呼應的歷史軸線，證明佛教和傳統各家學術原是共通的，可與儒道形成的神聖譜系相輝映，所以格義正是為了達到這一特殊的理解效果而產生的再現機制。

值得注意的是，除了佛教人士擅於交叉比對華梵思想，道教學者也從格義之法獲得一定程度的啟發。陳寅恪即認為，北魏寇謙之受到佛教律學非常深刻的影響，他在整飭道教時所宣揚的《雲中音誦新科之誡》，提揭「專以禮度為首」為指導原則，其實是將道教與儒、佛儀節互相擬配的結果。〔註15〕最典型的案例如《三洞珠囊‧敕追召道士品》引馬樞《道學傳》對南齊陸修靜入都傳道的記載：

> ……初至九江，九江王問道佛得得失同異。先生答：「在佛為留秦，在道為玉皇。斯亦殊途一致耳。」……至都……帝親臨幸，王公畢集……先生標闡玄門，敷釋流統，並詣希微，莫非妙範，帝心悅焉。王公又問：「都不聞道家說二（三）世。」先生答：「經云：『吾不知誰之子，象帝之先』，既已有先，居然有後，既有先後，居然有中；莊子云：『方生方死』，此並明三世，但言約理玄，世未能悟耳。」〔註16〕

〔註12〕牟融，〈理惑論〉，僧祐，《弘明集》，卷一，頁18～19。由此文「佛，謚號也，猶名三皇五帝聖也」等話語，亦可看出初期佛教人士為求溝通華梵而扭曲歷史、教義的狀況。

〔註13〕何承天，〈重答顏光祿〉，僧祐，《弘明集》，卷四，頁179。

〔註14〕樊遜，〈天保五年舉秀才對策〉，嚴可均輯，《全上古三代秦漢三國六朝文（九）》，《全北齊文》，卷七，頁7。樊遜此文主要站在儒家立場，對佛道兩教均有所質疑。另外，關於北方三教之爭的討論，參考：〈北魏儒釋道三教關係爭議〉，收入：黃夏年，《西來東去──中國古代佛教史論集》（北京：中國社會科學出版社，2006年），頁33～60。

〔註15〕萬繩楠整理，《陳寅恪魏晉南北朝史講演錄》（臺北：雲龍出版社，1995年），頁399～405。

〔註16〕《三洞珠囊》（《正統道藏》第四十二冊），卷二，〈敕追召道士品〉，頁641。此處可與林鎮國對格義的解釋相印證：「所謂『格義』即是吾人對文本的閱讀

陸修靜拆散《老》、《莊》裏的字句，無視它們把道體推求至時空經驗以外、齊一生死的深奧意蘊，將之與佛教的三世概念牽強附合，於是原本和過去、現在、未來輪迴毫不相涉的傳統思想便搖身一變，化成當時流行的議題。此類解釋與尋常所云格義，恰巧是背向運作的：後者使用道家術語來詮譯佛教觀點，而陸修靜乃使用佛教術語來重新闡述道家觀點，透過斷章取義、調動字句在整體文章脈絡之比重等方式，將古代賢聖表達的哲趣及其立場大幅度地扭轉，嘗試填補中西兩種看法間不可化約的差異，並順勢擴張了自己的學術畿域。然無論是以道家來說喻佛家、或以佛家來說喻道家，都不免顯示出

　一種從華夏民族出發的心態——由先前各條引言裏，可以觀察到，藉由格義雖然能夠衍生出許多有助於興揚佛教的論述，但這些論述卻總將真實的佛教排除在外，使它成為傳統思想的一則註腳或另重表現而已，至於道教學者更是著意去加強這個傾向，竭力把《老》、《莊》等書鑄造成足以覆蓋一切知識、沒有任何界限的聖典。〔註17〕

　　另外又如南齊孟景翼〈正一論〉強調：「寶積云『佛以一音廣說法』，老子云『聖人抱一以為天下式』。一之為妙，空玄決於境，神化瞻於無窮，為萬物而無為，處一數而無數，莫能名之，強號為一。在佛曰『實相』，在道曰『玄牝』，道之『大象』即佛之『法身』……」，〔註18〕而時代稍早的顧歡〈夷夏論〉亦謂：「泥洹仙化，各是一術。佛號『正真』，道稱『正一』；一歸無死，真會無生。在名則反，在實則合」，〔註19〕孟、顧二氏面對異族文化的姿態雖

　　　　與詮釋往往透露出詮釋者立場多於被詮釋的文本。詮釋者往往清楚他自己的表層解讀活動，卻未能省察到潛藏的格義機制」，故「潛藏的格義機制」即是此章所欲探討的重心之一。參考：林鎮國，〈多音與介入：北美的佛學論述〉，收入：《空性與現代性》（臺北縣：立緒文化公司，1999年），頁159～180，引文見頁165。
〔註17〕劉禾於〈跨文化研究的語言問題〉指出：人們在形成有關其他民族的觀點、或者為自身文化與其他文化之同一性設置哲學基礎時，經常會依賴雙方語言對等之概念模式，倘若沒有符合這種模式，這套語言就會被視為有缺陷的系統。如果引申至宗教的詮譯上，則佛、道兩種學說自我改變、自我折損原有理論，藉以表示和對方具備相當的觀念，都為了證明本身是圓滿的思想系統。參考：劉禾撰；劉偉傑譯，〈跨文化研究的語言問題〉，收入：許寶強、袁偉選編，《語言與翻譯的政治》（香港：牛津大學出版社，2000年），頁191。
〔註18〕孟景翼，〈正一論〉，《全上古三代秦漢三國六朝文（六）》（臺北：世界書局，1982年），《全齊文》，卷二十六，頁21。以下引文俱同。
〔註19〕顧歡，〈夷夏論〉，《全上古三代秦漢三國六朝文（六）》，《全齊文》，卷二十二，頁2。後引文俱同。

然有所差距,但他們在揉併佛道概念時,都力陳兩教理論具備相同的高度,也都夾藏著與佛爭鋒的企圖,這類話語潛伏的言外之意其實是:西方來的佛教儘管看似新穎,歸結起來卻毫無新見,因為它所提出的各種名相條目,皆可於傳統思想裏找到對等、應和的說法,當然也可於淵遠流長的道教裏得到證明,那些令人眩惑的辭彙及表述形式,只是受到戎夷之特殊環境影響而衍生、發展的旁枝末節,並未超越中國固有學術的範疇——以《老》、《莊》解佛,重點是為了促進人們對陌生詞義產生親和感,也不免帶有攏絡華夏民眾的成份;以佛解《老》、《莊》,則是透過誤讀的方式,幫道家、道教典籍解除既定觀念路向的牽制,並且滿足人們衛護漢民族之強烈自尊心,故此種求同的評議內部往往隱含著抵抗的聲音,道教學者替兩種文化標立的等號,實際上是用來架空佛教旨趣的工具。

　　道教學者除了揉併實相與玄牝、大象與法身、成仙與涅槃等概念,甚至襲取佛教「三寶」、「三乘」之類的術語,再將它們修改為符合道教思維的內容,比方拿「道—經—師」取代「佛—法—僧」,〔註20〕或者把「聲聞乘—緣覺乘—菩薩乘」更替為「知守虛無空—守神鍊形—守氣含和」、「洞真部—洞玄部—洞神部」,〔註21〕如此一來,往外得以與佛教旨趣相抗衡,朝內則能夠安頓傳統道教哲思,可謂格義之法的反向引申。關於上述各種概念,道教學者未必不清楚它們彼此的區別,但這類方式既擴充了原有辭彙外延之範疇,同時又是針對佛教術語所展開的強制性收編活動;道教學者嘗試去阻止華夏民眾分辨二宗辭彙的差異,期盼他們滿足於早期那些並不十分正確的理解,儘量將中西言說間虛擬的等值關係(hypothetical equivalences)保留下來,以便將佛教術語及其中蘊藏的新觀念,置換到自己的知識體系裏——如果佛教格義曾經嚴重地誤導人們對天竺文化產生錯謬的認知,那麼道教逆用格義,就是為了防堵佛教學者對過往錯謬進行清理的手段,與其將之視為一種語言的越境行為,倒不如說是持疆守界之護衛姿態,它建立在堅毅的求存心境上,藉著深化各種既定的成見,

〔註20〕如《洞真太上太霄琅書》云:「道寶經寶師寶,號曰三尊,有一不備,無路昇真」,陸修靜《洞玄靈寶五感文》亦以此解釋「三寶」。

〔註21〕張君房輯,《雲笈七籤》(臺北:自由出版社,2000年),卷四十九,〈玄門大論三一訣〉所引《洞神經》,頁692。道教學者襲用三乘之名由來已久,東晉《三天內解經》即已從修習的方法及境界來分立大小乘學者,並與佛教相混,《洞玄靈寶左玄論》、《道教義樞》卷一引《太真科》裏有較詳盡解釋。相關論述參考:李遠國,〈論道教的大乘思想——以靈寶派為中心〉(《宗教哲學》(1997年3月,第5卷第3期),頁97～111。

悄悄地把那些被攻略的領土、原本不屬於自己的領土給撥移過來，〔註22〕故佛教格義尚有雙語互通的可能，但道教之逆用格義，則純粹是單語性的，兩相比較，後者更是一種具含策略意味、挾帶著幽微目的之詮釋。

由此可見，格義在魏晉南北朝並非僅用來闡揚佛教，也不必然代表著西域文化被漢文化涵納、馴服的過程；相反地，中國傳統典籍與佛經印會、彼此界定的詮釋模式，在南北朝後期往往遭到道教學者有意識的摹仿，成為他們鞏固思想地位及競取宗教領導權的籌碼。

倘若仔細觀察格義於佛道二教裏進退的歷史，便能察覺，魏晉早期幾乎只有佛教學者才會使用這種不夠允愜的闡述形式；南北朝以後，串聯中西辭彙以為解喻的道教學者卻反而多了起來。除了先前所引陸修靜、孟景翼、顧歡的發言外，梁朝道士智稜「見道家諸經略無宗旨，遂引佛教為之潤色」，〔註23〕王斌「所著道家靈寶大旨，總稱四玄、八景、三洞、九玄等數百卷，多引佛經，故有因緣、法輪、五道、三界……等」，〔註24〕前者效法佛教講議方式，替道教典籍標訂各種命題，使其眉目更加清晰，後者更大量取資於佛教語言來補充道教理論；另外，如臧矜等重玄家注疏《老子》時，亦吸納三身觀來闡演希、夷、微等知名章句，將它們共同匯入「三一」概念來說明道體之發用。〔註25〕但佛教在道安提出「先舊格義，於理多違」、鳩摩羅什弟子僧叡感慨「格義迂而乖本」之弊病以後，〔註26〕即逐漸朝著精研原典、組構完整

〔註22〕道教學者逆用格義時，雖然經常會碰觸到國家與民族的問題，但其心理背景卻不完全等於夷夏之辨：夷夏之辨必須專注在中西文化的差異上，逆用格義卻需要對佛與道教相同之處加以著墨，以達到混淆的效果，故國族問題其實經常是道教學者鄙薄佛教的幫襯，而非重心。

〔註23〕《佛祖統紀》（臺北：新文豐出版公司《大正新修大藏經》第四十九冊），卷三十七，頁348引《僧鏡錄》。

〔註24〕《釋門自鏡錄》（臺北：新文豐出版公司《大正新修大藏經》第五十一冊），卷上，頁810引《道學傳》。王斌與智稜原本皆為沙門，故其佛學根柢也較一般道士深厚。

〔註25〕如唐代成玄英記敘臧矜「又用三一為聖人應身，所言三一者，一精二神三氣也……經曰：『視之不見名曰夷，精也；聽之不聞名曰希，神也；搏之不得名曰微，氣也』」，以希、夷、微詮釋「三一」概念，歸納道體發用後的各種屬性，並將佛教「應身」之說代入，是極為周折的比附。其他重玄家如陸修靜、孟智周亦有類似看法，另如《自然九天生神章》以至人法體談論玄元始三氣聚合的狀態。參考：蒙文通輯，《道書輯校十種》（成都：巴蜀書局，2001年），〈輯校成玄英「道德經義疏」〉，頁545。

〔註26〕僧叡，〈毘摩羅詰提經義疏序〉，嚴可均輯，《全上古三代秦漢三國六朝文

思想體系的方向前進，和道教形成有趣的對照。

乍看之下，格義被佛教廢黜及被道教擢用的現象，似乎只顯示出單純的學術風尚，但這一昇一降的狀況，其實正緊緊牽繫著雙方日益激烈的角力過程，並且也映顯出佛道爭搏的結果。佛教學者捨棄格義，固然是由於他們經過持續地探討及累積理論後，開始對昔日領受知識之正確性產生懷疑，並渴望歸返釋迦說法初衷的緣故；倘若從現實環境的變化來談，則和此一外來宗教已完全於中國站穩腳步，毋需再削足適履、向本土思想妥協之客觀條件，有著極為密切的關係。東晉以降，崇奉佛教的民眾日益增多，並且遍及世家大族、帝王朝臣，而當時專精般若、禪律的法師又致力於詮譯經典，促使佛教的社會及學術地位不斷向上揚昇，甚至凌駕了傳統哲思。湯用彤認為：「……但自道安以來，佛道漸明，世人漸了然釋教有特異處。且因勢力既張，當有出主入奴之見，因更不願以佛理附和外書」，〔註27〕「出主入奴」一語，點明了佛教面對傳統哲思的心態變化，他們由過去必須趨承九流十家之卑屈角色，轉而處於將九流十家貶為從屬、強壓為奴的優越階次，同時更開始擺落原先與中國文化揉和無礙之柔軟身段，愈來愈強調中西學術間各部份的分野。

比方釋慧愍無法忍受顧歡「然二經所說，如合符契，道則佛也，佛則道也」等觀念，因而撰文嚴正地辨析了佛道名義之差異，譴責道教學者「指洞玄為正佛，以空空為宗老，以太虛為奧佛……」這類蒙混視聽的看法，並且加以殊判云：「夫佛者是正靈之別號，道者是百路之都名；老子者是一方之哲，佛據萬神之宗；道則以仙為貴，佛用漏盡為研；仙道有千歲之壽，漏盡有無窮之靈……」，〔註28〕慧愍將兩教經常被人們交錯認識的幾個辭彙，作了比較精細的釐定，這類詮釋首先用來劃別佛道思想不同的走向，但更重要的目的，卻是藉由撇清和道教的關係來貶低其價值，透過「一方」與「萬神」、「千歲」與「無窮」等形容，來突顯佛優道劣的印象。再以南齊張融與周顒之往復詰難為例，儘管張、周二人均為佛教徒，不過由於張氏家族具有道教背景，所

（五）》，《全晉文》，卷一六〇，頁5。

〔註27〕湯用彤，《漢魏兩晉南北朝佛教史》，頁296。

〔註28〕慧愍，〈戎華論折顧道士夷夏論〉，嚴可均輯，《全上古三代秦漢三國六朝文（六）》，《全宋文》，卷六十二，頁11、12。明僧紹〈正二教論〉駁斥「道則佛也，佛則道也」時甚至說：「夫由佛者，固可以權老；學老者，安取同佛？」不但否定兩宗義理相符的看法，又宣說佛教能夠下兼道教，態度更加強硬。

以提出兩教異途同歸之折衷主張，後者則氣燄高張地為佛道設立界線：

論云「致本則同」，請問何義是其所謂本乎？言道教者，豈不以二篇
為主；言佛教者，亦應以般若為宗。二篇所貴，義極虛無；般若所
觀，照窮法性。虛無法性，其寂雖同，住寂之方，其旨則別。〔註29〕

魏晉佛教早期習慣以「虛無」說解「法性」，〔註30〕此二詞語皆指涉宇宙現象
之本體，粗略看來的確有類似的地方，然而周顒已經不能滿意於這樣的勾連，
強調對任何名相的理解，都必須配合整個知識體系的內容、參考整個知識體
系的本意，才不致於發生偏頗。另外，又如北周甄鸞撰寫〈笑道論〉譏諷道教
云：「……佛之與道，教跡不同，出沒顯隱，變通亦異……佛者，以因緣為宗；
道者以自然為義。自然者，無為而成；因緣者，積行乃證」，〔註31〕全文一開
首便堅決否認兩教之間的雷同，給予道教神話、科儀及其歷史觀極為狠屬的
批判，更對上清、靈寶等派的典籍投以輕蔑的目光。過去佛教學者運用格義
之法闡述教義時，每每希望拉近原文與詮譯的距離，從而掩飾中西思想之間
的矛盾；周顒、甄鸞所言，則標誌出他們已經不再介意暴露佛道理論相互牴
觸的問題，甚至可說他們是以這一差異為榮為傲的。

在這樣的狀況下，中國思想面臨了前所未有的挑戰，佛教學者吸納新知之
餘，時常回過頭來省察傳統哲理之存在價值，他們往往自居為先、自視為主，
九流十家乃變成了凡庸落後的物事，只能當作佛陀教義之衍生物。孫綽〈喻道
論〉如此評斷：「周孔救極弊，佛教明其本耳，共為首尾，其致不殊」，儘管表
面上牽合了儒釋兩家，宣稱佛與周公孔子名異實同，但以何者為本為首？以何
者為末為尾？答案卻昭然若揭，儒學反倒成了因應時勢而發、未具普遍性質之
可觀小道。〔註32〕而《高僧傳》記載慧遠聽聞道安講演《般若經》後，感嘆「儒

〔註29〕張融與周顒之間的連續辯論，見於《弘明集》卷六所收〈門論〉、〈難張長史
門論〉、〈答周顒書〉、〈重答張長史書〉等文，頁286～306。引文見〈難張長
史門論〉，頁288。與周顒持類似看法的，尚有謝鎮之、朱昭之、釋慧通、袁
粲等人。

〔註30〕「虛無」—「法性」的互譯歷史，或許可以追溯至漢代支謙《道行經》〈本無
品〉用「本無」來傳譯「真如」（Tathata），以「自然」來傳譯「自性」（Svabhava），
亦可說支讖開了格義之先河。

〔註31〕甄鸞，〈笑道論〉，《廣弘明集》，卷九，頁1。

〔註32〕另如王謐〈答桓玄書〉云「孔周之化救其甚弊，故言其迹盡乎一生，而不開
萬物之塗」，同樣認為儒家之任務，在挽救分崩離析的先秦社會，故其學說有
其局限性和實用性問題。

道九流，皆糠粃耳」、〔註33〕南齊釋僧順〈釋三破論〉亦云：「李老之門，釋氏之偏裨矣」，〔註34〕在這些話語裏，中國古代典籍完全沉降為佛教思想之殘餘，透露了佛教學者對固有文化的背離心態。另外，周顒〈重答張長史書〉擘分佛教「空」、「假」、「中」與道家「有」、「無」之概念曰：「老氏之署有題無，無出斯域，是吾三宗鄙論。所謂取捨驅馳，未能有越其度者也。佛教所以義奪情靈，言詭聲律，蓋謂即色非有，故擅絕於羣家耳」，〔註35〕《老子》乃「吾三宗鄙論」一句，切割出大小、高低極度不均等的兩塊地盤，更藉由第一人稱的安排，把自己歸屬於外來的佛教，道家、道教反而被推進了異質的他者之域。另如北周道安，先依《漢書・藝文志》綜合陰陽、道、法、墨、縱橫各種思想，再以儒家涵括、統攝之，接著又強調佛教凌駕於這整個體系：

> 播闡五乘，接羣機之深淺；該明六道，辨善惡之升沉。夐期出世而理無不周，邇比王化而事無不盡。能博能要，不質不文，自非天下之至慮，孰能與斯教哉？雖復儒道千家、墨農百氏，取捨驅馳，未及其度也。〔註36〕

儒、釋二教的較量，其實正指向所有華梵學術的對勘，道安認為前者「竝是方內之至談，諒非踰方之巨唱」，無論在境界或概念的鋪陳上都不如後者，強調先秦時代九流爭川之繁盛景況，僅是小成競辨，透過它們，佛教的長處只會更加顯耀，傳統哲思遂被擬為五乘六道等理論之陪襯。

　　另一方面，此時道教雖然派別林立，並且於建立組織、造構經典及齋醮科儀，都獲得了長足的發展，然從北朝幾次舉辦的兩教對詰，〔註37〕以及南

〔註33〕《高僧傳》（臺北：新文豐出版公司《大正新修大藏經》第五十冊），卷六，頁357。

〔註34〕釋僧順，〈釋三破論〉，《全上古三代秦漢三國六朝文（七）》，《全梁文》，卷七十四，頁8。

〔註35〕周顒，〈重答張長史書〉，《弘明集》，卷六，頁299。

〔註36〕道安，〈二教論〉，釋道宣，《廣弘明集》，卷八，頁98。以下「竝是方內之至談」句亦同。北朝道安與南朝周顒所言，頗有重疊之處，或許這在當時佛教界是個流行的論點。

〔註37〕例如北魏孝明帝正光元年、北周武帝天和四年及建德四年，都在君王的主持下進行了兩教對評。北魏孝明帝認為道士姜斌論無宗旨，命其下席，又詔令魏收等學者，斷定《老子開天經》為偽經，道教很明顯處於劣勢（詳見第三節）；而北周武帝雖預存廢佛之心，但受佛教學者如甄鸞、道安、僧勔、慧遠抗辯，最後不得不連帶廢除道教，由結果可以看出佛教比起道教更加興盛而強悍。

朝因〈神滅論〉、〈夷夏論〉等引發的激烈筆戰，能夠看出儘管道教勢力依循帝王政策而有所起伏，〔註38〕但其社會評價、學術地位大抵是居於下風的，而由《魏書》撰收的〈釋老志〉、南梁阮孝緒總輯的《七錄》，均將佛教安排於道教之前，亦可窺見一斑。唐代懷信《釋門自鏡錄》記載南朝梁智稜宣講道教典籍云：

> 稜暮年於妙門館為諸道士講《西昇經》，在席者數百人。而盛引佛
>
> 經，剖析符會，抗辭正氣，欣然自得。〔註39〕

「盛引佛經，剖析符會」的景況，剛好與過去佛教學者「以經中事數，擬配外書」、「乃引《莊子》義為連類」這樣向傳統思想傾斜的情狀，形成鮮明的對照——昔日援道入釋、而今援釋入道，其間的反差就取決於兩宗的此消彼長。道教學者原欲透過逆用格義之法來提醒華夏民眾，中國思想遠遠比書面所表述的更加遼遠寬闊，也絕對不遜於那些貼上佛教標籤的物事，但在這樣的詮釋前提下，老、莊、尹喜等人物都逐漸改變了樣貌及經歷，迥異於既往理解的「傳統」因而生成，說明他們已經開始藉由佛教的目光及價值觀來審視自己。再深入地思考，倘若佛教這一新標籤能夠強烈地吸引當時各階層人士，就代表舊有的標籤逐漸失效，彭祖或容成公的光環隨著時代遞相減褪，而三尺九轉、玄霜絳雪那令人嚮往的魅惑力量，也不斷削弱，依然忠實地呈現了佛盛道衰之尷尬處境。

再從理論上談，佛教大小乘傳入中國以後，道教學者逐漸意識到養生求仙只堪與小乘比肩，因此必須和大乘佛教相匹附，〔註40〕藉而將自己的理論

〔註38〕南朝帝王多半兼奉釋道兩宗，但整體而言，崇佛的傾向較強，宋文帝之宰輔如王弘、范泰皆信佛法，而謝靈運、顏延之更是有名的佛教居士，故元嘉年間佛教獲得極大發展，齊代竟陵王蕭子良提倡佛教，至梁武帝事佛以後，道教更有被壓抑的現象。另外，北魏時道教曾受到皇室熱烈支持，太武帝曾展開大規模的廢佛運動，但文成帝以後卻偏向信仰佛教；北齊政權因為特別強調鮮卑人的優越地位，所以原本即較信仰佛教，文宣帝高洋於天保六年，因國家經濟等考量而下令禁絕道教，道教乃遭受十分沉重的打擊；北周一朝道教頗為興盛，樓觀道也於此時產生影響力，然武帝廢佛時同時也廢除了道教，是以傷害亦不減於佛教。參考：卿希泰，《中國道教史》（成都：四川人民出版社，1988年），頁399～444；李世傑，《漢魏兩晉南北朝佛教思想史》（臺北：新文豐出版公司，1980年），頁109～154、207～214。

〔註39〕懷信，《釋門自鏡錄》（臺北：新文豐出版公司《大正新修大藏經》第五十一冊），卷上，頁810。亦見《三洞珠囊》，卷一，引《道學傳》。

〔註40〕參考：山田利明，〈靈寶經と大乘思想：靈寶齋思想の基盤〉，《東洋大學中國哲學文學科紀要》（1998年，第6號），頁51～68；小林正美，《六朝道教史研究》（東京：創文社，1990年）。

不斷深化，故開始主張救濟一切眾生，並逐漸將傳統的修命之學轉為修性之學。東晉末至劉宋初期，靈寶派鑄造了許多新的道經，大量地吸收佛教因果輪迴、三世報應之說，又採用「觀身忘身」、「觀身實相」來取代過去作為核心的貴身思想；〔註41〕上清派如《太真玉帝四極明科經》、《洞真太上太霄琅書》同樣接納了天堂地獄、五道轉生等看法；在天師道方面，《老君說一百八十誡》、《太上老君大存思圖注訣》皆是參考佛教而制訂的規範，後者所云九行三業十事，明顯受到「十善惡戒」的影響；〔註42〕而南北朝中期所出《太上靈寶升玄內教无極九誡妙經》不講究服餌長生，認為必須以智慧解脫因緣，文曰「於神求道，於道求滅度，便得虛无之要，空无寂靜為道宗也」，〔註43〕把超離形軀的「滅度」當作得道的標誌，結合兩教各自敷說之圓滿存在。凡此種種，都表現出道教學者亟欲突破固有教義的範疇，與佛教最高層次理論互相頡頏，只是極為諷刺地，一旦學者需要以佛教的術語或概念來詮釋道教理論，也就意謂著他們不得不臣服於佛教的議題底下，原本獨特的關懷重心勢必會受到擠壓，甚至由整個思想體系被剔除出去。譬如靈寶派在晉宋之際，便嚴重地動搖了過往的生死觀，從而發展「轉輪成仙」，對「即身成仙」思想進行某種程度的否定及修正；魏晉南北朝道教沿承了老莊學說，重視當機一躍的頓悟，然時代愈晚，卻愈強調積漸之功。〔註44〕在人們依賴佛教來重新塑造典籍、改變特徵，竭盡所能地證明道教足以與佛教理論並駕齊驅時，其實已

〔註41〕「觀身忘身」之說見《太上洞玄靈寶智慧定志通微經》；「觀身實相」之說見《洞玄靈寶智慧觀身經》。為了與大乘思想相容，道教安排貴身觀的方式大約可分成兩個方向：一則將貴身列於小乘，並加入他度概念，擴大理論範圍，如《太上洞玄靈寶本行宿願經》；二則轉化貴身之意涵，以「真身」來置換物質性與個體性濃厚的肉身，第四章已有較完整的說明。

〔註42〕佛教大乘菩薩戒以「十善惡戒」流行最廣，除了天師道，對靈寶、上清派亦有深遠影響。參考：楠山春樹，〈道教與儒教〉，收入：福景康順等編；朱越利譯，《道教》（上海：上海古籍出版社，1992年），頁39～40。

〔註43〕《太上靈寶升玄內教无極九誡妙經》（北京：全國圖書文獻微縮複製中心，《敦煌道藏》第四冊，1999年），頁2206。此部道經為南北朝新興教派升玄派之典籍。參考：伍成泉，《漢末魏晉南北朝道教戒律規範研究》（成都：巴蜀書社，2006年），頁255。《真誥》記載青童大君吟詠：「欲殖滅度根，當拔生死栽」亦展現相同思考。

〔註44〕關於此點，佛教其實也受到道教的滲染，僧祐《出三藏記集》記載晉末宋初的道生提倡頓悟，而後又有竺林、法寶祖述其說；《高僧傳》亦錄敘曇斌、道猷申頓悟之旨，且受到宋太祖、宋文帝的贊賞。謝靈運〈與諸道人辨宗論〉詳盡記載了佛教學者對此問題的討論及歧異。

不知不覺隨著梵音起舞，道教反而成了佛教的註腳。

是故南北朝雖有許多學者陸續產生兩教（或三教）調和的意見，但佛道雙方的立足點並不相當，開展論述的動機也不一致。在佛教方面，部份人士儘管維持了求同的基本路線，其心理卻已和先前採行格義之法的用意具有極大差別：往昔佛教學者主動攀附儒道思想，一則希望因乘著後者的勢力來抬高自己的學術地位，二則希望依憑著已經被深入推敲、建構較為完備的後者，來潤飾自己尚未詮譯整全的觀點；換句話說，他們採取了仰望的姿態來面對周孔老莊——所謂「同」，乃是截中國之長以彌補佛教之短。然由東晉末至南北朝，佛教學者筆下的中西之「同」，卻開始予人由高處朝下俯視的感覺，那是一場關於歷史與文化的兼併作業，沈約〈均聖論〉就提供了頗具代表性的範例：

> 世之有佛，莫知其始，前佛後佛，其道不異。法身湛然，各有應感，咸之所召，跨大千而咫尺……自出唐虞三代，不容未有，事獨西限，道未東流，豈非區區中國，緣應未啟？求其會歸，尋其要旨，寧與四夷之樂同日而語乎？非為姬公所遺，蓋由斯法宜隱故也。炎昊之世，未火未粒，肉食皮衣，仁惻之事弗萌，非肉非皮，死亡立至，雖復大聖殷勤，思存赦免，而身命是資，理難頓奪，實宜導之，以漸稍啟其源。故燧人火化，變腥為熟，腥熟既變，佛教之萌兆也……周孔二聖，宗條稍廣，見其生不忍其死，聞其聲不食其肉，草木斬伐有時，鸒卵不得妄犯，漁不竭澤，畋不燎原，釣而不綱，弋不射宿……此則戒有五支，又開其一也。〔註45〕

沈約企圖改訂佛教直至漢朝才進入中國的歷史，不但將它出現於中國的時代往前挪移，甚至把所有傳統全部擺放在佛教思想體系底下，故三皇五帝之後產生的各種法禮儀俗，都被當作是佛說的變相、佛之真理的顯迹，連周公孔子施行政教的事蹟，也成為對佛門戒律的唱和、受西學感召而產生的共振效應，如此從根本抹煞掉華梵間的隔閡，使得佛教不再只是遠道而來的客方知識，它侵奪了原來應該專屬於漢文化的主方位置，假託著等齊的手法，偷

〔註45〕沈約，〈均聖論〉，嚴可均輯，《全上古三代秦漢三國六朝文（七）》（臺北：世界書局，1982年），《全梁文》，卷二十九，頁4。陶弘景〈難鎮軍沈約均聖論〉「釋迦之現，近在莊王，唐虞夏殷，何必已有？周公不言，恐由未出，非關宜隱」，以頗為務實的說法來駁斥沈約，反對為中國佛教設置虛假的來源。

偷地調換了東西聖哲之階次，把過去「佛家均於儒道」之觀點，轉述為「儒道均於佛家」，嘗試將釋迦牟尼列置成一個看似和周孔平分秋色、實則覆蔭了九流十家的「真正」文化起源。「非為姬公所遺，蓋由斯法宜隱故也」一語，用來替「何以先秦未有佛法流傳？」這個疑惑提出蜿蜒曲折的辯解，內部含藏著雙重的捍衛立場：首先，沈約強調泱泱大者如華夏，不可能被擠落為佛陀開度眾生的「化外之域」，其玄闊的義諦在上古黃金時代之所以遭到掩蔽，並非先賢先知有意地漠視，那是歷史自己的抉擇，事實上，佛法只不過換了一付面貌呈示而已，故此說仍然不脫以中國為本位的考量；然通篇以佛教意旨作為主軸，「倡導禁殺、緣業與否」幾乎成了政教有無價值的判斷基準——沈約雖藉由重新闡釋歷史來確認漢文化之質地優厚，卻把定義文化的權利讓渡了出去。

言不由衷的兩教調和論，早於南齊已經出現，例如竟陵王蕭子良大力提倡佛教，與虔信道教的孔稚珪議辨時，曾云：「真俗之教，其致一耳，取之者未達，故橫起異同」，〔註46〕但他於玄圃園僧眾會集時，令使孟景翼禮佛，遭到拒絕，又送《十地經》予孟景翼，孟景翼乃撰作〈正一論〉回應，由此可見蕭子良並非誠懇地納道於佛，其文之所以會合兩教，主要在遏阻那些視佛教為異端的話語。另外，根據蕭子良與孔稚珪一來一往的書信，能夠發現孔稚珪原本主張「二途雖異，何得相順」，認為佛道兩教多所牴觸，後來卻在蕭子良責難下，惶惶然提出「甫信道之所道，定與佛道通源矣」的結語，故可知當時道教人士的調和之說，應該有部份是受到上位者威逼而產生的，他們的言論也經常隨個人處境、政治局勢反覆不定。蕭子良和孟景翼、孔稚珪的對應亦顯示出，佛教學者經常隨著辯論情境，採取雙重標準來判斷華梵關係，他們的文化相對論建立於宗教之絕對思維上，其立場是遊移不定的，故蕭子良以「同」來壓制孔稚珪的「異」，而孟景翼之「同」卻是對蕭子良之「異」的反抗。

再如北齊顏之推《顏氏家訓》云：「內外兩教，本為一體，漸積為異，深淺不同。內典初門，設五種禁；外典仁義禮智信，皆與之符……至如畋狩軍旅，燕享刑罰，因民之性，不可卒除，就為之節，使不淫濫爾。歸周、孔而背

〔註46〕蕭子良，〈與孔中丞書〉，僧祐，《弘明集》，卷十一，頁 531。以下「二途雖異」句見頁 532、甫信「道之所道」句見〈答蕭司徒書〉，頁 540。孟景翼事見《南齊書》〈顧歡傳〉。

釋宗，何其迷也！」〔註47〕南梁劉勰〈滅惑論〉亦曰：「至道宗極，理歸乎一；妙法真境，本固無二……但言萬象既生，假名遂立，梵言『菩提』，漢語曰『道』……然至道雖一，歧路生迷，九十六種俱號為道，聽名則邪正」，〔註48〕皆先從終極境界的角度暫時融通華梵，接著對儒、道加以貶抑，所謂「同」只淪為妝點其說、製造轉折的門面而已。〔註49〕

　　正如佛教初傳時顯露的圓融態度，自有其生成的時空背景，南北朝道教學者之所以主張中西諧勻、華梵對喻，亦有其不得不然的歷史環境。西晉王浮造作《化胡經》，南齊道士假託張融之名撰著〈三破論〉，〔註50〕都曾向佛教展開猛烈的攻擊，北周樓觀派亦與佛教徒互相訐詆，但整體而言，直接排闍佛教的道教學者隨時間推移，已呈現逐漸減少的趨勢，而稱揚佛道同源或同質的見解卻愈形增加。

　　在東晉末所出的《太上洞玄靈寶智慧定志通微經》裏，記載靈寶天尊將定志十戒、定志經訣、思微定志真券，頒予左玄真人與右玄真人，二真領受之原初義旨雖同，傳演形態卻有一定差距：前者必須依照冥典之約束而授，後者則不需法信，能夠隨方播化，這是因為靈寶天尊慮及「眾兆不同，心心各異，故開二塗，其歸一也」，〔註51〕儘管左右二真陳設的規誡互別，實則源於一脈。此經以左玄真人暗指道教始祖，以右玄真人代表佛教始祖，嘗試收攝兩宗，運用神話來重新安排學術版塊，並且把道教對佛教之摹仿及嫁接合理化，可謂調和觀點的先聲。〔註52〕劉宋道士徐氏撰作的《三天內解

〔註47〕顏之推，《顏氏家訓》（臺北：世界書局，《新編諸子集成（二）》，1972年），〈歸心〉，頁29。

〔註48〕劉勰，〈滅惑論〉，僧佑，《弘明集》，卷八，頁380。

〔註49〕直至北周道安作〈二道論〉，更借西京通方先生這一角色，來反駁東都俊逸童子云：「子謂三教雖殊，勸善義一；余謂善有精粗，優劣宜異……又云，教跡誠異，理會則同，爰引世訓，以符玄教。此蓋悠悠之所昧，未暨其本矣……教若果異，理豈得同？理若必同，教寧得異？」，極力撇清與儒道的關係，特意突顯佛教的優越處，連本同末異的見解都加以否認了。

〔註50〕《三破論》乃道士假託張融之名所作，今已亡佚，從劉勰〈滅惑論〉、釋僧順〈釋三破論〉等文得見其部份內容。

〔註51〕《太上洞玄靈寶智慧定志通微經》（《正統道藏》第十冊），頁83。

〔註52〕以上參考：林永勝，《南朝隋唐重玄學派的工夫論》（新竹：國立清華大學博士論文，2008年），頁121～123。林文認為：「靈寶派提出靈寶天尊與左玄右玄的經典授受架構，並不是為了壓倒佛教與傳統道教而設，其是在於承認各宗教、各道派的經典有其價值的基礎上，站在一個更高的位置，將佛教、傳統道教、乃至於新出的道教思想，分別置於一個合理的位置。亦即在建構出

經》云：

> 中國陽氣純正，使奉無為大道；外胡國八十一域，陰氣強勝，使奉
> 佛道，禁誡甚嚴，以抑陰氣；楚越陰陽氣薄，使奉清約大道……蓋
> 三道同根而異支者，無為大道、清約大道、佛道。此三道同是太上
> 老君之法，而教化不同，大歸於真道。老子主生化，釋迦主死化……
> 太上作此三道，化法雖殊，終歸道真，無有異也……。〔註53〕

面對著愈來愈蓬勃的佛教，道教學者究竟要如何自我定位，才能與這個逐漸
造成脅迫的異文化和平共存、並且寓抵抗的力量於妥協之中？學者們揭舉出
本／末、根／支這類價值序列，竭力申訴終極領域不該含有具體的經驗性內
容；如此一來，包涵了典籍、儀式、戒條及民族差異之一切宗教思想，都只能
算作末端與枝節，儒、釋、道乃至於古今中外所有學術範疇皆然。儘管《三天
內解經》仍將道教擺放在比較優先的位置，卻明白指出它與楚越巫覡、佛教，
俱屬太上老君之義法的某項特殊表現，故道教並非是超越歷史地理的普遍理
則，其發展必然受限於一定的時空條件，也必然產生視野或方向上的侷囿。
從比例而言，道教只佔據了世界信仰的三分之一；從階第來談，道教只是玄
虛之本體的變化流衍──簡單地說，道教學者不願意把終極領域讓給佛教，
但又無法阻止它在中國日益茁壯的態勢，因此選擇了一種退而求其次的方式，
把各家思想全部拉扯到「末」、「支」這個等級裏，執意維持一個絕對抽象、無
法述及履及的自然母源，使華梵學術一起停留於「用」、「萬殊」之現象層，藉
以牽制佛教，避免它將整個至真至實的最高境地襲捲而去。在預防整體潰敗
的深切憂慮裏，《三天內解經》構築了一個龐大的文化複系統，以太上老君之
義法統御著楚越巫覡、道教、佛教等副系統，〔註54〕也間接承認了沒有任何

靈寶天尊授經予左玄右玄之說的同時，靈寶派的自我定位便已經不是只站在
道教的立場，而是站在一種佛道會通的位置，將佛教的因緣觀、大乘空觀、
小乘禪法，與道教的氣論、生成論、神仙信仰等互相結合……」，此段話語雖
以靈寶派為討論對象，卻清楚地表現出當時道教欲與各家均分學術版塊的心
態，也符合以下《三天內解經》所砌築之複系統思維。另外，神塚淑子亦以
《定志通微經》裏，左玄真人及右玄真人之本生故事，《本行因緣經》內葛仙
公之本生故事為根據，認為靈寶經作者企圖確立一個以靈寶經包攝佛教的神
學體系。參考：神塚淑子，〈《靈寶經》裡的本生譚〉，收入：《道文化國際學
術研討會論文集》（高雄：昶京文化公司，2006年），頁385～386。

〔註53〕《三天內解經》（《正統道藏》第四十八冊），卷上，頁80、83。
〔註54〕如此處理的意義在於，將原本分屬三個不同系統的文化差異問題，轉變為單一
系統之間派別或門戶的歧出，以加強彼此共享思想資源、可以互補的印象。

教相可完整地演繹宇宙生滅的奧秘。

顧歡〈夷夏論〉的操作手腕，與顏之推、劉勰等人頗為類似，文章起首先肯定佛道「二經所說，如合符契。道則佛也，佛則道也」，然後再從中夏、西戎的風俗禮節切入，引帶出「繼善之教」與「絕惡之學」的高下判斷，強調「道教執本以領末，佛教救末以存本」，〔註55〕故其「同」乃作為裁決佛道之異的權宜性敘述。因此《南齊書》才會按置「歡雖同二法，而意黨道教」這樣的評語，〔註56〕日本學者吉川忠夫亦申言，顧歡主要著眼於教跡之差異性，並用以斥退佛教，文中雖標榜消解兩教間的對立，其實只是偽裝成調和觀點的排佛論而已。〔註57〕相對於顧歡藉著攙合佛道，來牽動中西更嚴苛的割裂、力保漢文化血統純淨，劉法先「每見道釋二眾，亟相是非，乃著息爭之論」，〔註58〕是嘗試減緩兩宗彼此謗詆的較早案例；另外，孟景翼〈正一論〉云「老釋未始於嘗分，迷者分之而未合」的調和說法，則為了矯治竟陵王鄙薄道教之行為而發，基本上屬於一種被動的抵禦，所以文章整體的風格溫婉，完全沒有貶謫佛教、視佛教為異己的成份，然這也顯示出在當時政治力量的壓制與社會風氣的轉變下，道教已經慢慢失去了貶謫佛教、視佛教為異己的餘裕。張融於病重時，作〈門論〉給部份親友曰：「道也與佛，逗極無二。寂然不動，致本則同……夫澄本雖一，吾自俱宗其本；鴻迹既分，吾已翔其所集。汝可專遵於佛迹，而無侮於道本」，〔註59〕透露了他盡力會通華梵的原因，主要是感受到佛教學者咄咄逼人的污衊言語傷害了道教，所以才期盼撤除兩宗指涉之絕對真實的隔膜，來達到互不侵犯的結果。如此，道教學者逐漸捨去與佛教競峙的論述型態，表面看來似乎開展了一片更寬廣的視野，然最重要的意義，卻是以模稜兩可的說解來換取最大的生存空間。

跨越了宋齊梁三代的陶弘景對各信仰的結合，猶如南北朝佛道關係之縮影，〈茅山長沙館碑〉云：「夫萬象森羅，不離兩儀所育；百法紛湊，无越三教之境」，〔註60〕已明確地表達共尊儒、釋、道的思想原則。另外《真誥》云：

〔註55〕顧歡，〈答袁粲駁夷夏論〉，嚴可均輯，《全上古三代秦漢三國六朝文（六）》，《全齊文》，卷二十二，頁3。

〔註56〕《南齊書》（北京：中華書局，1972年），卷五十四，〈顧歡傳〉，頁932。

〔註57〕吉川忠夫，《六朝精神史研究》（京都：同朋舍，1984年），頁495。

〔註58〕《太平御覽》，卷六百六十六，〈道士〉引《道學傳》，頁2973。

〔註59〕張融，〈門論〉，僧祐，《弘明集》，卷六，頁286。此篇文章除了寄與周顒之外，也同時發送給二何、兩孔等人。

〔註60〕陶弘景，〈茅山長沙館碑〉，嚴可均輯，《全上古三代秦漢三國六朝文（七）》，

「仰尋道經上清上品，事極高真之業；佛經妙法蓮華，理會一乘之致；仙書莊子內篇，義第玄任之境。此三道足以包括萬象，體具幽冥」，〔註61〕亦把傳統道家、佛教與道教相提並稱，認為它們雖各具擅場，但所欲往赴的究竟之地並無任何歧別，同時也意謂著唯有將傳統道家、佛教與道教之功相加，始得以窮盡天地一切事態，和《三天內解經》那泯滅了民族及地理梗界的文化架構，恰巧前後呼應。陶弘景晚年「曾夢佛授其菩薩記，名為勝力菩薩。乃詣鄮縣阿育王塔自誓，受五大戒」，〔註62〕儘管他對佛法的皈依不免遭到物議，然在這個與一生修業相矛盾的行為背後，其實正臨負著梁武帝棄道奉佛，下詔以釋迦為正、以老子為邪之險峻環境的逼仄，或許是對政治力量的屈從，或許具有保全道派之暗層考量，也很可能是因為受到陌生概念的刺激，逐漸產生與佛教趨同的心理，值得再深入探討。這幾乎是道教對佛教讓步的底限了：由於外來文化的照映，學者們終於發現傳統思想無法含括宇宙所有情狀，但更不想承認自己的理論較佛教來得簡陋，倘若把各門各宗都陳述為道之模擬，反而可以避免佛教獨大。〔註63〕

《全梁文》，卷四十八，頁 10。

〔註61〕 《真誥》（《正統道藏》第三十五冊），卷十九，〈翼真檢〉，頁 171。《真誥》成書年代大約在齊建武三年至永元元年，其中載錄了許多涉及佛教的內容，例如〈協昌期〉記敍「大方諸之西，小方諸上，多有奉佛道者，有浮圖，以金玉鏤之，或有高百丈者數十層樓也。其上人盡孝順而不死」；〈稽神樞〉云真人裴玄仁、周季通、王子喬皆有弟子奉佛等，相關描寫大抵是平和寬厚的，可知陶弘景本人對佛教原採較友善的態度。除正文所列之例，另如〈笑道論〉所引《老子序》曰：「陰陽之道，化成萬物，道生於東，為木，陽也；佛生於西，為金，陰也。道父，佛母；道天，佛地；道生，佛死；道因，佛緣，並一陰一陽不相離」，亦給予佛教和道教近乎等同的席位。

〔註62〕 《梁書》（臺北：宏業書局，1974 年），卷五十一，〈處士列傳〉，頁 743。梁武帝於天監三年四月下詔棄道奉佛，其事詳見《廣弘明集》卷四。陶弘景皈依佛法一事，並未完全得到道教人士的諒解，例如《桓真人升仙記》便假託其弟子桓凱，言其「求真不一，潛神二門」的罪過。又及，陶弘景自云受記為勝力菩薩，而據天監十六年所作《周氏冥通記》載述，他因傳法有功，又得到「蓬萊都水監」之仙職，其雙重身份成為他周旋於道佛的重要象徵，也使他注定在兩教評價上有所缺損，彼此剋扣。《周氏冥通記》（《正統道藏》第九冊），卷三，頁 70。關於梁武帝奉佛對陶弘景的影響，《真誥》成書年代，及《周氏冥通記》的撰著時間考證，參考：王家葵，《陶弘景叢考》（濟南：齊魯書社，2003 年），頁 14～41、110、126～239。

〔註63〕 魏晉南北朝基本上仍以南方漢民族具備文化最大優勢，佛教傳入所導發的省思及自我否定並不全面，故嚴拒佛教或秉持和同態度之道教學者，都努力維持佛道兩教的發言權及地位的均等狀態，並未直接顯露出民族或文化自信動

　　因而在上述折衷的看法裏，道教學者不再把佛教描敘為攻侵漢族的敵對角色，也不再將佛教詆毀為蠻荒境域內的異說訛談，並表示願意與之同起同行，透過這樣立場曖昧的話語，來包裝二教在當時社會失衡的局面，原來昭顯的敵意即轉變為潛匿的防制。如果和過去那種將異族文化視為劣質產物的單元心態相比，這似乎是中國思想的降格，然此一自我貶謫的作法，卻有助於道教學習怎麼運用新的立場及新的語言資源來談論神聖與真理，成為更富創造力的信仰。

　　順沿著先前的討論，可以注意到在魏晉南北朝中西學術互涉的過程裏，求同、援引者大抵上屬於弱勢、委曲的一方；求異、被援引者則經常為強勢、自矜的一方——換句話說，「格義」（乃至於逆用格義）這個詮譯行為，體現了佛道兩教不對稱的權力結構，它是兩種文化攻錯的場域，度量與用來度量的對象間橫亙著一道鴻溝，分別站立於卑與尊、受遏制與受推崇的二個端點。故格義之法對使用者而言，其實是把雙面利刃，在看似等值、等義之詞彙（或觀念）的平行互動模式裏，非但隱伏了高下優劣之區判，也暗藏著吞噬與被吞噬的對峙關係。由格義之法賦含的排他能量推斷，佛道兩教所提出的調和觀點，都不是心悅誠服地想與對方應答、彼此接納的寬容表現，毋寧說是一種具有預設目標的開敞、充滿掙扎的共生形式，於內於外都存著高度的緊張性，雙方原無展開深入對話的打算；故而佛與道中西特質的揉合，乃建立於它們絕續興衰的危機感上，流竄著極為濃厚的政治意涵。

第二節　道經對佛教空間術語之轉化的意義

　　荷蘭漢學家許理和（Eric Zürcher）於〈佛教對早期道教的影響——經典證據之考察〉一文裏，廣泛地選擇了二世紀至六世紀的道教典籍，從而歸納出道教吸收佛教的幾個層面：其一是形式的借用（Formal Borrowing），指的是對詞彙和文體的攝取；其二是概念的借用（Conceptual Borrrowing），將佛

搖的心理，但《無上秘要》〈帝王品〉所引《三皇經》云：「天道廣大，賢愚混同，彊者在西，弱者在東」，也點出他們有一定程度的不安與體認。另外，如前章所述《上清外國放品青童內文》「六音之銘」的設計，其實亦指涉了一種無往不適的知識法則，為道教學者面臨外來文化盤據後，殷切期盼的啟蒙利器，從中可以察覺向來屬於文化輸出國、處於文化優位的漢人，嘗試扳回劣勢之強烈渴望，這也是道教翻譯思維興起的重要背景。

教的某些特殊名相所表達的寓意加以融會；第三則為綜合的借用（Conceptual Borrrowing），即對佛教某系列哲思乃至實踐功夫的導入。〔註64〕在這幾個層面中，形式的借用最為簡截且容易辨識，尤其各式各樣被直接帶進道書的佛教術語，一部份尚能與上下文服貼地搭配，有些置放於道書內便相當突兀，往往成為佛道兩宗產生爭執的引爆點。〔註65〕

傳統對於天人鬼神的想像雖自具一格，但關於宇宙的敘述，大抵是以天地軸、四方或五方為基礎而開展的結構體，在型態上比較單純，〔註66〕隨著佛教義理的輸送，含夾了異國情調之空間術語亦大量譯出，使華夏民族的宇宙觀受到一定程度的衝擊。當道教學者在製作經典時運用此類術語，即表示他們不再把敘事的符碼緊鎖於中國式的風貌，其思考的世界圖像已然有所更動，然而此類術語雖同時駐紮於佛道典籍，卻不表示聯繫的內容自始至終都維持一致。

以「天」之說法為例，中國古代認為呈上下多層的劃分，《楚辭·天問》云：「圜則九重，孰度營之？……九天之際，安放安屬？」，基本上採「九」這一個聖數代替「眾」、「極」之意，圓弧型的天域覆蓋著方平的地表。另種說法見於《呂氏春秋》「天有九野」，中央曰鈞天、東方曰蒼天、東北曰變天、北方曰玄天、西北曰幽天、西方曰顥天、西南曰朱天、南方曰炎天、東南曰陽天，〔註67〕用中央與八方來界定天之規模，並各自以二十八星宿配屬之。兩種「九

〔註64〕 Eric Zürcher, "Buddhist Influences on Early Taoism: A Survey of Scriptural Evidence", T'oung Pao L X VI, 1~3. T'oung-Pao, P. 66: 84~147. 1980。許理和認為道教對佛教信仰借用最多的地方涉及宇宙論、道德倫理和因果報應，並區分道教體系為「硬區域」與「軟區域」：前者是和佛教接觸之前即已充分緊密固定下來，因此不受影響的部份（例如人體和長生術、存思等）；後者則是思想發展得不夠，或被內在矛盾削弱的部份（例如人死後的命運、天的結構等），導致其對業報與再生信仰的迅速吸收。這兩種區域基本上是根據佛教理論滲入的程度歸納出來的，然而硬區域仍有可能被佛教干擾（例如長生概念的動搖），而軟區域裏的概念是否真的未臻完整？它們之所以被取代是否有其他原因？則需進一步探討。

〔註65〕 例如甄鸞〈笑道論〉、唐代釋法琳《辨正論》，對道經不辨修行緣由便引用「十仙」、「四果」等名相，都有所批判。

〔註66〕 關於中國古代宇宙結構，參考：山田慶兒，〈空間·分類·範疇——科學思考的原初的基礎的形態〉，收入：《日本學者論中國哲學史》（臺北縣：駱駝出版社，1987年），頁45～94。

〔註67〕 《呂氏春秋新校正》（臺北：世界書局《新編諸子集成（七）》，1972年），卷十三，〈有始覽〉，頁124。相同說法見於《淮南子》〈天文訓〉。

天」觀點流傳於後世，彼此並未嚴格地區隔，故《孫子》「善攻者，動於九天之上」、〔註68〕《太平經》「何憂不得上九天，周歷二十五天乎哉」所指為何，〔註69〕都沒有給予清楚的論斷。

　　佛教典籍裏的天界編制明顯比中國傳統更加繁縟，每部經論的解釋雖參差不齊，但許多篇章都包括了欲界六天、色界二十三天及無色界四天，總共三十二天，隨其境界昇華，於宇宙中不斷增加高度。行文之間，對欲界及色界裏宮殿園池、珍寶花鳥景象的鋪陳，已經眩人奪目，而佛教天界的稱謂則兼備意譯及音譯兩種類型，如「炎摩天」、「善見天」、「無量識入處」、「非想非非想入處」屬於前者，「忉利天」、「兜率天」、「摩醯首羅天」等屬於後者，無論唸誦或在視覺的感受上，均比《呂氏春秋》所採字辭還要富麗堂皇。魏晉南北朝道教的天界觀念，襲取了佛教神話之龐大框架和綺巧的言語質素，例如《洞玄靈寶九天生神章經》、《上清九丹上化胎精中記經》雖維持九天之說，然而其中「鬱單无量天」、「寂然兜術天」、「波羅密不驕樂天」卻挪自佛教典籍；又如《靈寶无量度人上品妙經》、《太上三天正法經》俱按入三十二天之說，《上清外國放品青童內文》甚至拓展成三十六天，此外尚有三十三天、八十一天、六十大梵、五億五萬餘天等各種說法，〔註70〕「九天」不再是最高領域的綜詞，至尊性質有逐漸被取代的趨勢，諸天天王所繫諱號亦非取用漢人習慣的單字雙字型態，比方「提阿沙」、「波奈荼」、「須阿摩」之類，皆是沒有意義的拼音式名氏。〔註71〕

　　儘管道教收受了佛教天界觀念的專門術語，卻未必忠實保留它們在原生神話裏的意義及地位，倘若直接以佛教思維來理解道教借自佛教的名相，往往會出現認識上的錯歧。例如《无量度人上品妙經》所言三十二天，並非依

〔註68〕《孫子校正》（臺北：世界書局，《新編諸子集成（八）》，1972 年），卷四，〈形篇〉，頁 56。

〔註69〕羅熾主編，《太平經注釋》（重慶：西南師範大學出版社，1996 年），卷七十一，頁 498。此處「二十五天」是以蒼天（木）、丹天（火）、黅天（土）、素天（金）、玄天（水）相乘，另說則以一、三、五、七、九為天數，其總和為二十五。

〔註70〕甄鸞，〈笑道論〉，「偷佛因果」，頁 120。

〔註71〕佛教與道教天界說法相當駁雜，兩宗均未作統一，蕭登福《漢魏六朝佛道兩教之天堂地獄說》裏有相當詳細的整理，此處不再贅敘。以上關於佛、道天界觀念之介紹，參考：蕭登福，《漢魏六朝佛道兩教之天堂地獄說》（臺北：學生書局，1989 年），頁 3～63、207～238。

果報差異由下至上排列的境地，它們分置於東西南北四方，每方各八天，然後再作欲界、色界及無色界之區判，於佛教的垂直構圖裏安插了水平設計；《洞玄靈寶九天生神章經》、《洞真太上太霄琅書》、《道教義樞》記載三界之上又有三清境、大羅境，由渾淪妙炁化生玄、元、始三炁，終於而開成天地——在這樣的觀點裏，沒有形質之礙的無色界，並不被視為造極之處，且每一階段的昇降標準，乃從心識禪定狀態轉變為氣的狀態，道教理論也因此悄悄地伸入了佛教宇宙體系內。法國漢學家索安（Anna Seidel）即認為許多佛教術語施用在道教範圍時，寓涵已和印度佛教沒有太大關聯，並強調這是佛道研究必須時常面臨的特殊困難。〔註72〕

　　另外，在《長阿含經》、《大樓炭經》、《俱舍論》、《大智度論》等佛教典籍裏，都極力敷演六道有情眾生所居住的「三千世界」，以須彌山為中心，環繞著四大洲及九山八海，由此組織為一小世界；此一小世界以一千為集，從而匯合為一個小千世界；一千個小千世界再叢聚為一個中千世界；一千個中千世界又統納為一個大千世界，據此層層累疊計算，稱之為三千大千世界。這個辭彙出現於道書的頻率也很高，《元始無量度人上品妙經》、《洞玄靈寶本相運度劫期經》、《太上洞玄靈寶本行宿緣經》、《洞玄靈寶左玄論》以及作於唐初的《太上三十六部尊經》俱有記載，而《洞玄靈寶諸天世界造化經》則將之改易為「三界大劫世界」。〔註73〕然道教學者襲取此一術語時，並非原封不動地搬演，經常會在細節的描繪上作些微調整，並且與中國地理相連結，比方《本相運度劫期經》云：

> 崑崙山處於土中，凡有八十一重，亦八十一天，崑崙四面即名四天下……崑崙之南三十萬兆里，復有崑崙之山，東西南北亦有，無量

〔註72〕索安（Anna Seidel）著；陳平、呂鵬志等譯，《西方道教研究編年史》（北京：中華書局，2002年），頁103～104。索安此文舉用伯希和（Paul Pelliot）之話語，提醒人們注意佛道兩教術語名同實異之處：「術語的相似和偶爾相同並不意謂著體系的一致……看似相同的術語常常在相當長的時間內掩蓋了思想某些深刻對立」，亦關懷翻譯與引用行為所造成的知識陷阱。另外，賀碧來也指出兩教如「輪迴」、「三界」、「十方」等辭彙看似相同，實則各具不同內涵，並告誡讀者不該單從表面的辭彙，驟斷佛教對道教的「影響」。參考：Isabelle Robinet 著；萬毅譯，〈佛道基本矛盾初探〉，《法國漢學（第七輯）》（北京：中華書局，2002年），頁168～187。

〔註73〕《洞玄靈寶諸天世界造化經》（《正統道藏》第十冊），頁32。後文所引「天地敗而更成」亦同。

不可稱計……從崑崙至崑崙，滿千數之為一；從崑崙至崑崙，滿千數之為二；從崑崙至崑崙，滿千數之為三。其數滿千，小數始一，從小數一起，其數至千，始名一小千；從小千至滿千，始名為二；從小千至滿千，始名為三。其三滿千，中千之數也。從中千數至滿千，始名為一，從中千數至滿千，始名為二；從中千數至滿千，始名為三，其三滿千，名為大千，此三千世界，十仙所主，化見神智，具相威力所能及也。是以世界無邊，聖智無極，載眾無頭，道力無修。〔註74〕

這段經文以崑崙山替代須彌山，把佛教裏的世界中心更換為傳統想像裏的世界中心，前面再採取爐籥、巨靈胡亥等充滿道教色彩之意象作為引導，使「三千世界」這一辭彙的出處難以分辨，從而將西方神話編整為華夏神話的一部份，中國宇宙觀乃變得繁沓許多，展現出乘之又乘、不斷朝外開散，呈等比級數增加且無法估測的奇妙境相。不過原木植栽於佛教土壤的術語一旦被轉移至道教園圃，就會發生意義鬆脫的現象：回到《長阿含經》、《大智度論》原來的記載，首先必須注意三千世界只是欲界、色界某一環節的總和，〔註75〕並未包括泯滅了物質性的無色界，除它之外，還有十方數不盡的領域存在，所謂「是三千大千世界光明遍照，照竟，餘光過出，照東方如恒河沙等諸世界；南、西、北方，四維、上下，亦復如是」、「住時一劫，滅時一劫，還生時一劫」，〔註76〕這些敘述都側寫了三千世界本身於時於空的極限，並藉此提醒人們審視自己及所處角隅之渺小；然而，《木相運度劫期經》比較傾向營造三千世界的無限性，並用來宣揚大道的神聖與廣袤浩瀚，完全遺漏掉它所稟持的約束、片面之意義。其次，佛教三千世界內部表現為重層的結構，亦即由天地與天地所簇聚的複式宇宙，而道教學者在運用時，經常會忽視這種近乎破碎的概念，〔註77〕習慣將它視為一個連綿不絕的整體，諸如「崑崙之南三

〔註74〕《洞玄靈寶本相運度劫期經》（《正統道藏》第十冊），頁18。

〔註75〕欲界包括地獄、餓鬼、畜牲、人、阿修羅等五道，以及天道中的前六天。此六天除四天王天位於須彌山半山腰、忉利天位於須彌山頂以外，其他諸天都住在虛空，一切宮殿園池皆為風輪所持而不墮。而無色界既無處所，亦不在色界天上，已超出了三千世界的範圍。

〔註76〕《大智度論》（臺北：新文豐出版公司《大正新修大藏經》第二十五冊），卷七，〈大智度初品中佛土願釋論〉，頁113、114。

〔註77〕佛教這種破碎的複式宇宙概念亦被道教吸納，只是很少與重要的義理相匹配。例如《真誥》載錄：「方諸，正四方，故謂之方諸……但草木多茂。蔚而

十萬兆里,復有崑崙之山,東西南北亦有……從崑崙至崑崙,滿千數之為一;從崑崙至崑崙,滿千數之為二……」之類的形容及闡釋,其實仍以五方為根柢,再擴張出去,依舊傳達了此天地及彼天地相接準的平面視覺效果;也就是說,道教學者提借三千世界神話時,特別著重於它開闊的格局,與此相左的內涵就在句段中被省略了。

再者,「三千世界」一詞,在佛教典籍裏主要用來討論宇宙本身榮枯、生滅,迭遞輪迴之無常過程,認為天地景致會隨著各種條件而持續變化,所以沒有任何必須執著的定相。比方《長阿含經》大篇幅敘述完三千世界之結構後,即以「如是世界,周匝成敗」統覽前文,〔註78〕《大樓炭經》亦採取類似的形式敷演這個命題,均藉由描寫的反差,來教導人們體會萬物皆空的意蘊。此概念被道教學者引入後,有部份按循佛典原義,同樣用來解說一切現象之虛幻迷妄,例如《諸天世界造化經》言:「天地敗而更成,眾生死而後生,無有窮已」、「從彼始成,至後七日並出,悉燒敗之,後復更成,一如往法,無休止時」;另外一部份卻於文本裏產生完全相反的效果,成為永恆、真實之襯語,例如《洞玄靈寶鐘磬威儀經》祝頌云:「五億諸天境,三千世界中,方方列仙域,處處有神鐘。梵音生法宇,妙韻起靈風,因緣常不絕,功德永無窮」,〔註79〕全篇主要在鋪設一個究極理想的宗教情境,故不涉及任何關於災難、浩劫與犧牲等破壞場景,縱使其中攙雜著歷史循環的觀點,也將動蕩不安的成份給剔除殆盡,從清平氣象拓延而出的,是久續長存的穩固時間。

從佛典至道書,原本「三千世界」那種反訴一切因緣侷促、短暫之寓意,很明顯地被淡化甚或扣剋了——在佛典裏,三千世界基本上只是整體宇宙的一個特殊樣態而已,它時常與人們未能知悉、掌握的普遍原理相對照,揭露

華實,多舊榮饒,不死草、甘泉水,所在有之,飲食者不死……方諸東西面又各有小方諸,去大方諸三千里……」,就描繪了一個由多重空間所共同組架的神仙境地,但它無法像「三千世界」那樣,動輒與明道、講道的場景接連,也未能成為道教終極關懷的譬喻之一。「方諸」傳說尚可見於《無上祕要》所引《真迹經》。

〔註78〕 《佛說長阿含經》(臺北:新文豐出版公司《大正新修大正藏》第一冊),卷十八,〈世記經閻浮提洲品〉,頁114。關於三千世界背後的成住壞空循環概念,隋代奢那掘多等人所譯《起世經》有更詳細的說明:「此三千大千世界,同時成立,同時成已而復散壞,同時壞已而復成立,世間立已而得安住。如是世界,周遍燒已,名為散壞;周遍起已,名為成立;周遍住已,名為安住」。

〔註79〕 《洞玄靈寶鐘磬威儀經》(《正統道藏》第十六冊),頁564。

出駁雜現象不堪檢驗的脆弱性質；在道書裏，三千世界代表著與「無」相應之「有」的演示場所，它是盛裝玄德、玄智之重要容器，可以容納任何色相及存在，無法言明的終極真際乃藉由這具實的規模透顯出來。道教學者刻意引入「三千世界」這一術語，然其所欲表達之廣袤浩瀚，卻與佛教所欲表達之渺小產生某種矛盾，在結果上難免有些諷刺，這是由於中國神話裏的空間多半為實際地貌的轉化，型態不脫島嶼、山陵、江海等尋常景觀，比較起來，三千世界之龐大架構已遠遠超邁過去的想像，所以才會產生這種落差。

又如「閻浮」、「閻浮提」或「閻浮利」一詞，本來意指須彌山四大洲之南洲，其面積縱廣各七千由旬，就位置而言，即為印度諸國所在之處，佛教神話用來泛稱人類生存的界域。〔註80〕此一辭彙經過道教學者演述後，便發展出內容不同的變調，例如《三洞珠囊》〈分化國土品〉引《五千文十緯經》曰：「多羅真人化行中國震旦之地，震旦之地名曰閻浮。閻浮人惡，愚頑眾生，多不信真經」，〔註81〕此處「閻浮」是有情有欲、迷惘苦惱之存在的居所，與《地藏經》「南閻浮提眾生，其性剛強，難調難伏」的概念類似，都帶著一種從聖境之超越性視角，面對俗境所按立的客觀審察。〔註82〕但是，《十緯經》雖維持了佛典對「閻浮」的部份解釋，卻將之從印度遷動至中國，強調中國才是人類繁衍及活動的真正基址。除了《十緯經》，另如《太上洞淵神呪經》記載太上道君詢問下方世界真人蔚明羅曰：「子從閻浮來乎？」蔚明羅答覆後，告知眾生積惡、不信道法的亂象，亦沿續了佛教以「閻浮」表示人間世界的觀點，只是其內容已經是道教所統御的中國了。〔註83〕至於《上清外國放品

〔註80〕《佛說長阿含經》，卷十八，〈世記經閻浮提洲品〉，頁115。「閻浮提」在陳代真諦《立世阿毘曇論》譯為「剡浮提」，又有「瞻部提」等譯名，《大樓炭經》、《起世經》、《起世因本經》皆具類似記載。

〔註81〕《三洞珠囊》，卷八，〈分化國土品〉，頁713。

〔註82〕《地藏菩薩本願經》（臺北：新文豐出版公司《大正新修大正藏》第十三冊），〈閻佛眾生業感品〉，頁781。

〔註83〕《太上洞淵神呪經》（《正統道藏》第十冊），卷一，〈誓魔品〉，頁231。另如宋代王希巢《洞玄靈寶自然九天生神玉章經解》所引《妙法本相經》，也提及南方閻浮地震旦國，《宋書》、《梁書》亦有相關記載：《宋書》〈呵羅單國列傳〉記載元嘉十年，呵羅單國王毗沙跋摩奉表禮贊中國曰：「宮殿高廣，樓閣莊嚴，四兵具足，能伏怨敵，國土豐樂，無諸患難……於諸國土，殊勝第一，是名震旦」；《梁書》〈盤盤國列傳〉記載其王於大通元年奉表，開首稱宋武帝「揚州閻浮提震旦天子」；〈干陀利國列傳〉記載天監十七年毗邪跋摩奉表，與《宋書》〈呵羅單國列傳〉所錄內容幾乎完全相同，疑史家傳抄有誤。然而，佛典

青童內文》裏的「閻浮利」改變更大：

> 南方閻浮利三十萬里之外，極洞陽之野，其國音則銘伊沙他之國。
> 國地平，无有高下，土色如丹，廣狹八十一萬里，其國人皆形長二
> 丈四尺，壽三百六十歲。國有六音之銘，是高上置於外國越老之品，
> 高上常吟歌其音，以化越老之人，令知其國有不死之教。〔註84〕

這段話語記載的閻浮利與其他五個神國各有特色，但彼此條件相當，都是充
滿生命力、聖仙真普施教化的區隅，比較接近《彌勒下生經》錄敘佛陀正法滅
後，一切罪惡逐漸顯現，直至彌勒佛出世而立極樂世界的景象：「時閻浮提地
極為平整，如鏡清明，舉閻浮地內，穀食豐賤，人民熾盛，多諸珍寶」。〔註85〕
然《外國放品青童內文》著力保留了閻浮利所具「南方之境」這一梗要概念，
由於全文以中國作為地理座標之原點，閻浮利也就跟著移動到中國南方的百
越。從前述引文來看，天師道、上清道雖然都使用了這個辭彙，卻沒有統一
它的意義，足見各派的體會差異很大，蹈襲之目的也各自不同。〔註86〕

在上面列舉的幾個案例裏，可以發現道教對佛教術語之借貸或傲效，並
非將各種辭彙完整地從西方搬徙至中國；成立於異邦的符碼，一旦脫離原來
的思想脈絡而被填充入華夏文化，學術風土的改變就會促使其指涉範疇跟著
改變，在不同哲思型態與宗教基本性格的影響下，有時會極為嚴重地偏離固有

道經中的閻浮、震旦即使影射了中國，基本上仍是個虛幻的國度，而史書裏
往往作為外國使節贊揚南朝的譬喻，將神話套用到現實上。有趣的是，「震
旦」原為梵文 cīna-sthāna 之音譯，是個依西方國家眼光成立、以西方為立足
點展開形容的辭彙——或謂「震」（cīna）即「秦」，「旦」（sthāna）於義為「地」；
或謂東方屬震，為日出之方——道教學者採取這一異國敘己的語言來稱喚中
國，反映了當時佛教普及的狀態，也多少表現出在接受外來文化過程裏，必
然造成自我定位時某程度的錯亂，同時亦學習到如何將自我客體化。

〔註84〕《上清外國放品青童內文》（《正統道藏》第五十七冊），卷下，〈六國品銘三
十六首〉，頁65。

〔註85〕《佛說彌勒下生經》（臺北：新文豐出版公司《大正新修大正藏》第十四冊），
頁421。類似記錄可見於《增一阿含》第四十二品〈八難品〉，亦描繪瞻部州
廣博嚴淨、豐樂安穩之狀。

〔註86〕另外，劉屹、劉菊林認為，《太上妙法本相經》使用「直接移植」與「偷樑換
柱」兩種方式用佛教典籍，後者「雖仍保持原有的佛教名稱，但卻徹底改變了
其原有的佛教意含。如『尼乾』、『純陀』、『妙梵』等，本來都是佛經中的人
物，在《本相經》裏都已經絲毫沒有原來的人物特徵，而成了《本相經》主神
靜老天尊教化四夷四極的聽法弟子」，亦是相當典型的案例。參考：劉屹、劉
菊林，〈論《太上妙法本相經》的北朝特徵——以對佛教因素的吸收為中心〉，
《首都師範大學學報（社會科學版）》（2007年，第3期），頁14～20。

寓涵。必須留心的是，道教學者接受或演練佛教術語時，很顯然不太在乎這些術語之本然意義為何，他們往往順從著傳道、書寫時的各種需要，以及事先預設的論述立場，來擷取詞彙的部份元素，是故遊走於佛道兩教典籍的術語，表面上看似具備了相同的形貌，然內裡卻已經過偷天換日而開闢出新的旨趣，因此道教這類竊奪襲竊的行為，也同時帶著生產意義的創造性功能。

　　值得省察的是，魏晉南北朝道教學者對這些借來的空間，究竟懷有多少信賴感？儘管道教典籍亦不乏「瀛州」、「閬苑」、「華陽洞天」等神秘境域，但那畢竟是在中國命名法則中成立的符碼，多半前有所承，是心象與整體宇宙對應時即能示現的寓所，故往往被認為是真實存在的地點。葛洪在回應民眾對金丹、長生的質疑時，經常如此答覆：「況列仙之人，盈乎竹素矣。不死之道，曷為無之？」、「皆良史所記，信而有徵」，〔註87〕即以傳統典籍作為仙界的支持點；而《隋書》及《舊唐書》之〈經籍志〉，都把描繪道教仙境的《十洲記》置於地理類，文中所敘洲島，對人們而言具有一定的可信度。〔註88〕然道教為了充實學術版圖而使用「閻浮提」等術語時，既無相襯的理論，也無久遠的歷史為其背書，很可能僅將之視為虛構的傳說或寓言。

　　再者，前小節曾敘及道教學者嘗試說服人們，佛道兩宗擁有共同的存在根源，並且盡力揭揚彼此吻合之處；然學者於追逐佛教理趣的過程裏，必定經常尋覓不到能與它符印的道教名相，那麼究竟該採取何種策略來彌補這類既定的匱缺？其一是以佛教概念來支援道家與道教典籍之哲蘊，亦即逆用格義的手法，使傳統話語織就的意含儘可能豐富，從而逸出原本的界圍，在言詞數量毋需增加的情況下掩蓋那份空白──這樣一來，中國思想往往受佛教的誘導而改變，也難以避免地引發了道教本身的改變；其二則是硬將佛教名相寫入道教典籍裏，使佛教專有的辭彙成為佛道互有的辭彙，以非自生的方式來增加言詞數量，〔註89〕讓那份空白不會出現於兩宗的鑑照之間──這樣一

〔註87〕葛洪，《抱朴子內篇》（《正統道藏》第四十七冊），卷二，〈論仙〉，頁542；卷三，〈對俗〉，頁652。

〔註88〕這種歸類「正反映出六朝史志將具有神話傳說性質的宗教性與圖視同地理書的觀念。」參考：李豐楙，《六朝隋唐仙道類小說研究》（臺北：學生書局，1986年），〈十洲記研究〉，頁123～124。

〔註89〕另外，第五章曾經提及道教習取中觀學而發展的悖論形式，也利用大量類似的修辭方法，來干擾人們對論述來源的判斷，試圖使佛道兩宗難以辨識，從而將佛教義理轉入道教。

來，道教論述便滲進異國成份，丟失了自己企欲保衛的漢文化純粹度，〔註90〕
而佛教名相也因有心的誤識、或被一知半解的表現所影響，衍發出許多背離
原旨的慮見。道教學者嘗試以人為的扭曲運作，單方面地締結華梵語言之對
等關係，但這所謂的對等其實並不整全，仍存著太多無法調配、無法準確扣
合的環節，而後天的彌補行為也會在佛與道之間製造出新的錯歧，故名相之
置缺便永遠沒有填滿的時候。

　　為了使外來的空間術語更妥適地溶入道書，需要挪動相關條件以為配合，
前面提及《本相運度劫期經》藉由將須彌山置代成崑崙山，〔註91〕把佛教神
話強行截併為道教神話，並非偶發的單一案例，另如《洞玄靈寶諸天世界造
化經》記載：「時有四千崑崙，四千日月，四千天下……合爾所名為小劫世界，
數是小劫世界千，名為中劫世界，數是中劫世界千，名為三界大劫世界」，〔註
92〕亦採取同樣的方式混淆讀者視聽，使此遠道而來的概念，透過山峰與山峰
的切換，蛻變為中國思想的一部份——這地標的轉移，可說是印度精神脊梁
被抽去，再另殖華夏文化骨髓之重要象徵。又如《玄覽人鳥山經圖》勾劃人
鳥山之勝形靈跡，此山「或名須彌山，或名玄圃山，或名大地金根山，或名本
無妙玄山，或名元氣寶洞山，或名神玄七變七轉觀天山，一山七名，總號玄
覽」，〔註93〕乃借助六個充滿仙家氣息的辭彙，對「須彌山」含帶的西土色彩
進行刪減，不動聲色地將佛道神話繫結起來，而在眾名間所安立的等號，更
暗示了它們只是紛紜的表陳形態之一，並潛藏了謀合兩種學術體系的深刻用
意。

〔註90〕道教尋求與佛教相符時，自然會發覺兩者參差的狀況，正如佛教尋求與中國
　　　　思想相符時，也會注意到其間有不可化約的差異，故此處所云置缺、空白，
　　　　指的是無法和對象進行交換、彼此扣準的情形，並非學術思想本身的問題。
　　　　另外，道教學者雖經常處於漢文化守護者的立場，但並非每一位都如此堅持，
　　　　至於他們究竟是藉著強化族群界線來達到宗教本身的防衛？或是以宗教為
　　　　理由來排除其他族群？應該也有個別的差異。
〔註91〕關於崑崙山，早於《楚辭》〈天問〉已有錄敘，《河圖括地象》云：「崑崙山為
　　　　天柱，氣上通天」，《神異經》曰：「崑崙之山有銅柱焉，其高入天，所謂天柱
　　　　也」，《水經》陳述「崑崙墟在西北，去嵩高五萬里，地之中也」，皆點明它具
　　　　有宇宙軸之神聖地位。道教裏的崑崙山又是仙真集聚之所，如《真誥》云：
　　　　「崑崙上有九府，是為九宮……諸仙人俱是九宮之官耳」，學者可藉存想崑崙
　　　　而得道。
〔註92〕《洞玄靈寶諸天世界造化經》，頁32。
〔註93〕《玄覽人鳥山經圖》（《正統道藏》第十一冊），頁472。

有趣的是，佛教典籍裏頻繁出現的西域地名也經常被道教學者拿來使用，最顯著的案例，即是佛陀誕生與遊行於斯的印度恆河，其間的沙石因為顆粒細小繁多，閻浮提諸水流皆無能企及，故佛陀說法時，屢屢以此作為鉅大數量之譬喻，連帶地影響了道教典籍的面貌：

> ……名道者，無為無不為，高而無蓋，下而無底，上無復尊覆，下無復卑承，無匹無偶，無譬無喻，淡泊虛無，萬聖之祖宗，乃至世界恆沙尊神，莫不宗述。(《洞玄靈寶本相運度劫期經》)〔註94〕

> ……東方無極世界恆沙眾生，已得道過去及未得道，見在福中。善男子、善女人，修奉智慧上品十戒，功滿福報，致得乘空，白日飛行，駕景策龍，上登玉清，遊行東極九眾天中。(《太上洞玄靈寶智慧罪根上品大戒經》)〔註95〕

> ……道家治身之法，如恆河沙，非可盡學，但令執一者耳。(《洞玄靈寶太上真人問疾經》)〔註96〕

從此譬喻能跨越過東西文化之隔閡而注入道教學者的書寫，即可看出當時佛教興盛的程度。問題在於，這是一條未曾出現於地志輿圖與古今神話的河川，它被唐突地擺放在道教獨特的語境裏，抽離了原來實質的指涉，抽離了印度那綿長深厚的歷史，也抽離了關於自己的所有傳說故事，成為懸浮於中國景觀裏的空洞物件、一個沒有任何依傍的孤立符號。恆河和道教典籍前後陳列的峨嵋、崑崙、五嶽四瀆之類的名稱不同，由於欠缺具體的內涵作基據，也無法和其他細節互為支撐，因此除了文字本身帶動的類比作用之外，便沒有任何意義；再加上它處於讀者之認識條件幾乎都拆除的失根狀態，喻體與喻依的聯結即顯得十分脆弱，很難保持原本在佛經內的感染力，讓此一借來的比擬更顯單薄而空洞。

從三十二天到恆河，這些突然出現的空間術語，其意義並不在它們替中國文化增添了幾個淺微的形容詞，而是它們代表了存在於道教世界內部的異域──原來位於道教邊界之外的空間，被移入道教邊界之內，並且當作自己

〔註94〕《洞玄靈寶本相運度劫期經》(《正統道藏》第十冊)，頁17。

〔註95〕《太上洞玄靈寶智慧罪根上品大戒經》(《正統道藏》第十一冊)，卷下，頁767。

〔註96〕《洞玄靈寶太上真人問疾經》(《正統道藏》第四十一冊)，頁576。另如《左玄論》、《太上洞玄靈寶真一勸誡法輪妙經》、《太上妙法本相經》、《道德義淵》「澆淳之義」引《空洞靈章經》等皆有恆河、恆沙的記載。

教義的一部份，不但膨脹了傳統的宇宙觀，呈現出多彩多姿、甚至稍嫌冗贅的飽滿樣貌，同時也象徵著道教的書寫空間與詮釋空間陡地寬闊了起來：就書寫空間而言，佛教東傳以後，無論哪一派別都很難如過去那般單純，陌生的修辭、敘述模式、辨證手法侵入了道教典籍，也推促著學者將自我向他者開放，一遍又一遍地查校並擴充固有理論的視野；就經典詮釋空間而言，佛教獨特的思維使道教學者檢閱古代經籍的面向更為廣延，突破了過去以養生、無為治術為主的觀照點，例如唐代杜光庭《道德真經廣聖義》將《老子》注解分成「明理國之道」、「明理身之道」、「明事理因果之道」、「明重玄之道」及「明虛極无為理家理國之道」五大類，〔註97〕其中梁朝道士竇略「明事理因果之道」，孟智周、臧玄靜以及陳朝道士諸糅「明重玄之道」，都是在佛教影響下所產生的新典範。

　　與此狀況相應的，是原本冠於佛家物事的「梵」字已經深入道教典籍。從先前幾章許多引文裏，即可發覺「梵書」、「大梵隱語」等辭彙出現的頻率極高，而《靈寶无量度人上品妙經》記載諸天各有空洞謠歌之章，「皆是大梵之言，非世上之常辭，言無韻麗，曲無華宛，故謂玄奧，難可尋詳」；〔註98〕《太上玉經隱注》亦提及崑崙人鳥之山「其山眾聖，誦經皆大梵天制音，不哀不傷，不遲不疾，弘雅要妙，聞者融然」，〔註99〕均以「大梵之言」、「大梵天制音」作為高階語文。另如虛空無礙的至真之行稱為「梵行」，先天之氣則名為「梵氣」，〔註100〕《龍蹻經》於三十二天之上，又安排了「四梵」，皆意謂著此字在道教思想裏，被賦予一種極其正面的超越性價值。然「梵」其實為 Brahmā 的音譯詞，全譯作「梵摩」、「婆羅賀摩」、「梵覽摩」，《妙法蓮華經》解釋它具有寂靜、清淨之意，如「梵語」譯自 Brāhmī，「梵天」譯自 Brahman，

〔註97〕《道德真經廣聖義》（《正統道藏》第二十四冊），卷五，〈釋疏題明道德義〉，頁 179。

〔註98〕《靈寶无量度人上品妙經》（《正統道藏》第一冊），卷一，頁 7。

〔註99〕《上清太極隱注玉經寶訣》（《正統道藏》第十一冊），文中所引《太上玉經隱注》，頁 390。

〔註100〕「梵行」一詞見於《諸天內音自然玉字》、《太上洞玄靈寶空洞靈章經》、《太上太玄女青三元品誡拔罪妙經》等，「至真之行」一解見薛幽棲注《度人上品妙經》；「梵炁」一詞除見於古靈寶經《太上玄一真人說三途五苦勸戒經》外，又出現於年代不詳的《太上洞真賢門經》、《太上靈寶洪福滅罪像名經》內；另如《太上妙法本相經》出現了「與道相名而化」的「梵子」一詞。

大抵上是音譯與意譯參合的產物。〔註101〕道教學者逆勢操作，將用來和華夏文化作切分的「梵～」領域收歸於一己思想系統內，揉併佛道兩宗之意圖至為明顯，特別是透過對梵音、梵書與各層次語言的匯整，間接地建構了一個符號的共同體，也建構了一個宗教的共同體，甚至是文化的共同體〔註102〕——但既然是共同體，也就表示它無法維持昔日的純粹，更展露出具有佛教屬性之物事於道教裏被重視的程度。

在某些典籍裏，此共同體必須以道教為主導，《定志通微經》、《三天內解經》都明確地傳達了這種意念；而《真誥》規劃天文譜系時云：「其後逮二皇之世，演八會之文為龍鳳之章，拘省雲篆之迹以為順形梵書」，將梵書置於八龍雲篆之下，使它落於第二序次而非最優先的地位，亦用了幽微婉轉的方式來顯示道教文化之根源意義。沿續這一思考再往下追問，倘若梵領域已被收納至道教義理之內，那麼戎夷與華夏間的差異是否就沒有必要析判了？然而交纏不清、以幽微的方式來界分兩宗，恰是道教學者所欲達到的效果，《三天內解經》為最值得探討的個案：前述這部典籍籌設了超越的自然母源（太上老君之法）來統攝一切宗教，但自然母源在行文中，仍舊以道教慣常的樣相出現，因此等於列置了大小不等的兩層道教——實際的道教（夏）就層級而言，與其他宗教無分軒輊，卻必然會受到種族儀俗（夷）之影響，而產生互難相容的情形，故有必要釐清彼此的不同；抽象的道教（夏）含括了佛教與楚地巫覡（夷），後者雖不可由前者切割出去，前者卻是後者永遠無法企及的對象——道教的夷夏之辨未必全如顧歡那般大張旗鼓地宣揚，也經常會採取極為隱晦的步驟來進行。〔註103〕

〔註101〕 參考：丁福保，《佛學大辭典》（臺北：新文豐出版社，1985年），頁1863～1866。

〔註102〕 道教將梵語、梵書收編至內部的作法，正好符合安德森對古典共同體如何塑造的思考：「所有偉大而具有古典傳統的共同體，都藉助於某種和超越塵世的權力秩序相連結的神聖語言的中介，把自己設想為宇宙的中心。因此，以拉丁文、巴利文、阿拉伯文或中文的擴張範圍在理論上是沒有限制的」。參見：班納迪克・安德森（Benedick Anderson）撰；吳叡人譯，《想像的共同體：民族主義的起源與散布》（臺北：時報文化公司，1999年），頁19～20。

〔註103〕 又例如《真誥》記載女真傅禮和「其家奉佛精進，女常旦夕灑掃佛前，勤勤祝誓，心願仙化，神靈監其此心，亦得來此，久處易邊，今始得為含真臺主也，常服五星氣以得道」，同樣兼收佛道兩家，但最後亦以道教為最終的歸宿。由此可見，道教學者雖已領悟到需要藉助佛教的語言，來鍛冶道教尚不夠成熟的形式內涵，卻不能據此判斷他們願意坼除兩教之間的厚壁，因為所

不能不說明的是，魏晉南北朝道教的擴充，某部份是在長久累澱而成的體系裏謄勻出位置、撕扯出縫隙，然後才勉強將西方概念填塞進去的，故其格局之撐張，也必須伴隨著被自己所收編的非己排擠之危機與代價。學者營構宇宙圖像時攙進了各種新奇因素，透露出向來解釋世界的方法已經發生變化，它們雖豐富了道教典籍的篇幅及層次，卻使原本均質的漢家言說發生破裂，諸如指稱地獄的「泥黎」、指稱餓鬼之所的「薜荔」、或者指稱居民尚不能了脫生死的「北俱盧洲」……等，幾乎無法從字面上辨識意含，有時甚至會干擾或打斷讀者對神仙、流光飛影、洞天福地的想像，造成閱讀窒礙難行的狀況。除了空間術語，魏晉南北朝道教也向佛教借用形容詞或名詞，如「乙密」（《西昇經》）、「金剛」及「肥因義力」（《洞玄靈寶左玄論》），都會因風格差異或意義不明，而切斷行文的流暢性。另外，道教開始接受佛教術語以後，這些術語就可能對舊有的概念產生擠壓作用，比方「蒿里」、「泰山」逐漸不為人們使用或理解，慢慢被「地獄」、「六道」所替代，熟悉的辭彙反倒成為陌生的辭彙，最後終於失去了詮釋世界的效力。因此神話場景的駁雜，其實也照映出知識場景及心靈場景的駁雜，這些內部的異域同時又標誌著被囫圇吞棄、未能完全消化之思想塊壘，是道教面臨強敵迫促，以致不得不迅速調整之苦楚的投射。

第三節　佛道兩教的較量形式

道教學者經由移植、轉化佛教專有的空間辭彙，企圖使傳統宇宙觀更加恢廓，以便能與外來文化互別苗頭的現象，同時透露出他們的對抗意識和屈服心態，以及兩教競中有合、合中有競的複雜關係。然佛與道之較量並非只呈示於雙方勾劃之世界圖像上，而是寄宿於當時各種重要命題內，藉著眾多形式表達出來；可以說，「佛教與道教孰優孰劣？」正是魏晉南北朝涉及神聖之辯論的總義旨。佛道學者為君王臣民提供這些命題的解答，從其引導解答的證明、反證與誤證裏，能夠窺知宗教權力如何於話語運作間建立起來，又如何於話語運作間喪失，故本小節嘗試列舉幾項佛與道駁議的案例，觀察兩教怎麼向社會大眾傳播自己具有壓倒對方的條件。

有的佛教辭彙概念必須進入道教領域、作為道教的一部份之後，才會得到真正的承認，而非在外部就被平等地接受，所以道教內部的異域（修飾成非異域之異域）也表現出文化調和的假象。

　　首先，在神話時間及歷史時間的安排方面，老子與佛陀的出世、授法時序，一直是兩教關注且爭執不休的問題。西晉王浮所作《老子化胡經》裏，大肆敷衍老子、尹喜變幻成佛的情節，聲稱「喜與聃化胡作佛，佛起於此」，〔註104〕圍繞著這個主題，又產生一系列道書如《文始內傳》、《玄妙內篇》、《關令尹喜傳》等，道教學者往往據此與佛教學者相詬詈。老子化胡思想可以溯及東漢，桓帝時襄楷上書云：「或曰：『老子入夷狄為浮屠』」，〔註105〕《三國志》裴《注》所引魚豢《魏略‧西戎傳》亦載錄類似言談：「蓋以為老子西出關，過西域之天竺，教胡」，〔註106〕足見社會已經開始流散這種串聯華梵文化的觀點。然而道教各部典籍呈演出來的化胡傳說，樣貌不盡相同：

　　……老子西升，開道竺乾，號古先生，善入無為，不終不始，永存綿綿。

　　……老子曰：「……古先生者，吾之身也。今將返神，還乎無名。絕身滅有，綿綿長存。吾今逝矣，亦返一原。」（《西昇經》）〔註107〕

　　……道經云：「老子入關之天竺維衛國，國王夫人名曰淨妙，老子因其晝寢，乘日精入淨妙口中，後年四月八日夜半時，剖左腋而生，墜地即行七步，於是佛道興焉。」（顧歡〈夷夏論〉引《玄妙內篇》）〔註108〕

〔註104〕法琳，《辯正論》（臺北：新文豐出版公司《大正新修大藏經》第五十二冊），卷五，〈佛道先後篇〉，頁522。王浮所作《化胡經》及《文始內傳》等書今皆已亡佚，唐代敦煌道經中存有兩種《化胡經》，均為殘卷，相關記載尚可見於僧佑《出三藏記》〈法祖法師傳〉、慧皎《高僧傳》〈帛遠傳〉、《三洞珠囊》等。《化胡經》產生年代約有兩派說法：日本學者桑原騭藏、荷蘭學者許理和認為出於三世紀末左右，柴田宣勝、劉屹則認為出於劉宋。參考：卿希泰主編，《中國道教史》（成都：四川人民出版社，1988年），頁438～441；劉屹，〈試論《化胡經》產生的時代〉，收入：陳鼓應主編，《道家文化研究（第十三輯）》（北京：生活‧讀書‧新知三聯書局，1998年），頁87～109。

〔註105〕《後漢書》（北京：中華書局，1997年），卷三十，〈郎顗襄楷列傳〉，頁1082。東晉孫盛〈老聃非大賢論〉云：「老聃輕舉之旨，為欲著訓戎狄，宣導殊俗乎？若欲明宣導殊類，則左衽非玄化之所，孤遊非嘉遯之舉」，亦觸及老子化胡思想，但主要是站在儒家的角度質疑老子的神聖地位，認為化胡之行落於形迹，反而成為將老子從大聖、大賢除名的理由。

〔註106〕《三國志》，卷三十，〈東夷傳〉引魚豢《魏略》〈西戎傳〉，頁859～860。

〔註107〕《西昇經集註》，卷一，〈西昇章〉，頁530；卷六，〈戒示章〉，頁584。

〔註108〕顧歡，〈夷夏論〉，頁3。另如《三天內解經》云：「至周幽王時，老子知周祚

……太平之道起於東方……後道氣當布四海，轉生西關……道復
作五千文……而世多愚，心復悶悶，死者如崩，萬無有全。西入
胡授以道法，其禁至重，無陰陽之施，不殺生飲食。胡人不能信
道，遂乃變為真仙……胡人叩頭數萬，貞鏡照天，髡頭剔鬚，願信
真人，於是真道興焉。非但為胡不為秦。（《正一法文天師教戒科
經》）〔註109〕

《西昇經》的描述較為含蓄隱斂，作者眺望著老子西出函谷關逶邐而去的背
影，為人們熟悉的故事終點，提出一個可能性得以無限延伸之新起點；《玄妙
內篇》改寫了釋迦牟尼誕生的過程，直接讓老子與佛陀在同具意義母體裏
交匯，於是來自中國的聖者不僅和印度聖者合而為一，甚至完全覆蓋住印度
聖者，取而代之成為佛教真正的源頭。至於《正一法文天師教戒科經》替華
夏文化辨解的意味相當清楚，從世局與人心之墮變來解釋真道為何會在東方
失落，卻反而出現於陌生而遙遠的蠻夷之邦？但最終旨歸仍將佛教的發端還
給中國。

　　除了上述道書，《三洞珠囊》備置的〈老子為帝師品〉及〈老子化西胡品〉
所錄各家經文，均或簡或冗地闡揚了老子與佛教的脈通之處；南北朝後期所
出的《老君變化無極經》曰：「老君變化易身形，出在胡中作真經。胡兒反叛
無真誠，朝降暮反結罪名。部落強丁至死傾，叩頭來前索求生……沐頭剃髮
為信盟，絕其妻娶禁殺生」，〔註110〕採韻文形式來表現老子依據胡人情性而
給予開導的過程，等於宣告佛教所有儀節，都是中國賢聖深思熟慮下的產物；
《北史》記載「于闐西五百里有比摩寺，云是老子化胡成佛之所」，〔註111〕更
顯示此說在當時極為盛行，以致影響到民眾對外國地理的認識。綜合看來，
「化胡」之「化」具有兩種含義：其一是教化，指老子以《道德經》及神妙的
行蹟來指導未獲真知的天竺君民；其二是化身，指老子或弟子尹喜改換稱謂，
甚至用玄奇的方式重生，在獷悍難馴的西方國度催發了佛法。儘管道教於某

當衰……辭周而去……見西國胡人強梁難化，因與尹喜共西入罽賓國……化
伏胡王，為作佛經六千四萬言」，文中並以尹喜幻成黃雀進入天竺王妃口中，
鋪演出生即墮地行吟之事，與《玄妙內篇》相似。

〔註109〕《正一法文天師教戒科經》（《正統道藏》第三十冊），〈大道家令戒〉，頁
　　　　571。
〔註110〕《老君變化無極經》（《正統道藏》第四十八冊），頁13。
〔註111〕《北史》（北京：中華書局，1997年），卷九十七，〈西域傳〉，頁3209。慧
　　　　通〈駁顧道士夷夏論〉、僧愍〈戒華論〉亦記錄了相關神話。

個程度之內仍承認了對手的價值，卻也透過這些事象來進行貶抑，運用母子、師徒等繫聯，把原來隸屬於不同體系的傳說吸收成自己的一部份，讓學術境域得到拓展。〔註112〕

相對地，佛教學者也創構出不少相似的神話來處理兩教的先後次序：

> ……夫尹文子即老子弟子，老子即佛弟子也。故其經云：「聞道竺乾，有古先生，善入泥洹，不始不終，永存緜緜。」（〈正誣論〉）〔註113〕

> ……古先生者，吾之師也。還乎無名。吾今昇就，亦返一源。（唐·法琳《辨正論》引《西昇經》）〔註114〕

> ……《內典天地經》曰：「佛遣三聖化彼東土，迦葉菩薩彼稱老子。」《清淨法行經》云：「佛遣三弟子，震旦教化。儒童菩薩彼稱孔丘，光淨菩薩彼云顏淵，摩訶迦葉彼稱老子。」（唐·法琳《破邪論》）〔註115〕

〔註112〕 關於化胡說的發展，向來認為是道教用來打擊佛教的產物，但部份學者有不同見解：湯一介認為漢末至曹魏時期雖已有老子化胡說，但佛教徒卻未對這種看法提出反駁，推究其因，是因為老子為兩漢黃老之學及魏晉玄學所推崇的對象，在人們心中的地位自然在佛之上，而佛教這種外來宗教在當時仍依附於中國原有道術，故不提出異議，直至西晉中葉之後勢力漸興，不能再容忍老子化胡說，因而與之爭辯，自此之後，道教在這一問題之上節節退讓，而佛教徒卻絲毫不妥協，可見佛教勢力大於道教。許里和、鎌田茂雄認為老子化胡說最早並非出自道經，而是出於佛經，為佛教用以與中國古代聖人及傳統文化相連，以取得華夏民族認同的方法——如此，化胡說與格義之法的興廢，在佛道兩教發展史中具有極為類似的意義，都涉及宗教權力之建構與衡量，亦表現出兩教彼此攻防及交相影響的狀況。參考：湯一介，《魏晉南北朝時期的道教》（臺北：東大圖書公司，1991年），頁313～328；許里和，《佛教征服中國》（南京：江蘇人民出版社，1998年），頁494～520；湯用彤《漢魏兩晉南北朝佛教史》；鎌田茂雄，《簡明中國佛教史》（臺北縣：華宇出版社，1988年），頁37。

〔註113〕 佚名，〈正誣論〉，《弘明集》，卷一，頁52～53。

〔註114〕 法琳，《辨正論》，卷五，〈釋李師資篇〉，頁524。

〔註115〕 法琳《破邪論》（臺北：新文豐出版公司《大正新修大藏經》第五十二冊），卷上，頁478。僧順〈答道士假稱張融三破論十九條〉曾加引證。王維誠認為東晉前期，佛教學者先產生月光童子行化中國之說，後又在譯經中加入佛遣三聖化導中土之事。晚至劉宋，又造《清淨法行經》指明「摩訶迦葉彼稱老子」等語。參考：王維誠，〈老子化胡說考證〉，《國學季刊》（1934年，第4卷第2期），頁31～43。

……昔周姬之末，有大聖號佛，天竺釋王白淨太子也……導庶物以歸宗，拔堯孔之外楗。囊八億以語極，罩壇索以興典。掇道行之三無，絡聃周以曾玄。（支遁〈釋迦文佛像贊〉）〔註116〕

第一、二段引文為佛教學者所錄《西昇經》，其記載的起始句及收尾句，和先前列舉道教流傳的《西昇經》有著微妙差別：「開道竺乾」刻劃老子在西域傳授宇宙奧義之形影，而「聞道竺乾」則向讀者遞送老子受法於西域的印象，如此一來，佛教思想便成為道教的本原；「古先生者，吾之身也」巧妙地利用形變及三身觀念，將釋迦牟尼貶為老子在人間界的權跡，而「古先生者，吾之師也」則直截了當地把老子視作釋迦牟尼的弟子——藉由部份字句的更換，《西昇經》在兩教之間就產生了完全逆反的性格，依各自立場來決定道與佛兩者的主從位置。〔註117〕另外《清淨法行經》、《內典天地經》也都表達了相仿的寓意，強調釋迦牟尼和孔子、老子甚至顏淵，具有前後承續的師徒關係，儒道二家賢達均是在佛教聖者之囑咐下，遠至華夏從事救度的菩薩，中國學術乃被陳述成由天竺派生而出的文化遺緒。

無論佛與道，都嘗試向民眾灌輸自己在歷史裏佔據優先地位的訊息，強調其他思想皆是被自己所孕育、啟蒙，這些訊息同時也暗示了：何者代表真正的遠古或上古？何者為正統？何者足以涵括另一方？更重要的是，可以作為人們用來裁斷發言的此端，才是當時學術界之領航者的憑藉。各種含夾著判教意味及階級意識的強烈主張，藉由「老子化胡說」或「佛遣三聖說」之面貌出現，以看似平和的敘事語調否認對手義理的原創性，建立起唯我獨尊的一元神話。

前述傳說很明顯都是後人加以捏塑的，卻成為當時兩教學者展開爭議、贏得爭議之重要依託，神話的實在被當作歷史的實在來處理，也牽動了歷史

〔註116〕支遁，〈釋迦文佛像贊〉，《全上古三代秦漢三國六朝文（五）》，《全晉文》，卷一百五十七，頁10～11。

〔註117〕參考：前田繁樹，〈佛道論爭における《老子西昇經》〉（《東方宗教》1990年，第75期），頁63。前田繁樹根據韻腳及與〈正誣論〉、《辨正論》（《甄正論》）、〈破邪論〉之相互對照，判斷《西昇經》原來的起始句、收尾句，應該如佛典所記載，所以最初為一部佛教色彩濃厚、與佛教抱持共感立場的作品，認為現行本很可能是在唐代佛道論爭以後才產生的改寫，見解獨特。然《西昇經》是南北朝極受重視的道書，即使是北方反對佛教、堅持化胡說最力的樓觀派，亦有傳注《西昇經》之錄述，似乎不太可能容得下老子以佛為師的觀點，故此書即使經過改寫，大概也不會遲至唐代。

的進程。《廣弘明集》記載北魏孝明帝時發生首次僧道交辯，清通觀道士姜斌與融覺寺僧侶曇謨最，各自引用《老子開天經》、《周書異記》及《漢法本內傳》等書來證明老子與佛陀比對方的時代更早：

> 帝曰：「佛與老子同時不？」斌曰：「老子西入化胡佛時，以充侍者，明是同時。」最曰：「何以知之？」斌曰：「案《老子開天經》是以得之。」最曰：「老子當周何王幾年而生？周何王幾年西入？」斌曰：「當周定王即位三年乙卯之歲，於楚國陳郡苦縣厲鄉曲仁里九月十四日夜子時生……至敬王元年庚辰歲，年八十五，見周德淩遲，與散關令尹喜西入化胡……」最曰：「佛以周昭王二十四年四月八日生，穆王五十三年二月十五日滅度。計入涅槃後經三百四十五年始到定王三年，老子方生，生已年八十五。至敬王元年凡經四百二十五年，始與尹喜西遁，據此年載，懸殊無乃謬乎？」斌曰：「若佛生周昭之時，有何文記？」最曰：「《周書異記》及《漢法本內傳》並有明文。」……侍中尚書令元又宣敕，語道士姜斌論無宗旨，宜下席。〔註118〕

這是一次道教與佛教諍訟的重大挫敗，姜斌在駁詰進行到一半時就被命令退席，沒能再有抗辯的餘地，孝明帝又召臣下研讀《老子開天經》，並判定其為偽經，將姜斌處以極刑，後來在西域僧侶菩提流支勸諫之下配徒馬邑。然曇謨最所舉用的《周書異記》、《漢法本內傳》同樣也是偽書，佛道雙方對老子與釋迦牟尼誕生、行法及滅度之時間點的解說，表面上似乎十分詳盡，其實全部都是虛假的知識，而神性的存在與中國歷史年表之間的徵驗也充滿漏洞。文中呈現的辨訴方法和前列典籍是一貫的，姜斌、曇謨最皆意識到教祖各種事蹟之先後問題，掌握了化胡說、遣聖說成立與否的關鍵，亦是佛道優勝劣

〔註118〕 釋道宣，〈元魏孝明召釋道門人論前後〉，釋道宣，《廣弘明集》，卷一，頁10～12。此段記錄據道宣附註，原出自《魏書》。日本學者中村元分析印度與中國人思維方式的差異，認為前者重視抽象概念與普遍性，對社會歷史毫不在意；後者強調具體性與個別事例，努力編排記錄時間空間的流變，故總將玄想、神話與歷史掛勾，思維上的差異既形成中國佛教的特色，同時也產生理解上的限制。此處佛道辯論者盡可能釐定釋迦牟尼與老子的生年先後，即是一明顯的案例。參考：中村元著；林太、馬小鶴譯，《東方民族的思維方式》（臺北：淑馨出版社，1999年），頁260。再者，南朝亦對佛老出生時代產生了爭議，沈約〈答陶華陽〉即耗費即大篇幅來反駁陶弘景的論點，然他自己也承認「釋迦出世，年月不可得知」。

敗的關鍵，破壞對手合理性的同時也就確保了自己的正當性，故他們的論量策略，即是質疑對手所云話語的基準，突顯其起源位置的不可信。從這裏可以看出魏晉南北朝佛與道如何緊密地糾結，由於相互攝取、相互提借，並相互侵奪彼此的學術資產（包括歷史、地理、神話與教義等），使得兩教的關係猶如板蹺的兩端，故當中一端若想獲得眾人肯認，便必須壓抑另一端，以證明所有學術資產都屬於己方，但怎麼也無法擺脫彼此。

另外，北周武帝在天和四年集聚群官與沙門、名儒及道士共同評述三教，終會前，歸納了「以儒教為先，佛教為後，道教最上」的結語，〔註119〕這雖然是受到君王的左右才勉強得出的定論，但也因為道教所鋪設的思想場景，難以用時間座標來制約，幾近一個無法再向前推究的盡頭，「以出於無名之前，超於天地之表故也」，因此才可在此次辨論中暫時登上學術首席，可見「孰為歷史總源？」的答案會延伸成「孰為價值總源？」的答案，這也就是道教為何需要製造西方文化產生自中國的假象、而佛教亟欲將中國文化之苗芽重埋於西方的緣故。至於南朝佛道之爭，慧通援引經典云：「然則老氏仲尼，佛之所遣」，〔註120〕正面衝撞了顧歡〈夷夏論〉的化胡觀念；〈三破論〉向佛教挑釁曰：「蓋聞三皇五帝三王之徒，何以學道並感應，而未聞佛教？為是九皇忽之，為是佛教未出。若是佛教未出，則為邪偽」，而劉勰以「夫聖帝菩薩，隨感現應，殊教合契，未始非佛」作為回覆，〔註121〕同樣都對兩教發軔之早晚大加著墨，目的也在競奪那個足以貫透、籠蓋異己的起始處。

儘管兩教神話所挾藏的動機十分接近，但與佛教相比，道教學者似乎更擅長運用回溯、堆疊時間意象的敘事形式來圓成其旨趣，盤據神聖原點的傾向也更為明顯，這與他們逐漸居於劣勢、必須製作生動的傳說和對手竭力搏鬥之客觀環境有著密切關係，也與中國傳統講求挖掘歷史肇基的思維習慣互

〔註119〕釋道宣，〈敘周武帝集道俗議滅佛法事〉，《廣弘明集》，卷八，頁 92。以下「以出於無名之前」句亦同。據《北史》〈周本紀〉記載：北周武帝至建德二年，又辨釋三教先後，這次的結論是「以儒教為先，道教次之，佛教為後」，這類結論通常都經過皇帝授意，作為其施行政策的理由，與社會風氣及認知並不全然相符。

〔註120〕慧通，〈駁顧道士夷夏論〉，僧祐，《弘明集》，卷十，頁 338。梁武帝〈敕舍道事佛〉也把老子、周公、孔子視作如來弟子，並以儒道為偽為邪，可見佛遣三聖說於南朝應十分流行。這些否定傳統文化擁有獨立性的神話，居然能在當時產生且被接受，是個頗值得深思的問題。

〔註121〕劉勰，〈滅惑論〉，僧祐，《弘明集》，卷八，頁 379。

通。郭啟傳認為這種思維即是古典哲學的動力：

> 戰國時期的哲學動力之一，就是一再追問，在背後還有什麼？……
> 在政治上，由稱王進一步發展到稱帝，而理想的太上則造出「皇」
> 字來。在宇宙觀上就是，四海之外，又多了「四極」，或是天外又有
> 「倚天」，又有「六合之外」的提法，空間被一再擴大，最後只有以
> 「其大無外」的形式定義來終止這種無止境的擴大。宗教上則出現
> 了五帝之上需有「太一」為更高一層的建構。〔註122〕

若從此角度來看，則《莊子》之「渾沌」否決了儒家三皇五帝的首仞之義，至漢代讖緯，又將「太易」、「太初」、「太始」、「太極」、「太素」階段置放於「渾沌」前面，使它從宇宙未秩序化的統稱，轉變為一個特定的時間界標，取代了傳統道家所提出的世界起源，多少都帶著推翻固有學說、建立新權威的用意。第二章曾經提及《自然九天生神章經》等典籍展演了「龍漢初劫」概念以後，「太易」、「太初」、「太始」、「太極」、「太素」五運就被減抑為次級存在時間的開端，另外如《太上老君開天經》亦明列「洪元」、「混元」等時間段限於五運之先，〔註123〕再度篡佔了漢代讖緯所架設好的天地創制，其背後即暗伏著突破儒家神話體系，以示文化命脈從己而出之政治意含。《三天內解經》云：「道源本起，出於無先」，〔註124〕而唐代王懸河編訂的《上清道類事相》所錄《昇玄經》裏，記載太上老君告諭張天師云：「吾道出於無先，太初之前」，〔註125〕均訴諸「無先」、「太初之前」這類逆返再逆返的「莫覆之辭」來表達「絕對的因」，〔註126〕強調道教立於經驗的歷史之外——在「本」、「原」一次次更新及反覆翻修的過程裏，時間的前沿不斷地拓伸，上古、遠古的樣態亦隨著思想的流動而產生改變——學者們儘可能把道教之啟動逼至時間的極致，以宣稱自己超越了儒家或佛家的敘述結構。

〔註122〕郭啟傳，《太初之道——聖在世界秩序的展開》（新竹：國立清華大學博士論文，2001年），頁67。

〔註123〕必須說明的是，道教關於時間的排列並不統一，部份經典仍維持將五運擺在最前頭，例如《太上洞玄靈寶天關經》、《道教義樞》〈混元義〉所引《洞神經》等。

〔註124〕《三天內解經》，卷上，頁79。

〔註125〕《上清道類事相》（《正統道藏》第四十二冊），卷一，〈仙觀品〉，頁62。

〔註126〕「莫覆之辭」出自《左玄論》，原指空間性的「無上」一詞：「直言『無上』，此是莫覆之辭，以其橫該不測，縱罩無顛，義顯極高」。「無先」、「太初之前」亦有此特色，只是屬於時間性語彙。

　　魏晉南北朝佛教與道教不只以時間作為較量的砝碼，在空間上，「天竺與中國何者居中心？何者居於邊緣？」亦成為當代衡鑑兩宗高低的指標之一。此議論產生前，需要先通過一層對自己的質疑：「中國是否為世界的中心？」長久以來，華夏民族即以「五服」或「九服」等制度來整飭和異族的關係，並且也確立了由內至外、尊卑分明的價值階序，除了肯定地理居處之無所偏倚，更強調中國為四裔簇擁的文明之域，故佛教尚未東傳時，這幾乎是不存在於人們思考裏的問題。《周禮》提出建立王都必須偵測方位求得理想的位置來安頓百姓：「以土圭之灋測土深，正日景，以求地中。日南則景短，多暑；日北則景長，多寒；日東則景夕，多風；日西則景朝，多陰。日至之景，尺有五寸，謂之地中，天地之所合也，四時之所交也，風雨之所會也，陰陽之所和也。然則百物阜安，乃建王國焉」，〔註127〕此制度雖未曾在現實中真正施行過，卻堅信天地中心能夠用自然科學的方法探得，也等於揭露它被華夏城邦所包圍；《淮南子》描述了建木之所在「日中無影，呼而無響，蓋天地之中也」，〔註128〕同樣將之收歸入九州，依太陽及落蔭來勾劃其特徵。

　　然而從牟子〈理惑論〉開始，此種認知就因釋迦牟尼殊異的身份引發了裂痕。為了緩和「吾聞用夏變夷，未聞用夷變夏」之強硬拒斥態度，牟子選取幾個著名的矛盾案例作為回應：

> 禹出西羌而聖哲，瞽叟生舜而頑嚚，由余產狄國而霸秦，管蔡自河洛而流言。傳曰：「北辰之星，在天之中，在人之北」，以此觀之，漢地未必為天中也。〔註129〕

上列話語蘊涵著兩重申辯，其一就文化層面來駁詰，強調華夏並非穩據道德素養之制高點；其二則翻檢客觀常識來質疑人們的主觀判斷，可能與華夏真正的位置隔著某程度誤差。這兩重申辯反向支援了牟子對佛陀「所以生天竺者，天地之中，處其中和也」的簡介，後來成為佛教學者談演此問題的基本取徑。〈理惑論〉雖動搖了深縶於漢地的中心觀念，但因書寫之時，佛教還未

〔註127〕《周禮注疏》（臺北：文化圖書公司景印阮刻《十三經注疏》，1970年），卷十，〈地官〉，「大司徒」，頁704。

〔註128〕《淮南子》（臺北：世界書局《新編諸子集成（七）》），卷四，〈墜形訓〉，頁57。

〔註129〕牟子，〈理惑論〉，僧祐，《弘明集》，卷一，頁27～28。以下「所以生天竺者」句見頁13，「金玉不相傷」句見頁28。另如〈正誣論〉「重華生於東夷，文命出乎西羌，聖哲所興，豈有常地」之說與〈理惑論〉相似，但並未直接揭示天竺為世界中心的觀點。

被普遍接受，所以稟持著與儒道各家「金玉不相傷，精珀不相妨」的共容態度，篇章整體的措辭極為溫和──此處「天竺中土說」沒有與華夏互爭互鬥的意味，只替傳統視域張立了一道新的地平線，主要目的在否定中國是唯一的中心，並將地理中心與文化中心兩種概念進行切割。

顧歡撰作〈夷夏論〉，對於異邦的儀容服飾、禮節葬制乃至語言宗教，都給予惡劣批評，為了抵抗這類成見，慧愍設計出新的地理範式，嘗試以「戎華」之說置換、甚至遮蓋那些深受區域及血緣所規限的「夷夏」觀點：

> （顧歡）東有驪濟之醜，西有羌戎之流，北有亂頭被髮，南有翦髮文身，姬孔施理於中，故有夷夏之別。

> （慧愍）戎華者，東則盡於虛境，西則窮於幽鄉，北則渝於溟表，南則極乎牢閬。如來扇化中土，故有戎華之異也……如經曰：佛據天地之中，而清導十方。故之天竺之土是中國也。〔註130〕

此處形成兩種關於中心／邊緣的象徵秩序。顧歡所云，根據舊有典籍對其他種族的記載而來，刻意簡化了華夏及蠻夷各自的形象，以便營造明顯的上下等級；慧愍則拼組東西神話，用最無法捉摸、原僅存於想像裏的四方極境，合拱出另一全新的中央之國──天竺，藉以要求人們重估佛道儒三家的價值。必須注意的是，〈戎華論〉並不僅將整套象徵秩序作平行的位移而已，更認為「戎華」宗教版圖足以淹覆「夷夏」政治版圖：「周孔有雅正之制，如來有超俗之憲。雅正制，故有異於四夷；超俗憲，故不同於周孔。制及四夷，故八方推德；憲加周孔，故老子還西。老子還西，故生其蠆戎；四夷推德，故踰增其迷」，在幅員上，「戎華」遠比「夷夏」更加廣闊；在層次上，超絕塵俗的「戎華」又高於現實的「夷夏」──慧愍並非站在相對、多元的立場看待一切文化，從話語間能看出他對「夷」、對「戎」仍帶有睥睨之態，只是以「華」這一中心來取代「夏」這一中心而已，由此可見其說已具備強悍的排抑動機及否決勢能，相當清楚地展現了反守為攻的企圖。〔註131〕

〔註130〕釋僧愍，〈戎華論折顧道士夷夏論〉，《弘明集》，卷七，頁352；所引顧歡言見頁351，「周孔有雅正之制」句亦同。〈戎華論〉以天竺為「華」、以四方極境為「戎」，其所謂「華」、「戎」完全剔除了種族之義。下列釋慧通〈駁顧道士夷夏論〉見卷十，頁340；謝鎮之〈重與顧道士書〉見卷六，頁313。

〔註131〕吉川忠夫對魏晉至隋唐中土邊土問題之歷史意義，有極為精闢的見解，並認為「天竺中土說」是佛教徒由守勢轉為攻勢的有力判斷。如果比較〈理惑論〉與〈戎華論〉之寫作意圖、風格及背景，或許可以假定「天竺中土說」也有

　　除了〈戎華論〉，另如釋慧通云：「天竺，天地之中，佛教所出者也，乃大法之整肅，至教之齊嚴」，謝鎮之曰：「故知天竺者，居娑婆之正域，處淳善之嘉會，故能感通於至聖，土中之三千」，無論使用激烈或和婉的言辭，都透露出在佛教學者心目中，東西學術之位階逐漸顛倒、儒道被推擠至角落的情形。再者，前敘「天竺中土說」皆訴諸主觀的認知，此時又因各種域外資訊的引進，使得這個假設更具說服力：「宋何承天與智嚴法師共爭邊中。法師云：『中天竺地，夏至之時，日正中時，豎晷無影。漢國影臺，至期立表，猶餘陰在。依算經，天上一寸，地下千里。』何乃悟焉」，〔註 132〕智嚴法師提出的理由，正吻合《淮南子》對天地中心的界定，運用傳統典籍，以人們向來深信不疑之語言文字、無法驟然推翻的實證經驗，輕易地調換了天竺與漢地的次第，即使是善於提獻「安邊固守」策略的何承天，〔註 133〕也未能成為這一重要象徵的屏障，意謂著佛教已經開始進佔文化之優位，也隱喻了漢民族的精神內核被異邦思想入駐的狀況。

　　反過來察看道教學者如何護衛、堅持流傳久遠的「中國中土說」，他們多半依按過去經史子集裏的故聞舊識來發展這一概念，並沒有太大突破：

> ……太上靈寶先天地而生……列布崑崙為地柱。氣上通崑崙者，地之中地。（《太上靈寶天地運度自然妙經》）〔註 134〕

> ……自天地開闢，乃有邊夷羌蠻戎狄，為中國之籬落。婚姻嫁娶，各正其類，奉事至道，各專其真，不使雜錯……光武之子漢明帝者，自言夢見大人長一丈餘……而遣人入西國寫取佛經，因作佛圖塔寺，遂布流中國，三道交錯，於是人民雜亂，中外相混……天氣混濁，人民失其本真。（《三天內解經》）〔註 135〕

《天地運度自然妙經》與《三天內解經》各自代表了二種不同型態的中土觀，前者照覽整個宇宙，把蘊藏著神聖能量的最高山脈與世界中心結合，未涉及

　　　　前後期的轉折。參考：吉川忠夫，《六朝精神史》，頁 462～489。

〔註 132〕法琳，《辨正論》，卷六，〈十喻篇〉，頁 525。據釋法琳所記，此次爭辯亦見於《法苑傳》、《高僧傳》、《永初記》等書，另如釋道宣《釋迦方志》、〈列代王臣滯惑解〉也有類似記載。

〔註 133〕《宋書》記載何承天著〈安邊論〉，傳末並以此為贊。何承天嚴守疆界的觀點，正與他排攘佛教的立場頗有互映之處。

〔註 134〕《太上靈寶天地運度自然妙經》（《正統道藏》第十冊），頁 39。

〔註 135〕《三天內解經》，卷上，頁 81。

任何疆域分化的問題；後者所云「中國」，則明確與戎狄相對，屬於一種政治上的區判，並訴諸當代漢人遭異族侵眚之仇怨，來加深彼此的隔閡，和〈夷夏論〉的立場其實頗為接近。這類論述底下，經常藏匿著對中心的拉抬及對邊緣的低貶，例如《三天內解經》認為引進佛法導致三教交錯，造成原本平靜的華夏社會由真變偽、由清變濁；《太上洞真智慧上品大戒經》稱揚十項善行，並允諾勸助法師法服可「令人世世長雅，逍遙中國，不墮邊夷」，〔註136〕此處點明華夏之「雅」，亦即暗示了夷狄之「俗」，也歸納出文明與野蠻、精緻與粗陋、秩序與淆亂截然劃定的兩大群類。而《太上靈寶內音自然玉字》於天真皇人的自敘裏，談及那些不敬天地、不畏鬼神、不慈不孝的百姓，在流曳三塗五苦或長徒東嶽之後，「乃得還生邊夷之中，雖有人形而無人情」，〔註137〕更將夷民質性缺損不全、介乎人獸之間的偏差印象，直接灌輸給大眾，這種說法廣泛存於魏晉南北朝道經內，《太上洞玄靈寶十師度人妙經》、《太上洞玄靈寶智慧罪根上品大戒經》、《洞玄靈寶長夜之府九幽玉匱明真科》、《太上玄一真人說三塗五苦勸誡經》皆載錄相同字句。在道教學者傳遞的訊息裏，西土之徒往往具有殘忍、凶頑、貪婪、難以點化等不堪的特質，以致其宗教講求髡髮、斷絕妻兒及嚴苛戒律，彷彿注定要承受上蒼降賜的懲罰；而華夏之家則稟氣清和、合仁抱義，才足以成為支持天地運轉的基軸。

　　道教中土說在傳統典籍約束下，很難創發出新穎的見解來贏得人們的肯定，故其論述重點並非扭轉或顛覆什麼成議，而是透過一再刨挖中心與邊緣之間的鴻溝，以及宣揚其緊張關係、反覆鋪演外域陷落之凌亂景況，使人們接觸異邦文化時，不由得啟動某種充滿劣質感的既定判斷，從而搭建起一種認知上的過濾框架（grid of filtering），藉以保持炎黃子孫所處位置的獨特性──換言之，空間性的「中」並沒有時常被強調出來，但繫絆於這一地理

〔註136〕　《太上洞真智慧上品大戒經》，〈智慧十善勸助上品大誡〉，頁203。
〔註137〕　《太上靈寶內音自然玉字》，頁574。另如《太上老君戒經》云，犯五戒者來世「當在邊夷，短命傷殘」亦有同樣寓涵。必須加以說明的是，道教雖有部份經典強調夷夏之辨，但少數也調整了種族之間的關係，比方《太上三天正法經》記載青童君對於「黃帝置立生民」一句的註言云：「後生之人，起於黃帝也，黃帝結土為象，故於廣野三百年中，五色變化，能言能語，各在一方，故有僋秦互夷蠻差之類也，五姓合德，亦法自然」，即將僋秦夷蠻都視為黃帝之後，並認為只要骨炁繫真，皆能不死，東西南北中各方的差異並無高下之別。而《正一天師教戒科》云：「觀視百姓夷胡秦，不見人種但尸民」，以及前述《外國放品青童內文》亦隱然具含此意。

的歷史，以及歷史所暗寓的價值意義，卻不斷地被抒寫、被彰顯——「中國中土說」或「天竺中土說」之勝負，決定了何國擁有對世界發聲的資格，也決定了華梵文化—佛教道教何者具備解釋世界的權力，然學者卻隨其挑戰或衛冕立場不同，展現出兩樣辯訴型態：佛教學者的手法乃是專注於經營、搶奪「中心」這一意象，以隱喻（metaphor）的方式來爭取尊主階序；道教學者則圍繞在關於「夏」及「夏民」、「夷」及「夷民」之細節描繪上，用轉喻（metonymy）的方式來析究「中心」與「邊緣」如此分配的理由。〔註138〕

　　倘若再進一步探討先前所引篇章，可以發現佛道兩教對「天竺」的認知有著極大差距：道教學者執意把天竺與「夷」兜攏在一起，將它與北方五胡或西戎、南蠻視為同類，因此與漢地相比，就是毫無禮法、不懂修飾的荒僻區阰，故《三天內解經》隱然將佛教東傳一事，理解為古代九黎亂德、民神揉雜之歷史的重演，期盼回返「各正其類」、「各專其真」之絕地天通狀態，以保持中國文化的純淨，和顧歡、〈三破論〉的立場都是相合的。然而，許多佛教學者雖景慕天竺，且於相關論述中儘量消弭夷夏之間的隔閡，但平日言談卻又透露出他們對外族的輕鄙；〔註139〕換句話說，魏晉南北朝佛教學者辯論時為了倡導釋家見解，必須拉提「夷」之價值與移除華夏本位思想，卻仍難以抹滅過去澱積的自尊心態，故從佛教學者的角度來看，天竺是一個卓拔於世的神聖國度，它與實際存在的匈奴、鮮卑、氐、羌、羯並未處於同一水平。例如東晉慧遠稱喚天竺為「上國」，不僅表達了對佛陀遊歷路徑的崇仰，亦暗示這是個能從高處往下俯畷人間界之超越性異域；至唐代法琳更直接點明：「又所謂西胡西域，僅蔥嶺以東三十六國，不關天竺佛生之地」，〔註140〕就極力切分「夷」與天竺，將之視為全然不同的境地。

　　佛與道較量的另一形式，是對兩教進行聖／凡之綜類來互相攻伐，這牽涉到義理範疇的問題，和傳統學術著重於克治人心之弊害、風格簡潔，且總

〔註138〕轉喻是以修飾對象之相關物事來指代修飾對象，故注重搭建喻依之細節的描寫，講究喻體及喻依間的毗連性關係，以部份（粗鄙之夷民、高尚之夏民）來聯想整體（夷之邊緣位序、夏之中心價值）。

〔註139〕梁武帝即是一個典型案例，《資治通鑑》記載他畏懼民間「熒惑入南門，天子下殿走」的讖言，「乃跣而下殿以禳之；及聞魏主西奔，慚曰：『虜亦應天象邪！』」話語間展現了他對北方民族的鄙薄。以下慧遠言「上國」語見〈襄陽丈六金像頌〉，《全晉文》，卷一百六十二，頁14。

〔註140〕法琳，《破邪論》，卷上，頁478。道教學者竭力把天竺與「夷」合併為一，佛教學者則拼命將天竺與「夷」割劃開來，自然也有辯論策略上的考量。

與現實相翩聯的思考習慣有關。所謂「子罕言性與天道」、「六合之外，存而不論」，由於九流十家乃至魏晉玄學、早期道教，皆未如佛教那般規劃龐大而嚴整的宇宙組織來說解其旨趣，即使探索終極真際時暢言「虛」、「無」或「玄」，也都從可目可觸的萬物之境直接躍跨出去，缺乏「輪迴」、「五趣」這類說明生死流變之綿密轉換原則，亦不具「十住」、「四果」、「涅槃」等淺深有序的修行分階，故當時許多佛教學者詆誹儒道僅能整頓人們的生活領域，屬於俗世之功，無法作為通往究竟境域的指引：

> ……三墳五典之說，九流百氏之言，竝理在人區而義非天外。至于一乘二諦之原，三明六通之旨，西域備詳，東土靡記。（楊衒之〈洛陽伽藍記序〉）〔註141〕

> ……老子、周公等雖是如來弟子，而為化既邪，止是世間之善，不能革凡成聖。（梁武帝〈敕捨道事佛〉）〔註142〕

> ……六經典文，本在濟俗為治耳，必求性靈真奧，豈得不以佛經為指南耶？（何尚之〈答宋文帝讚揚佛教事〉所引謝靈運言）〔註143〕

另如南朝宋釋道高云「姬孔救頹俗而不贍」，以及周顒借玄學之力回撥張融對道教的稱許：「王何舊說，皆云老不及聖，若如斯論，不得影響於釋宗矣」，皆有近似意含，而至唐代釋法琳《辯正論》云：「老是俗人，官居末品，衣冠拜伏，自奉朝章；佛為聖主，道與俗乖，服貌威儀，豈同凡制？」〔註144〕都以

〔註141〕 范祥雍校注，《洛陽伽藍記校注》（上海：上海古籍出版社，1978年），頁1。此文據范注，另作「義兼天外」、「義無天外」，從全文脈絡看來，「無」與「非」應較為正確。

〔註142〕 梁武帝，〈敕捨道事佛〉，《全上古三代秦漢三國六朝文（七）》，《全梁文》，卷四，頁9。

〔註143〕 何尚之，〈答宋文帝讚揚佛教事〉，僧祐，《弘明集》，卷十一，頁511。以下釋道高〈重答李交州書〉，見卷十一，頁522；周顒〈重答張長史書〉，見卷六，頁299。與道高辯論的李淼書信中亦產生了儒教逆用格義之例，以「積善之家必有餘慶」等語來匹附因果報應之說。

〔註144〕 法琳，《辯正論》，卷六，〈十喻篇〉，頁525。《辨正論》又記載道教學者云：「夫老君道契寰中，與虛空而等量；神超象外，隨變化而無窮。所以壽命故不同凡，隱顯居然異俗。釋迦生涯有限，壽乃促期，一滅能再生」，亦採取聖凡位差的角度來談議佛陀與老子，這類較量在《辨正論》出現的頻率很高，似乎蔚為唐代兩教互相壓制的重要形式之一。另如釋明槩〈決對傅奕廢佛僧事〉云：「佛是大聖，化滿十方，遠降威靈，漢明親睹，君臣欣感，民庶歸心，故遣使西行，遠到西行，遠到天竺，摩騰隨至，傳化迄今；周孔小聖，德局一方，不能遠降威靈，使彼親感，故西域之人，無緣生信」，認為

聖／凡較量形式來說明佛道教儀及教法的高下。在這類評比中，佛教學者將各家教祖、教法及教相，編列至一個等級意義強烈的二元圖象裏，亟欲以聖／凡之隔來翻轉道教的夷／夏之辨，從一種排斥系統進入另一種排斥系統。劉宋僧侶釋慧琳著作〈均善論〉，文中虛擬了白學先生和黑學先生兩個人物相與問答，站在正反立場分別對空觀、報應說及三世觀念展開申述，其中代表佛教的黑學先生曰：

> 周孔為教正及一世，不見來生無窮之緣。積善不過子孫之慶，累惡不過餘殃之罰；報效止於榮祿，責誅極於窮賤。視聽之外，冥然不知，良可悲矣！釋迦關無窮之業，拔重關之險。陶方寸之慮宇宙，不足盈其明；設一慈之救羣生，不足勝其化。敘地獄則民懼其罪，敷天堂則物歡其福。指泥洹以長歸，乘法身以遐覽。神變無不周，靈澤無不覃。先覺翻翔於上世，後悟騰鶱而不紹。坎井之局，何以識大方之家？〔註145〕

黑學先生直指傳統學術因為著眼於整頓此世此界，被經驗事件和人類天生的性分所拘縛，因而產生視域上的侷囿，時空格局遠不如佛教寬廣，對百姓精神的警示及提振效果也漸趨貧弱；文後形容那些執守儒道、「端坐井底而息意庶慮者」終要「長淪九泉之下」，同樣根據中西教義之重心的差異，而標訂出

傳統學術具地域民族之特殊性，在層次上不如具普遍性的佛教，南北朝道教學者極力守護的最高領域很明顯失陷了。

〔註145〕 釋慧琳，〈均善論〉，嚴可均輯，《全上古三代秦漢三國六朝文（六）》，《全宋文》，卷六十三，頁6。以下引文俱見頁7。慧琳以僧侶身份撰寫反對佛教議題、贊揚華夏學術之〈均善論〉，引發當時知識界的激烈辯難，他肯定佛教愛物去殺、普濟眾民的觀點，卻否棄來生、天堂地獄等概念，並對佛教以三塗六道之說來輕鄙儒道的迷思進行檢討，強調「言之者未必遠，知之者未必得，不知者未必失」，反對義理範疇與價值高低必須劃上等號。在佛教學者以各種論述來斷定佛教優於中國學術的聲浪裏，〈均善論〉成為極其特異的存在，其文結構亦如內容般，具有出格之處：一般問答體習慣讓提問者處於劣位，以覆答者處於優位，通常也以覆答者這一角色來進行歸納，除了強化觀點外，亦藉以表示覆答者在整個辯論過程的勝利，〈七辯〉、〈答客難〉等文皆如此，甚至連《鹽鐵論》這類記錄實際政事的作品也玩弄此種手法，把自己意屬的一方放在每章節的收束處，以其說辭為結論。然在〈均善論〉裏，代表儒道的白學先生一開始站在請教、挑戰的地位，交流間雖屢見挫敗之態，最後卻贏得了辯論。此種架構主要因為慧琳是特異的三教調和論者，認為唯有刪刈佛教虛幻的部份後，中西學術殊塗同歸之真相方能彰顯，故必須利用白學先生，把「空」這個華梵交疊的終極命題點出，使雙方呈現差別卻又不全然對立的形勢，至文末再作釐清與融攝。

神聖與凡俗、甚至神聖與謬邪的序別。這種看法在南北朝佛教學者之間頗為熾盛，他們判定儒道兩家所授識見，屬於可思可議的境地，故一改魏晉玄風對周孔老莊的崇仰，將之視為覺醒程度不夠的社會賢達〔註146〕——「聖」所代表的超越意義雖然沒有變動，但指涉的寓涵及測探基準卻已悄然更移，它不能只是現實的延長，而必須呈顯出全面、奧秘、無限大的時空概念，是以儒家講求中和或內在道德之完美豐盈，道家講求抱一、達情遂命或與萬物交冥等自然生命型態，都被置於「凡」的畦畛裏。這是純就佛教立場而裁製的神聖觀念，其要點說穿了，乃在陌生而新鮮的「未知」：未知的慧行、未知的法身報身、未知的宣法方式、未知的解脫原則……由於中國至魏晉南北朝，約有千年的經典閱讀史，傳統學術所表述的一切不管再如何詮釋，對人們而言都是熟悉且陳舊的「已知」，所以過去關於聖凡之區劃，往往是某種潛能可否徹底踐履的問題；然而，佛教東播卻使聖凡之區劃轉變為「義理範疇能否伸入未知、展演未知」的問題，更成了儒道近乎無力招架的罩門。

也因此，道教學者大多採取保守的態度來因應佛教的聖／凡之議，不驟判華梵思想孰聖孰凡，然他們對自我的增廣修整，以及對佛教的各種模仿、複製、套用或抄襲，均是希望突破傳統學術之涯際所作的努力。除此以外，道教學者儘量為《道德經》等典籍提出深切的闡述，揭揚古聖所發言論背後無垠的實相，並不比佛教來得狹促，例如孔稚珪〈答蕭司徒書〉曰：

> 復竊研道之異佛，止在論極，極未盡耳。道之論極，極在諸天，佛乃鄙此不出三界……然尋道家此教，指設機權，其猶仲尼外典，極唯天地，蓋起百姓所見，二儀而已。教本因心，取會萬物，用其所見，順而尊之……老子亦云：「有物混成，先天地生」，已是道在天

〔註146〕魏晉玄學盛行，同樣發生過孔老孰為聖人的辨難，當時雖以孔子為聖，卻使用道家的基準重新詮釋孔子，所以孔子之超然地位，並不意謂著儒家思想的勝出，毋寧說代表一個不能推翻的典範，而老子才是知識圈內最重要的精神指標。但在南北朝發生的佛道爭議裏，道教必須改造自己的思想，來符合佛教釐測聖境與聖人之繩度，故知老子確實已無法保持在玄學場域內的尊榮。儘管老子為魏晉南北朝各家用來決定地位之象徵性幟記，卻每每於較量間，對其他宗主起了拉抬、墊高的作用，自己反倒退為第二層次的關鍵人物——老子未能奪取孔子佔據已久的正統位置，與佛教相比，卻又顯得顛覆意義不足；對應於孔子體無之徹底自我實踐，老子被認為所言太多，但與繁浩的佛經相比，卻又時常得到「義理未盡周致」之嚴屬批判——老子與道家、道教，因受到前後不同歷史波瀾一再推離，而終未完全進入核心位置。

—235—

外，稍不以天為道也，何異佛家羅漢？亦指極四果，方至勝鬘，自
知有餘地。道之崇天，猶佛有羅漢果，佛竟不止於羅漢，道亦於天
不息。〔註147〕

此段話語強調，由於傳統學術先考慮百姓、以現實為務的心態，進行論述時
總從有形的萬物切入，但儒道二家辭說表面的局限，乃是順適眾生根機之
善巧制式，孔老尊天並不代表他們就以「天」為究竟處、以「天」為其義理
的最高邊界（「極」）──「天」只是一個過渡性的概念，在它之上還有更高
而幽遠的境位，比方超時空、超意象的至道。孔稚珪認為理解道教不能閉鎖
於特定的名號，必須明察未言與微言之間，尚存著沒經過鋪砌的崇高價值，
亦即文中所謂的「餘地」；反過來又舉證佛教也具備「羅漢」這類備受尊重的
中繼階層，間接控訴了佛教學者對道教的評斷並不公允。〈答蕭司徒書〉雖已
為華夏學術澄清，但與犀利的聖／凡之分互相對照，就完全缺乏攻擊的勁力，
透露了道教屈絀於此命題、難以自辯的狀況。藉著前列篇章，可以看出簡約
的敘議風格，造成傳統學術與佛教爭訟時共同的困阨，舊的詞彙不敷使用，
往往被壓入大量新時代的思想，以一抵多地應付各種隨歷史潮流而湧現的詰
問，這也是儒道二家必須格佛教之義、援用外來文化作為資源的原因。

佛教學者贊聖談凡，另有較為含蓄的表現型態。例如僧祐〈梵漢譯經音
義同異記〉載敘：「昔造書之主凡有三人，長名曰梵，其書右行；次曰佉樓，
其書左行；少者倉頡，其書下行。梵及佉樓居於天竺，黃史倉頡在於中夏；梵
佉取法於淨天，倉頡因華於鳥跡」，〔註148〕中外神話如此組合之後，倉頡便
成為最年幼、排序最末的造書之主，所創文書乃規輔於鳥跡，層級自然低於
取法於天界的梵文及佉樓文，在排比下清楚地映射出它的世俗意味。由於佛
教的強勢，連帶地使象形文字面對西域表音文字的優越性消失了，是故道教
學者需要重新定義梵語梵文，將之納入漢語漢文的版圖，方能使華夏思想領
地跟著擴張，讓天與天外都再度回歸成中國的一部份。至唐代《洞玄靈寶度
人經大梵隱語疏義》便不得不解決人們這樣的疑惑：「西域天竺之音多與梵音
同，而中國音異，何也？」〔註149〕此一問話突顯出漢民族首次面臨的文化心

〔註147〕孔稚珪，〈答蕭司徒書〉，僧祐，《弘明集》，卷十一，頁540。

〔註148〕釋僧祐，〈梵漢譯經音義同異記〉，嚴可均輯，《全上古三代秦漢三國六朝文
（七）》，《全梁文》，卷七十一，頁2。

〔註149〕《洞玄靈寶度人經大梵隱語疏義》（《正統道藏》第三冊），〈諸天中大梵隱語
无量音〉，頁510。

理危機──原來至道並未與華夏語文相連，卻反倒與異邦語文接合了？──佛教東傳使漢民族固有的尊嚴鬆動，導致對一己語文的神聖性都不能盡信，即使魏晉南北朝道教學者所夢想的符號共同體建造起來，也已經是「夷」之符號的共同體了。

　　歸結佛道兩教互相較量的內容，可以注意到他們都在論述中伏匿了如下等式：

　　　　起源＝中心＝聖＝正＝真實＝清＝精粹＝文＝優……
　　　　末流＝邊緣＝凡＝變＝偽妄＝濁＝糟粕＝質＝劣……

倘若取得了高價值等式的其中一環，往往也就表示具備了其他價值，故佛道學者勉力提出各種解釋，來說明自己擁有某項正向特徵、或指控對手藏帶著某項負向特徵，均希望能夠一舉壟括全部的高價值，並且讓對手承擔全部的低價值──在這種思維底下，文化調和論的基礎其實是相當脆弱的。為了達到目的，爭辯時往往調動中國／天竺、東方／西方等更龐大的概念，把種族、國家、歷史、地理都牽扯進來，使戰場不止限定於宗教層面，讓強烈而複雜的情緒因素干擾這些評品的勝負；兩教學者似乎都隱約體會到，所謂的發言權、詮釋權，除了來自文化的強盛以外，它本身就是在論述之間逐漸形成的。透過流傳至今的記錄，可大略察知佛教贏得研議的次數多些，南北朝道教因與佛教保持切磋琢磨的關係，乃在新的語境中不斷揣摩出新的意義而持續進步，但亦不免一點點地喪失那曾被神仙、金丹築立起來的雋逸地位。

結　語

　　為了獲得君臣與社會大眾最多的支持，魏晉南北朝道教學者折衝於各種型態的詮譯及辯證，在與佛教文化交換的過程間，有意識地採納對手的辭彙、概念和義理來重鑠自己，並且轉圜彼此關係，再次確立雙方的上下位階，卻也反映出華梵語言努力求取對稱，卻難免失衡的問題。然佛教之辭彙、概念及義理被道教吸收以後，經常跳脫了先前的旨趣，它們非中非西、亦中亦西，有時甚至成為兩宗攻防的利器，故知語言所承載的，不僅是被框定於符號內的意義，它還會在流動過程裏，記錄下使用者的心理狀態，亦可能滲染上收發兩地之特殊氛圍，逐漸研磨出全新的內容。

　　從各類表述策略來看，道教學者起碼已經察覺到，藉由選擇性的安排、刻意淡化及遮掩、強接異質名相，或移動典故出處等技術，即能夠控制詞章

本身及其寓涵，而一切思想之歷史源流、細節和價值判斷基準，竟然都是在話語中捏塑出來的，所以隨時會因話語而產生改變；也就是說，道教學者面對人文，並未如他們面對天文與地文那般懷著高度的敬畏之心，更體認到此界之言經常遠離了真理，並不一定可以忠實地傳達物事原本的樣貌，重要的是它如何為自己所用，在扭曲中展現了什麼力量。故而在這個塵世裏，語言文字之巨大效能，必須讓位給論述之巨大效能，而這一效能的產生往往伴隨著偏差的識見，也製造了更多偏差的識見。

第七章　結　論

　　無論映顯為何種樣相的宗教，都必須以語言作為基本元素，將原來藐遠難尋的終極真實，轉換成可理解的神啟聖諭。當人們敷暢宇宙創造及其流變、鋪陳光闇境域及其分合時，往往披露了字詞所被賦予的性質，而在推導災難與救贖之緣由的過程裏，亦不免碰觸到典籍和最高秘密之間那帶著禁忌、若即若離的關係；另外，許多追求冥契經驗的信仰者，也常對直敘、喻說、讚頌或詩意的抒發等各種形式，能否完整地記錄至道降臨的現場，展開連串的質詢。因此，一門宗教即蘊涵了一套對語言的特殊觀照，那正是人們用來巡眄世界，認知天體、國體與身體的方法。

　　魏晉南北朝道教看似延續了傳統民間信仰的薩滿氣息，對語言之超自然力量懷抱著高度敬仰，卻未一直停留在以熱烈的崇拜情緒作為感悟主軸的初俶階段，而是嘗試於既有的認識基磐上，對語言之價值提出更深刻的依據，從而砌建起完整的生命圖像。除此之外，道教各派別透過迥異於往昔的解讀路徑，將《老子》奉為圭臬以進行玄奧的踐履，也就一併接收了這部經典對「名」、對「器」、對「知」的敏銳省察，反覆地探問：受到人為符號割裂的道與德，是否仍舊圓備周致？具存著執定意味的稱謂，要怎麼呈現沒有涯際的虛空？故談及語言時總不免含藏一定的警覺心，但又竭力替人們必須借助權跡來逼近道與德的立場，進行嚴正的辯護，希望能在不違逆《老子》旨歸的狀況下，重新安排聖賢之說的位置。更值得注意的是，由於佛教東播攜帶了前所未見的修辭和敘事模式，也令一向冷僻的翻譯活動沸湧起來，皆迫促著道教學者擴大其審視語言的格局，並藉異質的講習技巧來補充理論之不足，而佛道兩教愈益險峻的敵耦狀態，則讓濃厚的競爭意識漫漾於學者的聽聞書寫中，語言遂從用來掌握究竟智慧之憑靠，化為營造文化勢差的工具——古

與今、華與梵、本無與現象、神話與哲理的交錯，使得道教對語言的鑒覽，注定要綜疊成一個多元多層次、不斷自我澄清及循環辨證之複雜結構，從魚筌兔蹄間規劃出一條兼融遊戲與解脫的救贖之途。

也因為如此，魏晉南北朝道教對語言的思索就溢出「盡意」與「不盡意」這個時代命題以外；更精確地說，道教學者並沒有把語言可盡或未可盡這類關於效能高低的判斷，緊鎖在「意」—「性」—「天道」等超越且極度抽象的本體或規律上，而是將一部份沉降於物質性的萬有之機趣，所以才開演了和魏晉玄學不全相同的答案。但是，倘若必須在兩個選項裏面作出某種抉擇，那麼道教仍然比較傾向否定、悲觀的一方，主要是由於它預設了語言與世界相互對應的共構關係，認為塵俗的見解與人間世的表達形式，都和人類這有限存在所裹挾的各項條件俱起俱落，皆是從約束中產生的有限符號——道教學者對語言所下的評斷，往往出自對「有限」之同情理解，並且又滿含對「無限」的欽慕嚮往。

以有限來追企無限的渴望，使得道教學者特別掛心那些遷離原點（道、常名、喻依、經典或文本）之語言行為與原點間的隔異，例如字詞因增殖而造成認識上的扭曲、詮譯活動所引發的寓義剝落、利用譬況來概括終極真實的困難……他們認為與原點的距離愈遠，就愈趨於偽妄，可謂「不盡」概念的衍續；然而道教學者又替究竟理想的辭說，安排了一個無法取代的位置，藉著精神境地的躍昇，使各種遷離原點之語言行為得以保留住回歸原點的可能性，亦即由偽轉真的可能性，也算是「盡」之概念的一種變貌——如果從這個角度來看，則言意之辨已然內化為道教語言思維的梗要基架，按照聖俗領域的分配，讓魏晉玄學兩種對峙觀點聯合成不離不依、離而復依的並生結構。

綜攝先前各章所云，此時道教語言思維為其宇宙論、存有論及工夫論之延伸；換句話說，道教語言思維同時兼具了宇宙論、存有論及工夫論的色彩，而非孤懸於信仰及修養行為之外，純屬智性活動的哲辯，故閱讀、詮釋、翻譯、書寫，都被視為探索自我與真實的一環，陳述手法的鑄造及文類之運用，也與萬物萬事的規律彼此呼應。道教各種議證經常表現出一致的特徵：例如，從其設計的世界模式來談，聖、仙、真與凡塵之間的區隔頗為嚴謹，藉由高低階層的判別而釐訂出安定的秩序；在形軀上，亟欲透過導引、金石等鍛冶方法，成就每一單位分明有條理的身中神網絡；在知識上，不斷申敕師徒承傳的倫理，隨個人程度而逐步擴增的學習次第；在語言上，主張符號必然和

它所牽繫的時空相印會，由天文、地文向人文遷移的過程，亦演示了切確且難以消弭的等級觀念。再例如，寓含超越價值的事態發揮到極致時，會呈顯純一與雜多互具之情狀，學者在領悟真實的當下，便能感知體用不二、道物相即的非因果關係；在教法上，這正點出了「經典」這個本跡匯聚處的獨特意義；在理解上，恰好吻合主客交融之圓滿詮譯所完遂的目標；在身心調治上，則指明「形全」—「氣全」—「神全」那容量臻至飽和的深度與密度。總之，魏晉南北朝道教各種議證彼此孕育，彼此連通，使語言突破了人為操作的範圍，與尋求長生的實踐歷程、對世界根源之窺伺打成一片，從而貫穿了眾聲喧嘩乃至於最終的沉默。

　　以全篇論文探討的問題來看，魏晉南北朝道教是個在各種學說裏求取平衡的知識系統，一方面將矛盾的概念收攏起來，予以組編，另方面又與其他思想互相較量，也對教內眾派別進行分類，在揭闡語言文字的同時，便展開了多重的判教；從第二章、第三章、第六章皆能察覺判教這　活動於此知識體系中如何地頻繁，這與道教學者對秩序、階層、次第、等級的講究仍是緊密相連的。其次，道教學者對語言的掌握自有拿捏的分寸，他們不把所有典型的語言都擺放在同一均準來考慮，故神聖語言與世俗語言、直解式語言與隱喻性語言、浸漬於真實的語言與充斥著成見的語言……就採取更細緻的名相來完成切割，說明道教所設想的語言並非一體平鋪、質地均勻的媒介，而是受到環境條件影響、向量不齊之傳導現象。

　　回顧先前每一章節，可以為參差複雜的魏晉南北朝道教語言思維整理出幾個要點：

　　一、其所謂「言」，代表一般認知底下的表意方式，其所謂「文」，則是將天地間各種徵象加以符號化的結果；「抑言」透露出對人為物事及人為概念的戒備心，「崇文」卻反映了對自然之力的景羨，立基點其實沒有太大差別。值得注意的是，「抑言」與「崇文」皆是跨越派系的觀點，從靈寶、上清、天師等典籍裏，都能找到相應的案例，只是透過不同的神話素材或神學理念表現出來而已。

　　二、經典與詮譯的構成都是不確定的，既無固定的樣態，也沒有可以控制的數量，因為至道不會被單一作者（author）、單一讀者（reader）所壟斷，而是廣大作者群（Author）再加上廣大讀者群（Reader）之語言的總和。無論是經典的形成方式、詮與譯的全面佈署，以及「因

言」與「出意」等概念的推研，皆顯示出道教對收話主體──讀者地位的拉提，相對地也就弱化了發話主體──作者之重要性；魏晉南北朝道教認為語言的神聖與權威，並非來自作者，最後仍要歸之於至道，故合乎至道的讀者有時甚至凌駕了世俗的作者。

三、除了能夠完整呈示道意的天文之外，道教認知下的語言多半為非透明、非中性的載體，會隨著時空的改變、使用者的背景及動機，傳遞出與原本意義並不全等同的信息，其缺損可以說是必然的。由於這一缺損，使語言具存了可供人們操弄的空間，各種論述即成立於這條件之上。

需要辨明的是，玄學家在處理語言問題時往往各有所偏，許多共用辭彙之定義也隨人移易，相似的概念有時甚至會彼此產生侵吞作用，亦經常引發對話失焦的現象，歐陽建對「言不盡意」之批評即是一個明顯的案例。這種狀況於道教語言思維形成的過程中，依舊無法避免，比方第二章注文裏，提及陶弘景改寫「言」、「意」關係，其所謂「言」、「意」的內涵便與先秦《易傳》、唐代《洞玄靈寶度人經大梵隱語疏義》之界定有了落差，也不同於時代接近的各部道教典籍，此類情形應該可以再作更深入的探討。

另外，部份道教典籍在行文時，會演述其他典籍的價值及閱讀方式，比方《太真玉帝四極明科經》稱頌《雌一玉檢五老寶經》、《雌一玉檢五老寶經》又讚揚《大洞真經》，構成連環不已的動態。而《丹水飛術運度小劫妙經》云：「道有五千文。至真妙經，此為一文；大洞三十九章，名為一文；洞玄靈寶真文玉字羅天上經，此是一文……」，〔註1〕《紫陽真人內傳》云：「江乘令晉陵華僑……奉道數年，忽夢見二人……二人先後教授僑經書，書皆與五千文相參，多說道家誡行、養性事，亦有讖緯」，〔註2〕這些錄敍皆或隱或顯地透露，道教典籍聚合了兩種以上的符號系統，每部典籍都是其他典籍的交匯，從而具有互指互涉、互文互典（intertextual）之關係，此種獨特的並置形式，與其詮譯概念深切地纏繞，若能加以追索，當可對語言思維有進一步的瞭解。至於天文、空白之詮等觀念並不囿限於南北朝，而悖論、隱喻之類的手法，仍然於被後世道教學者所運用，因此如能考究它們對唐代重玄學及內丹學的影響，比較其間差異，則整個道教語言觀的面貌將會更為完整。

〔註1〕《洞玄靈寶丹水飛術運度小劫妙經》（《正統道藏》第十冊），頁27。
〔註2〕《紫陽真人內傳》（《正統道藏》第九冊），頁90。

徵引書目

一、傳統文獻

（以文獻之時代先後為序。然由於引用《正統道藏》之內的經典繁多，且其中部份經典的年限尚未有定論，故予以集中編排，並置於最前。另外，今人對古籍的整理、注疏（如：羅熾主編之《太平經注譯》）也置於「傳統文獻」一類。）

1. 《靈寶無量度人上品妙經》（臺北：新文豐出版公司《正統道藏》第一冊，1984 年）。

2. 《上清大洞真經》（《正統道藏》第一冊）。

3. 《黃帝陰符經》（《正統道藏》第二冊）。

4. 《太上諸天靈書度命妙經》（《正統道藏》第二冊）。

5. 《太上太玄女青三元品戒罪妙拔經》（《正統道藏》第二冊）。

6. 《太上諸天靈書度命妙經》（《正統道藏》第二冊）。

7. 《太上三十六部尊經》（《正統道藏》第二冊）。

8. 《元始无量靈寶度人上品妙經四注》（《正統道藏》第三冊）。

9. 《洞玄靈寶度人經大梵隱語疏義》（《正統道藏》第三冊）。

10. 《太上靈寶諸天內音自然玉字》（《正統道藏》第三冊）。

11. 《上清三尊譜錄》（《正統道藏》第五冊）。

12. 《太上洞真智慧上品大誡》（《正統道藏》第五冊）。

13. 《太真玉帝四極明科經》（《正統道藏》第五冊）。

14. 《洞玄靈寶真靈位業圖》（《正統道藏》第五冊）。

15. 《金闕帝君三元真一經》（《正統道藏》第七冊）。

16. 《歷世真仙體道通鑒》（《正統道藏》第八冊）。

17. 《周氏冥通記》（《正統道藏》第九冊）。

18. 《桓真人升仙記》（《正統道藏》第九冊）。

19. 《紫陽真人內傳》（《正統道藏》第九冊）。

20. 《太上洞玄靈寶十號功德因緣妙經》（《正統道藏》第十冊）。

21. 《太上洞玄靈寶開演祕密藏經》（《正統道藏》第十冊）。

22. 《太上洞淵神呪經》（《正統道藏》第十冊）。

23. 《洞玄靈寶丹水飛術運度小劫妙經》（《正統道藏》第十冊）。

24. 《洞玄靈寶自然九天生神章經》（《正統道藏》第十冊）。

25. 《洞玄靈寶本相運度劫期經》（《正統道藏》第十冊）。

26. 《上清三元玉檢三元布經》（《正統道藏》第十冊）。

27. 《太上洞玄靈寶智慧定志通微經》（《正統道藏》第十冊）。

28. 《上清五常變通萬化鬱冥經》（《正統道藏》第十冊）。

29. 《太上靈寶天地運度自然妙經》（《正統道藏》第十冊）。

30. 《太上洞玄寶元上經》（《正統道藏》第十冊）。

31. 《太上洞玄靈寶赤書玉訣妙經》（《正統道藏》第十冊）。

32. 《太上靈寶元陽妙經》（《正統道藏》第十冊）。

33. 《太上洞玄靈寶開演秘密藏經》（《正統道藏》第十冊）。

34. 《上清三元玉檢三元布經》（《正統道藏》第十冊）。

35. 《太上黃庭內景玉經》（《正統道藏》第十冊）。

36. 《洞玄靈寶諸天世界造化經》（《正統道藏》第十冊）。

37. 《洞玄靈寶自然九天生神章經》（《正統道藏》第十冊）。

38. 《太上洞玄靈寶五符序》（《正統道藏》第十冊）。

39. 《玄覽人鳥山經圖》（《正統道藏》第十一冊）。

40. 《上清太極隱注玉經寶訣》(《正統道藏》第十一冊)。

41. 《太上洞玄靈寶三元品戒功德輕重經》(《正統道藏》第十一冊)。

42. 《太上洞玄靈寶智慧罪根上品大戒經》(《正統道藏》第十一冊)。

43. 《上清太極隱注玉經寶訣》(《正統道藏》第十一冊)。

44. 《洞玄靈寶五嶽古本真形圖》(《正統道藏》第十一冊)。

45. 《上清太上八素真經》(《正統道藏》第十一冊)。

46. 《上清修行經訣》(《正統道藏》第十一冊)。

47. 《洞玄靈寶齋說光燭戒罰燈祝願儀》(《正統道藏》第十六冊)。

48. 《洞玄靈寶鐘磬威儀經》(《正統道藏》第十六冊)。

49. 《赤松子章曆》(《正統道藏》第十八冊)。

50. 《太上老君內觀經》(《正統道藏》第十九冊)。

51. 《道德真經注疏》(《正統道藏》第二十二冊)。

52. 《道德真經取善集》(《正統道藏》第二十三冊)。

53. 《西昇經集註》(《正統道藏》第二十四冊)。

54. 《道德真經廣聖義》(《正統道藏》第二十四冊)。

55. 《女青鬼律》(《正統道藏》第三十冊)。

56. 《墉城集仙錄》(《正統道藏》第三十冊)。

57. 《太上老君戒經》(《正統道藏》第三十冊)。

58. 《正一法文天師教戒科經》(《正統道藏》第三十冊)。

59. 《老君音誦誡經》(《正統道藏》第三十冊)。

60. 《太上老君經律》(《正統道藏》第三十冊)。

61. 《太清金闕玉華仙書八極神章三皇內秘文》(《正統道藏》第三十一冊)。

62. 《延陵先生集新舊服氣經》(《正統道藏》第三十一冊)。

63. 《太清金液神丹經》(《正統道藏》第三十一冊)。

64. 《真誥》(《正統道藏》第三十五冊)。

65. 《黃帝素問靈樞集註》(《正統道藏》第三十六冊)。

66. 《華陽陶隱居集》(《正統道藏》第三十九冊)。

67. 《太上洞玄靈寶本行宿願經》(《正統道藏》第四十一冊)。

68. 《洞玄靈寶玄一真人說生死輪轉因緣經》(《正統道藏》第四十一冊)。

69. 《洞玄靈寶太上真人問疾經》(《正統道藏》第四十一冊)。

70. 《道教義樞》(《正統道藏》第四十一冊)。

71. 《陸先生道門科略》(《正統道藏》第四十一冊)。

72. 《洞玄靈寶太上真人問疾經》(《正統道藏》第四十一冊)。

73. 《洞玄靈寶玄門大義》(《正統道藏》第四十一冊)。

74. 《无上秘要》(《正統道藏》第四十二冊)。

75. 《無上玄元三天玉堂大法》(《正統道藏》第四十二冊)。

76. 《太上妙法本相經》(《正統道藏》第四十二冊)。

77. 《上清道類事相》(《正統道藏》第四十二冊)。

78. 《三洞珠囊》(《正統道藏》第四十二冊)。

79. 《洞玄靈寶左玄論》(《正統道藏》第四十二冊)。

80. 《太上老君中經》(《正統道藏》第四十六冊)。

81. 《抱朴子內篇》(《正統道藏》第四十七冊)。

82. 《三天內解經》(《正統道藏》第四十八冊)。

83. 《老君變化無極經》(《正統道藏》第四十八冊)。

84. 《太上三五正一盟威籙》(《正統道藏》第四十八冊)。

85. 《上清靈寶大法》(《正統道藏》第五十二冊)。

86. 《上清經秘訣》(《正統道藏》第五十五冊)。

87. 《洞玄靈寶五感文》(《正統道藏》第五十五冊)。

87. 《上清太上開天龍蹻經》(《正統道藏》第五十六冊)。

89. 《洞真太一帝君太丹隱書洞至真玄經》(《正統道藏》第五十六冊)。

90. 《上清外國放品青童內文》(《正統道藏》第五十七冊),卷上。

91. 《上清九丹上化胎精中記經》(《正統道藏》第五十七冊)。

92. 《上清高聖太上大道君洞真金元八景玉錄》(《正統道藏》第五十七冊)。

93. 《上清玉帝七聖玄紀迴天九霄經》(《正統道藏》第五十七冊)。

94. 《太上老君開天經》(《正統道藏》第五十八冊)。

95. 佚名;唐·孔穎達等正義,《周易正義》(臺北:文化圖書公司景印阮元重刊宋版十三經注疏本,1970 年)。

96. 佚名;漢·鄭玄注;唐·賈公彥疏,《周禮注疏》(臺北:文化圖書公司景印阮元重刊宋版十三經注疏本,1970 年)。

97. 佚名;唐·孔穎達等正義,《禮記正義》(臺北:文化圖書公司影印阮元重刊宋版十三經注疏本,1970 年)。

98. 佚名;晉·郭璞注;唐·邢昺疏,《爾雅注疏》(臺北:文化圖書公司影印阮元重刊宋版十三經注疏本,1970 年)。

99. 春秋·李耳撰;晉·王弼注,《老子道德經注》(臺北:世界書局《新編諸子集成》第三冊,1972 年)。

100. 春秋·孫武撰;清·孫星衍校,《孫子校正》(臺北:世界書局《新編諸子集成》第八冊,1972 年)。

101. 戰國·舊題左丘明,《國語》(臺北:河洛圖書出版社,1980 年)。

102. 戰國·莊周撰;清·郭慶藩集釋,《莊子集釋》(臺北:世界書局《新編諸子集成》第三冊,1972 年)。

103. 戰國·屈原撰;宋·洪興祖補注,《楚辭補注》(臺北:大安出版社,1995 年)。

104. 戰國·舊題列御寇撰;張湛注,《列子注》(臺北:世界書局《新編諸子集成》第四冊,1972 年)。

105. 秦·呂不韋等撰;漢·高誘注;清·畢沅校,《呂氏春秋新校正》(臺北:世界書局《新編諸子集成》第七冊,1972 年)。

106. 西漢·東方朔,〈答客難〉,收錄於南梁·蕭統等,《文選》,卷四十五(臺北:藝文出版社景印宋淳熙本,1983 年)。

107. 西漢·桓寬,《鹽鐵論》(臺北:世界書局《新編諸子集成》第二冊,1972 年)。

108. 西漢·董仲舒,《春秋繁露》(臺北:中華書局《四部備要》抱經堂本,1966 年)。

109. 西漢·劉安等,《淮南子》(臺北:世界書局《新編諸子集成》第七冊,

1972 年）。

110. 西漢·劉向、劉歆撰；清·姚振宗輯錄；鄧駿捷校補，《七略別錄佚文》（上海：上海古籍出版社，2008 年）

111. 東漢·班固撰，唐·顏師古注，《漢書》（北京：中華書局，1997 年）。

112. 東漢·許慎撰；清·王念孫注，《說文解字注》（臺北：黎明文化事業公司，1986 年）。

113. 東漢·張衡，〈東京賦〉，收錄於南梁·蕭統等，《文選》，卷三（臺北：藝文出版社影印宋淳熙本，1983 年）。

114. 東漢·鄭玄，〈六藝論〉，收錄於清·嚴可均輯，《全上古三代秦漢三國六朝文（二）》（臺北：世界書局，1982 年），《全後漢文》，卷八十四。

115. 東漢·支婁迦讖譯，《道行般若經》（臺北：新文豐出版公司《大正新修大藏經》第八冊，1986 年）。

116. 東漢·佚名，《老子河上公注》（臺北：成文出版社《老列莊三子集成補編》，1983 年）。

117. 東漢·佚名；羅熾主編，《太平經注釋》（重慶：西南師範大學出版社，1996 年）。

118. 舊題（東漢）牟融，〈理惑論〉，收錄於南梁·僧祐，《弘明集》，卷一（臺北：新文豐出版公司，1986 年）。

119. 東漢·佚名；饒宗頤校證，《老子想爾注校證》（上海：上海古籍出版社，1991 年）。

120. 東漢·佚名；顧寶田、張忠利注譯，《新譯老子想爾注》（臺北：三民書局，1997 年）。

121. 兩漢·佚名；安居香山、中村璋八輯，《緯書集成》（石家莊：河北人出版社，1994 年）。

122. 三國·王弼撰；樓宇烈校釋，《老子周易王弼注校釋》（臺北：華正書局，1992 年）。

123. 三國·何晏集解；南梁·皇侃義疏，《論語集解義疏》（臺北：商務印書館，1937 年）。

124. 三國·劉劭，《人物誌》（臺北：世界書局，《新編諸子集成》第六冊，

1972 年）。

125. 三國・諸葛亮撰；張澍校，《新校諸葛亮全集》（臺北：世界書局，2003
    年）。

126. 三國・支謙，〈法句經序〉，收錄於清・嚴可均輯，《全上古三代秦漢三國
    六朝文（三）》（臺北：世界書局，1982 年），《全三國文》，卷七十五。

127. 三國・康僧會，〈安般守意序〉，收錄於清・嚴可均輯，《全上古三代秦漢
    三國六朝文（三）》（臺北：世界書局，1982 年），《全三國文》，卷七十
    五。

128. 三國・葛玄，〈道德經序〉，收錄於清・嚴可均輯，《全上古三代秦漢三國
    六朝文（三）》（臺北：世界書局，1982 年），《全三國文》，卷七十五。

129. 西晉・陳壽撰，劉宋・裴松之注，《三國志》（北京：中華書局，1997 年）。

130. 西晉・郭象注，《莊子注》（臺北：中華書局《四庫備要》據明世德堂本
    校刊，1982 年）。

131. 西晉・竺法護譯，《佛說彌勒下生經》（臺北：新文豐出版公司《大正新
    修大藏經》第十四冊，1986 年）。

132. 東晉・葛洪，《神仙傳》（臺北：臺灣商務印書館影印《文淵閣四庫全書》，
    1986 年）。

133. 東晉・孫綽，〈喻道論〉，收錄於南梁・僧祐，《弘明集》（臺北：新文豐
    出版公司，1986 年），卷三。

134. 東晉・王劭，〈與林法師書〉，收錄於清・嚴可均輯《全上古三代秦漢三
    國六朝文（四）》（臺北：世界書局，1982 年），《全晉文》，卷十九。

135. 東晉・王洽，〈與林法師書〉，收錄於清・嚴可均《全上古三代秦漢三國
    六朝文（四）》（臺北：世界書局，1982 年），《全晉文》，卷十九。

136. 東晉・孫盛，〈老聃非大賢論〉，收錄於清・嚴可均輯，《全上古三代秦
    漢三國六朝文（五）》（臺北：世界書局，1982 年），《全晉文》，卷六十
    三。

137. 東晉・支遁，〈釋迦文佛像贊〉，收錄於清・嚴可均輯，《全上古三代秦漢
    三國六朝文（五）》（臺北：世界書局，1982 年），《全晉文》，卷一百五十
    七。

138. 東晉・道安，〈摩訶鉢羅若波羅蜜經鈔序〉，收錄於清・嚴可均輯，《全上古三代秦漢三國六朝文（四）》（臺北：世界書局，1982 年），《全晉文》，卷一百五十八。

139. 後秦・竺佛念譯，《佛說長阿含經》（臺北：新文豐出版公司《大正新修大藏經》第一冊，1986 年）。

140. 後秦・鳩摩羅什譯，《摩訶般若波羅蜜大明咒經》（臺北：新文豐出版公司《大正新修大藏經》第八冊，1986 年）。

141. 後秦・鳩摩羅什譯，《大智度論》（臺北：新文豐出版公司《大正新修大藏經》第二十五冊，1986 年）。

142. 後秦・僧肇，〈答劉遺民書〉，收錄於清・嚴可均輯，《全上古三代秦漢三國六朝文（五）》（臺北：世界書局，1982 年），《全晉文》，卷一百六十三。

143. 後秦・僧叡，〈毘摩羅詰提經義疏序〉，收錄於清・嚴可均輯，《全上古三代秦漢三國六朝文（五）》（臺北：世界書局，1982 年），《全晉文》，卷一六〇。

144. 北涼・曇無讖譯，《菩薩地持經》（臺北：新文豐出版公司《大正新修大藏經》第三十冊，1986 年）。

145. 劉宋・范曄撰，唐・李賢等注，《後漢書》（北京：中華書局，1997 年）。

146. 劉宋・謝靈運，〈與諸道人辨宗論〉，收錄於清・嚴可均輯，《全上古三代秦漢三國六朝文（六）》，《全宋文》（臺北：世界書局，1982 年），卷三十二。

147. 劉宋・宗炳，〈明佛論〉，收錄於南梁・僧祐，《弘明集》，卷二（臺北：新文豐出版公司，1986 年）。

148. 劉宋・釋僧愍，〈戎華論折顧道士夷夏論〉，收錄於南梁・僧祐，《弘明集》（臺北：新文豐出版公司，1986 年），卷七。

149. 劉宋・何承天，〈重答顏光祿〉，收錄於南梁・僧祐，《弘明集》（臺北：新文豐出版公司，1986 年），卷四。

150. 劉宋・釋慧通〈駁顧道士夷夏論〉，收錄於南梁・僧祐，《弘明集》（臺北：新文豐出版公司，1986 年），卷七。

151. 劉宋・何尚之，〈答宋文帝讚揚佛教事〉，收錄於南梁・僧祐，《弘明集》（臺北：新文豐出版公司，1986 年），卷十一。

152. 劉宋・釋道高〈重答李交州書〉，收錄於南梁・僧祐，《弘明集》（臺北：新文豐出版公司，1986 年），卷十一。

153. 劉宋・釋慧琳〈均善論〉，收錄於清・嚴可均輯，《全上古三代秦漢三國六朝文（六）》（臺北：世界書局，1982 年），《全宋文》，卷六十三。

154. 南齊・孔稚珪，〈答蕭司徒書〉，收錄於南梁・僧祐，《弘明集》（臺北：新文豐出版公司，1986 年），卷一。

155. 南齊・周顒，〈重答張長史書〉，收錄於南梁・僧祐，《弘明集》（臺北：新文豐出版公司，1986 年），卷六。

156. 南齊・明僧紹〈正二教論〉，收錄於南梁・僧祐，《弘明集》（臺北：新文豐出版公司，1986 年），卷六。

157. 南齊・蕭子良，〈與孔中丞書〉，收錄於南梁・僧祐《弘明集》（臺北：新文豐出版公司，1986 年），卷十一。

158. 南齊・顧歡，〈答袁粲駁夷夏論〉，收錄於清・嚴可均輯，《全上古三代秦漢三國六朝文（六）》（臺北：世界書局，1982 年），《全齊文》，卷二十二。

159. 南齊・孟景翼，〈正一論〉，收錄於清・嚴可均輯，《全上古三代秦漢三國六朝文（六）》（臺北：世界書局，1982 年），《全齊文》，卷二十六。

160. 南梁・沈約，《宋書》（臺北：鼎文書局，1980 年）。

161. 南梁・蕭子顯，《南齊書》（北京：中華書局，1997 年）。

162. 南梁・蕭衍，〈敕捨道事佛〉，收錄於清・嚴可均輯，《全上古三代秦漢三國六朝文（七）》（臺北：世界書局，1982 年），《全梁文》，卷四。

163. 南梁・陶弘景，〈許長史舊館壇碑〉，收錄於清・嚴可均輯，《全上古三代秦漢三國六朝文（七）》（臺北：世界書局，1982 年），《全梁文》，卷四十七。

164. 南梁・沈約，〈均聖論〉，收錄於清・嚴可均輯，《全上古三代秦漢三國六朝文（七）》，《全梁文》（臺北：世界書局，1982 年），卷二十九。

165. 南梁・沈約，〈答陶華陽〉，收錄於唐・釋道宣，《廣弘明集》（臺北：新

文豐出版公司，1986 年），卷五。

166. 南梁・蕭統等，《文選》（臺北：藝文出版社景印宋淳熙本，1983 年）。

167. 南梁・慧皎，《高僧傳》（成都：巴蜀書局《佛藏輯要》，1993 年）。

168. 南梁・劉勰，《文心雕龍》（臺北：臺灣開明書店，1968 年）。

169. 南梁・劉勰，〈滅惑論〉，收錄於南梁・僧祐，《弘明集》（臺北：新文豐出版公司，1986 年），卷八。

170. 南梁・僧順，〈答道士假稱張融三破論十九條〉，收錄於南梁・僧祐，《弘明集》（臺北：新文豐出版公司，1986 年），卷八。

171. 南梁・僧祐，《出三藏記集》（臺北：新文豐出版公司《大正新修大藏經》第五十五冊，1986 年）。

172. 南梁・僧祐，〈梵漢譯經音義同異記〉，收錄於清・嚴可均輯，《全上古三代秦漢三國六朝文（七）》（臺北：世界書局，1982 年），《全梁文》，卷七十一。

173. 南梁・真諦譯；高振農校釋，《大乘起信論校釋》（北京：中華書局，1992 年）。

174. 南梁・宋文明，《道德義淵》（東京：福武書店，大淵忍爾編，《敦煌道經圖錄編》，1979 年）。

175. 北魏・楊衒之撰，范祥雍校注，《洛陽伽藍記校注》（上海：上海古籍出版社，1978 年）。

176. 北魏・瞿曇般若流支譯，《唯識論》（臺北：新文豐出版公司《大正新修大藏經》第三十一冊，1986 年）。

177. 北齊・顏之推，《顏氏家訓》（臺北：世界書局，《新編諸子集成》第二冊，1972 年）。

178. 北齊・樊遜，〈天保五年舉秀才對策〉，收錄於清・嚴可均輯，《全上古三代秦漢三國六朝文（九）》（臺北：世界書局，1982 年），《全北齊文》，卷七。

179. 北周・宇文逌，〈道教實花序〉，收錄於清・嚴可均輯，《全上古三代秦漢三國六朝文（九）》（臺北：世界書局，1982 年），《全後周文》。

180. 北周‧道安，〈二教論〉，收錄於唐‧釋道宣，《廣弘明集》（臺北：新文豐出版公司，1986 年），卷八。

181. 北周‧甄鸞，〈笑道論〉，收錄於唐‧釋道宣，《廣弘明集》（臺北：新文豐出版公司，1986 年），卷九。

182. 南北朝‧佚名，〈正誣論〉，收錄於南梁‧僧祐，《弘明集》（臺北：新文豐出版公司，1986 年），卷一。

183. 南北朝‧佚名，《太上靈寶升玄內教无極九誡妙經》，（北京：中華全國圖書館文獻縮微複製中心《敦煌道藏》第四冊，1999 年）。

185. 隋朝‧闍那崛多譯，《佛本行集經》（臺北：新文豐出版公司《大正新修大藏經》第三冊，1986 年）。

186. 唐朝‧姚思廉，《梁書》（臺北：宏業書局，1974 年）。

187. 唐朝‧房玄齡等，《晉書》（臺北：鼎文書局，1980 年）。

188. 唐朝‧魏徵等，《隋書》（臺北：藝文印書館景印清乾隆武英殿刊本，1972 年）。

189. 唐朝‧李延壽，《南史》（北京：中華書局，1997 年）。

190. 唐朝‧李延壽，《北史》（北京：中華書局，1997 年）。

191. 唐朝‧成玄英撰，蒙文通輯，《輯校成玄英「道德經義疏」》（成都：巴蜀書局《道書輯校十種》，2001 年）。

192. 唐‧實叉難陀譯，《地藏菩薩本願經》（臺北：新文豐出版公司《大正新修大藏經》第十三冊，1986 年）。

193. 唐朝‧玄嶷，《甄正論》（臺北：新文豐出版公司《大正新修大藏經》第五十二冊，1986 年）。

194. 唐朝‧釋法琳，《破邪論》（臺北：新文豐出版公司《大正新修大藏經》第五十二冊，1986 年）。

195. 唐‧釋法琳，《辯正論》（臺北：新文豐出版公司《大正新修大藏經》第五十二冊，1986 年）。

196. 唐朝‧釋道宣，《廣弘明集》（臺北：新文豐出版公司，1986 年）。

197. 唐朝‧釋道宣，《釋迦方志》（臺北：新文豐出版公司《大正新修大藏經》

第五十一冊，1986 年）。

198. 唐朝・懷信，《釋門自鏡錄》（臺北：新文豐出版公司《大正新修大藏經》第五十一冊，1986 年）。

199. 北宋・李昉，《太平御覽》（臺北：臺灣商務印書館景印南宋蜀刊本，1974 年）。

200. 北宋・司馬光，《資治通鑑》（臺北：明倫出版社，1982 年）。

201. 北宋・張君房輯，《雲笈七籤》（臺北：自由出版社，2000 年）。

202. 南宋・朱熹，《周易參同契考異》（臺北：藝文印書館，1968 年）。

203. 南宋・志磐，《佛祖統紀》（臺北：新文豐出版公司《大正新修大藏經》第四十九冊，1986 年）。

204. 清朝・陳士珂，《韓詩外傳疏證》（臺北：新文豐書局《叢書集成續編》，1989 年）。

205. 清朝・陳攖寧，《女功正法》，〈女功正法陳序〉，《道藏精華（三）》（臺北：自由出版社，1989 年）。

二、近人論著

（一）專書

1. M. Eliade, *Patterns in Comparative Religion.* New York: Sheed & Ward, 1958.

2. Stephen R. Bokenkamp, *Early Daoist Scriptures.* Berkeley: University of California Press, 1997.

3. Isabelle Robinet, *La revelation du Shanngqing dans l'histoire du taoïsme.* Paris: Publications de l'Ecole Française d'Extrême-Orint, 1984.

4. Isabelle Robinet, Translated by Norman Girardot and Julian Pas. *Taoist Meditation: The Mao-Shan Tradition of Great Purity.* Albany: State University of New York Press, 1993.

5. Jean François Billeter, L'art chinois de l'écriture. Geneva: Skrra, 1989.

6. Kistofer Schipper and Verellen Franciscus eds. *The Taoist Canon.* Chicago & London: The University of Chicago Press, 2004.

7. Léon Vandermeersch, *Le mouveau monde sinisé.* Paris: Presses Universitaires de France, 1986.

8. J. Eggeling tran., *The satapatha Brahmana*, New Delhi: Atlantic Publishers & Distributors, 1990.

9. Dr. Friedrich Spiegel üebersetzung, *Avesta*, Lapzig: Verlag von Wilhelm Engelmann, 1863.

10. 丁福保,《佛學大辭典》(臺北：新文豐出版社,1985 年)。

11. 丁敏,《佛教譬喻文學研究》(臺北：東初出版社,1996 年)。

12. 大淵忍爾,《敦煌道經圖錄編》(東京：福武書店,1979 年)。

13. 大淵忍爾,《道教史の研究》(日本岡山：岡大共濟會,1964 年)。

14. 小林正美,《六朝道教史研究》(東京：創文社,1990 年)。

15. 小南一郎,《中國古道教史研究》(京都：同朋社,1991 年)。

16. 山田慶兒,《中國醫學の思想的風土》(東京：潮出版社,1995 年)。

17. 山田利明,《六朝道教禮儀の研究》(東京：東方書局,1999 年)

18. 中村元著；林太、馬小鶴譯,《東方民族的思維方式》(臺北：淑馨出版社,1999 年)。

19. 中嶋隆藏,《六朝思想の研究》(京都：平樂寺書店,1985 年)。

20. 王卡,《敦煌道教文獻研究──綜述·目錄·索引》(北京：中國社會科學出版社,2004 年)。

21. 王文顏,《佛典漢譯之研究》(臺北：天華出版社,1984 年)。

22. 王宏印,《中國傳統譯論經典詮釋─從道安到傅雷》(武漢：湖北教育出版社,2003 年)。

23. 王承文,《敦煌古靈寶經與晉唐道教》(北京：中華書局,2002 年)。

24. 王建元,《現象詮釋學與中西雄渾觀》(臺北：東大圖書公司,1992 年)。

25. 王志洪、夏鑄九編譯,《空間的文化形式與社會理論讀本》(臺北：明文書局,2003 年)。

26. 王宗昱,《道教義樞研究》(上海：上海文化出版社,2001 年)。

27. 王家葵,《陶弘景叢考》(濟南：齊魯書社,2003 年)

28. 卡西勒（Ernst Cassirer）著；于曉譯，《語言與神話》（臺北：桂冠圖書公司，1990 年）。

29. 本雅明（Benjamin, W.）著；陳永國、馬海良編，《本雅明文選》（北京：中國社會科學出版社，1999 年）。

30. 石田秀實撰；楊宇譯，《氣・流動的身體》（臺北：武陵出版社，1996 年）。

31. 史泰司（W. T. Stace）著；楊儒賓譯，《冥契主義與哲學》（臺北：正中書局，1998 年）。

32. 伍成泉，《漢末魏晉南北朝道教戒律規範研究》（成都：巴蜀書社，2006 年）。

33. 任繼愈主編，《道藏提要（第三次修訂）》（北京：中國社會科學出版社，2005 年）。

34. 伊利亞德（Mircea Eliade）撰；楊素娥譯，《聖與俗──宗教的本質》（臺北：桂冠圖書公司，2000 年）。

35. 安德森（Benedick Anderson）撰；吳叡人譯，《想像的共同體：民族主義的起源與散布》（臺北：時報文化公司，1999 年）。

36. 吉川忠夫，《六朝精神史研究》（京都：同朋舍，1984 年）。

37. 池田末利，《中國宗教史研究（一）：制度與思想》（東京：東海大學出版會，1989 年）。

38. 牟宗三，《才性與玄理》（臺北：學生書局，1984 年）。

39. 牟宗三，《圓善論》（臺北：學生書局，1985 年）。

40. 朱志瑜、朱曉農著，《中國佛籍譯論選輯評注》（北京：清華大學出版社，2006 年）。

41. 江紹原，《中國古代旅行之研究》（上海：上海文藝出版社，1989 年）。

42. 伽達默爾（Hans-georg Gadamer）；洪漢鼎譯，《真理與方法》（臺北：時報文化公司，1999 年）。

43. 坎伯（Joseph Campbell）著；朱侃如譯，《千面英雄》（臺北：立緒文化公司，1997 年）。

44. 李剛，《重玄之道開啟眾妙之門——道教哲學論稿》（成都：巴蜀書社，2005 年）。

45. 余英時，《中國思想的現代詮釋》（臺北：聯經出版公司，1993 年）。

46. 吳先寧，《北朝文學研究》（臺北：文津出版社，1993 年）。

47. 吳海勇，《中古漢譯佛經敘事文學研究》（北京：學苑出版社，2004 年）。

48. 呂澂，《中國佛學源流略講》（臺北：里仁書局，1985 年）。

49. 李世傑，《漢魏兩晉南北朝佛教思想史》（臺北：新文豐出版公司，1980 年）。

50. 李明輝編，《中國經典詮釋傳統：儒學篇（二）》（臺北：國立臺灣大學出版中心，2004 年）。

51. 李豐楙，《六朝隋唐仙道類小說研究》（臺北：學生書局，1986 年）。

52. 辛冠潔等編，《日本學者論中國哲學史》（臺北縣：駱駝出版社，1987 年）。

53. 李羨林，《原始佛教的語言問題》，收入：威廉·蓋格（Wilhelm Geiger）等著；李榮熙等譯，《佛教語言論集》（臺北縣：華宇出版社，1986 年）。

54. 林鎮國，《辯證的行旅》（臺北縣：立緒文化公司，2002 年）。

55. 拉康（Lacan, J. M.）著；褚孝泉譯，《拉康選集》（上海：生活·讀書·新知三聯書局，2001 年）。

56. 保羅·里克爾（Paul Ricoeur）撰；翁紹軍譯，《惡的象徵》（臺北：桂冠圖書公司，1992 年）。

57. 神塚淑子，《六朝道教思想の研究》（東京：創文社，1991 年）。

58. 威廉·詹姆斯（William James）撰；蔡怡佳、劉宏信譯，《宗教經驗之種種》（臺北：立緒文化公司，2001 年）。

59. 卿希泰主編，《中國道教史》（成都：四川人民出版社，1988 年）。

60. 唐君毅，《中國哲學原論（原道篇）》（臺北：學生書局，1986 年）。

61. 袁珂，《古神話選釋》（臺北：長安出版社，1986 年）。

62. 浦安迪（Andrew H. Plaks）講演，《中國敘事學》（北京：北京大學出版社，1998 年）。

63. 奚成祺，《《黃帝陰符經》的道教詮釋研究——對道的信仰所建構聖典詮釋策略的省察》（新竹：玄奘大學宗教學研究所碩士論文，2001 年）。

64. 徐友漁、周國平、陳嘉映、尚傑，《語言與哲學——當代英美與德法傳統比較研究》（北京：生活·讀書·新知三聯書店，1996 年）。

65. 宮川尚志，〈晉代道教の一考察〉，收入：《中國宗教史研究》（京都：同朋舍，1983 年）。

66. 索安（Anna Seidel）著；陳平、呂鵬志等譯，《西方道教研究編年史》（北京：中華書局，2002 年）

67. 梁啟超，《中國佛教研究史》（臺北：新文豐出版公司，1984 年）。

68. 康韻梅，《中國古代死亡觀之探究》（臺北：臺灣大學出版委員會，1994 年）。

69. 張超然，《系譜、教法及其整合：東晉南朝道教上清經派的基礎研究》（臺北：國立政治大學中國文學系博士論文，1997 年）。

70. 張隆溪，《道與邏各斯》（南京：江蘇教育出版社，2006 年）。

71. 郭朝順，《天台智顗的詮釋理論》（臺北：里仁書局，2004 年）。

72. 陳福濱主編，《本世紀出土思想文獻與中國古典哲學研究論集（上冊）》（臺北：輔仁大學出版社，1999 年）。

73. 陳鼓應主編，《道家文化研究（第九輯）》（上海：上海古籍出版社）（1996 年）。

74. 陳鼓應主編，《道家文化研究（第十三輯）》（北京：生活·讀書·新知三聯書局，1998 年）。

75. 陳漢生（Chad Hansen）著；周云之譯，《中國古代的語言和邏輯》（北京：社會科學文獻出版社，1998 年）。

76.. 許寶強、袁偉選編，《語言與翻譯的政治》（香港：牛津大學出版社，2000 年），頁 187～251。

77. 湯一介，《魏晉南北朝時期的道教》（臺北：東大圖書公司，1988 年）。

78. 湯用彤，《漢魏兩晉南北朝佛教史》（臺北縣：佛光文化事業公司，2001 年）。

79. 湯用彤，《魏晉玄學論稿》（臺北：里仁書局，1984 年）。

80. 湯用彤，《理學‧佛學‧玄學》（臺北：淑馨出版社，1991 年）。

81. 張亨，《思文之際論集——儒道思想的現代詮釋》（臺北：允晨文化公司，1997 年）。

82. 曾春海，《兩漢魏晉哲學史》（臺北：五南圖書公司，2002 年）。

83. 黃俊傑編，《中國經典詮釋傳統（一）》（臺北：喜瑪拉雅基金會，2001 年），頁 77～124。

84. 黃錦樹，《真理或謊言的技藝》（臺北：麥田出版社，2003 年）。

85. 楊儒賓，《莊周風貌》（臺北：黎明文化公司，1991 年）。

86. 楊儒賓，《儒家身體觀》（臺北：中研院文哲所，1996 年）。

87. 楊儒賓編，《中國經典詮釋傳統（三）文學與道家經典篇》（臺北：臺大出版中心，2004 年）。

88. 楊儒賓編，《中國古代思想中的氣論及身體觀》（臺北：巨流圖書公司，1993 年）。

89. 楊乃喬，《悖立與整合：東方儒道詩學與西方詩學的本體論、語言論比較》（北京：文化藝術出版社，1998 年）。

90. 楊念群，《再造『病人』——中西醫衝突下的空間政治（1832～1985）》（北京：中國人民大學出版社，2006 年）。

91. 楊聯陞，《中國語文札記——楊聯升論文集》（北京：中國人民大學出版社，2006 年）。

92. 漢學研究中心編，《中國神話與傳說學術研討會論文集（上冊）》（臺北：漢學研究中心，1996 年）。

93. 蒙文通，《川大史學（蒙文通卷）》（成都：四川大學出版社，2006 年）。

94. 萬繩楠整理，《陳寅恪魏晉南北朝史講演錄》（臺北：雲龍出版社，1995 年）。

95. 福井康順等編；朱越利譯，《道教》（上海：上海古籍出版社，1992 年）。

96. 福井康順，《福井康順著作集 II：道教思想研究》（東京：法藏館，1987 年）。

97. 趙奎英，《中西語言詩學——基本問題比較研究》（北京：中國社會科學出版社，2009 年）。

98. 黎志添，《宗教研究與詮釋學——宗教學建立的思考》（香港：中文大學出版社，2003 年）。

99. 黎志添等編，《道教研究與中國宗教文化》（香港：中華書局，2003 年）。

100. 德希達（Jacques Derrida）撰；張寧譯，《書寫與差異》（北京：生活·讀書·新知三聯書局，2001 年）。

101. 德希達（Jacques Derrida）撰；汪堂家譯，《論文字學》（上海：上海譯文出版社，1999 年）。

102. 蔡振豐，《魏晉名士與玄學清談》（臺北：黎明文化公司，1997 年）。

103. 蔡振豐，《魏晉佛學格義問題的考察》（高雄：佛光山文教基金會出版，2004 年）。

104. 盧國龍，《中國重玄學》（北京：人民中國出版社，1993 年）。

105. 諾思羅普·弗萊（Northrop Frye）撰；陳慧、袁憲軍、吳偉仁譯，《批評的剖析》（天津：百花文藝出版社，1998 年）。

106. 賴賢宗，《道家詮釋學》（北京：北京大學出版社，2010 年）。

107. 薛克翹，《中國印度文化交流史》（北京：崑崙出版社，2008 年）。

108. 邁可·潘恩（Michael Payne）著；李奭學譯，《閱讀理論：拉康、德希德與克麗絲蒂娃導讀》（臺北：書林出版公司，1996 年）。

109. 鐮田茂雄，《中國佛教思想史研究》（東京：春秋社，1968 年）。

110. 藍吉富、劉增貴主編，《敬天與親人》（臺北：聯經出版公司，1993 年）。

111. 蕭登福，《漢魏六朝佛道兩教之天堂地獄說》（臺北：學生書局，1989 年）。

112. 蕭登福，《黃帝陰符經今註今譯》（臺北：文津出版社，1996 年）

113. 羅蘭·巴特撰；許薔薔、許綺玲譯，《神話學》（臺北：桂冠圖書公司，1997 年）。

114. 釋依淳，《本生經的起源及其開展》（臺北：佛光出版社，2018 年）。

115. 蘇珊·桑塔格（Susan Sontag）撰、刁筱華譯，《疾病的隱喻》（臺北：大

田出版社，2000 年）。

116. 龔韻蘅，《兩漢時代靈冥世界觀探究》（臺北：文津出版社，2006 年）。

117. 龔鵬程，《道教新論》（臺北：學生書局，1991 年）。

118. 龔鵬程，《文化符號學》（臺北：學生書局，2001 年）。

（二）期刊論文

1. Anna Seidel（索安）, "Imperial Treasures and Taoist Sacraments", *Tantric and Taoist Studies in Honour of R. A. Stein*, vol. II, M. Strickmann ed. MCB XXI, Bruxelles, 1983, pp. 291~371.

2. Eric Zürcher（許理和）, "Buddhist Influences on Early Taoism: A Survey of Scriptural Evidence", T'oung Pao L X VI, 1~3. *T'oung-Pao*, 1980, P 66: 84~147.

3. Isabelle Robinet（賀碧來），〈內丹〉，《中國文哲研究通訊》（1996 年，第 6 卷第 1 期），頁 11～28。

4. Robert Campany（康儒博）, "Buddhist Revelation and Taoist Translation in Medieval China", *Taoist Resources*, 1993 (4.1), pp. 1~29.

5. Stephen R. Bokenkamp（柏夷）, "Sources of the Ling-pao Scriptures," in Michel Strickmann ed. *Tantric and Taoist Studies in honor of R.A. Stein*, vol. II, Bruxelles: Institut Belge des Hautes Études Chinoises, 1983, pp. 434~486.

6. 大形徹，〈二つの病因論—鬼と氣をめぐって—〉，《日本経絡学会誌（別冊）》（1997 年，第 23 卷第 3 號），頁 2～24。

7. 山田利明，〈靈寶經と大乘思想：靈寶齋思想の基盤〉，收入：《東洋大學中國哲學文學科紀要》（1998 年，第 6 期），頁 51～68。

8. 王明，〈試論陰符經及其唯物主義思想〉，《哲學研究》（1962 年，第 5 期），頁 59～68。

9. 王維誠，〈老子化胡說考證〉，《國學季刊》（1934 年，第 4 卷第 2 號），頁 31～43。

10. 沈清松，〈莊子的語言哲學初考〉，收入：《國立臺灣大學創校四十週年國際中國哲學研討會論文集》（臺北：臺灣大學哲學系，1986 年），頁 97～111。

11. 呂鵬志，〈早期靈寶經的天書觀〉，郭武主編，《道教教義與現代社會國際學術研討會論文集》（上海：上海古籍出版社，2003 年），頁 571～597。

13. 吳根友，〈《易傳》中的語言哲學思想探論——兼論儒、道、《易》的語言哲學思想之異同〉，《周易研究》（2003 年，第 1 期），頁 53～60。

14. 吳甿，〈言意之辨與魏晉名理（一）～（七）〉，《鵝湖月刊》（1985 年，第 10 卷第 8 期～第 11 卷第 4 期）。

15. 李建民，〈中國方術史上的形影觀〉，《臺大歷史學報》（1999 年 6 月，第 23 期），頁 279～300。

16. 李遠國，〈論道教的大乘思想——以靈寶派為中心〉，《宗教哲學》（1997 年 3 月，第 5 卷第 3 期），頁 97～111。

17. 李豐楙，〈六朝道教的救度觀：真君、種民與度世〉，《東方宗教研究》（1996 年，新 5 期），頁 138～160。

18. 李豐楙，〈傳承與對應：六朝道經中『末世』說的提出與演變〉，《中國文哲研究集刊》（1996 年 9 月，第 9 期），頁 91～130。

19. 李豐楙，〈《道藏》所收早期道書的瘟疫觀——以《女青鬼律》及《洞淵神咒經》系為主〉，《中國文哲研究集刊》（1933 年 3 月，第 3 期），頁 417～454。

20. 林富士，〈試論《太平經》的主旨與性質〉，《中央研究院歷史語言研究所集刊》（1998 年 6 月，第 69 卷第 2 期），頁 205～244。

21. 林永勝，〈乞啟重玄之關——論重玄派研究之爭議論點〉，《清華學報》（2004 年 12 月，新 34 卷第 2 期），頁 383～424。

22. 林永勝，《南朝隋唐重玄學派的工夫論》（新竹：國立清華大學博士論文，2008 年）。

23. 林永勝，〈從才性自然到道性自然——六朝至初唐道教自然說的興起與轉折〉，《臺大文史哲學報》（2009 年 11 月，第 71 期），頁 21～23。

24. 胡其德，〈太一與三一〉，《東方宗教研究》（1993 年，第 3 期），頁 77～96。

25. 前田繁樹，〈佛道論爭における《老子西昇經》〉，《東方宗教》（1990 年，

第 82 期），頁 61～77。

26. 春本秀雄，〈《提謂波利經》と識緯思想（二）〉《佛教論叢》（1990 年，第 34 號），頁 44～47。

27. 春本秀雄，〈《提謂波利經》と「漢言」について〉，《大正大學綜合佛教研究所年報》（1990 年，第 12 號），頁 22～34。

28. 高橋忠彥，〈太平經の會話體の性格についこ〉，《東洋文化研究紀要》（1988 年 2 月，第 105 號），頁 243～281。

29. 張超然，〈心神與修持──《莊子》與六朝上清經派之比較〉，收入：《宗教與心靈改革研討會》（高雄：高雄道德院，1997 年），頁 295～326。

30. 張超然，《系譜、教法及其整合：東晉南朝道教上清經派的基礎研究》（臺北：國立政治大學中國文學系博士論文，1997 年）。

31. 陳進國，〈道家與道教的「理身理國」思想──先秦至唐的歷史考察〉，《宗教學研究》（2000 年，第 2 期），頁 42～50。

32. 郭啟傳，《太初之道──聖在世界秩序的展開》（新竹：國立清華大學博士論文，2001 年）。

33. 袴谷憲昭，〈離言（nirabhilāpya）の思想背景〉，《駒沢大學仏教學部研究紀要》（東京：駒沢大學仏學部，1991 年），頁 125～169。

34. 黃敬家，〈僧肇「不真空」義及其對三家般若學的評破──以《肇論》注疏的詮釋為討論範圍〉，《師大學報（人文與社會類）》（2008 年，第 53 卷第 2 期），頁 27～42。

35. 黃坤農，《《真文赤書》研究──以《赤書玉篇》與《赤書玉訣》為主的考察》（臺北：輔仁大學宗教研究所碩士論文，2002 年）。

36. 黃錦樹，《近代國學之起源（1891～1927）──相關個案研究》（新竹：國立清華大學中文系博士論文，1998 年）。

37. 湯一介，〈再論創建中國的解釋學〉，《中國社會科學》（2000 年，第 1 期），頁 83～90。

38. 湯一介，〈關於僧肇注《道德經》問題──四論創建中國解釋學問題〉，《學術月刊》（2000 年，第 7 期），頁 22～25。

39. 楊儒賓，〈卮言論：莊子如何使用語言表達思想〉，《漢學研究》（1992 年

12 月，第 10 卷第 2 期），頁 122～157。

40. 廖炳惠著；翁振盛譯，〈閱讀他者之閱讀〉，《中外文學》（1991 年 7 月，第 20 卷第 2 期），頁 63～74。

41. 劉屹、劉菊林，〈論《太上妙法本相經》的北朝特徵——以對佛教因素的吸收為中心〉，《首都師範大學學報（社會科學版）》（2007 年，第 3 期），頁 14～20。

42. 劉湘平，〈從墨家「名」論看其語言哲學思想〉，《武漢大學學報（人文科學版）》（2008 年，第 6 期），頁 663～665。

43. 蔡振豐，〈道安經序思想的轉折及在格義問題上的意義〉，《台灣大學文史哲學報》（1998 年 6 月，第 48 期），頁 251～292。

44. 錢新祖，〈佛道的語言觀與矛盾語（上）〉，《當代》（1987 年 3 月，第 11 期），頁 63～70。

45. 錢新祖，〈佛道的語言觀與矛盾語（下）〉，《當代》（1987 年 4 月，第 12 期），頁 101～108。

46. 謝世維，〈聖典與傳譯——六朝道經中的「翻譯」〉，《中國文哲研究集刊》（1996 年 9 月，第 31 期），頁 185～233。

47. 謝世維，〈傳經與譯經：天真皇人的淵源及流變〉，《第一屆道教仙道文化國際學術研討會論文集》（高雄：國立中山大學，2006 年），頁 787～817。

48. 謝世維，Writing from Heaven: Celestial Writing in Six Dynasties Daoist Tradition, Ph. D. dissertation of Indiana University, Bloomington, 2005，頁 787～817。

49. 謝世維，〈道教傳經神話的建立與轉化：以天真皇人為中心〉，《清華學報》（2008 年 6 月，新 38 卷第 2 期），頁 294。

50. 鄭燦山，《邁向聖典之路——東晉唐初道教《道德經》學》（臺北國立臺灣師範大學國文研究所博士論文，2000 年）。

51. 賴錫三，《道教內丹的先天學與後天學之發展和結構——「精、氣、神、虛」系統下的道論與氣論》（臺灣國立清華大學博士論文，2001 年）。

52. 蕭登福，〈道教五方三界諸天「氣數」說探源〉《成大宗教與文化學報》

（2001 年 12 月，第 1 期），頁 97～118。

53. 蕭登福，〈道教「守一」修持法之源起及其演變〉，《宗教學研究》（2006 年 3 月，第 1 期），頁 1～12。

54. 釋心宏，〈論龍樹的二身觀與天親的三身觀之差異〉，《宗教與心靈改革研討會論文集》（高雄：道德院，1997 年），頁 60～96。

55. 龔鵬程，〈道教《黃庭經》論要（上）〉，《宗教哲學》（1998 年 1 月，第 4 卷第 1 期），頁 87～99。

附錄：本篇論文使用道教典籍

（一）魏晉南北朝之前道教典籍

經　　名	備　　註
《太平經》	《漢書・李尋傳》記載齊人甘忠可詐造，《後漢書・襄楷傳》記載于吉於曲陽泉水上所得神書，大抵於西漢即製作流行，增廣定編於東漢。
《老子想爾注》	東漢之作。唐玄宗《道德真經疏外傳》、杜光庭《道德真經廣聖義》、釋法琳云張陵所注。陸德明《經典釋文》記載張魯、劉表二說。
《老子河上公注》	東漢之作。葛玄、皇甫謐曾言及此書。

（二）魏晉南北朝道教典籍

經　　名	備　　註
《靈寶無量度人上品妙經》	陸修靜《元始舊經紫微金格目》已載。卷一為本文，其後六十卷為後人增益。
《上清大洞真經》	陶弘景《真誥》已載。原為一卷，今《道藏》本六卷，加入後人增益內容。
《太上諸天靈書度命妙經》	《無上秘要》、《三洞珠囊》等已載。
《太上太玄女青三元品戒罪妙拔經》	
《太上靈寶諸天內音自然玉字》	陸修靜《元始舊經紫微金格目》已載。《無上秘要》、《三洞珠囊》等引用其文。
《太上洞真智慧上品大誡》	陸修靜《元始舊經紫微金格目》已載。

《太真玉帝四極明科經》	陶弘景《真誥》卷一引用此書。
《洞玄靈寶真靈位業圖》	陶弘景作。
《金闕帝君三元真一經》	
《太上洞玄靈寶開演祕密藏經》	吳其昱刊印敦煌寫本《太玄真一本際經》一書，首先發現該書第九卷文字與本書相同。
《太上洞淵神呪經》	吉岡義豐《道教經典史論》考證前十卷乃晉末至劉宋寫成，後十卷成立於中唐以後至唐末。
《洞玄靈寶丹水飛術運度小劫妙經》	
《洞玄靈寶自然九天生神章經》	陸修靜《元始舊經紫微金格目》、甄鸞《笑道論》已載。
《洞玄靈寶本相運度劫期經》	吉岡義豐《道教經典史論》考證為六朝道書。
《上清三元玉檢三元布經》	《三洞珠囊》已引用。
《西昇經》	
《太上洞玄靈寶智慧定志通微經》	陸修靜《元始舊經紫微金格目》已載。
《太上靈寶天地運度自然妙經》	《無上秘要》、《三洞珠囊》等已載。
《太上洞玄寶元上經》	《四極明科經》、《三洞珠囊》等已載。鄭燦山《邁向聖典之路——東晉唐初道教《道德經》學》〈附錄一〉備有詳細資料。
《太上黃庭內景玉經》	《真誥》、《隱登真訣》已見。王明《黃庭經考》推定約當晉太康九年為魏夫人所得。
《太上黃庭外景玉經》	王明《黃庭經考》推定約當晉成帝咸和九年。
《太上洞玄靈寶赤書玉訣妙經》	
《太上靈寶元陽妙經》	《道藏提要》推定為隋唐間所製；*The Taoist Canon*、王卡皆認為是出現於六世紀的道書，而劉屹從內容判斷其成書應早於西元 570 年。
《洞玄靈寶諸天世界造化經》	
《太上洞玄靈寶智慧本願大戒上品經》	敦煌卷子陸修靜撰記經目已載。
《太上洞玄靈寶法燭經》	作者不詳，約在南北朝晚期至隋唐之間。根據陸修靜《洞玄靈寶齋說光燭戒罰燈祝願儀》〈法燭序〉改編。
《太上洞玄靈寶五符序》	《道藏提要》推定該經出於劉宋之前，葛洪之後

《玄覽人鳥山經圖》	
《上清太極隱注玉經寶訣》	
《太上洞玄靈寶三元品戒功德輕重經》	陸修靜《元始舊經紫微金格目》已載。
《太上洞玄靈寶智慧罪根上品大戒經》	《無上秘要》已載。
《洞玄靈寶五嶽古本真形圖》	
《上清太上八素真經》	《真誥》已見。
《洞玄靈寶齋說光燭戒罰燈祝願儀》	南朝宋陸修靜所作。
《洞玄靈寶鐘磬威儀經》	
《赤松子章曆》	
《太上老君內觀經》	王卡〈讀《上清經秘訣》所見〉判斷約為南北朝末期至隋唐之際作品。
《女青鬼律》	甄鸞《笑道論》已引。
《太上老君戒經》	《道教義樞》已載。
《正一法文天師教戒科經》	湯用彤認為出於北魏寇謙之《雲中音誦新科之誡》。
《老君音誦誡經》	北魏寇謙之《雲中音誦新科之誡》部份。
《太清金闕玉華仙書八極神章三皇內秘文》	
《真誥》	南梁陶弘景作。
《太清金液神丹經》	
《太上洞玄靈寶本行宿緣經》	大淵忍爾《論古靈寶經》考證為六朝古靈寶經之一。
《太上洞玄靈寶本行因緣經》	
《洞玄靈寶玄一真人說生死輪轉因緣經》	
《洞玄靈寶太上真人問疾經》	
《陸先生道門科略》	南朝宋陸修靜所作。
《太上妙法本相經》	
《洞玄靈寶左玄論》	《三洞珠囊》已載。
《太上老君中經》	
《抱朴子內篇》	東晉葛洪所作。
《三天內解經》	南朝宋徐氏所作。
《老君變化無極經》	

《太上三五正一盟威籙》	
《洞玄靈寶五感文》	南朝宋陸修靜所作。
《洞真太一帝君太丹隱書洞至真玄經》	
《上清外國放品青童內文》	《三洞珠囊》、《道教義樞》已載。
《上清九丹上化胎精中記經》	《無上秘要》、《三洞奉道科戒營始》記載為早期上清諸經之一。
《太上老君開天經》	《廣弘明集》記載張泮所作，為隋唐前作品。
《上清太上開天龍蹻經》	王宗昱、伍成泉認為唐初《道教義樞》〈法身義〉、李少微《度人經注》皆徵引此經內容，故推斷其年代可能比《道教義樞》所參考的《玄門大義》更早。
《太上靈寶升玄內教无極九誡妙經》	
《華陽陶隱居集》	南朝梁陶弘景所作。

（三）魏晉南北朝以後道教典籍

經　　　名	備　　　註
《黃帝陰符經》	卿希泰主編《中國道教史》以《神仙感遇錄》所載「大魏真君一年」為其成書年代上限，以唐初褚遂良寫本作為下限。
《上清經秘訣》	
《洞玄靈寶玄門大義》	原書出於隋代，今本僅為殘本。
《上清道類事相》	唐代王懸河編。
《无上秘要》	
《上清修行經訣》	
《太上老君經律》	所收為唐代以前戒律。
《元始无量靈寶度人上品妙經四注》	南朝齊嚴東、唐代薛幽棲、李少微、成玄英註。
《太上洞玄靈寶業報因緣經》	《道藏提要》據史崇一切道經音義妙門由起記載，初步推為唐以前作品。
《太上三十六部尊經》	《道藏提要》云此為唐代以前道經。
《洞玄靈寶度人經大梵隱語疏義》	

《上清三尊譜錄》	《道藏提要》以此為唐代之作。
《太上洞玄靈寶十號功德因緣妙經》	唐代道經。
《上清五常變通萬化鬱冥經》	此書輯錄四種早期上清經而成。
《道教義樞》	唐代孟安排所作。
《延陵先生集新舊服氣經》	唐宋間延陵先生集錄、桑榆子評注。
《墉城集仙錄》	唐代杜光庭所作。
《道德真經廣聖義》	唐代杜光庭所作。
《道德真經取善集》	宋代李霖輯。
《雲笈七籤》	宋代張君房輯。
《上清靈寶大法》	元代金允中編。
《歷世真仙體道通鑒》	元代趙道一所作。
《三洞珠囊》	唐代王懸河編
《女功正法》	清代陳攖寧所作。